Vahlens Kurzlehrbücher

Ann/Hauck/Obergfell
Wirtschaftsprivatrecht kompakt

Wirtschaftsprivatrecht kompakt

von

Prof. Dr. Christoph Ann, LL.M. (Duke Univ.)

Privatdozent Dr. Ronny Hauck

Prof. Dr. Eva Inés Obergfell

3. Auflage

Verlag Franz Vahlen München

Prof. Dr. Christoph Ann, LL.M. (Duke Univ.) ist Inhaber des Lehrstuhls für Wirtschaftsrecht und Geistiges Eigentum an der Technischen Universität München.

Dr. Ronny Hauck, Privatdozent, Humboldt-Universität zu Berlin.

Prof. Dr. Eva Inés Obergfell ist Inhaberin des Lehrstuhls für Bürgerliches Recht, Gewerblichen Rechtsschutz und Urheberrecht, Internationales Privatrecht und Rechtsvergleichung an der Humboldt-Universität zu Berlin.

ISBN 978 3 8006 5450 5

Wilhelmstr. 9, 80801 München
Satz: Fotosatz H. Buck
Zweikirchener Str. 7, 84036 Kumhausen
Druck und Bindung: Nomos Verlagsgesellschaft
In den Lissen 12, 76547 Sinzheim
Umschlaggestaltung: C.H. Beck Nördlingen
Gedruckt auf säurefreiem, alterungsbeständigem Papier
(hergestellt aus chlorfrei gebleichtem Zellstoff)

Vorwort zur 3. Auflage

Die Neuauflage bringt das Lehrbuch auf den Stand von Januar 2017. Bei dieser Gelegenheit wurden einige Korrekturen vorgenommen und Lücken geschlossen, ohne dass sich am Grundkonzept einer *kompakten* Darstellung des Stoffes dieses für das BWL-Studium konzipierten Studienbuchs etwas geändert hat. Für wertvolle Anregungen und Hinweise sei den Lesern der Vorauflage herzlich gedankt!

Für den Umgang mit diesem Buch sowie der damit notwendig verbundenen Arbeit eng am Gesetzestext kann auf die Ausführungen zu den bisherigen Auflagen verwiesen werden. Es bleibt der Wunsch der drei Autoren, dass sich bei den Nutzern dieses Buchs Freude und Erfolg bei der Arbeit mit juristischen Inhalten einstellen mögen.

Tutzing, München, Berlin im Januar 2017

Christoph Ann *Ronny Hauck* *Eva Inés Obergfell*

Vorwort zur 2. Auflage

Ein aktuelles Vorwort für die Neuauflage eines erfolgreichen Studienbuchs ist keine schwierige Aufgabe, denn es kann kurz ausfallen. Alles Wichtige zu Konzept und Inhalts des Buchs sowie zum Umgang damit ist gesagt. Für dieses, primär an Nichtjuristen gerichtete Buch gilt dies namentlich für die Bedeutung, die Grundkenntnisse des Zivil- und Wirtschaftsrechts für die Teilnahme am Wirtschaftsleben bis heute besitzen – allem Globalisierungsgerede zum Trotz in Deutschland vor allem im deutschen Recht, auch und gerade für Kaufleute. Weil die Praxis dies immer aufs Neue erweist, kann man es gar nicht oft genug sagen: auch für deutsche Kaufleute ist deutsches Wirtschaftsrecht wichtig, und dieses für das BWL-Studium konzipierte Studienbuch trägt dem intensiv Rechnung!

Das Erfolgskonzept das Werks wurde beibehalten: Praxisrelevanz als Ausgangspunkt, Beschränkung des Stoffs auf das Wesentliche, kompakter Aufbau, verständliche Sprache.

Entsprechend der Maxime „need to know" wurde die Ausrichtung an Unterrichtseinheiten beibehalten. Das Buch wurde nur dort ergänzt, wo dies notwendig war – aufgrund gesetzlicher Änderungen oder weil Erfahrungen aus der Vorlesungspraxis Korrekturbedarf aufgezeigt hatten: In die erste Kategorie fallen diejenigen Regelungen, die zum 13.06.2014 zwingendes Recht werden, weil die EU-Verbraucherrechterichtlinie in deutsches Recht umgesetzt werden muss. Umzuarbeiten war insoweit das Unterthema Verbraucherschutz in WPR 1, Kapitel 5. Auf Erfahrungen und den Austausch mit Kollegen an anderen Hochschulen gehen zurück die tiefergehende Darstellung des Rechts der Leistungsstörungen, zu dem mit WPR 1, Kapitel 8 (neue Fassung) ein ganzes Kapitel neu aufgenommen wurde und das auch in der Vorlesung künftig deutlich mehr Raum einnehmen soll, ferner die Neukonzeption des gesamten BGB-Vertragsrechts mit dem Vorziehen der Vertragstypen, nunmehr in WPR 1, Kapitel 6. Das Vorziehen der Vertragstypen erleichtert die sinnvolle Behandlung von Einzelproblemen in den anschließenden beiden Kapiteln, und das Recht der Leistungsstörungen bietet die Werkzeuge zur Bewältigung pathologischer Entwicklungen im Vertragsvollzug.

Um den Umfang des Werks im Griff und das Buch weiterhin kompakt zu halten, wurde etwa im Recht der Zwangsvollstreckung maßvoll gestrafft. Dort waren überdies auch Änderungen bei der Zwangsvollstreckung in Geldforderungen einzuarbeiten. Komplett verzichtet wird weiterhin auf das Familien- und Erbrecht, wenngleich letzteres neuerdings immer stärker auch Kaufleute betrifft, etwa bei der Unternehmensnachfolge. Dasselbe gilt für das Insolvenzrecht, das aus Raumgründen aber ebenfalls nicht behandelt werden kann.

Abgerückt sind die Verfasser von ihrem Totalverzicht auf weiterführende Hinweise. Nachgewiesen wird nun eine kleine Zahl vor allem höchstrichterlicher Entscheidungen, die so grundlegend sind, dass ihre Lektüre auch dem BWL-Studenten ans Herz gelegt werden muss.

Zum Schluss nochmals der Hinweis, dass sinnvoll mit dem Buch nur gearbeitet werden kann, wenn diese Arbeit eng am Gesetzestext erfolgt. Nicht genug betont werden kann die Empfehlung, Vorschriften stets nachzuschlagen und genau zu lesen; auch und gerade wenn man die erwähnten Paragrafen längst zu kennen glaubt. Jeder erfahrene Praktiker geht so vor; schon um auszuschließen, dass er unnötig in die Haftung gerät, weil er einen neuen Absatz übersieht, den der Gesetzgeber in eine bekannte Vorschrift unversehens eingefügt hatte.

Den Nutzern der Neuauflage wünschen alle drei Autoren wiederum Freude und Erfolg bei der Arbeit und das gute Gefühl, das sich einstellt, wenn dicke Gesetzbücher ihre Schrecken verlieren und die Beherrschung ihrer Inhalte anfängt leichter zu fallen!

Tutzing, München, Berlin im März 2014

Christoph Ann *Ronny Hauck* *Eva Inés Obergfell*

Vorwort zur 1. Auflage

Für eine aktive und erfolgreiche Teilnahme am Wirtschaftsleben unerlässlich sind Grundkenntnisse der in der Wirtschaft geltenden zivilrechtlichen „Spielregeln". Das vorliegende Lehrbuch zum Wirtschaftsprivatrecht will diese juristischen Rahmenbedingungen kompakt darstellen. Nach dem Grundsatz „need to know" geht es die rechtlichen Kernthemen des Handelns im Wirtschaftsverkehr der Reihe nach durch und skizziert Anspruchsgrundlagen sowie Rechtsfolgen. Zielgruppe sind vor allem die Studierenden, die im Rahmen ihrer (wirtschaftswissenschaftlichen) Ausbildung an einer Universität, Fachhochschule oder weiterbildenden Einrichtung Grundlagen im „Wirtschaftsprivatrecht" erwerben möchten. Dass das Buch auch von Studierenden der Rechtswissenschaft und von Praktikern zur Hand genommen werden kann, steht dem nicht entgegen.

Inhalt und Aufbau des Werks basieren auf den Erfahrungen, die die Autoren über einen Zeitraum von bald 12 Jahren in der zweisemestrigen Ausbildung zum Wirtschaftsprivatrecht gesammelt haben; in Veranstaltungen für Studierende der Wirtschaftswissenschaften an der Technischen Universität München, der Universität Freiburg/Br. und der Humboldt-Universität zu Berlin

Entsprechend ist das Buch konzeptionell auf die typischen Bedürfnisse von Studierenden etwa der Betriebswirtschaftslehre ausgerichtet. Das ist der Grund, warum es konsequent dem bereits genannten Grundsatz „need to know" folgt, nicht etwa dem Grundsatz „nice to know". Anders gewendet: Ziel der zivilrechtlichen Grundausbildung von Wirtschaftswissenschaftlerinnen und -wissenschaftlern kann es nicht sein, binnen zwei Semestern alle juristischen Probleme der ersten drei Bücher des BGB und des Handelsrechts bis ins Detail „durchzupauken" – schon gar nicht angesichts übervoller Stundenpläne in Bachelorstudiengängen. Wichtiger und allein realistisch scheint uns die Vermittlung der wesentlichen juristischen Grundprinzipien; nicht nur für das Bestehen einer Prüfung, sondern vor allem für die erfolgreiche Teilnahme am Wirtschaftsleben. Geprägt ist dieses Buch daher von der Selbstbeschränkung aufs Wesentliche. Das zeigen sein Titel und sein Umfang. Rund 250 Seiten für einen Kurs im Wirtschaftsprivatrecht ist wirklich „kompakt".

Gegliedert ist das Buch in zwei Hauptteile. Im ersten Teil – „Wirtschaftsprivatrecht 1" – werden die grundlegenden Inhalte des bürgerlichen Rechts vermittelt, also die Kernthemen des Bürgerlichen Gesetzbuchs (BGB): Allgemeiner Teil, Allgemeines und Besonderes Schuldrecht und Sachenrecht. Komplett verzichtet wird auf jede Darstellung des Familien- und Erbrechts. Beides brauchen Kaufleute im Beruf nicht.

Auf dem in „Wirtschaftsprivatrecht 1" behandelten Stoff, etwa zur Rechtsfähigkeit von Personen, zur Stellvertretung und zu den Vertragstypen, baut dann „Wirtschaftsprivatrecht 2" auf, der zweite Teil des Buchs. Dort werden die für unsere Zielgruppe wichtigsten Inhalte des Handels- und Gesellschaftsrechts dargestellt, also Handelsgesetzbuch (HGB), GmbH-Gesetz (GmbHG) und Aktiengesetz (AktG). Weil sich hier zwangsläufig Berührungspunkte zu den BGB-Inhalten des ersten Teils ergeben, werden diese Inhalte zwanglos wiederholt. Die Abfolge der Einheiten folgt der Systematik von BGB bzw. HGB sowie GmbHG und AktG.

Eingeleitet wird jede Einheit des Buchs mit einem kurzen Überblick über den behandelten Stoff. Eingängige Beispiele, Definitionen, Prüfungsschemata und Schaubilder sollen den Stoff zusammenzufassen und so das Lernen erleichtern. Abgesehen von den Einleitungen wird jede Einheit mit einem Übungsfall abgeschlossen. Diese Fälle dienen der Wiederholung und Übung der jeweiligen Inhalte, und selbstredend gibt es zu allen Fällen eine genaue Lösung im Gutachtenstil. Das schien uns sinnvoll, denn an den meisten Hochschulen müssen Studierende in ihren Klausuren, wie an der TU München, (auch) kleine Fälle gutachterlich lösen. Dies bereitet den Studierenden häufig Probleme, was meist aber weniger an den juristischen Inhalten liegt, als am unbekannten (und ungeliebten, da juristisch-spröden) Gutachtenstil. Die Übungsfälle sollen hier eine Lernhilfe sein, denn auch der Gutachtenstil ist Übungssache und kann erlernt werden. Vertieft eingegangen wird auf die Technik der Fallbearbeitung auch in Wirtschaftsprivatrecht 1, 1. Einheit.

Zum Schluss ein sehr wichtiger Hinweis für die Arbeit mit diesem Buch: Sinnvoll ist die Arbeit damit nur *zusammen mit dem Gesetz*. Alle Vorschriften sollen stets nachgeschlagen und genau gelesen werden, gerade wenn der Leser die erwähnten Paragrafen zu kennen glaubt. Das gilt auch in der Praxis. Dort kommt es immer wieder zu Haftungsfällen, weil Vorschriften nicht nachgesehen werden und darum unerkannt bleibt, dass Änderungen erfolgt sind, zum Beispiel durch Anfügung oder Weglassung von Absätzen oder Einführung von Ausnahmen. Auch wenn BGB und HGB vergleichsweise stabil sind und sich weit weniger rasch ändern als etwa das Steuerrecht, sollte man Vorschriften stets nachschlagen, bevor man sie zitiert oder anwendet. Auch gestandene Volljuristen machen das so.

In diesem Sinn wünschen alle drei Autoren viel Erfolg bei der Arbeit mit diesem Buch und viel Freude an dem Gewinn, der sich einstellt, wenn die Orientierung in den dicken Gesetzbüchern und die Beherrschung ihrer Inhalte anfangen leichter zu fallen.

Tutzing, München, Berlin im Dezember 2011

Christoph Ann *Ronny Hauck* *Eva Inés Obergfell*

Inhaltsübersicht

Inhaltsverzeichnis

Wirtschaftsprivatrecht Teil 1

1. Einheit: Einführung in das BGB, Grundlagen der Falllösungstechnik

1.1 Rechtsordnung

Der Begriff **(objektives) Recht** beschreibt die Summe der geltenden Rechtsnormen (Rechtsordnung). Diese Rechtsnormen regeln das Verhalten der Menschen innerhalb einer Gesellschaft, indem sie ihnen bestimmte (subjektive) Rechte gewähren und Pflichten auferlegen. Zur Durchsetzung der Rechte sind im Normalfall ausschließlich die Gerichte berufen. Ein „Faustrecht" kann im Rechtsstaat nicht existieren.

Akzeptanz kann eine Rechtsordnung nur dann finden, wenn sie den Gerechtigkeitsvorstellungen der Gesellschaft entsprechend die Interessen der Individuen zu einem ausgewogenen Ausgleich bringt. Grundvoraussetzung hierfür ist insbesondere die Anerkennung der Gleichheit der Menschen sowie die Durchsetzbarkeit von Individualrechten. Weiterhin müssen die Gerichte effektiven Rechtsschutz gewähren, also Streitigkeiten binnen angemessener Frist entscheiden (Rechtsverweigerungsverbot).

In der Bundesrepublik Deutschland trifft das Grundgesetz (GG) als ranghöchstes Gesetz grundlegende Entscheidungen für einen entsprechenden Interessenausgleich. Insbesondere statuiert es in Art. 20 GG die tragenden Staatsprinzipien: **Demokratieprinzip**, **Gewaltenteilungsprinzip**, **Rechtsstaatsprinzip** und **Sozialstaatsprinzip**. In den Art. 1–19 GG wird nicht nur die Unantastbarkeit der Menschenwürde festgestellt, sondern werden auch konkrete **Grundrechte** in Gestalt von Freiheits- und Gleichheitsrechten gewährt: Gleichheit vor dem Gesetz, Meinungs- und Pressefreiheit, Religionsfreiheit, Vereinigungsfreiheit, Berufsfreiheit, Garantie von Eigentum und Erbrecht etc.

Zueinander stehen diese Grundrechte in einer Wechselbeziehung. Kollidieren mehrere Grundrechte, müssen diese so in Einklang gebracht werden, dass kein Grundrecht völlig zurücktreten muss und kein Grundrecht mehr beeinträchtigt wird, als unbedingt notwendig (**Grundsatz der praktischen Konkordanz**).[1] Hierdurch wird eine **objektive Wertordnung** konstituiert, an der sich alle anderen geltenden Rechtsnormen ausrichten und der sie genügen müssen. In Form der Verfassungsbeschwerde zum Bundesverfassungsgericht kann jedes Individuum Gesetze daraufhin überprüfen lassen, ob sie seine Grundrechte verletzen.

---

1 Vgl. BVerfG NJW 1995, 2477 (2479).

1.2 Kategorisierung des Rechts

Einteilen lassen sich Rechtsnormen nach verschiedenen Kriterien. Es gibt die **Rechtsgebiete** Verfassungsrecht, Zivilrecht und Öffentliches Recht. Die **Verfassung** regelt den grundlegenden Staatsaufbau der Bundesrepublik (das Staatsorganisationsrecht), ihre territoriale Gliederung (in lebensfähige Bundesländer), die Beziehung des Bundes zu den Bundesländern und zu anderen Staaten sowie in Gestalt der Grundrechte auch das Verhältnis des Staates zu seinen Normunterworfenen (Bürgern) und deren wichtigste Rechte und Pflichten. Das **Zivilrecht** regelt die Beziehungen zwischen den einzelnen Rechtssubjekten („natürliche Personen", d. h. einzelner Menschen und „juristischer Personen", d. h. als solche handlungsfähige Personenvereinigungen, z. B. Aktiengesellschaften), die zueinander im Verhältnis der Gleichordnung stehen. Weil das Zivilrecht so gesehen den Bürger (lat. civis) in seinem Verhältnis zu anderen Bürgern betrifft, heißt es auch **bürgerliches Recht**.

Im Gegensatz dazu regelt das **Öffentliche Recht** die Beziehungen zwischen Staat und Individuum, ist also durch ein Über- und Unterordnungsverhältnis geprägt. Im Normalfall verhandelt der Staat nicht mit dem Bürger, sondern entscheidet hoheitlich. Er verbietet z. B. gefährliche Handlungen und erlässt Bußgelder, erteilt Führerscheine und Baugenehmigungen oder verweigert dies. Das **Strafrecht** gehört zwar zum öffentlichen Recht, wird jedoch aufgrund seiner zahlreichen Besonderheiten als eigenständiges Rechtsgebiet behandelt.

Die einzelnen Rechtsgebiete lassen sich thematisch weiter unterteilen. Das **Allgemeine Zivilrecht** ist im Bürgerlichen Gesetzbuch (BGB) geregelt. Das BGB ist in fünf sog. Bücher aufgeteilt. Es enthält insbesondere das **Schuldrecht** (§§ 241–853 BGB: Verpflichtungen zwischen Rechtssubjekten etwa aufgrund von Verträgen oder schädigenden Handlungen) und das **Sachenrecht** (§§ 854–1296 BGB: Rechte der Rechtssubjekte an Sachen). Außerdem werden das **Familien-** und **Erbrecht** (§§ 1297–1921 BGB bzw. §§ 1922–2385 BGB) geregelt. Das BGB folgt dabei dem sog. **Klammerprinzip**: der **Allgemeine Teil** ist „vor die Klammer gezogen" und gilt auch für die folgenden vier Bücher.

Das Sonderrecht der Kaufleute **(Handelsrecht)** findet sich im Handelsgesetzbuch (HGB) und ergänzt die Regelungen des BGB.[2] Das **Gesellschaftsrecht** verteilt sich auf das BGB (insb. §§ 705–740 BGB), das HGB (insb. §§ 105–237 HGB) und Spezialgesetze, wie das Aktiengesetz (AktG), GmbH-Gesetz (GmbHG), Genossenschaftsgesetz (GenG) u. a. Dem **Individualarbeitsrecht** (dieses regelt das Verhältnis von Arbeitnehmer und Arbeitgeber, während das kollektive Arbeitsrecht sich mit Tarifverträgen beschäftigt) liegen die BGB-Vorschriften zum Dienstvertrag (§§ 611–620 BGB) zu Grunde. Diese werden jedoch durch eine Vielzahl von Spezialgesetzen (Kündigungsschutzgesetz, Teilzeit und Befristungsgesetz, Mitbestimmungsgesetz u.v.m.) ergänzt. Andere wichtige Wirtschaftsgesetzte sind das Gesetz gegen Wettbewerbsbeschränkungen (GWB) und das Gesetz gegen unlauteren Wettbewerb (UWG, sog. **Lauterkeitsrecht**),

[2] Vgl. OLG Oldenburg NJW-RR 2002, 641 (642).

das Urheber-, das Patent- und das Markengesetz (**gewerblicher Rechtsschutz** und **Urheberrecht**).

Weiterhin wird zwischen **materiellem Recht** und **Prozessrecht** unterschieden. Das materielle Recht statuiert rechtliche Beziehungen in Form von Rechten und Pflichten zwischen verschiedenen Parteien. Das Prozessrecht hingegen dient der Durchsetzung dieser durch das materielle Recht gewährten Positionen. Den Zivilprozess regeln vor allem Gerichtsverfassungsgesetz (GVG) und Zivilprozessordnung (ZPO). Demnach kann (im sog. Erkenntnisverfahren, §§ 1–703d ZPO) vor dem zuständigen Gericht eine Entscheidung erstritten und diese dann notfalls mit staatlichen Zwangsmitteln (des Gerichtsvollziehers oder anderer Vollstreckungsorgane) im Vollstreckungsverfahren (§§ 704–1109 ZPO) durchgesetzt werden.

1.3 Rechtsquellen und ihr Rangverhältnis

Die Rechtsordnung wird durch verschiedene Rechtsquellen gebildet. Am wichtigsten ist das **geschriebene Recht**. Dieses wiederum hat verschiedene Ebenen. An der Spitze der geschriebenen Rechtsordnung steht das **Grundgesetz** als Verfassung der Bundesrepublik Deutschland. Alle anderen Gesetze leiten sich vom Grundgesetz ab (Art. 70–82 GG) und müssen der durch das Grundgesetz statuierten objektiven Wertordnung entsprechen. Auf der Ebene unterhalb des Grundgesetzes stehen **Bundesgesetze** wie etwa das BGB. Im Rang unter den Bundesgesetzen stehen die **Verordnungen der Bundesverwaltung**. Diese werden Gesetze im materiellen Sinne genannt, da sie zwar verbindliche Regelungen enthalten, jedoch nicht von der Legislative, sondern von der Exekutive erlassen werden. Die darin liegende Durchbrechung des Grundsatzes der Gewaltenteilung (Art. 20 Abs. 2 GG) wird durch Art. 80 GG unter strengen Voraussetzungen aus Praktikabilitätsgründen erlaubt.

Im Rang unter den Bundesverordnungen stehen **Landesverfassungen** und **Landesgesetze.** Alle Gesetzesebenen werden zudem vom **Europarecht** beeinflusst. Da das Europarecht (grundsätzlich) **Anwendungsvorrang** vor dem innerstaatlichen Recht genießt, ist bei der Auslegung des letzteren darauf zu achten, dass es nicht zu Kollisionen kommt.[3] Viele innerstaatliche Regelungen sind mittlerweile auf die Umsetzung europäischer Richtlinien zurück zu führen. Diese sind bei der Auslegung dann als Hilfe heran zu ziehen (richtlinienkonforme Auslegung).

Neben dem geschriebenen Recht gibt es **Gewohnheitsrecht** und **Richterrecht**. Ersteres besteht aufgrund langjähriger Übung in Verbindung mit einer allgemeinen Überzeugung von deren Richtigkeit (z. B. das kaufmännische Bestätigungsschreiben, siehe dazu WPR 2 Einheit 8 Ziff. 8.2.3). Richterrecht wird faktisch durch höchstrichterliche Rechtsprechung gesetzt. Die Existenz dieser Rechtsquellen ist Konsequenz aus dem Rechtsverweigerungsverbot der Gerichte und der systemimmanenten Lückenhaftigkeit bzw. Ungenauigkeit von Gesetzen.

---

[3] Vgl. zum Anwendungsvorrang BVerfG NJW 1987, 577 (579 f.).

1.4 Rechtswissenschaft

Die Rechtswissenschaft ist eine **hermeneutische Disziplin**. Das heißt, sie widmet sich der Auslegung von Gesetzestexten. Dass sich hierfür (als eine der ältesten Disziplinen) eine eigene Wissenschaft herausgebildet hat, ist im weiteren Sinne die Ungenauigkeit der Sprache geschuldet: Was, beispielsweise, ist eine Waffe? Ein Gewehr auf jeden Fall. Auch ein Küchenmesser, ein Maßkrug oder ein Arbeitsstiefel mit oder ohne Stahlkappe? Was auf den ersten Blick einfach scheint, wird bei genauerem Hinsehen oft kompliziert. Deutlich verstärkt wird dieses Problem noch dadurch, dass der Gesetzgeber Regeln für alle möglichen Fallgestaltungen in der Zukunft treffen muss. Schon wegen der technischen und gesellschaftlichen Entwicklung lässt sich die Zukunft aber nicht in allen Einzelheiten „einfangen" und etwa durch Aufzählung regeln.

Möglich ist es im Grunde nur, dem Normalfall absehbarer Interessenkonflikte bis zu einem gewissen Detailgrad Rechtsfolgen zuzuordnen und darüber hinaus für die Lösung nicht vorhergesehener Fälle Hilfestellung in Gestalt grundlegender Wertentscheidungen zu geben. Am Ende müssen die Rechtsanwender(innen) tatsächlich auftretende Streitfälle den gesetzlichen Regeln zuordnen und entsprechend der dort vorgesehenen Rechtsfolgen entscheiden.

Dabei sind die vorgeschriebenen Methoden der Rechtswissenschaft anzuwenden, weil sonst die Gefahr besteht, dass Rechtsanwender ihre persönlichen Gerechtigkeitsvorstellungen über die des Gesetzgebers stellen. Dies aber widerspräche (besonders in Justiz und Verwaltung) **Rechtsstaatsprinzip** und **Gewaltenteilung**.

Der Rechtsanwender hat den Willen des Gesetzgebers zu erforschen und zur Geltung zu bringen. Nach dem vorgegebenen Methodenkanon beginnt die Gesetzesauslegung üblicherweise beim **Wortlaut des Gesetzes**. Dieser ist jedoch nicht isoliert, sondern stets im Zusammenhang mit der übrigen **Systematik des Gesetzes**, d. h. mit den anderen thematisch einschlägigen Vorschriften zu sehen. Hieraus kann sich etwa ergeben, dass der Wortlaut „nicht so gemeint sein kann" wie es bei isolierter Betrachtung zunächst erscheint. Ergänzend ist die **Gesetzeshistorie** heranzuziehen, also einerseits die Entwicklung der einschlägigen Vorschriften im Laufe der Zeit, andererseits die Gesetzesmaterialien, in denen die amtlichen Gesetzesbegründung veröffentlicht und die parlamentarische Willensbildung in Bundestag- und Bundesratsprotokollen dokumentiert werden. Aus dieser Betrachtung kann auf den **Regelungszweck** geschlossen und dieser für die konkrete Falllösung fruchtbar gemacht werden.

Die Auslegung kann auch ergeben, dass ein vom Wortlaut einer Norm an sich erfasster Fall nach dem Regelungszweck des Gesetzes nicht unter die Norm subsumiert werden darf. Dann besteht ein Überschießen des Gesetzeswortlauts, das durch dessen Einschränkung korrigiert werden muss, eine sog. **teleologische Reduktion** (von gr. telos = Ziel).[4] So bestimmt etwa der Wortlaut des § 107 BGB, dass ohne Einwilligung des gesetzlichen Vertreters Willenserklärungen

---

4 *Wolf/Neuner*, BGB AT, § 4 Rn. 48.

eines Minderjährigen nur wirksam sind, wenn sie für ihn „lediglich rechtlich vorteilhaft" (wie etwa der Eigentumserwerb) sind. Die Auslegung ergibt jedoch, dass § 107 BGB Minderjährige vor rechtlichen Nachteilen auf Grund der Abgabe von Willenserklärungen schützen will. Dementsprechend wird die Norm auf Grund teleologischer Reduktion nicht auf Fälle angewandt, die für den Minderjährigen weder rechtlich vorteilhaft, noch rechtlich nachteilhaft sind. Andererseits können Fälle, die gesetzlich nicht geregelt sind, einer gesetzlich geregelten Konstellation von der Interessenlage her so ähnlich sein, dass die Anwendung der Rechtsfolgen des gesetzlich geregelten auf den ungeregelten Fall angebracht erscheint. Voraussetzung für einen solchen **Analogieschluss** ist jedoch stets, dass die Auslegung eine planwidrige Regelungslücke ergibt.

Der Gesetzgeber darf also den ungeregelten Fall nicht im Wege beredten Schweigens bewusst dem Regelungszusammenhang entzogen haben. So wird z. B. die Gesellschaft bürgerlichen Rechts (§§ 705 ff. BGB) analog zur Vorschrift des § 124 HGB, der nach seinem Wortlaut nur für die offene Handelsgesellschaft gilt, als rechts- und prozessfähig angesehen.

1.5 Aufbau der Rechtsnormen und Falllösung

Im Zivilrecht geht es um Ansprüche von Rechtssubjekten gegenüber gleich geordneten anderen Rechtssubjekten. Ein **Anspruch** ist das Recht, von einem anderen ein Tun oder Unterlassen zu fordern (§ 194 BGB).

Ansprüche ergeben sich aus Rechtsnormen, den **Anspruchsgrundlagen**. Die Systematik der Rechtsnormen des BGB lässt sich graphisch wie folgt darstellen:

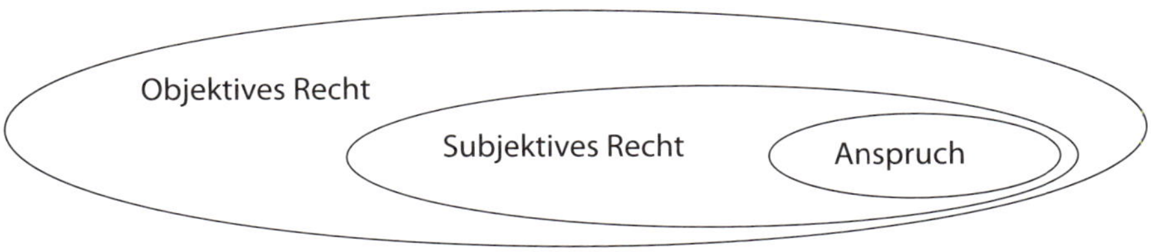

Die Anspruchsgrundlagen sind nach einem **„wenn-dann"-Schema** aufgebaut. Wenn bestimmte Voraussetzungen vorliegen (der **Tatbestand** der Norm), dann entsteht als **Rechtsfolge** ein bestimmter Anspruch. Beispiel: **Wenn** jemand vorsätzlich (...) das Eigentum (...) oder ein sonstiges Recht eines anderen widerrechtlich verletzt, **dann** ist er zum Ersatz des daraus entstehenden Schadens verpflichtet (§ 823 Abs. 1 BGB).

Anspruchsgrundlage

Definition: Rechtliche/gesetzliche Grundlage, durch die eine bestimmte Rechtsfolge/ein bestimmtes Anspruchsziel erreicht werden kann. Dabei kann ein Anspruchsziel ggf. auch durch mehrere Anspruchsgrundlagen erreicht werden.

Folgende „Hierarchie" der Anspruchsgrundlagen ist bei der Prüfung zu beachten:

1. vertragliche Primäransprüche (z. B. Kaufpreiszahlung gem. § 433 Abs. 2 BGB)

2. (vertragliche) Sekundäransprüche (z.B. Schadensersatz statt der Leistung: § 437 Nr. 3 i.V.m. §§ 280 Abs. 1 u. 3, 283 BGB)
3. vertragsähnliche Ansprüche (z.B. §§ 241 Abs. 2, 311 Abs. 2, 280 Abs. 1 BGB)
4. gesetzliche Ansprüche aus Geschäftsführung ohne Auftrag (z.B. §§ 677, 683, 670 BGB)
5. sachenrechtliche (dingliche) Ansprüche (z.B. §§ 985, 986 Abs. 1 BGB)
6. Ansprüche aus Bereicherungsrecht (§§ 812 ff. BGB)
7. Ansprüche aus Deliktsrecht (§§ 823 ff. BGB)

Der Rechtsanwender hat nun zu prüfen, ob ein bestimmter Lebenssachverhalt den Tatbestand erfüllt und daher die vorgesehene Rechtsfolge auslöst (Subsumtion). **Ausgangspunkt** ist hierbei die **Rechtsfolge**. Diese grenzt die möglichen Anspruchsgrundlagen ein. Wird beispielsweise nach Schadensersatz gefragt, ist ein Anspruch auf Erfüllung eines Kaufvertrags aus § 433 Abs. 1 BGB gar nicht erst zu prüfen. Beim Durchdringen des Sachverhalts kann es empfehlenswert sein, eine Sachverhaltsskizze anzufertigen. Weiterhin dient als Hilfe die Fragestellung: **„Wer will was von wem woraus?“.**

In der juristischen Klausur ist folgende **Vorgehensweise bei der Falllösung** zu empfehlen:
1. Die Fallfrage lesen
2. Den Sachverhalt (ggf. mehrfach) lesen, den Sachverhalt dabei nicht in Frage stellen oder sogar abändern
3. Wichtige Informationen (handelnde Personen, Zeit-/Zahlenangaben etc.) und „Signalwörter“ (z.B. „AGB“) herausfiltern und markieren; ggf. eine Skizze anfertigen (v.a. bei Mehrpersonenverhältnissen)
4. Ein Grundverständnis entwickeln: Was will der Aufgabensteller? In welchem Rechtsgebiet „spielt“ sich der Fall (im Schwerpunkt) ab?
5. Das Anspruchsziel (= gesuchte Rechtsfolge) und die Anspruchsgrundlage finden: Wer will was von wem woraus?
6. Den Fall („im Kopf“) lösen (Subsumtion); ggf. (genügend Zeit?) eine Lösungsskizze anfertigen
7. Schreiben eines Gutachtens ausgehend von einem Obersatz
8. Gegenprobe: Wird durch das Ergebnis des Gutachtens die Fallfrage und somit der Obersatz beantwortet?

Bei der unter Ziff. 6 genannten **Subsumtion** ordnet der Rechtsanwender jedem Tatbestandsmerkmal der möglichen Anspruchsgrundlagen einen Teil des Lebenssachverhalts zu. Seine Gedankenschritte macht er Dritten im Rahmen eines **Gutachtens** nachvollziehbar. Das Gutachten folgt den Regeln des juristischen **Syllogismus**.

Beispiel:

A hat sich Skier bei seinem Freund B geliehen. C übersieht A auf der Piste und fährt ihn von hinten „über den Haufen“. A hat Glück und bleibt unverletzt. Die Skier des B zerbrechen jedoch. Hat A einen Schadensersatzanspruch gegen C?

1. Obersatz

A (Wer?) könnte einen Schadensersatzanspruch (will was?) gegen C (von wem?) aus § 823 Abs. 1 BGB (woraus?) zustehen.

2. **Nennung der Voraussetzungen** (Prüfung der einzelnen Tatbestandsmerkmale)

Voraussetzung ist, dass C ein „sonstiges Recht" des A im Sinne des („i. S. d.") §823 Abs. 1 BGB verletzt hat.

3. **Definition der Tatbestandsmerkmale**

Sonstige Rechte i. S. d. §823 Abs. 1 BGB sind alle absoluten Rechte, also Rechtspositionen, die gegenüber jedermann geschützt sind.

4. **Subsumtion**

A ist Besitzer der Skier. Besitz ist gemäß §854 Abs. 1 BGB die tatsächliche Gewalt über eine Sache, also ein faktisches Herrschaftsverhältnis und kein Recht. Allerdings wird der Besitz aufgrund der §§854 ff. BGB gegenüber jedermann geschützt und vermittelt daher eine Rechtsposition. Daher ist es gerechtfertigt, den Besitz als „sonstiges Recht" i. S. d. §823 Abs. 1 BGB einzuordnen.

5. **Schussfolgerung**

C hat ein sonstiges Recht des A nach §823 Abs. 1 BGB verletzt.

Anmerkung: Nachfolgend werden die übrigen Tatbestandsmerkmale der Anspruchsgrundlage (im Beispiel: Vorsatz oder Fahrlässigkeit des C, Rechtswidrigkeit seines Verhaltens) entsprechend geprüft (subsumiert). Die Ausführlichkeit der Erörterungen hängt davon ab, ob und inwieweit die Subsumtion der einzelnen Sachverhaltsmerkmale problematisch ist oder nicht. Ein gelungenes Gutachten zeichnet sich auch durch eine angemessene Gewichtung der Erörterungen aus. Damit können auch Gutachten sprachlich ansprechend dargestellt werden. Daher wäre im Beispielsfall nur auszuführen:

C handelte fahrlässig, da er die im Verkehr erforderliche Sorgfalt außer Acht ließ. Er handelte rechtswidrig, ein Rechtfertigungsgrund ist nicht ersichtlich.

6. **Gesamtergebnis**

A hat gegen C einen Anspruch auf Schadensersatz aus §823 Abs. 1 BGB.

Prüfungsreihenfolge bei der Fallbearbeitung

I. Ist der Anspruch entstanden?
- Liegen die Voraussetzungen der Anspruchsgrundlage vor? Unter Umständen können auch mehrere Anspruchsgrundlagen zu prüfen sein.
- Gibt es ggf. rechtshindernde Einwendungen (§§ 104 ff. BGB)?

II. Ist der Anspruch möglicherweise übergegangen oder untergegangen?
- Der Anspruch kann gem. §§ 398 ff. BGB auf einen anderen Gläubiger übergegangen sein.
- Ein Anspruch geht („automatisch") unter, wenn er erfüllt wird, der Rücktritt vom Vertrag erklärt wird, die Erfüllung unmöglich geworden ist, etc.

III. Ist der Anspruch durchsetzbar?
- Hier sind die sog. Einreden zu prüfen. Einreden bewirken nicht das automatische Erlöschen des Anspruchs. Erhebt der Schuldner jedoch eine Einrede, kann der Gläubiger seinen Anspruch nicht (gerichtlich) durchsetzen.
- Die wichtigste Einrede ist die Einrede der Verjährung.

Neben den Anspruchsgrundlagen gibt es auch Rechtsnormen, die (lediglich) Definitionen – sog. **Legaldefinitionen** – aufstellen (z. B. § 13 BGB: Verbraucherbegriff, § 434 BGB: Sachmangel) oder den Anwendungsbereich der Anspruchsgrundlagen variieren (z. B. § 475 BGB für den Verbrauchsgüterkauf). Diese Normen können im Rahmen der Prüfung einer Anspruchsgrundlage Bedeutung gewinnen. Dadurch ergeben sich in der Prüfung Normenketten, die einen verschachtelten Aufbau des Gutachtens erfordern. So ist z. B. für einen Nachlieferungsanspruch beim Verbrauchsgüterkauf folgendermaßen zu zitieren: §§ 439 Abs. 1, 437 Nr. 1, 434 Abs. 1, 475 Abs. 1, 474 Abs. 1 BGB.

2. Einheit: Rechtsgeschäftslehre

2.1 Inhalt und Lernziel

Diese Einheit dient dem Einstieg in ein auch in den Rechten anderer Staaten zentrales Gebiet des Zivilrechts: der Rechtsgeschäftslehre. Zentral ist dabei der Begriff der Willenserklärung, allein schon angesichts der Bedeutung dieser Rechtsfigur für den wirksamen Abschluss von Verträgen. Durch Willenserklärungen bringen die Parteien zum Ausdruck, was sie (rechtlich) wollen, etwa einen Kaufvertrag abschließen, eine Wohnung mieten oder einen Arbeitsvertrag kündigen. Im Folgenden werden die Anforderungen an die Wirksamkeit von Willenserklärungen und die Rechtsfolgen unwirksamer Rechtsgeschäfte dargestellt.

Schon bei der Abgabe von Willenserklärungen kann es zu – juristischen – Problemen kommen. So kann die Fähigkeit zur Abgabe einer Willenserklärung von vornherein beschränkt sein, etwa bei Minderjährigen. Oder der Erklärende irrt sich bei dem, was er eigentlich sagen will. Auch für solche Sachverhalte muss die Rechtsgeschäftslehre Lösungen bereithalten. Der Übungsfall beinhaltet daher eine typische Konstellation des Irrtums einer Partei bei der Formulierung einer Willenserklärung. Dabei werden die Voraussetzungen der nachträglichen Beseitigung einer zunächst wirksamen Willenserklärung wiederholt. In diesem Zusammenhang wird auch auf die (mögliche) Haftung desjenigen eingegangen, der nicht mehr an eine abgegebene Willenserklärung gebunden sein möchte.

2.2 Willenserklärung

2.2.1 Begriff

Eine Willenserklärung ist eine **private Willensäußerung mit Rechtsbindungswillen. Privat** bedeutet, dass keine öffentlich-rechtlichen Äußerungen (dies sind behördliche Erklärungen wie z. B. eine Baugenehmigung, ein Bußgeldbescheid) gemeint sind, sondern dass im privatrechtlichen Bereich unter Gleichgeordneten gehandelt wird. **Rechtsbindungswille** bedeutet, dass die Willenserklärung auf die **Herbeiführung einer Rechtsfolge** gerichtet ist.[5]

Die Willensäußerung ist ein zweigliedriger Tatbestand. Sie besteht aus einem **inneren Element** (Wille des Erklärenden), auch als subjektiver Tatbestand bezeichnet, und einem **äußeren Element** (Äußerung), auch als objektiver Tatbestand bezeichnet.[6]

---

5 MüKo-BGB/*Busche*, § 145 Rn. 7 ff.
6 *Wolf/Neuner*, BGB AT, § 31 Rn. 1.

Der aus den genannten Elementen zusammengesetzte Wille muss nach außen hin erklärt werden.

Das **innere** (subjektive) Element einer Willenserklärung setzt sich zusammen aus
- **Handlungswille:** Der Erklärende weiß, er tut etwas (Gegensatz: Schlafwandeln, epileptischer Anfall).
- **Erklärungsbewusstsein:** Der Erklärende weiß, dass sein Verhalten von seiner Umgebung als rechtserhebliche Erklärung aufgefasst wird (Gegensatz: gesellschaftliche Abendeinladung).
- **Geschäftswille:** Der Erklärende weiß, dass sich an seine Äußerung eine konkrete Rechtsfolge knüpft (Gegensatz: Erklärender nimmt an, er unterschreibe eine Empfangsbestätigung, bestellt jedoch durch das Formular eine Waschmaschine).

Beispiele für Willenserklärungen sind: Angebot und Annahme beim (Kauf-)Vertrag, Anfechtung eines Gesellschafterbeschlusses, Kündigung eines Arbeitsverhältnisses, Abgabe des Eheversprechens.

2.2.2 Wirksamwerden von Willenserklärungen

Unter Anwesenden gehen Willenserklärungen sofort zu. Ob und wann eine Willenserklärung **unter Abwesenden** wirksam wird, hängt davon ab, ob es sich um eine **empfangsbedürftige** (Kündigung, Antrag zum Vertragsschluss) oder eine **nicht empfangsbedürftige Willenserklärung** (Testament, Auslobung i. S. d. § 657 BGB) handelt.

Nicht empfangsbedürftige Willenserklärungen werden mit der Abgabe wirksam, also wenn der Erklärende sich seiner Erklärung willentlich entäußert hat (z. B. Niederschrift des Testaments). Auf die Kenntnisnahme durch einen anderen kommt es nicht an.

Empfangsbedürftige Willenserklärungen werden erst wirksam, wenn sie dem Empfänger **zugehen** (§ 130 Abs. 1 S. 1 BGB), denn bis zum Zugang kann eine Willenserklärung nach § 130 Abs. 1 S. 2 BGB noch widerrufen werden. Der Begriff der **Abgabe** ist bei empfangsbedürftigen Willenserklärungen im Vergleich zu den nicht empfangsbedürftigen abgeändert: hier muss die Erklärung **auf den Weg zum Empfänger gebracht** werden.[7]

Abgabe $=_{def}$ willentliche (endgültige) Entäußerung einer Willenserklärung in den Rechtsverkehr, bei empfangsbedürftigen Willenserklärungen in Richtung auf den Erklärungsempfänger.

Für den **Zugang** empfangsbedürftiger Willenserklärungen unter Abwesenden ist zwischen durch Verkörperung in einem Schriftstück oder auf einem Datenträger, z. B. als Mail **gespeicherten Willenserklärungen** einerseits **und nicht gespeicherten Willenserklärungen** (mündlich, fernmündlich) andererseits zu unterscheiden. **Nicht gespeicherte Willenserklärungen** gehen entweder **sofort zu** oder gar nicht, § 147 Abs. 1 BGB. Der **Zugang gespeicherter Willenserklärungen**

7 BGH NJW 1990, 1655 (1656).

(als Brief oder E-Mail) erfolgt, wenn sie so in den Machtbereich des Empfängers (Postbriefkasten, Mailserver) gelangen, dass der Empfänger **unter normalen Umständen Kenntnis nehmen kann.**[8] Nicht erforderlich ist die tatsächliche Kenntnisnahme.

Beispiel:
Brief im Briefkasten des Empfängers zur verkehrsüblichen Leerungszeit.

Zugang gespeicherter Willenserklärung $=_{def}$ wenn die Willenserklärung so in den Machtbereich des Empfängers gelangt ist, dass unter normalen Umständen mit seiner Kenntnisnahme zu rechnen ist.

Eine **nicht gespeicherte Willenserklärung** ist nur dann zugegangen, wenn der Empfänger sie richtig verstanden hat (sog. Vernehmungstheorie).[9] Eingeschränkt wird dieser Grundsatz, wenn der Erklärende nach den erkennbaren Umständen keinen Zweifel daran haben konnte, dass der Empfänger die Willenserklärung richtig verstehen würde (z. B. nicht erkennbare Schwerhörigkeit des Empfängers, Empfänger ist gerade nicht aufmerksam). Der Empfänger muss entsprechend dem Grundsatz von Treu und Glauben (§ 242 BGB) die in seinem Bereich liegenden Störungen der Verständigung deutlich machen und dem Erklärenden mitteilen.

Zugang nicht gespeicherter Willenserklärung =def erfolgt, wenn der Empfänger die Willenserklärung richtig verstanden hat, außer der Erklärende konnte nach den erkennbaren Umständen keinen Zweifel am richtigen Verständnis haben (modifizierte Vernehmungstheorie).

Die verschiedenen Varianten einer Willenserklärung und die Anforderungen an ihre Wirksamkeit lassen sich wie folgt zusammenfassen:

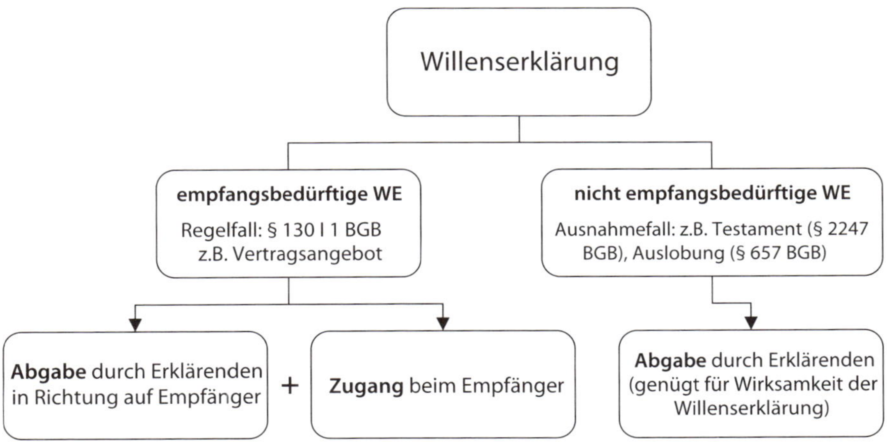

8 BGH NJW 1977, 194.
9 BAG NJW 1983, 2835.

2.2.3 Form der Willenserklärungen

Willenserklärungen müssen grundsätzlich nicht in einer bestimmten Form abgegeben werden. So müssen Verträge (entgegen landläufigem Vorurteil!) keineswegs schriftlich, ja nicht einmal ausdrücklich geschlossen werden. Ausreichend ist vielmehr **jedes schlüssige Handeln**, durch welches eindeutig der Wille zum Ausdruck kommt, eine bestimmte Rechtsfolge herbeiführen zu wollen (z. B. Nicken, Aufstellung einer Zeitungsverkaufsbox). Juristen sprechen in diesem Fall auch von **konkludentem Handeln**.

Bloßes (einfaches) **Schweigen** genügt ohne weitere Anhaltspunkte hingegen in aller Regel nicht zur Annahme einer Willenserklärung, denn bloßes Schweigen drückt keinen rechtserheblichen Willen aus – etwa zum Vertragsschluss.[10] Beachte aber die gesetzliche Ausnahme im Handelsrecht: § 363 Abs. 1 HGB, siehe dazu WPR 2 Einheit 8 Ziff. 8.2.3.

Für bestimmte Willenserklärungen stellt das Gesetz allerdings sog. **Formerfordernisse** auf, z. B. für Grundstückskaufverträge (§ 311b Abs. 1 BGB) oder für GmbH-Gesellschaftsverträge (§ 2 Abs. 1 GmbHG).

Diese Formerfordernisse haben verschiedene Funktionen:[11]

- **Warnfunktion**: Schutz vor übereilter Bindung bei riskanten Geschäften;
- **Klarstellungs- und Beweisfunktion**: beweiskräftige Fixierung des Erklärungsinhalts;
- **Beratungsfunktion** (bei notarieller Beurkundung): Aufklärung über die rechtliche Tragweite der Erklärung.

Die wichtigsten Formerfordernisse des BGB sind:

- **Schriftform**, § 126 BGB: Die Urkunde muss schriftlich abgefasst und eigenhändig unterschrieben werden.
- **Elektronische Form**, § 126a BGB: seit 2001 ist die elektronische Form als Unterfall der Schriftform (siehe § 126 Abs. 3 BGB) zugelassen, Voraussetzungen: Einverständnis zwischen den Beteiligten und eine elektronische Signatur i. S. d. Gesetzes über Rahmenbedingungen für elektronische Signaturen. Bei Verträgen gelten zusätzlich die Voraussetzungen des § 126a Abs. 2 BGB.
- **Textform**, § 126b BGB: Abgabe einer lesbaren Erklärung mit Nennung der Person des Erklärenden auf einem dauerhaften Datenträger. Ein dauerhafter Datenträger ist jedes Medium, das eine Erklärung aufbewahren oder speichern kann und geeignet ist die Erklärung unverändert wiederzugeben (z. B. Textdatei auf USB-Stick). **öffentliche Beglaubigung**, § 129 BGB: Die Erklärung muss schriftlich verfasst sein, die Unterschrift des Erklärenden muss von einem Notar (oder einer Behörde) beglaubigt werden (d. h., sie muss in Gegenwart der Beglaubigungsperson vom Richtigen geleistet werden – „Wer draufsteht, muss drin sein").
- **notarielle Beurkundung**, § 128 BGB i. V. m. §§ 8–16 Beurkundungsgesetz (BeurkG): nach Identitätsfeststellung durch den Notar wird die gesamte Er-

---

[10] BGH NJW-RR 1994, 1163 (1165).

[11] Vgl. etwa *Wolf/Neuner*, BGB AT, § 44 Rn. 3 ff.

klärung vorgelesen, genehmigt und von allen Beteiligten und dem Notar unterschrieben.

Wird die gesetzlich vorgeschriebene Form **nicht eingehalten**, ist die entsprechende Erklärung nach § 125 S. 1 BGB **formnichtig**. Für eine rechtsgeschäftlich vereinbarte Form gilt dies nur im Zweifel, also wenn die Auslegung der Formvereinbarung nicht ergibt, dass die Erklärung auch bei mangelnder Form (doch) nicht nichtig sein soll.

2.2.4 Auslegung von Willenserklärungen

Willenserklärungen können **auslegungsbedürftig** sein, denn oft äußern sich Menschen nicht eindeutig. Mit Hilfe der Auslegung soll in diesen Fällen der Sinn der Willenserklärung bestimmt werden, den sie nach der Vorstellung desjenigen, der die Erklärung abgegeben hat (Erklärender), haben soll, bzw. von Rechts wegen haben kann. Dabei stehen sich die Interessen des Erklärenden und des Erklärungsempfängers (bzw. von Dritten) gegenüber: Der Erklärende will nur an das gebunden sein, was er wirklich **erklären wollte**, der Erklärungsempfänger hingegen vertraut auf den Erklärungsinhalt, so wie er ihn **verstanden hat**.

Im BGB finden sich zwei **allgemeine Regelungen** zur Auslegung von Willenserklärungen: § 133 BGB und § 157 BGB. Die Auslegung empfangsbedürftiger Willenserklärungen richtet sich nach § 157 BGB, bei der Auslegung von Verträgen werden die §§ 133, 157 BGB herangezogen.

Auf dieser gesetzlichen Grundlage geht man bei der Auslegung empfangsbedürftiger Willenserklärungen vom sog. **Empfängerhorizont** aus. Das bedeutet, dass maßgeblich ist, was der Adressat der Erklärung bei zumutbarer Anstrengung nach Treu und Glauben als ihren Inhalt verstehen durfte. Allerdings stellt man dabei nicht auf den konkreten Empfänger ab, sondern ersetzt ihn gedanklich durch einen objektiven Dritten. Der Inhalt der Willenserklärung bestimmt sich folglich danach, wie ihn ein umsichtiger und unbefangener Dritter, der mit den äußeren Umständen vertraut ist, im konkreten Fall verstanden hätte; dies bezeichnet man als **objektiven Empfängerhorizont.**

Fallen Gewolltes und vom objektiven Empfängerhorizont aus Erklärtes auseinander, wird der Erklärende durch eine Anfechtungsmöglichkeit (siehe unten Ziff. 2.4.3) geschützt. Allerdings ist der Anfechtende gem. § 122 BGB zum Ersatz des Vertrauensschadens verpflichtet.

Eine Ausnahme von den Auslegungsregeln gemacht wird im Fall der sog. **falsa demonstratio non nocet** (lat für „falsche Bezeichnung schadet nicht“). Hier hatten die Parteien einen Gegenstand objektiv falsch bezeichnet (z. B. Walfischfleisch als „Haakjöringsköd“ = norwegisch für Haifischfleisch, wie in einer bekannten Leitentscheidung des Reichsgerichts von 1920), meinten damit aber übereinstimmend etwas anderes (im Beispiel: Walfleisch).[12] Hier gebieten die Interessen der Beteiligten, dass das von den Parteien übereinstimmend Gewollte gilt, im Beispiel ein Kaufvertrag über Walfleisch.

---

[12] RGZ 99, 147 (148).

2.3 Rechtsgeschäft

Rechtsgeschäft $=_{def}$ Tatbestand bestehend aus mindestens einer Willenserklärung sowie möglicherweise weiteren Elementen (z.B. Realakt, behördliche Mitwirkungshandlung), an die die Rechtsordnung den Eintritt einer Rechtsfolge knüpft.

Es wird zwischen ein- und mehrseitigen Rechtsgeschäften unterschieden. Einseitige Rechtsgeschäfte enthalten die Willenserklärung nur einer Person (z.B. Kündigungserklärung, Anfechtungserklärung, Testamentserrichtung, Auslobung). Mehrseitige Rechtsgeschäfte enthalten dagegen Willenserklärungen mehrerer Personen, v.a. Verträge und Beschlüsse. Am häufigsten sind zweiseitige Rechtsgeschäfte wie z.B. Kaufverträge. Mehr als zwei Parteien sind z.B. meistens an Gesellschaftsverträgen beteiligt.

Ein Vertrag kommt zustande durch zwei inhaltlich übereinstimmende, mit Bezug aufeinander abgegebene Willenserklärungen, Angebot und Annahme; §§ 145 ff. BGB.

2.3.1 Angebot

Das Angebot (§ 145 BGB spricht von „Antrag") ist **eine empfangsbedürftige Willenserklärung.** Es ist demnach nicht schon mit Abgabe wirksam, sondern erst mit Zugang beim Erklärungsempfänger (zum Zugang siehe oben Ziff. 2.2.2).

Angebot $=_{def}$ Willenserklärung, durch die der Vertragsschluss einem potentiellen Vertragspartner so angetragen wird, dass dieser nur noch „ja" sagen muss.

Voraussetzung eines wirksamen Angebots ist die **Bestimmung der wesentlichen Bestandteile des Vertrags** (lat. **essentialia negotii**), beim Kaufvertrag der Vertragsparteien, des Kaufgegenstands (Sache oder Recht) und des Kaufpreises.

Kein Antrag sind Anpreisungen von Waren, etwa in Schaufenstern, Katalogen oder auf Websites. Dies ergibt die Auslegung nach § 157 BGB. Hier weiß der potentielle Käufer, dass es zu fehlerhaften Preisauszeichnungen kommen kann oder dass die angepriesene Ware ausverkauft ist. Der (maßgebliche) **objektivierte Erklärungsempfänger** erkennt daher, dass der potentielle Verkäufer bei der Anpreisung nicht rechtsgeschäftlich handeln will (fehlender Rechtsbindungswille). Das Anpreisen und Auszeichnen von Ware ist daher bloße **invitatio ad offerendum** (lat. für „Einladung zur Angebotsabgabe").[13] Ein rechtsverbindliches Angebot ist erst die Bestellung des Käufers beim Verkäufer, die ihrerseits konkludent geschehen kann, etwa durch die Vorlage des Gegenstands an der Kasse. Soll ein wirksamer Kaufvertrag zustande kommen, muss dieses Angebot freilich noch angenommen werden.

An seinen Antrag ist der Erklärende gebunden, es sei denn er schließt diese Bindung aus, § 145 BGB. Der Antrag **erlischt** jedoch, wenn der Empfänger

[13] BGH NJW 1980, 1388.

- ihn dem Antragenden gegenüber ablehnt, § 146 BGB, oder
- nur eine modifizierende Annahme erklärt, § 150 Abs. 2 BGB (Empfänger sagt: „ja, aber …“), oder
- eine der Annahmefristen nach §§ 148, 147 Abs. 1 und 2 BGB abläuft.

2.3.2 Annahme

Auch die Annahme gem. § 147 BGB ist eine (grundsätzlich) **empfangsbedürftige Willenserklärung.** Eine Ausnahme von der Empfangsbedürftigkeit statuiert jedoch § 151 S. 1 BGB. Danach ist der Zugang der Annahmeerklärung entbehrlich, wenn dieser nach der Verkehrssitte nicht zu erwarten ist oder der Antragende darauf verzichtet hat. Die **Annahme selbst wird freilich nie entbehrlich** (beachte auch hier: Schweigen ist keine Willenserklärung). Ermöglicht wird aber beispielsweise eine konkludente Abgabe der Annahmeerklärung, auch wenn diese der anderen Partei nicht zugeht.

Stets führt die Annahme nur dann zum Vertragsschluss, wenn sie mit dem **Antrag inhaltlich übereinstimmt**. Wird die Annahme nur unter Abänderungen („ja aber …“) erklärt, ist sie ein neuer Antrag, § 150 Abs. 2. BGB. Grundsätzlich ist der Antragsgegner frei, den Antrag anzunehmen oder nicht (Privatautonomie/Vertragsfreiheit); anders nur bei Kontrahierungszwang (z. B. aufgrund kartellrechtlicher Vorschriften) oder entsprechender Vereinbarung (Vorvertrag, Optionsvertrag).

2.4 Willensmängel

2.4.1 Geheimer Vorbehalt, Scheingeschäft, Scherzerklärung

§ 116 S. 1 BGB schließt die Nichtigkeit einer Willenserklärung aus, wenn der Erklärende sich **insgeheim** vorbehalten hatte, das Erklärte nicht zu wollen. Hier ist der Erklärungsempfänger schutzwürdiger als der treuwidrig handelnde Erklärende. Etwas anders – doch Nichtigkeit der Erklärung – gilt, wenn der Empfänger den Vorbehalt kennt und darum nicht schutzwürdig ist, § 116 S. 2 BGB.

Gemäß § 117 Abs. 1 BGB sind **Scheingeschäfte** (z. B. unzutreffend niedrige Kaufpreisangabe bei Grundstücken zwecks Hinterziehung von (Grunderwerbs-) Steuer und Verkürzung von Notargebühren)[14] nichtig. Wird durch ein Scheingeschäft ein anderes Geschäft verdeckt, gilt das verdeckte Geschäft, denn im Grunde haben die Parteien dann nur in „Geheimsprache“ kontrahiert. Sie haben „A“ gesagt, obwohl sie beide „B“ meinten. Das „B“ müssen beide dann aber auch gegen sich gelten lassen – wobei dann aber z. B. auch Formvorschriften gelten.

Aus dem Rahmen der **Auslegung** nach dem objektiven Empfängerhorizont fällt § 118 BGB: Unwirksam ist eine Willenserklärung, die scherzhaft in der Erwartung abgegeben wurde, die Gegenseite werde die Scherzhaftigkeit erkennen.

---

[14] Vgl. BGH NJW 1991, 1617.

Hier wird dem Adressaten ein Verständnisrisiko auferlegt, das der Theorie vom normativen Erklärungswert eigentlich widerspricht. Die Vorschrift ist in der Praxis jedoch unbedeutend.

2.4.2 Offener und versteckter Dissens

Haben die Vertragspartner keine Übereinstimmung über den wesentlichen Vertragsinhalt (o. g. **essentialia negotii**) erzielt, kommt bereits nach den allgemeinen Regeln kein Vertrag zustande (siehe oben Ziff. 2.3.1). Zusätzlich bestimmt § 154 Abs. 1 BGB, dass ein Vertrag im Zweifel auch dann nicht zustande kommt, wenn nicht über alle Punkte Einigung erzielt worden ist, für welche dies nach Erklärung auch nur einer Partei geschehen sollte. Dieser Wille muss der anderen Partei kenntlich gemacht worden und das Fehlen der Einigung beiden Parteien bewusst sein (**offener Dissens**).

Waren sich die Parteien hingegen nicht bewusst, dass sie über einen wesentlichen Punkt keine Einigung erzielt haben (z. B. weil sie im Laufe der Verhandlungen eine Regelung im Vertrag vergessen hatten), gilt der Vertrag nach § 155 BGB als mit dem vereinbarten Inhalt geschlossen. Voraussetzung ist, dass die Auslegung ergibt, der Vertrag wäre auch ohne Regelung dieses Punktes geschlossen worden (**versteckter Dissens**). Ob tatsächlich eine Einigung über den entsprechenden Punkt erzielt wurde, bestimmt sich nach den allgemeinen Auslegungsgrundsätzen (objektiver Empfängerhorizont, §§ 133, 157 BGB), hängt also **nicht** vom subjektiven Verständnis der Parteien ab.

2.4.3 Anfechtung von Willenserklärungen

2.4.3.1 Vorbemerkung

Grundsätzlich gilt für die Änderung von Schuldverhältnissen § 311 BGB: können diese also lediglich einvernehmlich erfolgen, also durch Änderungs- oder Aufhebungsvertrag. Einseitig kann sich eine Partei nur ausnahmsweise von einem Schuldverhältnis lösen, etwa weil ihr aufgrund besonderer Umstände ein Anfechtungs-, Rücktritts- oder Kündigungsrecht zusteht.

Eine **Anfechtung** beseitigt die eigene Willenserklärung. Da ein zweiseitiges Schuldverhältnis – etwa ein Vertrag – aber nur durch zwei übereinstimmende Willenserklärungen geschlossen werden kann, wird durch die Anfechtung auch das Schuldverhältnis rückwirkend (lat. ex tunc) beseitigt (§ 142 Abs. 1 BGB). Bereits ausgetauschte Leistungen werden nach den §§ 812 ff. BGB zurückgewährt.

Der **Rücktritt** hingegen gestaltet das Schuldverhältnis in ein sog. Rückgewährschuldverhältnis um, welches den besonderen Regeln der §§ 346 ff. BGB unterliegt. Die Kündigung wiederum beendet Dauerschuldverhältnisse (z. B. Miete) nur mit Wirkung für die Zukunft, weil hier die Rückabwicklung kaum möglich ist.

2.4.3.2 Anfechtungstatbestände

a. Irrtumsanfechtung, §§ 119, 120 BGB

Nicht jeder Irrtum berechtigt den Erklärenden zur Anfechtung. Grundsätzlich unbeachtlich ist der sogenannte **Motivirrtum**. Dieser betrifft eine Fehlvorstellung hinsichtlich der Motivation zur Vornahme eines Rechtsgeschäfts. Ein unbeachtlicher Motivirrtum liegt beispielsweise vor, wenn beim Juwelier ein Ehering gekauft wird, obwohl die Angebetete den Käufer gar nicht heiraten will. Aufgrund eines solchen Irrtums kann der Käufer den Kaufvertrag nicht anfechten.

Gesetzlich geregelt sind vier beachtliche Irrtumskonstellationen:

- Irrtum über den **Inhalt** der Willenserklärung gem. § 119 Abs. 1 Alt. 1 BGB (Inhaltsirrtum): der Erklärende weiß, WAS er sagen will, jedoch nicht was er DAMIT sagen will, z. B. bei der unzutreffenden Verwendung eines Fremdworts.[15]

  Beispiel:

  A bestellt „25 Gros Rollen" Toilettenpapier und erhält 3600 Rollen geliefert. Was A nicht wusste: „Gros" steht nicht für „Stück", sondern für „zwölf Dutzend" (144 Stück). A kann ihre Willenserklärung wegen eines Inhaltsirrtums anfechten.[16]

- Irrtum über die **Erklärung gem.** § 119 Abs. 1 Alt. 2 BGB (Erklärungsirrtum): der Erklärende weiß nicht was er mit seiner Erklärung aussagt. Typische Beispiele sind das Verschreiben, Versprechen, Vertippen.

  Beispiel:

  A verschreibt sich und bestellt versehentlich nicht 25, sondern 250 Gros. A kann ihre Willenserklärung wegen eines Erklärungsirrtums anfechten.

- **falsche Übermittlung** einer Willenserklärung gem. § 120 BGB: durch die Übermittlung wird der Erklärungsinhalt verändert.

  Beispiel:

  Die Post ändert den Text in einem Telegramm von 25 Gros versehentlich in 250 Gros.

- Irrtum über **verkehrswesentliche Eigenschaft** oder **Identität** gem. § 119 Abs. 2 BGB

Eigenschaft $=_{def}$ alle tatsächlichen und rechtlichen Verhältnisse einer Sache, die infolge ihrer Beschaffenheit und Dauer wert- und brauchbarkeitsrelevant sind (alle wertbildenden Faktoren, die der Sache unmittelbar und auf Dauer anhaften).[17]

Keine Eigenschaften i. S. v. § 119 Abs. 2 BGB sind der **Wert einer Sache oder ihr Preis.** Wert und Preis bilden sich am Markt und haften der Sache darum nicht dauerhaft an. Der Wert kann insbesondere – und schon rein logisch – kein *wertbildender* Faktor sein. Irren kann man sich in diesem Zusammenhang aber über tatsächliche **wertbildende Faktoren**, wie etwa das Alter einer Antiquität oder den Schöpfer eines Kunstwerks.

---

15 MüKo-BGB/*Armbrüster*, § 119 Rn. 56 f.
16 Nach LG Hanau NJW 1979, 721.
17 BGH NJW 1961, 772 (775).

b. Täuschungsanfechtung, § 123 Abs. 1 Alt. 1 BGB

Anders als bei §§ 119, 120 BGB, bei denen allein der Gegenstand des Irrtums entscheidet, ist Kerntatbestand des § 123 BGB die **Art der Irrtumserregung**. Auch ein im Rahmen des § 119 BGB unbeachtlicher Motivirrtum kann darum nach § 123 BGB angefochten werden, wenn er durch **arglistige Täuschung** oder **widerrechtliche Drohung** hervorgerufen wurde. Geschützt wird hier die **Freiheit der Willensbildung**.

> **Täuschung $=_{def}$ Hervorrufen falscher Vorstellungen bei einem anderen durch Einwirkung auf sein Vorstellungsbild.**

Nicht arglistig i. S. v. § 123 Abs. 1 BGB ist eine Täuschung jedoch, wenn eine Frage falsch beantwortet wird, die der andere Teil gar nicht hätte stellen dürfen. So ist z. B. die Frage des potentiellen Arbeitgebers nach einer (geplanten) Schwangerschaft der Bewerberin nach dem Allgemeinen Gleichbehandlungsgesetz und dem Mutterschutzgesetz verboten und kann hier auch unzutreffend beantwortet werden („Recht zur Lüge“). Wird der Arbeitgeber so getäuscht und kommt es zum Abschluss eines Arbeitsvertrags, kann er wegen einer solchen Täuschung nicht anfechten.

c. Drohungsanfechtung

> **Drohung $=_{def}$ In Aussicht stellen eines Übels, dessen Verwirklichung vom Willen des Drohenden abhängen soll (anders bei der Warnung: Hinweis auf ein unabhängig vom Willen des Erklärenden eintretendes Übel).**

Die nach § 123 Abs. 1 BGB zur Anfechtung berechtigende Drohung muss **widerrechtlich** sein. Dies ist immer bei einem Verstoß gegen § 240 StGB (Nötigung) oder § 253 StGB (Erpressung) der Fall. Dort muss die Rechtswidrigkeit der Drohung jedoch auch im Rahmen einer besonderen Verwerflichkeitsprüfung (Verwerflichkeit von Zweck, Mittel oder der Mittel-Zweck-Relation) festgestellt werden. In anderen Fällen wird eine entsprechende Zweck-Mittel-Relation direkt im Rahmen der Widerrechtlichkeitsprüfung des § 123 Abs. 1 BGB durchgeführt.

2.4.3.3 Anfechtungsfrist

Nach § 121 Abs. 1 S. 1 BGB muss eine Irrtumsanfechtung auf Grund von § 119 oder § 120 BGB **unverzüglich** nach der Entdeckung des Irrtums erfolgen. Unverzüglich bedeutet nach der Legaldefinition des § 121 Abs. 1 S. 1 BGB „ohne schuldhaftes Zögern“. Ob diese Voraussetzung eingehalten wird, hängt vom jeweiligen Einzelfall ab.

Im Gegensatz dazu gewährt § 124 Abs. 1 BGB dem Anfechtenden bei Anfechtung wegen Täuschung oder Drohung (§ 123 Abs. 1 BGB) eine Frist von einem Jahr ab Entdeckung der Täuschung bzw. dem Ende der drohungsbedingten Zwangslage.

2.4.3.4 Anfechtungsfolgen

Hauptwirkung der Anfechtung ist der rückwirkende Wegfall des Geschäfts, das auf der angefochtenen Willenserklärung beruht. Das Rechtsgeschäft gilt gemäß § 142 Abs. 1 BGB als von Anfang an nichtig (**Nichtigkeit ex tunc**).

Eine Anfechtung kann (auch) einen **Anspruch auf Schadensersatz** des Anfechtungsgegners nach sich ziehen. Bei der Irrtumsanfechtung schuldet der Anfechtende nach § 122 Abs. 1 BGB dem Anfechtungsgegner den Ersatz von dessen Vertrauensschaden (**negatives Interesse**). Man könnte sagen: Die Pflicht zur Herstellung des Zustands, der ohne Abgabe der Erklärung bestanden hätte, ist der Preis für die Möglichkeit, sich von der Erklärung zu lösen. Zu ersetzen sind dementsprechend Aufwendungen, die der andere Teil in Erwartung der Wirksamkeit der Willenserklärung gemacht hat

Bei der Täuschungs- oder Drohungsanfechtung gibt es (natürlich!) keine gesonderte Vorschrift über einen möglichen Schadensersatzanspruch des Anfechtungsgegners. Dieser hatte ja getäuscht bzw. gedroht und ist daher keinesfalls schutzwürdig.

Anfechtung

- Durch die Anfechtung als Gestaltungsrecht wird es einer Vertragspartei ermöglicht, sich einseitig von einem Rechtsgeschäft zu lösen.
- Dies ist bei Verträgen eine Ausnahme vom Grundsatz **pacta sunt servanda** („Verträge sind einzuhalten") und zu § 311 Abs. 1 BGB.
- Voraussetzungen einer wirksamen Anfechtung sind:
  - Zulässigkeit der Anfechtung
  - Anfechtungsgrund, §§ 119, 120, 123 BGB
  - Anfechtungserklärung, §§ 143, 130 BGB, durch Abgabe einer einseitigen empfangsbedürftigen Willenserklärung
  - Einhaltung der Anfechtungsfrist, §§ 121, 124 BGB
- Rechtsfolge der Anfechtung: das Rechtsgeschäfts ist von Beginn an (ex tunc) nichtig, § 142 Abs. 1 BGB

Zusammenfassung: Willensmängel und Rechtsfolgen

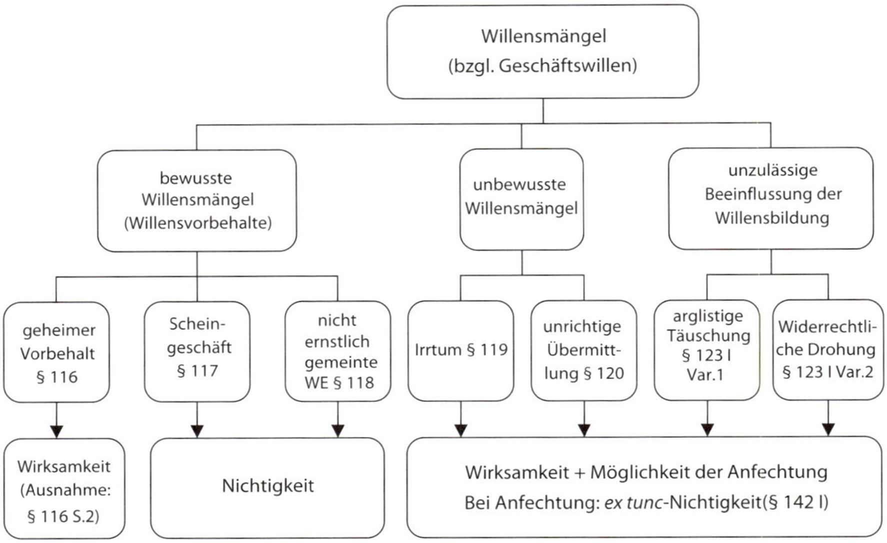

2.5 Übungsfall mit Lösung

Sachverhalt

K möchte sich für die bevorstehenden kalten Wintermonate einen Pelzmantel zulegen. Da sie weiß, dass ihre Bekannte V (wohnhaft in München) bereits mehrere besitzt, wendet sich K vertrauensvoll an V, um eine gute Verkaufsadresse genannt zu bekommen. V antwortet K per E-Mail und teilt ihr mit, dass sie der K einen ihrer Pelzmäntel anbieten könne, Selbstabholung erwünscht. Anstatt – wie gewollt – 2000 Euro als Kaufpreis anzugeben, vergisst V beim Abfassen der Mail eine Null. K liest korrekt „200 Euro", ist über diesen Preis entzückt und erklärt sich mit dem Kauf einverstanden.

Die in Augsburg wohnende K steigt in ihren Pkw und fährt zur Abholung nach München. Dort angekommen, weist V sie auf das aus ihrer Sicht offensichtliche Missverständnis hin. K hat aber einen Ausdruck der Mail mitgebracht und erklärt, dort sei eindeutig von 200 Euro die Rede. Die Angelegenheit sei damit wohl klar.

V fragt daraufhin, ob sie sich vom Vertrag lösen kann. Wenn ja: Kann K die Fahrtkosten ersetzt verlangen?

Lösung

I. Kann V sich vom Vertrag lösen?

V könnte sich durch Anfechtung vom Kaufvertrag lösen. Denn hierdurch würde der Kaufvertrag gemäß § 142 Abs. 1 BGB als ex tunc, d. h. als von Anfang an nichtig anzusehen sein. Da die Irrtumsanfechtung i. S. v. § 119 BGB Willensabweichungen vom objektiv Erklärten voraussetzt, sind zunächst das Zustandekommen und der Inhalt des Kaufvertrags zu untersuchen („Auslegung vor Anfechtung“).

1. Ein Kaufvertrag i. S. v. § 433 BGB kommt durch zwei übereinstimmende Willenserklärungen, Angebot und Annahme (§§ 145 ff. BGB), zustande.
2. In der Erklärung der V, dass diese der K einen ihrer Pelzmäntel anbieten könne, könnte ein wirksames Angebot gem. § 145 BGB zu sehen sein. Fraglich ist der Inhalt der Willenserklärung; dieser ist durch Auslegung zu ermitteln. Empfangsbedürftige Willenserklärungen werden gem. §§ 133, 157 BGB nach dem objektiven Empfängerhorizont ausgelegt. Dies bedeutet, dass nicht allein der wirkliche Wille des Erklärenden maßgeblich ist, sondern in erster Linie auf den Erklärungswert abgestellt wird, wie ihn ein unbefangener Dritter verstehen würde.
3. Vorliegend schrieb V in ihrer E-Mail, dass sie 200 Euro für den Pelzmantel möchte. Ein objektiver Empfänger kann diese Aussage nur so verstehen, dass das Angebot auf einen Kaufpreis von 200 Euro gerichtet ist. Da gebrauchte Pelzmäntel oft zu sehr günstigen Preisen verkauft werden, konnte K von einem wirksamen Angebot der V ausgehen. V gab somit ein Angebot für den Pelzmantel zum Kaufpreis von 200 Euro ab.
4. Dieses Angebot müsste der K auch gem. § 130 Abs. 1 BGB zugegangen sein. Zugegangen ist eine Willenserklärung unter Abwesenden, wenn sie derart in den Machtbereich des Empfängers gelangt, dass dieser unter gewöhnlichen Umständen davon Kenntnis nehmen kann. Willenserklärungen, die in E-Mails enthalten sind, gehen dann zu, wenn sie im „Empfangsbriefkasten“/ der Mailbox des E-Mail-Providers des Empfängers abrufbar gespeichert sind. Denn unter gewöhnlichen Umständen kann der Empfänger dann von der Erklärung durch Abruf Kenntnis nehmen. Indem sich K mit dem Kauf einverstanden erklärte, nahm sie das Angebot der V an.

Folglich ist ein wirksamer Kaufvertrag über den Pelzmantel zu einem Kaufpreis von 200 Euro zustande gekommen.

Um sich durch Anfechtung vom Kaufvertrag zu lösen, müsste zugunsten der V ein Anfechtungsgrund bestehen. Die Anfechtung müsste darüber hinaus fristgemäß erklärt werden.

1. Als Anfechtungsgrund könnte sich V auf den Erklärungsirrtum gem. § 119 Abs. 1 Alt. 2 BGB stützen. Hierzu müsste die Abgabe einer Erklärung dieses Inhalts überhaupt nicht von V gewollt gewesen sein. Typischerweise fallen unter diese Kategorie des Irrtums ein Versprechen, Vertippen, Vergreifen o.ä. des Erklärenden. So liegt es auch hier: V vergaß beim Eintippen des Kaufpreises eine Null. Demnach gab sie eine Erklärung mit einem Inhalt ab, den sie so überhaupt nicht abgeben wollte. Es liegt folglich ein Erklärungsirrtum gem. § 119 Abs. 1 Alt. 2 BGB vor.
2. V müsste die Anfechtung fristgemäß gem. § 121 Abs. 1 BGB, also unverzüglich, d. h. ohne schuldhaftes Zögern ausüben.
3. V müsste schließlich gegenüber K als Anfechtungsgegner gem. § 143 Abs. 2 Alt. 1 BGB die Anfechtung nach § 143 Abs. 1 BGB erklären.

Ergebnis zu I: V steht ein Anfechtungsrecht zu. Sie könnte sich damit durch fristgemäße Erklärung gegenüber K vom Vertrag lösen.

II. Kann K die Fahrtkosten ersetzt verlangen?

K könnte ein Anspruch gegen V auf Ersatz der Fahrtkosten gem. § 122 Abs. 1 BGB zustehen.

1. Hierzu müsste V zunächst den Kaufvertrag wirksam aufgrund von § 119 oder § 120 BGB angefochten haben. Dies ist der Fall (s. o.).
2. Da im Rahmen von § 122 Abs. 1 BGB nur das sog. negative Interesse/der Vertrauensschaden ersatzfähig ist, müssten die Fahrtkosten einen solchen Schadensposten darstellen. Vertrauensschaden ist der Schaden, den man erleidet, weil man gerade auf die Wirksamkeit des Rechtsgeschäfts vertraut hat. Der Geschädigte ist also so zu stellen, wie wenn er sich nie auf die Wirksamkeit des Vertrags verlassen hätte. Hätte sich K nicht auf die Wirksamkeit des Kaufvertrags verlassen, wäre sie nicht von Augsburg nach München gefahren, um den Pelzmantel abzuholen. Die Fahrtkosten stellen also einen kausalen Schadensposten dar.
3. Jedoch wird der Ersatz des negativen Interesses in § 122 Abs. 1 BGB der Höhe nach durch das positive Interesse begrenzt. Bei Ersatz des positiven Interesses wird der Geschädigte so gestellt, wie wenn der Vertrag wirksam und ordnungsgemäß erfüllt worden wäre. Für das positive Interesse wäre also vorliegend insbesondere der Wert des Mantels von Belang. Da hierzu der Sachverhalt keine Angaben erhält, ist davon auszugehen, dass die Höhe der Fahrtkosten nicht durch ein (geringeres) positives Interesse begrenzt wird.
4. Weiterhin darf der Anspruch nicht gem. § 122 Abs. 2 BGB ausgeschlossen sein. Da vorliegend aber die Geschädigte K weder den Grund der Nichtigkeit, noch den Grund der Anfechtbarkeit kannte oder kennen musste, ist der Anspruch nicht ausgeschlossen.

Ergebnis zu II: K hat einen Anspruch gegen V auf Ersatz der Fahrtkosten.

3. Einheit: Rechtsfähigkeit, Geschäftsfähigkeit

3.1 Inhalt und Lernziel

In dieser Einheit werden die Grundvoraussetzungen einer Teilnahme von natürlichen und juristischen Personen am Rechtsverkehr dargestellt, also Rechtsfähigkeit und Geschäftsfähigkeit. Eingegangen wird ferner auf die BGB-Regelungen über Rechtssubjekte, die nicht oder nur beschränkt geschäftsfähig sind. Hier stellen sich vor allem bei Minderjährigen wichtige Fragen nach den Voraussetzungen für die Wirksamkeit von Rechtsgeschäften, denn das deutsche Recht geht von dem Grundsatz aus, dass Minderjährige besonders schutzwürdig sind, weil es ihnen an (notwendiger) Erfahrung im Geschäftsverkehr fehlt.

Der Übungsfall ermöglicht anhand einer typischen Konstellation mit minderjährigen Vertragsparteien die Wiederholung und Vertiefung der in dieser Einheit dargestellten Grundsätze zur (beschränkten) Geschäftsfähigkeit natürlicher Personen mit den Anforderungen an einen wirksamen Vertragsschluss.

3.2 Rechtsfähigkeit

3.2.1 Begriff

Der Begriff „Rechtsfähigkeit“ ist gesetzlich nicht definiert, sondern wird vielmehr vorausgesetzt, siehe beispielsweise die Formulierung in § 1 BGB. In der Rechtswissenschaft wird der Begriff wie folgt definiert:

Rechtsfähigkeit $=_{def}$ Fähigkeit, Träger(in) von Rechten und Pflichten zu sein[18]

Teile der Rechtsfähigkeit sind:

- Geschäftsfähigkeit: Fähigkeit, Verbindlichkeiten durch eigene Willenserklärungen einzugehen
- Deliktsfähigkeit: Fähigkeit, Schadensersatzpflichten durch unerlaubte Handlungen herbei zu führen
- Parteifähigkeit im Zivilprozess (§ 50 ZPO)

---

18 BGH NJW 2001, 1056 (1058); NJW 2002, 1207 (1208); *Medicus/Petersen*, Grundwissen zum Bürgerlichen Recht, § 3 Rn. 24.

3.2.2 Rechtssubjekte

Träger von Rechten und Pflichten werden **Rechtssubjekte** genannt. Man unterscheidet natürliche und juristische Personen.

3.2.2.1 Natürliche Personen

Die Rechtsfähigkeit **beginnt** bei natürlichen Personen (= Menschen) mit der Vollendung der Geburt (§1 BGB). Sie **dauert** an bis zum Eintritt des Todes. Dies folgt mittelbar aus §1922 Abs. 1 BGB, demzufolge das Vermögen eines Verstorbenen mit dem Todeseintritt ohne weiteres auf dessen Erben übergeht. Die Rechtsfähigkeit steht jedem Menschen unabhängig von Alter und Geisteszustand zu.

Beispiel:

Wird das 2jährige Kind bei einem Unfall verletzt, kann es aus §§ 823 ff. BGB Schadensersatzansprüche haben. Diese stehen ihm selbst und nicht den Eltern zu.

3.2.2.2 Juristische Personen

Auch Personenvereinigungen sind rechtsfähig, wenn das Gesetz ihnen Rechtsfähigkeit zuerkennt. Solche Personenvereinigungen mit eigener Rechtspersönlichkeit werden juristische Personen genannt. Ausdrücklich für rechtsfähig erklärt werden folgende Vereinigungen:

- Aktiengesellschaft (AG, §1 Abs. 1 AktG)
- Gesellschaft mit beschränkter Haftung (GmbH, §13 Abs. 1 GmbHG)
- Kommanditgesellschaft auf Aktien (KGaA, §278 Abs. 1 AktG)
- Versicherungsverein auf Gegenseitigkeit (VVaG, §15 Versicherungsaufsichtsgesetz)
- eingetragene Genossenschaft (eG, §17 Genossenschaftsgesetz)
- eingetragener Verein (e.V., §§21 ff. BGB)
- rechtsfähige Stiftung (§80 BGB)

Keine juristischen Personen und damit keine im Verhältnis zu ihren Gesellschaftern verselbständigten Rechtssubjekte sind:

- offene Handelsgesellschaft (OHG, §§105 ff. HGB)
- Kommanditgesellschaft (KG, §§161 ff. HGB)
- Gesellschaft bürgerlichen Rechts (GbR, §§705 ff. BGB)
- nichtrechtsfähiger Verein

OHG und KG sind den juristischen Personen aber gemäß §124 Abs. 1 HGB (bei der KG i. V. m. §161 Abs. 2 HGB) im Wesentlichen gleichgestellt (sog. Teilrechtsfähigkeit). Sie können Inhaber von Forderungen und Verbindlichkeiten sein und unter ihrem Namen (Firma) klagen und verklagt werden. Lange Zeit war strittig, ob auch der GbR eine entsprechende Teilrechtsfähigkeit zukommt. Mittlerweile hat der BGH diese in einem Grundlagenurteil anerkannt.[19] Rechts-

[19] BGH NJW 2001, 1056 ff.

technisch beruht diese Teilrechtsfähigkeit auf einer analogen Anwendung von § 124 HGB auf die GbR (siehe zu den Gesellschaften unten WPR 2 Einheiten 10–12).

Rechtsobjekte sind demgegenüber Gegenstände von Rechten, wie insbesondere Sachen gem. § 90 BGB.[20]

3.3 Geschäftsfähigkeit

3.3.1 Begriff

Die Geschäftsfähigkeit ist neben der Delikts-, Ehe- und Testierfähigkeit ein Unterfall der Handlungsfähigkeit, also der Fähigkeit, durch Handlungen Rechtswirkungen zu erzeugen.

Geschäftsfähigkeit $=_{def}$ Fähigkeit, durch (freie) eigene Willenserklärungen Rechtsfolgen herbeizuführen, bzw. durch eigenes Handeln wirksam Rechtsgeschäfte abzuschließen[21]

Das Problem der Geschäftsfähigkeit stellt sich nur bei natürlichen Personen, weil juristische Personen nicht selbst handeln können, sondern nur durch ihre Organe. Natürliche Personen können jedoch aus Gründen des Alters oder der geistigen Zurechnungsfähigkeit zur eigenverantwortlichen Regelung ihrer Angelegenheiten nicht in der Lage sein. Für diese Situationen gibt es verschiedene gesetzliche Regelungen.

3.3.2 Formen mangelnder Geschäftsfähigkeit

Grundsätzlich sieht das BGB jeden Menschen als voll geschäftsfähig an. Das ist Ausdruck der bürgerlichen Grundfreiheiten, die insbesondere aus den Art. 1 und 2 GG resultieren und denen das BGB verpflichtet ist. Es gibt also keine Differenzierung der Geschäftsfähigkeit nach sozialen Ständen oder Geschlecht.

Ausnahmen werden nur zum Schutz der Individuen vor den Gefahren des Rechtsverkehrs gemacht. Wichtig sind in diesem Zusammenhang folgende Fallgruppen:

- **Geschäftsunfähigkeit**, § 104 BGB: Kleinkinder bis sieben Jahre und **dauerhaft** Geisteskranke sind geschäftsunfähig. Diese Personen können keine rechtserheblichen Erklärungen abgeben. Unter § 105 Abs. 2 BGB fallen dagegen **temporäre** Störungen der Geistestätigkeit, wie z. B. beim Vollrausch.
- **beschränkte Geschäftsfähigkeit**, § 106 BGB: Minderjährige ab sieben Jahren können nach Maßgabe der §§ 107–113 BGB rechtsgeschäftlich tätig sein.

---

20 *Medicus/Petersen*, Grundwissen zum Bürgerlichen Recht, § 3 Rn. 24.
21 BGH NJW 1953, 1342.

3.3.3 Folgen mangelnder Geschäftsfähigkeit

3.3.3.1 Geschäftsunfähige

Willenserklärungen Geschäftsunfähiger sind nichtig und damit wirkungslos, § 105 Abs. 1 BGB. Eine Ausnahme bildet § 105a BGB. Danach sind Geschäfte des täglichen Lebens, die nur geringe Mittel betreffen und bei denen Leistung und Gegenleistung schon bewirkt worden sind, (ausnahmsweise) doch wirksam (z. B. Zeitungskauf am Kiosk bei sofortiger Barzahlung). Geschäftsunfähigen können gem. § 131 Abs. 1 BGB Willenserklärungen auch nicht wirksam zugehen, z. B. ein Kündigungsschreiben.

Nachdem Geschäftsunfähige selbst nicht rechtswirksam handeln können, brauchen sie Personen, die an ihrer Stelle rechtsgeschäftlich handeln (Vertreter). Denn deren Rechtsfähigkeit bleibt von der fehlenden Geschäftsfähigkeit der Vertretenen unberührt. Solche **Vertreter** sind beispielsweise:

- bei Kindern: beide Elternteile gemeinsam als gesetzliche Vertreter, §§ 1626 Abs. 1, 1629 Abs. 1 BGB
- bei geisteskranken Volljährigen: Betreuer als gerichtlich bestellter Vertreter, §§ 1902, 1896 Abs. 1 BGB

3.3.3.3 Beschränkt Geschäftsfähige

Beschränkt Geschäftsfähige können manche Rechtsgeschäfte ohne Zustimmung ihrer Vertreter, manche nur mit deren Zustimmung vornehmen. Entscheidend ist die Bedeutung des Geschäfts.

Zustimmungsfrei sind gemäß § 107 BGB Geschäfte, die für die beschränkt Geschäftsfähigen lediglich **rechtlich** vorteilhaft sind. Auf etwaige wirtschaftliche Vorteile kommt es dabei **nicht** an. Auch der Kauf zu einem besonders günstigen Preis ist darum nicht nur rechtlich vorteilhaft, denn durch ihn wird die Verpflichtung zur Kaufpreiszahlung (§ 433 Abs. 2 BGB) begründet. Lediglich rechtlich vorteilhaft sind demgegenüber z. B. die Annahme eines Schenkungsangebots sowie die Annahme eines Übereignungsangebots.[22] Wie schon in der Einführung erwähnt, wird § 107 BGB im Falle rechtlich neutraler Geschäfte auf Grund einer teleologischen Reduktion nicht angewandt. Rechtlich neutrale Geschäfte sind Geschäfte, die für die beschränkt Geschäftsfähigen unmittelbar weder Vorteile, noch Nachteile bringen, also etwa die Übereignung einer ihnen gar nicht gehörenden Sache, denn hier erleiden nicht sie einen Rechtsverlust, sondern nur die betroffenen Eigentümer. Auch die Abgabe einer Willenserklärung als Stellvertreter eines Dritten ist rechtlich neutral. Hier treffen die Rechtsfolgen nur den Vertretenen, § 165 BGB. Bei rechtlichen neutralen Geschäften ist daher ebenfalls keine Einwilligung des gesetzlichen Vertreters nötig. Für den Zugang von Willenserklärungen gilt entsprechend § 131 Abs. 2 BGB (vgl. dazu den Übungsfall unter 3.4).

Zustimmungsbedürftig sind alle anderen Verträge und einseitigen Rechtsgeschäfte. Die Zustimmung muss regelmäßig **vorher** erteilt werden, also als

---

[22] BGH NJW 2005, 415.

Einwilligung gem. § 183 BGB – entweder zu einzelnen Geschäften (**Individualkonsens**) oder zu mehreren Geschäften eines bestimmten Tätigkeitsbereichs (**Generalkonsens**).

Ferner gilt die Einwilligung gesetzlich in folgenden Fällen als bereits vorliegend:

- § 110 BGB – sog. Taschengeldparagraph
- § 112 BGB – Rechtsgeschäfte im Rahmen eines zuvor genehmigten Erwerbsgeschäfts
- § 113 BGB – Rechtsgeschäfte im Zusammenhang mit der Erfüllung eines Dienst- oder Arbeitsverhältnisses

Einseitige Rechtsgeschäfte (z. B. Anfechtung, Kündigung, Rücktritt) ohne Einwilligung des gesetzlichen Vertreters sind endgültig unwirksam, § 111 Abs. 1 BGB.

Mehrseitige Rechtsgeschäfte (Verträge) sind **ohne Einwilligung** schwebend unwirksam. Der Schwebezustand wird beendet durch Genehmigung der gesetzlichen Vertreter als nachträgliche Zustimmung gem. § 184 BGB bzw. durch die Verweigerung der Genehmigung. Im ersteren Fall wird das Rechtsgeschäft endgültig wirksam, im letzteren Fall endgültig unwirksam, § 108 Abs. 1 BGB.

Der potentielle Vertragspartner des Minderjährigen befindet sich während des Schwebezustands in einer unsicheren Lage. Daher stellt ihm das Gesetz Handlungsmöglichkeiten zur Verfügung, die eine Klärung der Sachlage ermöglichen. Um sich Gewissheit zu verschaffen, kann er den Vertreter zur Erklärung über die Genehmigung **auffordern** (§ 108 Abs. 2 BGB). Wird nicht innerhalb von zwei Wochen die Genehmigung erteilt, so gilt sie als verweigert, das Geschäft wird endgültig unwirksam.

Der Vertragspartner kann außerdem seine Willenserklärung **widerrufen**, es sei denn er wusste bei Vertragsschluss von der beschränkten Geschäftsfähigkeit des Minderjährigen (dann ist er nämlich nicht schutzwürdig), § 109 BGB. Anders wiederum, wenn der Minderjährige ihn über das Vorliegen einer Einwilligung getäuscht hatte. In diesem Fall steht dem Vertragspartner wegen dieser Täuschung wieder der Vorteil des Widerrufsrechts zu. Hiervon gibt es jedoch dann eine Ausnahme, wenn der Vertragspartner trotz der Täuschung des Minderjährigen vom Fehlen der Einwilligung Kenntnis hatte. Dann ist der Vertragspartner wiederum nicht schutzwürdig, er hat kein Widerrufsrecht.

Zusammenfassung: Formen der Geschäftsfähigkeit

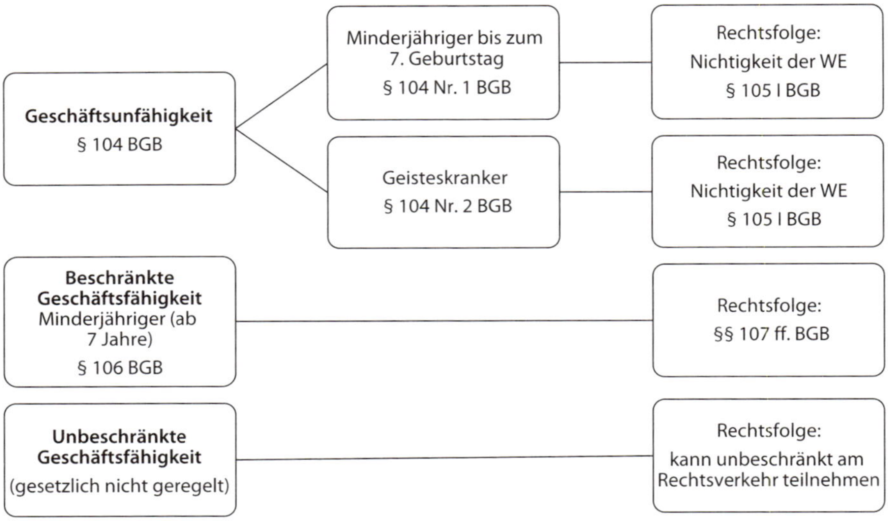

3.4 Übungsfall mit Lösung

Sachverhalt

K ist 16 Jahre alt und braucht dringend ein Handy. Deshalb kauft K ihrer besten Freundin V, die gerade 18 Jahre alt geworden ist und zum Geburtstag ein neues Handy geschenkt bekommen hat, deren altes Handy ab. Die beiden vereinbaren einen Kaufpreis von 150 Euro. K zahlt 50 Euro sofort. Die restlichen 100 Euro soll K erst einen Monat später bezahlen. Ks Eltern sind jedoch strikt gegen diesen Handy-Kauf. Als K mit dem Handy nach Hause kommt, verweigern Ks Eltern jede „Zustimmung“ zu dem Kauf.

Kann V von K Zahlung der noch ausstehenden 100 Euro verlangen?

Lösung

V könnte gegen K ein Anspruch auf Zahlung des (Rest-)kaufpreises i.H.v. 100 Euro aus §433 Abs. 2 BGB zustehen.

Hierzu müsste ein wirksamer Kaufvertrag zwischen K und V zustande gekommen sein. Ein Kaufvertrag kommt durch zwei übereinstimmende Willenserklärungen, Angebot und Annahme gem. §§145 ff. BGB zustande.

1. V könnte ein wirksames Angebot erklärt haben. Die Abgabe ihrer Willenserklärung ist erfolgt, da V diese willentlich in den Rechtsverkehr entäußert hat. Fraglich ist jedoch, ob die Willenserklärung auch der K zugegangen ist. Problematisch am Zugang ist, dass K minderjährig ist. Denn gem. §131 Abs. 2 S. 1 BGB gilt „das Gleiche“, also §131 Abs. 1 BGB, wenn eine Willenserklärung gegenüber einer in der Geschäftsfähigkeit beschränkten Person abgegeben wird. K ist 16 Jahre alt und damit gem. §106 BGB beschränkt geschäftsfähig.

Gem. §131 Abs. 2 S. 1 in Verbindung mit („i. V. m.") §131 Abs. 1 BGB müsste die Willenserklärung daher grundsätzlich dem gesetzlichen Vertreter, also Ks Eltern gem. §§1626 Abs. 1, 1629 Abs. 1 BGB zugehen. Jedoch könnte §131 Abs. 2 S. 2 Alt. 1 BGB greifen. Danach würde die Erklärung gegenüber K ausreichen, falls diese ihr einen lediglich rechtlichen Vorteil brächte.

2. Vorliegend ist das Angebot der V auf den Abschluss eines Kaufvertrags gerichtet. Das Angebot als solches ist nicht mit einer rechtlich nachteilhaften Verpflichtung verbunden. Zwar würde der Abschluss des Kaufvertrags für K Verpflichtungen begründen und wäre rechtlich nachteilhaft. Mit dem Zugang des Angebots wird aber noch nicht der Vertrag geschlossen. Der Zugang des Angebots erweitert lediglich die Entscheidungsmöglichkeiten der K und ist deshalb nicht nachteilhaft. Die Willenserklärung der V konnte K also aufgrund von §131 Abs. 2 S. 2 Alt. 1 BGB wirksam zugehen.
3. K müsste das Angebot der V auch angenommen haben. Zwar erklärte K die Annahme, doch stellt sich die Frage, ob K als beschränkt Geschäftsfähige gem. §106 BGB eine wirksame Willenserklärung abgeben konnte. Grundsätzlich bedarf gem. §107 BGB der Minderjährige zu einer Willenserklärung, durch die er nicht lediglich einen rechtlichen Vorteil erlangt, der Einwilligung seines gesetzlichen Vertreters.
4. Vorliegend ist die Annahmeerklärung auch nicht lediglich rechtlich vorteilhaft. Denn mit der wirksamen Annahme würde K den Kaufvertrag schließen. Dieser würde jedoch zu Verpflichtungen ihrerseits (insbesondere zur Kaufpreiszahlung gem. §433 Abs. 2 BGB) führen und ist somit rechtlich nachteilig. K bedurfte also gem. §107 BGB der Einwilligung ihres gesetzlichen Vertreters. Gesetzlicher Vertreter der K sind ihre Eltern gem. §§1626 Abs. 1, 1629 Abs. 1 BGB. Da unter Einwilligung i. S. v. §107 BGB die vorherige Zustimmung (vgl. die Legaldefinition in §183 BGB) zu verstehen ist, müssten die Eltern vor der Annahmeerklärung der K zugestimmt haben. Dies ist jedoch nicht geschehen.
5. Allerdings ist auch die nachträgliche Zustimmung (Genehmigung) des gesetzlichen Vertreters gem. §§108 Abs. 1, 184 Abs. 1 BGB ausreichend, wenn der Minderjährige den Vertrag ohne die erforderliche Einwilligung abschließt. Die Eltern der K verweigerten aber nachträglich die Zustimmung zum Kauf. Damit ist Ks Willenserklärung endgültig unwirksam.
6. Schließlich könnte der Kaufvertrag gem. §110 BGB als wirksam gelten. Hierzu müsste K die Leistung mit Mitteln bewirkt haben, die ihr zu diesem Zweck oder zu freier Verfügung von ihrem gesetzlichen Vertreter überlassen worden sind (sog. Taschengeldparagraph). Mit „Bewirken" ist Erfüllung im Sinne von §362 Abs. 1 BGB gemeint. Vorliegend hat K jedoch nur 50 Euro bezahlt, also nicht den vollständigen Kaufpreis von 150 Euro. Daher wurde nur ein Teilbetrag „bewirkt". Eine Teilerfüllung führt jedoch nicht zur Wirksamkeit des gesamten Vertrags. Sinn und Zweck von §110 BGB ist insbesondere, die Gefährdung des Vermögens des Minderjährigen zu verhindern. Er soll nicht bereits vor Erfüllung Schuldner werden und damit vor dem Abschluss von Verträgen mit unabsehbaren Zahlungsverpflichtungen geschützt werden. Mangels vollständiger Bezahlung greift §110 BGB nicht.

Mangels wirksamer Willenserklärung der K wurde kein Kaufvertrag mit V geschlossen.

Ergebnis: V hat keinen Anspruch gegen K auf Zahlung des Kaufpreises.

4. Einheit: Stellvertretung

4.1 Inhalt und Lernziel

Wie in Einheit 3 dargestellt können manche Rechtssubjekte mangels Geschäfts- oder Handlungsfähigkeit nicht selbständig am Rechtsverkehr teilnehmen. Dann müssen „Vermittler" eingeschaltet werden, deren rechtsgeschäftliches Handeln ihnen zugeordnet wird. Geschäftsunfähige Kinder bis sieben Jahre handeln durch ihre **gesetzlichen Vertreter**. In der Regel sind dies beide Eltern, §§ 1626 Abs. 1, 1629 Abs. 1 BGB. Auch juristische Personen können nicht selbst handeln, sondern nur durch ihre Organe. So handelt z. B. eine GmbH durch ihre(n) Geschäftsführer gem. § 35 Abs. 1 GmbHG. Man spricht hier von **organschaftlicher Vertretungsmacht**. Aber auch geschäftsfähige natürliche Personen bzw. die Organe von juristischen Personen können Stellvertreter einsetzen und so ihren Wirkungskreis erweitern, §§ 164 ff. BGB. Dabei handelt es sich nicht um eine gesetzliche oder organschaftliche, sondern um eine **rechtsgeschäftliche Vertretung**, denn diese wird auf Grundlage eines Rechtsgeschäfts vereinbart.

In dieser Einheit werden die Voraussetzungen und Wirkungen der wirksamen Stellvertretung dargestellt, ebenso die Rechtsfolgen beim Handeln eines nicht bevollmächtigten „Vertreters". Kenntnisse zur Stellvertretung sind für die Praxis unverzichtbar; insbesondere für das Handelsrecht, denn die dort geregelten besonderen handelsrechtlichen Vollmachten bauen auf den BGB-Vorschriften zur Stellvertretung auf.

Der Übungsfall enthält eine typische Vertretungssituation. Vertieft behandelt werden dabei die Anforderungen an eine wirksame Stellvertretung und insbesondere das Offenkundigkeitsprinzip.

4.2 Wirkung der Stellvertretung

Rechtsfolge der wirksamen Stellvertretung ist die **Wirkung der Erklärung des Stellvertreters** unmittelbar für und gegen den Vertretenen (§ 164 Abs. 1 BGB). Wenn z. B. ein Verkäufer gegenüber dem (nach § 167 BGB entsprechend bevollmächtigten) Vertreter ein Kaufangebot abgibt und der Vertreter dieses Angebot annimmt, kommt ein Kaufvertrag unmittelbar zwischen dem Verkäufer einerseits und dem vertretenem Käufer andererseits zustande.

4.3 Voraussetzungen

Die Voraussetzungen wirksamer Stellvertretung sind gemäß § 164 Abs. 1 BGB:

- **Abgabe einer eigenen Willenserklärung des Vertreters** (im Gegensatz zur Überbringung einer bis ins Detail vorgegebenen **fremden** Willenserklärung als Bote)
- Abgabe der Erklärung **im Namen des Vertretenen (Offenkundigkeitsprinzip)**,
- **mit und im Rahmen der Vertretungsmacht** (man unterscheidet rechtsgeschäftliche, gesetzliche, organschaftliche und gesellschaftsrechtliche Vertretungsmacht).
- Zudem muss die Stellvertretung im konkreten Fall **zulässig** sein.

4.3.1 Zulässigkeit der Stellvertretung

Grundsätzlich ist die Stellvertretung bei Abgabe und Empfang aller Arten von Willenserklärungen zulässig (§ 164 Abs. 1 und Abs. 3 BGB). Nur bei bestimmten **höchstpersönlichen Rechtsgeschäften** scheidet Stellvertretung aus, z. B. bei der Testamentserrichtung (§ 2064 BGB) oder der Eheschließung (§ 1311 S. 1 BGB). Ausgeschlossen werden kann die Vertretung zwischen Vertragsparteien auch rechtsgeschäftlich.

4.3.2 Abgabe einer eigenen Willenserklärung

Anders als der Bote, der lediglich eine fremde Willenserklärung übermittelt oder – als Empfangsbote – entgegennimmt (wie beispielsweise ein Briefzusteller), gibt der Stellvertreter eine **eigene** Willenserklärung ab. Der Vertreter kann eine Willenserklärung auch mit Wirkung für den Vertretenen entgegennehmen (**Empfangsvertreter**). § 164 Abs. 3 BGB bestimmt, dass auf diese Situation § 164 Abs. 1 BGB entsprechend anzuwenden ist.

4.3.3 Abgabe der Willenserklärung im Namen des Vertretenen

Das Handeln des Stellvertreters wirkt nur für den Vertretenen, wenn der Stellvertreter gegenüber dem Erklärungsempfänger **im Namen des Vertretenen** auftritt. Nur dann kann der Empfänger erkennen, dass nicht der Erklärende sein Vertragspartner sein soll, sondern ein Dritter (nämlich der Vertretene), weiß er also, wer sein Schuldner sein wird. Dieser Zusammenhang wird als **Offenkundigkeitsprinzip** bezeichnet. Gemäß § 164 Abs. 1 S. 2 BGB macht es keinen Unterschied, ob die Erklärung des Vertreters ausdrücklich im Namen des Vertretenen erfolgt oder ob die Umstände dies erkennen lassen. So ergibt sich z. B. beim Kellner im Restaurant oder der Verkäuferin im Laden aus den Umständen, dass nicht sie Vertragspartner sein sollen, sondern der/die Inhaber/in des Restaurants bzw. Ladengeschäfts.

Keine Vertretungswirkungen treten ein, wenn das Offenkundigkeitsprinzip verletzt wird, der Erklärende also **nicht** deutlich macht, dass er für einen anderen auftritt. Hier schützt § 164 Abs. 2 BGB den Geschäftspartner. Konnte dieser nicht erkennen, dass er mit einem Dritten kontrahierte, gilt der Vertrag als mit dem Vertreter geschlossen. Eine Irrtumsanfechtung des Vertreters nach § 119 BGB aus dem Grunde, dass er nicht im eigenen Namen handeln wollte, schließt § 164 Abs. 2 BGB aus.

Eine **Ausnahme vom Offenkundigkeitserfordernis** wird als teleologische Reduktion zugelassen beim sogenannten **„Geschäft für den, den es angeht"**. Sofort abgewickelte Bargeschäfte des täglichen Lebens (z. B. Kauf im Supermarkt) wirken auch dann für und gegen den Vertretenen, wenn der Vertreter des Käufers die Stellvertretung nicht erkennen kann.[23] Grund für diese Ausnahme ist die fehlende Schutzwürdigkeit des anderen Vertragsteils. Bei derartigen Massengeschäften von geringer Bedeutung ist davon auszugehen, dass ihm die Person seines Vertragspartners gleichgültig ist.

Beispiel:

K kauft im Auftrag seines Nachbarn N bei Bäcker B ein Brot. N findet im Brot Papierreste. B verweigert N einen Anspruch auf Nacherfüllung (§§ 433, 437 Nr. 1, 439 BGB). Er habe mit N keinen Vertrag geschlossen und K habe den N auch nicht offenkundig vertreten. Da es sich aber um ein Bargeschäft des täglichen Lebens handelt, liegt dennoch eine wirksame Stellvertretung vor. Damit kam der Kaufvertrag zwischen N und B zustande und N kann Sekundäransprüche gegen B geltend machen. B muss N also ein neues Brot liefern.

Kein Handeln im fremden Namen ist das Handeln des Vertreters **unter falschem Namen**, wenn dieser also statt seines eigenen einen fremden Namen verwendet, und das Handeln **unter fremdem Namen**, etwa bei der Verwendung eines fremden Online-Accounts.[24] Diese Konstellationen werden in Abhängigkeit von der Frage gelöst, ob bei dem konkreten Geschäft für den Vertragspartner die Person des Handelnden im Vordergrund stand oder eine mit dem Namen verbundene besondere Vorstellung. Man unterscheidet wie folgt:

- Bei der sog. **Namenstäuschung** hat der Name für den Vertragspartner keine Bedeutung, sondern kommt das Geschäft mit dem Handelnden zustande, also mit demjenigen, der die Willenserklärung abgegeben hat.[25]

  Beispiel:

  Der prominente Schauspieler Huber mietet als „Müller" ein Hotelzimmer, um inkognito zu bleiben

- Bei der **Identitätstäuschung** will der Vertragspartner dagegen den Vertrag gerade mit dem Namensträger und nicht mit dem Handelnden abschließen, etwa weil der Namensträger besonders zahlungskräftig ist. Hier werden die Regeln der Stellvertretung entsprechend (**analog**) angewandt, v. a. §§ 177 ff. BGB (Vertretung ohne Vertretungsmacht).[26]

  Beispiel:

  A gibt sich als Daniel Libeskind aus und schließt mit B einen Architektenvertrag. Ein Vertrag kommt weder zwischen B und A, noch zwischen B und Daniel Libeskind zustande, A haftet gem. §§ 177 ff. BGB. C bestellt bei Versandhaus K unter dem Namen ihrer Schwester S, weil sie selbst wegen ihrer Schufa-Einträge nicht beliefert werden würde. Auch hier kommt kein Vertrag zwischen Versandhaus K und C bzw. S zustande.

---

23 BGH NJW 1991, 2958 (2959).
24 Vgl. BGH NJW 2011, 2421; dazu *Hauck* JuS 2011, 967.
25 Vgl. BGH NJW 1966, 1069 f.
26 BGH NJW 2011, 2421 ff.

4.3.4 Mit und im Rahmen der Vertretungsmacht

Wie oben bereits angedeutet, gibt es mehrere Arten von Vertretungsmacht. So wird die **rechtsgeschäftliche** Vertretungsmacht (Vollmacht) durch Erklärung (also durch ein Rechtsgeschäft) erteilt (§§ 166, 167 BGB). Die **gesetzliche** Vertretungsmacht besteht von Gesetzes wegen (z. B. § 1629 BGB: Eltern vertreten ihre Kinder).

Vollmacht $=_{def}$ durch Rechtsgeschäft erteilte Vertretungsmacht (§ 166 Abs. 2 BGB)

Nach § 167 Abs. 1 BGB wird die Vollmacht durch eine **empfangsbedürftige Willenserklärung** erteilt. Inhalt der Erklärung ist, dass der Vollmachtgeber den Bevollmächtigten ermächtigt, in seinem Namen tätig zu werden. Die Reichweite mancher Vollmachten ist gesetzlich bestimmt, z. B. bei der Prokura in § 49 HGB (dazu unten WPR 2 Einheit 3), ansonsten ergibt sich ihr Umfang aus der Erteilung.

Darüber hinaus sind die Kategorien der **Duldungs- und Anscheinsvollmacht** anerkannt. Bei der **Duldungsvollmacht** weiß der Geschäftsherr, dass ein Vertreter ohne Vertretungsmacht in seinem Namen Geschäfte abschließt und lässt dies geschehen, obwohl ihm ein wirksames Einschreiten möglich und zumutbar wäre.[27] Obwohl keine rechtsgeschäftliche Vollmacht erteilt wurde, kann das Handeln des „Vertreters" so dem Geschäftsherrn zugerechnet werden.

Im Falle der **Anscheinsvollmacht** weiß der Geschäftsherr zwar nichts vom Vertreter ohne Vertretungsmacht, könnte aber bei Vornahme ihm zumutbarer Anstrengungen von dessen Verhalten wissen und es verhindern.[28] Vertraut nun der andere Vertragsteil auf den Rechtsschein einer Vertretungsmacht, ist er schutzwürdiger als der fahrlässig handelnde Geschäftsherr. Daher wird die Vertretungsmacht des Vertreters als bestehend fingiert und die Vorschriften der §§ 164 ff. BGB finden Anwendung.

Umgekehrt ist der andere Vertragsteil nicht schutzwürdig, wenn er mit einem wirksam bevollmächtigten Vertreter einvernehmlich (kollusiv) zum Schaden des Geschäftsherrn zusammen wirkt. Dann ist der Vertrag gem. § 138 Abs. 1 BGB sittenwidrig und nichtig.[29]

Vollmachten sind nach verschiedenen Kriterien zu unterscheiden:

- **Umfang der Vollmacht:** Die **Generalvollmacht** ermächtigt zu allen anfallenden Rechtsgeschäften, die **Gattungsvollmacht**, nur zu einer bestimmten Art von Geschäften und die **Spezialvollmacht**, nur zu einem bestimmten Rechtsgeschäft. Darüber hinaus können für die Geschäfte bestimmte Konditionen vorgegeben werden, z. B. eine Höchstgrenze für einen Kaufpreis.
- **Allein- oder Gesamtvertretung**: Sind mehrere Stellvertreter zur Gesamtvertretung berechtigt, können sie das betroffene Rechtsgeschäft nur gemeinsam vornehmen. Der alleinvertretungsberechtigte Stellvertreter kann ein Rechtsgeschäft dagegen auch ohne die Mitwirkung anderer vornehmen.

---

[27] BGH NJW 2002, 2325 (2327).
[28] BGH NJW 1998, 1854 (1855).
[29] BGH NJW-RR 2004, 247 (248).

- Art der Erteilung: Die Vollmacht kann auf zwei Arten erteilt werden: als **Innenvollmacht** gegenüber dem Vertreter, § 167 Abs. 1 Alt. 1 BGB, oder als **Außenvollmacht** gegenüber dem potentiellen Vertragspartner, § 167 Abs. 1 Alt. 2 BGB.

Innenvollmacht $=_{def}$ gegenüber dem zu Bevollmächtigenden erklärte Vollmacht
Außenvollmacht $=_{def}$ gegenüber dem Dritten (Vertragspartner) erklärte Vollmacht

Das **Erlöschen** und den **Widerruf** der Vollmacht regelt § 168 BGB. Dabei ist zwischen der Vollmacht einerseits und dem ihr zugrundeliegenden Rechtsverhältnis andererseits zu unterscheiden (z. B. Arbeitsverhältnis mit Prokurist, Auftragsverhältnis). Beide Rechtsverhältnisse sind grundsätzlich unabhängig voneinander. Ein Mangel im Grundverhältnis schlägt also nicht automatisch auf die Vollmacht durch. Allerdings gilt dies, wie § 168 S. 1 BGB zeigt, nicht für das Erlöschen des Grundgeschäfts. Hier hat das Gesetz die Vollmacht mit dem Grundverhältnis verknüpft. Erlischt etwa das Arbeitsverhältnis des Prokuristen wegen Kündigung, erlischt auch seine Vertretungsmacht (Prokura).

Trotz Erlöschens der Vollmacht i. S. d. § 168 BGB kann der ehemalige Vertreter den Geschäftsherrn aber unter bestimmten Voraussetzungen weiter wirksam verpflichten. § 170 BGB bestimmt, dass Vollmachten, die durch Erklärungen gegenüber Dritten erteilt worden sind (sog. Außenvollmachten), solange in Kraft bleiben, bis auch ihr Erlöschen dem Dritten angezeigt ist. Wurde eine Innenvollmacht Dritten gegenüber kundgetan, muss auch das Erlöschen so kundgegeben werden, § 171 Abs. 2 BGB. Vollmachten müssen also grundsätzlich in derselben Weise widerrufen werden, wie sie erteilt worden sind. Zweck

Struktur der Stellvertretung

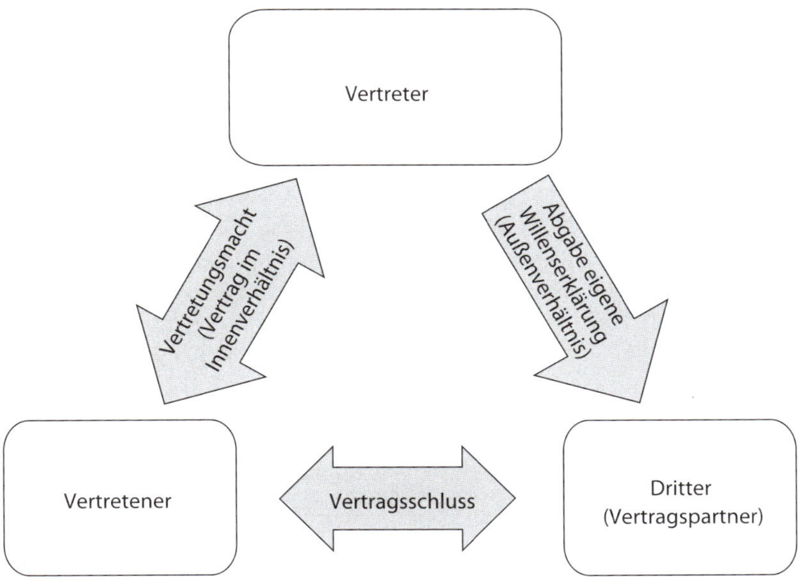

dieser Vorschriften ist der **Vertrauensschutz**. Jeder Vertragspartner darf darauf vertrauen, dass er vom Erlöschen einer Vollmacht genauso erfährt, wie vorher von der Bevollmächtigung. Wird eine Außenvollmacht lediglich im Innenverhältnis widerrufen, wird im Außenverhältnis ihr Fortbestand fingiert.

4.4 Folgen fehlender Vertretungsmacht (Vertretung ohne Vertretungsmacht)

4.4.1 Wahlrecht des Vertretenen

Tätigt ein Vertreter ohne Vertretungsmacht (lat. **falsus procurator**) ein Geschäft für einen anderen, billigt das Gesetz dem Vertretenen ein Wahlrecht zu: nach § 177 Abs. 1 BGB kann er ein für ihn vorteilhaftes Geschäft durch **Genehmigung** gem. § 184 Abs. 1 BGB doch noch „an sich ziehen". Dann entsteht ein Vertrag zwischen Vertragspartner und Vertretenem, rückwirkend zum Zeitpunkt der Einigung. Oder der Vertretene verweigert die Genehmigung und die unter Ziff. 4.4.2 beschriebenen Wirkungen treten ein.

Bis zur Ausübung des Wahlrechts durch den „Vertretenen" ist der Vertragspartner mit einer (gewissen) Unsicherheit belastet. Um diese Belastung so gering wie möglich zu halten, räumt § 177 Abs. 2 BGB dem Vertragspartner das Recht ein, den Vertretenen aufzufordern, sich innerhalb von zwei Wochen zu entscheiden und ihm diese Entscheidung mitzuteilen. Erklärt sich der Vertretene nicht fristgemäß, gilt die Genehmigung als verweigert (§ 177 Abs. 2 S. 2 BGB).

Bis zur Genehmigung hat der Vertragspartner eines vollmachtlosen Vertreters außerdem ein **Widerrufsrecht** gegenüber dem „Vertretenen". Dies gilt jedoch nicht, wenn er von der Vollmachtlosigkeit des Vertreters wusste (§ 178 BGB). Diese Regelung ähnelt stark § 109 BGB.

4.4.2 Folgen der Genehmigungsverweigerung

Genehmigt der Vertretene das Handeln des vollmachtlosen Vertreters nicht, kommt § 179 BGB zum Tragen. Dann variieren die Rechtsfolgen, je nachdem ob der vollmachtlose Vertreter vom Fehlen der Vertretungsmacht gewusst hatte oder nicht.

Der **bösgläubig** vollmachtlose Vertreter, also der Vertreter, der den Mangel seiner Vertretungsmacht kannte, haftet dem Vertragspartner gemäß § 179 Abs. 1 BGB nach dessen Wahl auf Erfüllung (der vertraglich festgelegten Pflichten) oder auf Schadensersatz (Ersatz des Erfüllungsschadens, auch genannt positives Interesse).

Positives Interesse $=_{def}$ der Gläubiger ist so zu stellen, wie er bei Gültigkeit des Vertrages und ordnungsgemäßer Erfüllung stehen würde (z. B. Gewinn aus Weiterverkauf eines gekauften Gegenstandes).[30]

[30] BGH NJW 1998, 983 (984).

Der **gutgläubig** vollmachtlose Vertreter, also der Vertreter, der den Mangel seiner Vertretungsmacht nicht kannte, haftet dem Vertragspartner nach § 179 Abs. 2 BGB. Er schuldet nur Ersatz dessen Vertrauensschadens (negatives Interesse).

Negatives Interesse $=_{def}$ der Gläubiger ist so zu stellen, als hätte er sich nicht auf das Zustandekommen des Vertrages verlassen (z. B. Aufwendungen wie Fahrtkosten etc.).[31]

Dieser Anspruch, der der Höhe nach durch das positive Interesse des Vertragspartners begrenzt ist, birgt dennoch eine gewisse Härte in sich. Denn der Vertreter ohne Vertretungsmacht haftet selbst dann, wenn er seine Unkenntnis nicht einmal fahrlässig zu verantworten hat. Praktisch wird ein Vertrauensschaden aber nur selten endgültig vom Vertreter getragen werden. War er trotz Anwendung der notwendigen Sorgfalt im Irrtum, wird meist dem „Vertretenen" ein Verschulden vorzuwerfen sein und er muss dem Vertreter aus dem Grundverhältnis der Stellvertretung Ersatz leisten.

Der Vertragspartner eines vollmachtlosen Vertreters hat gemäß § 179 Abs. 3 BGB keinen Anspruch gegen diesen, wenn er (der Vertragspartner) bösgläubig war, also die Vollmachtlosigkeit (des Vertreters) kannte oder kennen musste.

Kennen müssen $=_{def}$ fahrlässige Unkenntnis (§ 122 Abs. 2 BGB)

Dasselbe gilt laut § 179 Abs. 3 BGB, wenn der Vertreter beschränkt geschäftsfähig war und ohne Zustimmung seines gesetzlichen Vertreters gehandelt hat. Der Minderjährigenschutz geht dem Schutz des Vertragspartners also vor.

4.4.3 Einseitige Rechtsgeschäfte, § 180 BGB

Für einseitige Rechtsgeschäfte (z. B. Kündigungen) bestimmt § 180 S. 1 BGB, dass die Vertretung ohne Vertretungsmacht grundsätzlich „unzulässig" sein soll. Das bedeutet, dass das Handeln eines „falsus procurator" hier von vornherein unwirksam ist. Das Handeln des Vertreters kann auch nicht genehmigt werden.

Ausnahmsweise gelten aber gemäß § 180 S. 2 BGB die oben dargestellten Vorschriften über Verträge (§§ 177 ff. BGB), wenn der Erklärungsempfänger die Vertretungsmacht nicht beanstandet hat oder sogar damit einverstanden war, dass ein Vertreter ohne Vertretungsmacht handelte.

Adressaten negativer einseitiger Rechtsgeschäfte (v. a. Kündigungen) sollten sich von Vertretern also stets deren Vertretungsmacht nachweisen lassen, z. B. durch Vorlage einer Vollmachtsurkunde (§ 174 BGB) oder durch Nachfrage beim Vertreter. Ansonsten kann deren Vertretungsmacht „höchstvorsorglich" beanstandet werden. Dies wird durch die Möglichkeit zur „unverzüglichen Zurückweisung" i. S. v. § 174 BGB ermöglicht.

[31] BGH NJW 1972, 36; NJW 1998, 983 (984).

4.5 Übungsfall mit Lösung

Sachverhalt

Die 15 Mitarbeiter der A-GmbH beschließen, gemeinsam ein verlängertes Wochenende in Malcesine am Gardasee zu verbringen. V erklärt sich bereit, die Organisation zu übernehmen und vor allem die Busreise nach Italien zu buchen. Zu diesem Zweck erstellt er eine Anmeldeliste, die u. a. folgenden Text enthielt: „Hiermit bevollmächtigen die Teilnehmer der Reise Herrn V zur Buchung eines Reisebusses nach Malcesine am Gardasee." Alle 15 Mitarbeiter unterschreiben auf dieser Liste. V übersendet die Anmeldeliste an das Busunternehmen B. In einem anschließenden Telefonat wurde ferner zwischen dem Inhaber des Busunternehmens X und V vereinbart, dass die Fahrscheine jeweils bei Fahrtantritt von den Mitreisenden bezahlt werden sollten. S, die sich auf der Anmeldeliste eingetragen hatte, erschien jedoch am Abreisetag nicht, weil sie kurzfristig eine Einladung zu einer Hochzeit erhalten hatte. Das Busunternehmen B verlangt von S Bezahlung der Reise. Zu Recht?

Lösung

B könnte gegen S ein Anspruch auf Bezahlung der Reise aus § 631 Abs. 1 BGB zustehen.

Hierzu müsste zwischen B und S ein wirksamer Werkvertrag gem. § 631 BGB abgeschlossen worden sein.

1. Ein Vertrag mit einem Busunternehmen auf „Beförderung" beinhaltet verschiedene Vertragsbestandteile. Es handelt sich um einen sog. typengemischten Vertrag. Denn die Beförderungsleistung ist als Werkvertragselement zu qualifizieren, die Benutzung der Sitze im Bus als mietvertragliches Element. Sollte im Bus Essen serviert werden, ist dies als kaufrechtliches Element zu qualifizieren. Die Hauptleistung stellt jedoch die Beförderung dar, so dass das werkvertragliche Element im Vordergrund steht. Maßgebliche Anspruchsgrundlage ist somit § 631 Abs. 1 BGB.
2. Ein wirksamer Werkvertrag kommt durch zwei übereinstimmende Willenserklärungen zustande, Angebot und Annahme, §§ 145 ff. BGB. S selbst gab keine eigene Willenserklärung gegenüber B ab. Jedoch könnte die Willenserklärung des V der S gem. § 164 Abs. 1 S. 1 BGB zugerechnet werden, wenn V die S wirksam vertreten hat. Hierzu müsste V eine eigene Willenserklärung in fremdem Namen (im Namen der S) abgegeben haben und innerhalb bestehender Vertretungsmacht gehandelt haben.
3. V gab eine eigene Willenserklärung gegenüber B ab, indem er die Anmeldeliste übersandte. V müsste ferner im Namen der S gehandelt haben (sog. Offenkundigkeit). Zwar erklärte V nicht ausdrücklich, für S eine Willenserklärung abgeben zu wollen. Doch ist aus den Umständen gem. § 164 Abs. 1 S. 2 BGB (Teilnehmerliste) ersichtlich, dass nicht nur V selbst, sondern alle Teilnehmer, also auch die S, gegenüber B berechtigt und verpflichtet werden sollten.
4. Schließlich müsste V mit Vertretungsmacht gehandelt haben. Eine gesetzliche Vertretungsmacht ist nicht ersichtlich. Jedoch könnte eine rechtsgeschäft-

liche Vertretungsmacht (Vollmacht, vgl. § 166 Abs. 2 BGB) vorliegen. Der Text in der Teilnehmerliste ist dabei als Vollmachtsurkunde i. S. v. § 172 Abs. 1 BGB zu qualifizieren. Damit geht die Befugnis zur Stellvertretung einher, wenn der Vollmachtgeber dem Vertreter eine Vollmachtsurkunde aushändigt und der Vertreter sie dem Dritten vorlegt. Die Eintragung in der Teilnehmerliste und das Aushändigen an V stellt eine solche Vollmachtsurkunde dar, da die bevollmächtigte Person (V) und der Inhalt der Vollmacht (Buchung eines Busses nach Malcesine für die Personen auf der Liste) festgelegt wurden. Schließlich wurde die Vollmachtsurkunde dem Dritten (B) vorgelegt. Eine Vollmacht ist somit gegeben.

5. V konnte S daher wirksam vertreten. Gemäß § 164 Abs. 1 S. 1 BGB wirkt die Willenserklärung des V zugunsten und zulasten der S.
6. Weiterhin müsste B eine übereinstimmende Willenserklärung abgegeben haben. Da das Busunternehmen als solches nicht handeln kann, ist davon auszugehen, dass es von X wirksam i. S. v. §§ 164 ff. BGB vertreten wurde. Hierbei musste die Willenserklärung des X der S grundsätzlich zugehen. Doch ist ein Zugang bei V ausreichend, da dieser als Vertreter der S auch für den Zugang der Willenserklärung auftrat. Der Zugang bei V wird S gem. § 164 Abs. 3 BGB zugerechnet.

Ein wirksamer „Beförderungsvertrag" wurde somit zwischen S und B geschlossen.

Ergebnis: B kann von S Bezahlung der Reise aus Werkvertrag gemäß § 631 Abs. 1 BGB verlangen.

5. Einheit: Vertragsfreiheit und Verbraucherschutz

5.1 Struktur und Lernziel

Bevor in der 6. Einheit auf die für die juristische Fallbearbeitung eminent wichtige Frage nach den Rechten und Pflichten der Vertragsparteien eingegangen werden kann, sind in dieser Einheit zunächst die (auch historischen) Grundprinzipien des Inhalts und der Grenzen der Vertragsfreiheit darzustellen. Nur so wird deutlich, warum (überhaupt) privatautonome Vereinbarungen zwischen Rechtssubjekten geschlossen werden können.

In diesen Kontext gehört auch die Darstellung bestimmter Regelungen zum Schutz des Verbrauchers, der vom Gesetzgeber allgemein als besonders schutzwürdig angesehen wird. Denn diese Regelungen modifizieren gesetzlich die den Parteien an sich zustehende Vertragsfreiheit zugunsten einer Partei, des Verbrauchers. Zu den verbraucherschützenden Regelungen im BGB zählen das Recht der Allgemeinen Geschäftsbedingungen (AGB) sowie die Vorschriften über besondere Vertrags- und Vertriebsformen, wie etwa Haustürgeschäfte, Verbraucherdarlehensverträge und Fernabsatzgeschäfte.

Der Übungsfall zu dieser Einheit enthält eine im Verbraucherschutz typische Situation: ein Vertrag wird telefonisch abgeschlossen, die Leistung soll in der Form eines Abonnements erbracht werden. Fraglich ist, ob ein Widerrufsrecht des Verbrauchers besteht und wie die einzelnen gesetzlichen Widerrufsrechte gegeneinander abzugrenzen sind.

5.2 Vertragsfreiheit und ihre Grenzen

Historisch betrachtet hat sich die Freiheit des Einzelnen zur Gestaltung seiner Rechtsverhältnisse im Laufe der Geschichte stetig erweitert. Statusbeziehungen wurden durch eigenverantwortlich bestimmte Vertragsbeziehungen abgelöst. Vor den Stein-Hardenberg'schen Reformen zu Beginn des 19. Jh. in Preußen war der rechtliche Handlungsrahmen einer Person durch ihren Status festgelegt, v. a. durch ihre Abstammung. Diese Reformen, vor allem die Einführung der Gewerbefreiheit und die Freigabe der Preise für Waren und Dienstleistungen in der Gesindeordnung von 1810, leiteten den Übergang zu einem neuen Ordnungsprinzip ein.

Erster Höhepunkt war in Frankreich das Inkrafttreten von Art. 1134 Code Civil im Jahre 1804: „Les conventions légalment formées tiennent lieu de loi à ceux qui les ont faites." („Rechtsgültig geschlossene Vereinbarungen haben Gesetzeskraft für die, die sie geschlossen haben"). Uns erscheint das heute selbstverständlich, aber seinerzeit war es im Wortsinn eine Revolution.

Wichtige Begriffe in diesem Kontext sind:

Privatautonomie =$_{def}$ Befugnis des einzelnen, seine privaten Lebensverhältnisse im Rahmen der Zivilrechtsordnung eigenverantwortlich zu gestalten.[32]

Diese Gestaltungsbefugnis umfasst nach allgemeinem Verständnis:

- **Vertragsfreiheit** (nach § 311 Abs. 1 BGB und Art. 2 Abs. 1 GG bestehende Freiheit zum Abschluss von Verträgen),
- **Vereinigungsfreiheit** (nach Art. 9 GG bestehende Freiheit aller Deutschen, Vereine und Gesellschaften zu bilden) **und**
- **Testierfreiheit** (nach § 1937 BGB bestehende Freiheit, den eigenen Nachlass durch letztwillige Verfügung anders zu steuern als durch gesetzliche Erbfolge).

Die **Vertragsfreiheit** ihrerseits umfasst:

Abschlussfreiheit	**=$_{def}$ Freiheit zu entscheiden, ob und mit wem man Verträge schließt**
Inhaltsfreiheit	**=$_{def}$ Freiheit, den Inhalt dieser Verträge selbst festzulegen**

Privatautonomie als Vertragsfreiheit setzt grundsätzlich voraus, dass alle Vertragsparteien gleichermaßen imstande sind, ihre Interessen durchzusetzen („Waffengleichheit"). Denn nur fair ausgehandelte Verträge sind allokationseffizient, führen also durch optimale Preisbildung dazu, dass knappe Ressourcen effizient eingesetzt werden – weshalb die Abschluss- und Inhaltsfreiheit von Verträgen auch **„Schmiermittel der Wirtschaft"** heißt.

Das kann jedoch nur gelten, wenn das „Kampfgewicht" der Vertragsparteien, ihre **Verhandlungsparität**, annähernd gleich verteilt ist. Ist die Verhandlungsparität der Parteien gestört, herrscht zwischen beiden Seiten ein **strukturelles Ungleichgewicht**. Erhebliche Benachteiligungen der schwächeren Partei können die Folge sein.

Vertragsparität fehlt u. a. in folgenden Konstellationen:

- **mangelnde Fähigkeit zur Selbstverantwortung** (etwa bei Geschäftsunfähigkeit),
- **mangelnder Überblick bei komplexen Vertragstypen** (z. B. bei Leasingverträgen oder bei Finanzdienstleistungen), während die andere Partei einen Wissensvorsprung besitzt,
- **fehlende Verhandlungsmöglichkeiten**, etwa bei allgemeinen Geschäftsbedingungen oder Massengeschäften, z. B. im öffentlichen Personennahverkehr,
- **Monopolstellung einer Seite**, Marktmachtmissbrauch durch Unternehmen, §§ 19, 20 Gesetz gegen Wettbewerbsbeschränkungen (GWB).

Im BGB finden sich **darum Schranken der Vertragsfreiheit** zum Schutz des unterlegenen Teils bei gestörter Verhandlungsparität, z. B.:

[32] *Wolf/Neuner*, BGB AT, § 10 Rn. 28 ff.

- §§ 104 ff. BGB (Schutz für beschränkt Geschäftsfähige und Geschäftsunfähige),
- § 138 BGB (Ausbeutungsschutz für geschäftlich Unerfahrene),
- §§ 305 ff. BGB (verbotene Klauseln in Allgemeinen Geschäftsbedingungen).

Darüber hinaus besteht die Vertragsfreiheit nur im Rahmen der Gesetze. Daher sind Rechtsgeschäfte, die gegen ein gesetzliches Verbot verstoßen, gemäß § 134 BGB nichtig.

5.3 Allgemeine Geschäftsbedingungen, §§ 305–310 BGB

5.3.1 Definition und Zweck

Allgemeine Geschäftsbedingungen (AGB) sind vorformulierte Regelungen für eine Vielzahl von Einzelverträgen, §305 Abs. 1 S. 1 BGB. AGB werden einer Inhaltskontrolle unterworfen, nach dem Grundsatz: „Schutz durch Beschränkung“. Die rechtsgeschäftliche Handlungsfreiheit (Abschluss- und Inhaltsfreiheit) des Verwenders – das ist die Vertragspartei, die ihre AGB in den Vertrag aufnehmen möchte – wird begrenzt, um Verhandlungsparität bis zu einem gewissen Grade wieder herzustellen. So werden Ergebnisse erreicht, die den grundsätzlichen Zielen der Privatautonomie entsprechen.

AGB $=_{def}$ für eine Vielzahl von Verträgen vorformulierte Vertragsbedingungen, die eine Vertragspartei (Verwender) der anderen Vertragspartei bei Abschluss eines Vertrages stellt (§ 305 Abs. 1 S. 1 BGB).

Allgemeine Geschäftsbedingungen werden insbesondere aus drei Gründen verwandt:

- **Rationalisierung**: Wegfall zeitraubender Verhandlung von Vertragsdetails in vielen Einzelfällen,
- **Risikoabwälzung**: etwa durch Haftungsbegrenzungen (zu den Wirksamkeitsvoraussetzungen siehe § 309 Nr. 7, 8 BGB),
- **Rechtsfortbildung:** Konkretisierung von Rechten und Pflichten in gesetzlich nicht ausführlich geregelten („vertypten“) Verträgen (z. B. Bauträger-, Franchising-, Automatenaufstell-, Leasing-, Factoring-Verträge) und zur Modifizierung bestehender Vertragstypen in besonderen Interessenlagen.

Entsprechend haben die gesetzlichen Regelungen über AGB die Aufgabe, Ungleichgewichtslagen beim Vertragsschluss auszugleichen, indem sie den Vertragspartner des Verwenders vor Benachteiligung schützen. Es droht sonst ein „Marktversagen“, denn häufig überliest der Verbraucher AGB oder fehlen ihm die rechtlichen Kenntnisse, um sich fundiert mit den Geschäftsbedingungen auseinanderzusetzen (Informationsmängel). Darüber hinaus wird der (oft marktmächtigere) Verwender meist nicht bereit sein, über den Inhalt seiner AGB zu verhandeln. Rechtstechnisch wird dieser Schutz durch **Klauselverbote** in §§ 307–309 BGB bei Aufrechterhaltung des Restvertrages (§ 306 Abs. 1 BGB) verwirklicht. Zu unterscheiden sind AGB von der Vereinbarung der vertraglichen Hauptleistungspflichten. Diese sind eben keine AGB und unterliegen daher auch nicht der AGB-Kontrolle. Im Einzelfall kann diese Abgrenzung freilich schwierig sein.

5.3.2 Prüfungsschema

Die Prüfung der Wirksamkeit von AGB erfolgt mehrstufig. Zu prüfen ist, ob es sich bei den Vertragsbedingungen überhaupt um AGB i.S.d. §§305ff. BGB handelt, ob die AGB wirksam in den Vertrag einbezogen wurden und – Klausel für Klausel – ob sie inhaltlich gültig sind.

Das ergibt folgendes Prüfungsschema:

Kontrollfähigkeit; Liegen AGB vor?
Abgrenzung zu den vertraglichen Leistungspflichten, die nicht der AGB-Kontrolle unterliegen; zu prüfen sind danach die Voraussetzungen des § 305 Abs. 1 BGB.
Sind die AGB wirksam in den Vertrag einbezogen worden?
a) gegenüber Verbrauchern i.S.d. § 13 BGB gelten die §§ 305 Abs. 2, 305a BGB; gegenüber Unternehmern i.S.d. § 14 BGB gelten die allgemeinen Regeln, d.h. Einbeziehung durch Rechtsgeschäft, §§ 145 ff. BGB, siehe auch § 310 Abs. 1 S. 1 BGB. b) nach § 305c Abs. 1 BGB werden überraschende Klauseln nicht Vertragsbestandteil, z.B.: im Kaufvertrag über eine Waschmaschine ist unter der Überschrift „Zahlungsmodalitäten" eine langfristige Wartungsvereinbarung „versteckt".
Gibt es Individualabreden, die vorgehen?
§ 305b BGB: haben die Parteien einen Punkt im Rahmen des Vertrags ausdrücklich geregelt, gilt im Falle des Widerspruchs zu einer AGB-Klausel diese Vereinbarung.
Auslegung in Zweifelsfällen
§ 305c Abs. 2 BGB: lässt die Auslegung von AGB-Klauseln mehrere Deutungen zu, gilt die im konkreten Fall „kundenfeindlichste" Auslegung; sie ist für den Kunden meist am günstigsten, weil die Klausel in der Regel unwirksam sein wird.
Inhaltskontrolle
a) Die §§ 309, 308 BGB zählen einzelne verbotene Klauseln auf. Gegenüber Verbrauchern gelten sie unmittelbar, gegenüber Unternehmern bieten sie nur eine Auslegungshilfe im Rahmen des § 307 Abs. 1 BGB, siehe § 310 Abs. 1 S. 1 und Abs. 2 BGB; in den Fällen des § 310 Abs. 2 BGB sind sie ausgeschlossen b) Nach der Generalklausel des § 307 Abs. 1 BGB sind Klauseln, die entgegen Treu und Glauben den Vertragspartner unangemessen benachteiligen verboten, Abs. 2 konkretisiert Abs. 1
Folgen eines Verstoßes?
§ 306 BGB: Unwirksamkeit der Klausel (keine geltungserhaltende Reduktion), Wirksamkeit des Restvertrages, Lückenfüllung durch gesetzliche Regelungen

5.4 Verbraucherschutzvorschriften

Verbraucher sind nach § 13 BGB natürliche Personen, die ein Rechtsgeschäft zu Zwecken abschließen, die überwiegend weder ihrer gewerblichen noch ihrer freiberuflichen Tätigkeit zugerechnet werden können. Verbraucher werden im Zivilrecht umfassend geschützt, ähnlich wie Minderjährige, Mieter und Arbeitnehmer. In einigen Bereichen bringt die Umsetzung der EU-Verbraucherrechte-Richtlinie[33] in das BGB zum 13.06.2014 wichtige Neuerungen. Die ab diesem Zeitpunkt geltende Rechtslage liegt der folgenden Darstellung zu Grunde.

5.4.1 Verbraucherdarlehensverträge

Schon früh wurde das Schutzbedürfnis vieler Verbraucher beim Abschluss von Austauschverträgen erkannt, die mit Kreditgewährung verknüpft sind. Um sozial und finanziell Schwachen Schutz bei finanzierten Kaufverträgen zu bieten, trat bereits 1894 das Abzahlungsgesetz (AbzG) in Kraft. Das auf einer EU-Richtlinie[34] beruhende Verbraucherkreditgesetz (VerbrKrG) setzte diese Linie fort. Durch die Schuldrechtsreform von 2002 wurden die Regelungen des VerbrKrG in die Darlehensvorschriften des BGB (§§ 488–512 BGB) integriert. Nunmehr sind bis auf wenige Ausnahmen sämtliche entgeltlichen Kreditierungen eines Verbrauchers durch einen Unternehmer besonderem gesetzlichen Schutz unterworfen (vgl. §§ 491, 495 BGB). Diese gesetzlichen Regelungen sind die Reaktion des Gesetzgebers auf die verstärkten und teilweise subtilen Bemühungen des Handels, Verbraucher zum Bezug von Waren und Dienstleistungen kreditfinanziert zu animieren. Sie sollen eine unbedachte Verschuldung des Verbrauchers auch außerhalb des § 138 Abs. 2 BGB (Wucher) verhindern helfen.

5.4.1.1 Arten von Verbraucherdarlehensverträgen

Das Gesetz unterscheidet Darlehensvertrag, Finanzierungshilfe und Ratenlieferungsvertrag:

- **Darlehensvertrag:** Die Vorschriften der §§ 488–505 BGB regeln das Gelddarlehen als Haupterscheinungsform des Kredits. Das Sachdarlehen, d. h. die Überlassung vertretbarer Sachen (§ 91 BGB), ist in den §§ 607–609 BGB normiert. Beim Gelddarlehen wird dem Darlehensnehmer vom Darlehensgeber ein Geldbetrag zur Verfügung gestellt. Bei Fälligkeit ist dieser Geldbetrag zuzüglich des i. d. R. vereinbarten Zinses zurück zu zahlen. Sind der Darlehensnehmer Verbraucher und der Darlehensgeber Unternehmer, kommen die Schutzvorschriften der §§ 491 ff. BGB ins Spiel.
- **Finanzierungshilfen:** Die §§ 506–509 BGB regeln die Kreditformen des entgeltlichen Zahlungsaufschubs und der sonstigen entgeltlichen Finanzierungshilfen zwischen Unternehmer und Verbraucher.

---

[33] Richtlinie 2011/83/EU des Europäischen Parlaments und des Rates vom 25. Oktober 2011 über die Rechte der Verbraucher.

[34] Richtlinie 87/102/EWG des Rates vom 22. Dezember 1986 zur Angleichung der Rechts- und Verwaltungsvorschriften der Mitgliedstaaten über den Verbraucherkredit.

- **Ratenlieferungsverträge:** Die Bestimmungen über Ratenlieferungsverträge sind in §510 BGB enthalten. Der Ratenlieferungsvertrag ist kein Kreditvertrag. Die Vergütungspflicht des Verbrauches wird nicht aufgeschoben und er muss entsprechend keinen Zins zahlen. Daher fehlt ein Verweis auf das Widerrufsrecht in §495 BGB, sondern wird direkt auf §355 BGB verwiesen. Dem Verbraucher wird in Form eines Widerrufsrechts eine Frist zum Überdenken seiner Entscheidung eingeräumt, weil er sich durch eine lange andauernde Bezugsbindung (z.B. Buchclubs mit monatlicher Kaufpflicht) zu wiederkehrenden Leistungen verpflichtet. Dies kann eine erhebliche Belastung darstellen, die mit dem Abzahlen eines Kredits vergleichbar ist.

Zusammenfassung: Typen von Verbraucherdarlehensverträgen

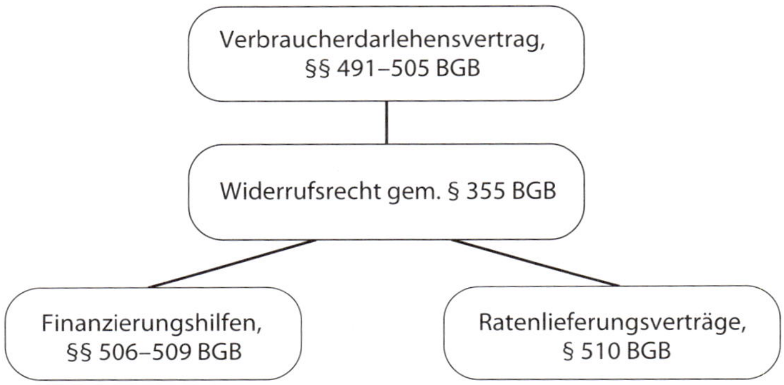

5.4.1.2 Widerrufsrecht

Den genannten Kreditierungsformen ist gemeinsam, dass dem Verbraucher nach Abschluss des Vertrages ein **Widerrufsrecht nach §355 BGB** eingeräumt wird. Für den Verbraucherdarlehensvertrag verweist §495 Abs.1 auf §355 BGB. Für die entgeltlichen Finanzierungshilfen wiederum wird auf §495 Abs.1 BGB verwiesen (vgl. §§506 Abs.1 BGB). Für den Ratenlieferungsvertrag verweist §510 Abs.2 direkt auf §355 BGB.

Gemäß §355 Abs.2 BGB kann der Verbraucher **innerhalb von 14 Tagen** von dem Vertrag Abstand nehmen. Die Frist beginnt grundsätzlich mit Vertragsschluss, soweit nichts anderes bestimmt ist (§355 Abs.2 S.2 BGB). Handelt es sich bei den Verträgen um außerhalb von Geschäftsräumen abgeschlossene Verträge (§312b BGB) oder Fernabsatzverträge (§312c BGB) beginnt die Frist gem. §356 Abs.3 S.1 BGB nicht, bevor der Unternehmer den Verbraucher nicht gemäß den Anforderungen der Art.246a §1 Abs.1 S.1 Nr.1 und 246b §2 Abs.1 EGBGB unterrichtet hat.

Bei einem **Verbraucherdarlehensvertrag** beginnt die Frist gem. §356b Abs.1 BGB ebenfalls nicht, bevor der Darlehensgeber dem Darlehensnehmer eine für diesen bestimmte Vertragsurkunde, den schriftlichen Antrag des Darlehensnehmers oder eine Abschrift der Vertragsurkunde oder seines Antrags zur Verfügung gestellt hat. Fehlen in dieser Urkunde die **Pflichtangaben** des §492 Abs.2

BGB, beginnt die Frist mit Nachholung dieser Angaben gem. § 492 Abs. 6 BGB. In diesem Falle beträgt die Widerrufsfrist einen Monat (§ 356b Abs. 2 S. 2 BGB).

Bei einem **Ratenlieferungsvertrag**, der weder im Fernabsatz noch außerhalb von Geschäftsräumen geschlossen wurde, beginnt die Frist nicht bevor der Unternehmer den Verbraucher gem. Art. 246 Abs. 3 EGBGB über sein Widerrufsrecht unterrichtet hat (§ 356c Abs. 1 BGB).

Gemäß § 356 Abs. 3 S. 2 BGB erlischt das Widerrufsrecht bei **außerhalb von Geschäftsräumen** geschlossenen Verträgen oder **Fernabsatzverträgen** nach 12 Monaten und 14 Tagen nach dem in § 356 Abs. 2 BGB oder § 355 Abs. 2 S. 2 BGB genannten Zeitpunkt. Dies gilt jedoch gem. § 356 Abs. 3 S. 3 BGB nicht für Verträge über Finanzdienstleistungen. § 356c Abs. 2 S. 2 BGB bestimmt aber, dass zumindest bei **Ratenlieferungsverträgen** das Widerrufsrecht doch nach 12 Monaten und 14 Tagen nach dem in § 355 Abs. 2 S. 2 BGB genannten Zeitpunkt, also nach Vertragsschluss, erlischt.

War ein Verbraucherdarlehen zum Zeitpunkt des Widerrufs bereits ausgezahlt worden, erfolgt die Rückabwicklung gemäß § 357a BGB. Der Verbraucher hat dann die empfangene Leistung innerhalb von 30 Tagen komplett zurückzuzahlen, was zu Zahlungsengpässen führen kann. Daher ergänzt § 358 BGB den Schutz des Verbrauchers: Dient das Darlehen ganz oder teilweise der Finanzierung des Erwerbs einer Ware (dies gilt auch für Grundstücke) oder einer Dienstleistung und bilden Darlehensvertrag und Erwerbsvertrag eine **„wirtschaftliche Einheit"** gem. § 358 Abs. 3 S. 1 BGB, ist der Verbraucher an eine Willenserklärung zum Abschluss eines solchen Vertrages nicht mehr gebunden (§ 358 Abs. 2 BGB).

Ist der Darlehensbetrag bereits dem Vertragspartner des verbundenen Vertrags zugeflossen, erfolgt die Darlehensrückzahlung gemäß § 358 Abs. 4 S. 5 BGB ausschließlich zwischen diesem und dem Darlehensgeber. Der Verbraucher ist so entlastet. § 358 BGB gilt nach § 506 Abs. 1 BGB auch für entgeltliche Zahlungsaufschübe und sonstige entgeltliche Finanzierungshilfen.

5.4.1.3 Inhaltliche Besonderheiten

Für **Verbrauchdarlehensverträge** gelten neben dem Schriftformerfordernis auch besondere Inhaltsanforderungen (vgl. § 492 BGB). Diese sollen für inhaltliche Klarheit des Vertrags sorgen und dem Verbraucher ermöglichen, seine Belastung möglichst genau abzuschätzen. Entgegen § 126 BGB (Nichtigkeit bei Formmängeln) schreibt § 494 Abs. 2 BGB vor, dass Formmängel durch Empfang des Darlehensbetrages geheilt werden. Fehlen bestimmte Angaben, verändert sich der Vertragsinhalt zugunsten des Verbrauchers, z. B. verringert sich der vereinbarte Zinssatz auf den gesetzlichen Zinssatz von 4 % p. a., vgl. § 246 BGB).

5.4.2 Außerhalb von Geschäftsräumen geschlossene Verträge, Fernabsatzverträge, Verträge im elektronischen Geschäftsverkehr

Besonderen Schutz genießt der Verbraucher auch bei außerhalb von Geschäftsräumen geschlossene Verträgen (früher: „Haustürgeschäfte"), Fernabsatzverträgen und Verträgen im elektronischen Geschäftsverkehr (siehe §§ 312 ff. BGB).

Ihre Einordnung im Allgemeinen Schuldrecht soll die Ausstrahlungswirkung auf eine Vielzahl von Vertragstypen verdeutlichen, die außerhalb fester Verkaufs- und Geschäftsräume angebahnt und abgeschlossen worden sind.

Gemäß § 312 g Abs. 1 BGB steht dem Verbraucher bei Verträgen, die er **außerhalb von Geschäftsräumen** i. S. d. § 312b BGB mit einem Unternehmer abgeschlossen hat, ein Widerrufsrecht zu. Dieses richtet sich nach den allgemeinen Bestimmungen über Verbraucherverträge (§§ 355 ff. BGB). Der Verbraucher muss dem Unternehmer eine gelieferte Ware auf eigene Kosten zurücksenden (§ 357 Abs. 6 S. 1 BGB). Dies gilt gem. § 357 Abs. 6 BGB nicht, wenn der Unternehmer den Verbraucher nicht gem. Art. 246a § 1 Abs. 2 S. 1 Nr. 2 EGBGB auf diese Pflicht aufmerksam gemacht hat, sich bereit erklärt hat die Kosten zu übernehmen oder die Ware in die Wohnung des Verbrauchers geliefert wurde und die Ware so beschaffen ist, dass sie nicht per Post zurückgesandt werden kann, wobei er unter Umständen auch für eine entstandene Wertminderung aufkommen muss (§ 357 Abs. 7 BGB).

Die gesetzliche Regelung der **Fernabsatzverträge** (§ 312c BGB: Vertragsschluss unter ausschließlicher Verwendung von Fernkommunikationsmitteln, es sei denn, dass der Vertragsschluss nicht im Rahmen eines für den Fernabsatz organisierten Vertriebs- und Dienstleistungssystems erfolgt) sowie der Verträge im **elektronischen Geschäftsverkehr** (312i BGB) soll außerdem die Stellung des Verbrauchers – etwa bei Online-Einkäufen – verbessern. Neben dem durch § 312c BGB für Fernabsatzverträge eingeräumten Widerrufsrecht statuieren sie eine Reihe von Aufklärungspflichten und Formerfordernissen (§§ 312d–312 f. BGB).

Im **elektronischen Geschäftsverkehr** gibt es für den Unternehmer Pflichten in Bezug auf Information und elektronische Hilfen für den Vertragsschluss, § 312i BGB. Dem Kunden muss die Möglichkeit gegeben werden, Eingabefehler zu erkennen und zu korrigieren, außerdem ist der Unternehmer verpflichtet, eine Bestellung unmittelbar nach deren Zugang zu bestätigen. Sanktionen sieht die Norm nicht vor. Diese ergeben sich aus den allgemeinen Vorschriften (z. B. §§ 311 Abs. 2, 241 Abs. 2, 280 BGB). Auch ein selbständiges Widerrufsrecht wird nicht gewährt. Ein solches Recht kann sich allerdings aus anderen Vorschriften (z. B. § 312 g BGB) ergeben.

Beachte: § 312i BGB ist keine reine Verbraucherschutzvorschrift. Sie gilt für alle Verträge zwischen Unternehmer (§ 14 BGB) und „Kunden“. Diese müssen **nicht** notwendig Verbraucher i. S. v. § 13 BGB sein. In § 312j BGB sind aber zusätzliche strengere Vorschriften geregelt, die nur bei einem Verbrauchervertrag gelten.

5.4.3 Teilzeit-Wohnrechtsverträge

Teilzeit-Wohnrechtsverträge betreffen den Kauf des Rechts, Gebäude, v. a. Ferienhäuser, jährlich für bestimmte Zeiträume zu bewohnen. Bestimmungen über Teilzeit-Wohnrechtsverträge enthalten die §§ 481 ff. BGB. Sie schützen Verbraucher vor dem Ankauf von Teilzeitwohnrechten, die häufig überteuert und mit unzureichender Bezeichnung des Objekts vertrieben werden.

Gem. § 485 BGB steht dem Verbraucher ein Widerrufsrecht gem. § 355 BGB und den besonderen Maßgaben des § 356a BGB zu. Der Verbraucher hat im Falle des Widerrufs keine Kosten zu tragen (§ 357b Abs. 1 S. 1 BGB).

5.5 Übungsfall mit Lösung

Sachverhalt

Studentin A ruft am 3. November die Bestellhotline der S-Zeitung an, um erstmals ein auf sechs Monate befristetes Studenten-Zeitungs-Abo für 150 Euro zu bestellen. Der nette Berater B nimmt die Bestellung für die S-Zeitung wirksam entgegen und sichert A zu, die Tageszeitung werde ab dem 15. November täglich in den Morgenstunden durch den Lieferservice der S-Zeitung in ihren Hausbriefkasten eingeworfen. Über den einmalig zu zahlenden Betrag von 150 Euro würde ihr in den kommenden Tagen eine Rechnung zugehen. Tags darauf überlegt es sich Studentin A anders. Sie möchte weder Zeit noch Geld für die tägliche Zeitungslektüre „verschwenden". Da sie in der letzten BGB-Vorlesung von „Verbraucherschutz" gehört hat, möchte sie den Vertrag mit der S-Zeitung widerrufen. Hat A ein Widerrufsrecht?

Lösung

A könnte ein Widerrufsrecht gem. §§ 510 Abs. 2, 355 BGB oder gem. §§ 312c, 312 g Abs. 1, 355 BGB zustehen.

Zunächst müsste ein wirksamer widerruflicher Vertrag zustande gekommen sein.

1. Verträge werden durch zwei übereinstimmende Willenserklärungen, Angebot und Annahme gem. §§ 145 ff. BGB geschlossen. Vorliegend gab A eine eigene Willenserklärung ab, die auf den Abschluss des Zeitungsabonnements gerichtet war. Die S-Zeitung gab keine eigene Willenserklärung ab, sondern wurde durch den B wirksam gem. § 164 Abs. 1 S. 1 BGB vertreten. Denn es ist davon auszugehen, dass B eine eigene Willenserklärung, im Namen der S-Zeitung abgab und in Ausübung einer Vollmacht handelte.
2. S könnte ein Widerrufsrecht gem. §§ 510 Abs. 2, 355 BGB zustehen. Hierzu müsste ein Ratenlieferungsvertrag gem. § 510 BGB abgeschlossen worden sein.

Anmerkung: Beachten Sie § 312 g Abs. 3 BGB. Danach ist ein Widerrufsrecht aus §§ 312c, 312 g Abs. 1, 355 BGB im Verhältnis zum Widerrufsrecht aus §§ 510 Abs. 2, 355 BGB subsidiär. Es ist also nicht anwendbar, wenn dem Verbraucher bereits nach §§ 510 Abs. 2, 355 BGB ein Widerrufsrecht zusteht. (Haupt-)Anwendungsfall ist der Verbraucherkreditvertrag.

3. Der persönliche Anwendungsbereich des § 510 Abs. 1 BGB ist eröffnet, denn A schloss den Vertrag als Verbraucherin gem. § 13 BGB, die S-Zeitung den Vertrag als Unternehmerin gem. § 14 BGB ab.
4. Auch der sachliche Anwendungsbereich gem. § 510 Abs. 1 BGB ist eröffnet, da das Abonnement ein Vertrag ist, der die regelmäßige Lieferung von Sachen gleicher Art zum Gegenstand hat.
5. Der Wortlaut des § 510 BGB ist somit erfüllt. Jedoch ist Sinn und Zweck des dort verankerten Widerrufsrechts, den Verbraucher vor längeren, unüberschaubaren Verpflichtungen zu schützen. Der Verbraucher ist gerade deshalb schutzbedürftig, weil seine (Zahlungs-)verpflichtungen in die Zukunft gerichtet sind. Dagegen ist er nicht schutzwürdig, wenn er seine Verpflichtung

bereits im Voraus und in bloß einem Zahlbetrag erbringen muss. So liegt es im vorliegenden Fall. Die A müsste die 150 Euro nur einmal entrichten. Das Abonnement ist außerdem nur auf sechs Monate befristet, es verlängert sich nicht automatisch.

6. Zu beachten ist jedoch, dass ein Widerrufsrecht gem. § 510 Abs. 2 BGB nicht in Frage kommt, weil es sich bei dem Vertrag um einen Fernabsatzvertrag gem. § 312c Abs. 1 BGB handelt (s. unten). Ein Widerrufsrecht gem. §§ 510 Abs. 2, 355 BGB ist deshalb ausgeschlossen. *(Darauf, ob § 510 BGB zwar nach seinem Wortlaut einschlägig ist, Sinn und Zweck der Norm jedoch den vorliegenden Fall nicht erfassen, und ob die Norm teleologisch zu reduzieren ist, kommt es im vorliegenden Fall also nicht an.)*
7. Im Übrigen würde ein solches Widerrufsrecht vorliegend an § 510 Abs. 3 BGB i. V. m. § 491 Abs. 2 Nr. 1 BGB scheitern. Dem in § 491 Abs. 2 Nr. 1 BGB genannten Nettodarlehensbetrag entspricht gem. § 510 Abs. 3 BGB die Summe aller vom Verbraucher bis zum frühestmöglichen Kündigungszeitpunkt zu entrichtenden Teilzahlungen. Vorliegend hat A aber lediglich 150 Euro zu zahlen, so dass die Grenze von 200 Euro gem. § 510 Abs. 3 BGB i. V. m. § 491 Abs. 2 Nr. 1 BGB, ab der überhaupt ein Widerrufsrecht bestehen würde, nicht erreicht ist.

Zwischenergebnis: Der A steht kein Widerrufsrecht gem. §§ 510 Abs. 2, 355 BGB zu.

A könnte ein Widerrufsrecht gem. §§ 312c, 312 g Abs. 1, 355 BGB zustehen.

1. Hierzu müsste ein Fernabsatzvertrag gem. § 312c BGB zustande gekommen sein.
2. Der personelle Anwendungsbereich gem. § 312c Abs. 1 BGB ist eröffnet, da A als Verbraucher gem. § 13 BGB und die S-Zeitung als Unternehmer gem. § 14 BGB den Vertrag abgeschlossen haben.
3. § 312c Abs. 1 BGB erfordert den Abschluss eines Vertrags über die Lieferung von Waren oder die Erbringung von Dienstleistungen. Das Zeitungsabonnement stellt einen Kaufvertrag gem. § 433 BGB über die Lieferung von Waren dar.
4. Darüber hinaus muss der Vertrag unter ausschließlicher Verwendung von Fernkommunikationsmitteln abgeschlossen worden sein. § 312c Abs. 2 BGB regelt die Fernkommunikationsmittel. Vorliegend wurde der Vertrag ausschließlich über das Telefon geschlossen, also ein Fernkommunikationsmittel i. S. v. § 312c Abs. 2 BGB.
5. Das Widerrufsrecht besteht nach § 312 g Abs. 2 BGB nicht, wenn einer der aufgezählten Vertragstypen vorliegt. Gemäß § 312 g Abs. 2 S. 1 Nr. 7 BGB besteht das Widerrufsrecht nicht bei Verträgen zur Lieferung von Zeitungen. Davon ausgenommen sind jedoch Abonnement-Verträge. Hier handelt es sich jedoch gerade um einen solchen Abonnement-Vertrag. Daher ist das Widerrufsrecht nicht ausgeschlossen.

Somit ist ein Fernabsatzvertrag gem. § 312c BGB zwischen A und der S-Zeitung zustande gekommen und das Widerrufsrecht ist nicht ausgeschlossen.

Ergebnis: Als Verbraucherin i. S. v. § 13 BGB steht A gem. § 312 g Abs. 1 BGB ein Widerrufsrecht nach § 355 BGB zu.

6. Einheit: Vertragstypen

6.1 Inhalt und Lernziele

Wie bereits erörtert ist es der Grundsatz der Privatautonomie, der den Rechtssubjekten in den besprochenen Grenzen freistellt, ob und wie sie sich vertraglich binden wollen. Um den Geschäftsverkehr zu erleichtern, letztendlich also um Transaktionskosten zu senken, stellt das BGB für besonders wichtige und häufig vorkommende Vertragstypen spezielle Vorschriften bereit, die auf die typischen Interessenlagen der Parteien abgestimmt sind und zeigen, welche Risikoverteilung der Gesetzgeber für richtig hält.

Grundsätzlich binden die Vertragstypen des BGB aber die Parteien nicht, sondern sind die entsprechenden Vorschriften vielmehr vertraglich abdingbar. Die Parteien können vertraglich also Vereinbarungen treffen, die von den gesetzlichen Modellen abweichen. Etwas anderes gilt nur ausnahmsweise, wenn das Gesetz eine Partei für besonders schutzwürdig erachtet, z. B. im Mietrecht oder im Arbeitsrecht. Dann erklärt das Gesetz Vorschriften für nicht abdingbar, weil sie dem Ausgleich struktureller Ungleichgewichtslagen oder dem Schutz besonders wichtiger Rechtsgüter dienen.

Im Folgenden werden die Vertragstypen des BGB wie beispielsweise der Kaufvertrag und der Werkvertrag in ihren Gemeinsamkeiten und Unterschieden dargestellt. Im Übungsfall wird dann die Abgrenzung verschiedener Vertragstypen anhand der von den Parteien vereinbarten Leistungen vorgeführt und trainiert.

6.2 Veräußerungsverträge

6.2.1 Kaufvertrag

Der zu Beginn des Besonderen Schuldrechts geregelte Kaufvertrag ist der wichtigste Austauschvertrag. Seine Hauptpflichten sind für den Verkäufer die Übertragung von Besitz und Eigentum an der Kaufsache (§ 433 Abs. 1 S. 1 BGB) und für den Käufer die Kaufpreiszahlung (§ 433 Abs. 2 BGB). Diese Hauptleistungspflichten stehen **im Gegenseitigkeitsverhältnis (Synallagma)**.[35]

Die Verkäuferpflicht umfasst die **Lieferung der Sache frei von Sach- und Rechtsmängeln**. Bei einer der pflichtwidrig mangelhaften Leistung stehen dem Käufer dann aber die sog. **Gewährleistungsansprüche** (vgl. § 437 BGB) zu. Diese heißen auch Sekundäransprüche, weil sie erst „in zweiter Linie" zum Tragen kommen,

---

[35] *Medicus/Lorenz*, Schuldrecht I, AT, § 13 Rn. 105.

im Gegensatz zu den vertraglichen Hauptleistungspflichten, die darum auch Primäransprüche heißen[36] (zur Gewährleistung im Kaufrecht umfassend unten 8.3.)

Sonderfälle des Kaufs sind neben dem Kauf auf Probe (§§454ff. BGB), der Wiederkauf (§§456ff. BGB), der Vorkauf (§§463ff. BGB), der Ratenkauf (§§506ff. BGB) und der Kauf unter Eigentumsvorbehalt (§449 BGB), der trotz der Normierung im Kaufvertragsrecht vor allem sachenrechtlich relevant wird (siehe dazu unten Einheit 9).

Wichtige **Verbraucherschutzvorschriften** stellen die §§474ff. BGB für den sog. **Verbrauchsgüterkauf** auf. Ein Verbrauchsgüterkauf liegt nach §474 Abs. 1 BGB vor, wenn ein Verbraucher von einem Unternehmer eine bewegliche Sache kauft. Ein Verbrauchsgüterkauf liegt auch vor, wenn der Vertrag neben dem Verkauf der beweglichen Sache die Erbringung einer Dienstleistung durch den Unternehmer zum Gegenstand hat (§474 Abs. 1 S. 2 BGB). In diesem Fall sind Vereinbarungen unwirksam, die die Gewährleistungsrechte des Käufers einschränken oder deren Verjährung verkürzen (§475 BGB). Daneben wird zugunsten des insoweit beweispflichtigen Verbrauchers in den ersten sechs Monaten nach Übergabe vermutet, dass die dann mangelhafte Sache bereits bei Gefahrübergang mangelhaft war (§476 BGB). Auf den Verbrauchsgüterkauf sind die Vorschriften über den Kaufvertrag (§§433ff. BGB) anwendbar, soweit diese Vorschriften nicht von den §§474–479 BGB verdrängt bzw. modifiziert werden.

6.2.2 Tausch

Für den Tausch gilt Kaufrecht entsprechend, §480 BGB. Das Gewährleistungsrecht der §§434ff. BGB gilt hier anders als beim Kauf allerdings (naturgemäß) sowohl für die Leistung als auch für die Gegenleistung.

6.2.3 Schenkung

Die Schenkung (§§516ff. BGB) ist ein **unentgeltliches** zweiseitiges Rechtsgeschäft. Das hat sie mit der Leihe (§598 BGB) und dem Auftrag (§662 BGB) gemeinsam. Der **Schenkungsvertrag ist formbedürftig**, denn gem. §518 Abs. 1 BGB muss das Schenkungsversprechen notariell beurkundet werden, vgl. §128 BGB. Allerdings wird gemäß §518 Abs. 2 BGB ein Formmangel in Ausnahme zu §125 BGB durch Bewirkung der versprochenen Leistung geheilt, also durch Vollzug der Schenkung.

In den Schenkungsvorschriften spiegelt sich die „Schwäche des unentgeltlichen Erwerbs“. Der Schenker haftet weniger streng als in Fällen des entgeltlichen Erwerbs üblich; bei Sachmängeln nur für Vorsatz und grobe Fahrlässigkeit, §521 BGB, bei Rechtsmängeln nur für Arglist, §523 BGB. Auch kann das Geschenk unter bestimmten Voraussetzungen zurückgefordert werden (§519 BGB: Notbedarf, §528 BGB: Verarmung, §530 BGB: grober Undank). Diese „Schwäche

[36] Vgl. MüKo-BGB/*Grundmann*, §276 Rn. 24f.

des unentgeltlichen Erwerbs" setzt sich in den bereicherungsrechtlichen Vorschriften der §§816 Abs. 1 S. 2, 822 BGB fort (zur Gewährleistung noch unten 8.4.2).

6.3 Gebrauchsüberlassungsverträge

6.3.1 Miete

Wichtigster Gebrauchsüberlassungsvertrag ist die Miete, §§535 ff. BGB. Hauptpflichten sind für den Vermieter die **Gebrauchsüberlassung der Mietsache** samt Pflicht zu Erhaltung und Instandsetzung, für den Mieter die Pflicht zur Zahlung des vereinbarten Mietzinses, §535 BGB.

Praktisch wohl wichtigster Anwendungsfall des Mietrechts ist die Wohnraummiete. Sie unterliegt zahlreichen, größtenteils zwingenden Sonderregelungen (§§549–577a BGB), beispielsweise zum Kündigungsschutz für Mieter.

Charakteristisch für den Mietvertrag sind folgende Regelungen:

- Ist die Mietsache mangelhaft, tritt eine **gesetzliche Minderung des Mietzinses** ein. Eine besondere Minderungserklärung ist nicht notwendig, §536 Abs. 1. Voraussetzung ist jedoch, dass der Mieter dem Vermieter den Mangel anzeigt, §536c Abs. 2 BGB.
- Für seine Ansprüche aus dem Mietverhältnis (Miete, Schadensersatz) steht dem Vermieter eines Grundstücks (bzw. einer Wohnung) ein **Pfandrecht** an den eingebrachten Sachen des Mieters zu (§562 BGB).
- Für Schadenersatzansprüche des Vermieters gilt eine **extrem kurze Verjährungsfrist** von sechs Monaten ab Rückgabe der Mietsache, §548 BGB. Dem Gesetzgeber liegt etwas an der raschen Schaffung klarer Verhältnisse.

Zur Gewährleistung im Mietrecht umfassend unten 8.4.3.

6.3.2 Pacht

Aus dem Pachtvertrag schuldet der Verpächter dem Pächter die **Gebrauchsüberlassung** des Pachtobjekts sowie **Gestattung der Fruchtziehung**, §581 Abs. 1 S. 1 BGB. Früchte in diesem Sinne sind nach §99 BGB Erzeugnisse, die bestimmungsgemäße Ausbeute und bestimmungsgemäße zivile Erträge. Taugliche Pachtgegenstände sind nicht nur Sachen, sondern **auch Rechte** (etwa eine Jagdpacht) – anders als bei der Miete. Als Gegenleistung schuldet der Pächter Entrichtung des vereinbarten Pachtzinses, §581 Abs. 1 S. 2 BGB.

6.3.3 Leihe und Darlehensvertrag

Leihe ist unentgeltliche Gebrauchsüberlassung von beweglichen oder unbeweglichen Sachen, §598 BGB. Der Leistung des Verleihers steht keine Leistung des Entleihers gegenüber. Die Leihe ist also kein gegenseitiger Vertrag. Der häufig so bezeichnete „Leihwagen“ ist in Wahrheit also kein solcher, sondern ein „Mietwagen“. Nach Ablauf der für die Leihe bestimmten Zeit ist die geliehene Sache selbst zurückzugeben.

Zum **Sachdarlehen** bestehen zwei Unterschiede. Das Sachdarlehen ist **entgeltlich**, und weil Darlehensgegenstände nur vertretbare Sachen i. S. v. § 91 BGB sein können (z. B. sechs Eier), ist stets **nur die Rückgewähr von Sachen gleicher Art und Güte** geschuldet (§§ 607 ff. BGB).

Beim gewöhnlichen **(Geld-)Darlehen** nach § 488 BGB überlässt der Darlehensgeber dem Darlehensnehmer einen Geldbetrag, der in gleicher Höhe zuzüglich Zins rückzahlbar ist.

6.4 Verträge über Dienstleistungen

6.4.1 Dienstvertrag

Hauptpflicht des Dienstvertrags ist für den Dienstverpflichteten die Erbringung der **Dienstleistung**, § 611 Abs. 1 BGB. In Abgrenzung zum Werkvertrag wird kein besonderer Erfolg geschuldet,[37] beim Arzt also nur die Behandlung des Patienten, nicht etwa dessen Heilung, wobei in diesem Zusammenhang noch die neueren besonderen Vorgaben der §§ 630a ff. BGB zu beachten sind. Umgekehrt schuldet der Dienstberechtigte Zahlung der vereinbarten Vergütung, § 611 Abs. 1 BGB.

Hauptanwendungsfall des Dienstvertrags ist der **Arbeitsvertrag**. Er ist qualifizierter Unterfall des Dienstvertrags. Der Arbeitnehmer schuldet die Leistung von Diensten in einem Verhältnis persönlicher Abhängigkeit zum Arbeitgeber und unter Eingliederung in dessen Organisation.[38] Das Arbeitsrecht wird nur in sehr groben Zügen durch die §§ 611 ff. BGB geregelt. Ergänzt werden diese Vorschriften durch eine **Vielzahl von Sondergesetzen**, v. a. Kündigungsschutzgesetz (KSchG), Mutterschutzgesetz (MuSchG), Teilzeit- und Befristungsgesetz (TzBfG), Bundesurlaubsgesetz (BUrlG). Wegen seines hohen Regulierungsgrads hat sich das Arbeitsrecht zu einer Sondermaterie entwickelt. Seine Beherrschung ist vor allem im Personalwesen (HR-Management) unverzichtbar!

Dienstverhältnisse können nach §§ 621 ff. BGB gekündigt werden. Bestand und Umfang möglicher Schadenersatzansprüche richten sich nach allgemeinem Schuldrecht (§§ 280 ff. BGB).

6.4.2 Werkvertrag

Anders als beim Dienstvertrag ist beim Werkvertrag (§ 631 BGB) ein **bestimmter Erfolg geschuldet**, beispielsweise die Errichtung eines Bauwerks.[39] Wer zur Herstellung des Werkes verpflichtet ist, heißt „(Werk-)Unternehmer“. Nicht zu

---

[37] BGH NJW 2002, 3323 (3324).
[38] Vgl. BAG NZA 1991, 856 (857).
[39] Vgl. BGH NJW 1983, 1489.

verwechseln ist dieser Begriff mit dem Unternehmerbegriff in § 14 BGB. Wer ein Werk in Auftrag gibt, heißt „Besteller".

Ist das Werk mangelhaft, hat der **Besteller** gegen den **Unternehmer** (wie beim Kaufvertrag) gem. §§ 634 Nr. 1, 635 BGB primär Anspruch auf Nacherfüllung. Aufgrund seiner besonderen Sachkunde berechtigt das Gesetz den Unternehmer zur Wahl zwischen Neuherstellung und Mängelbeseitigung als Formen der Nacherfüllung (zur Gewährleistung im Werkvertragsrecht umfassend unten 8.4.1).

Ähnlich wie der Vermieter von Wohnräumen (§ 562 Abs. 1 BGB) hat der Werkunternehmer zur Sicherung seiner Ansprüche ein **gesetzliches Pfandrecht** (§ 647 BGB) an den von ihm hergestellten oder bearbeiteten Sachen. Beispielsweise kann so der Werkstattinhaber das reparierte Auto des Bestellers behalten, bis die Reparatur bezahlt ist und es (notfalls) sogar zwangsversteigern lassen.

Bei einem **Werklieferungsvertrag** (Vertrag über die Lieferung herzustellender oder zu erzeugender beweglicher Sachen) findet nicht Werkvertragsrecht Anwendung, sondern Kaufrecht (§ 651 BGB, dazu oben Ziff. 7.2.1).

6.4.3 Reisevertrag

Der in §§ 651a ff. BGB geregelte Reisevertrag verpflichtet den Reiseveranstalter zur Erbringung einer **Gesamtheit von Reiseleistungen** (Reise, § 651a Abs. 1 BGB) und den Reisenden im Gegenzug zur Zahlung des vereinbarten Reisepreises. Weil der Reisevertrag in Gestalt der Reisedurchführung auf einen Erfolg gerichtet ist, ist er ein Sonderfall des Werkvertrags.

Die Besonderheiten des Reisevertrags sind die Pflichten des Reiseveranstalters zum **Ersatz immaterieller Schäden**, etwa für nutzlos aufgewendete Urlaubszeit bei Mängeln der Reise. § 651 f. Abs. 2 BGB verdrängt insoweit § 253 Abs. 1 BGB. Voraussetzung jedes reiserechtlichen Gewährleistungsanspruchs ist, dass Reisemängel **vor Ort moniert und ein sog. Abhilfeverlangen gestellt** wird (§§ 651c – 651 f. BGB).

6.4.4 Maklervertrag

Der Makler (im BGB ist in der Sprache des 19. Jh. von „Mäkler" die Rede) erhält seine Vergütung (je nach Vereinbarung) für den **Nachweis einer Gelegenheit zum Vertragsschluss** oder für die **Vertragsvermittlung**, § 652 BGB. Seine Aufgabe besteht also darin, Angebot und Nachfrage zusammen zu führen. Eine Pflicht zum Tätigwerden trifft den Makler nur bei besonderer Vereinbarung. Dann spricht man vom „Maklerdienstvertrag".

6.5 Andere Vertragstypen

6.5.1 Bürgschaft

Die Bürgschaft ist ein **Dreipersonenverhältnis**. Das macht sie auf den ersten Blick unübersichtlich. Durch den Bürgschaftsvertrag i. S. v. §765 BGB verpflichtet sich der Bürge gegenüber dem Gläubiger eines Hauptschuldners, **für die Forderung des Gläubigers gegenüber dem Hauptschuldner einzustehen**. Gemäß §771 BGB kann der Bürge die Erfüllung des Gläubigeranspruchs aus der Bürgschaft jedoch verweigern, wenn der Gläubiger nicht zuvor eine Zwangsvollstreckung gegen den Hauptschuldner ohne Erfolg versucht hat (**Einrede der Vorausklage**). Kann der Schuldner also nicht zahlen und bleibt auch die Zwangsvollstreckung gegen ihn erfolglos, muss der Bürge die Forderung begleichen. §771 BGB ist in der Praxis allerdings wenig bedeutend, denn er gilt nicht für Kaufleute (dazu unten WPR 2 Einheit 9 Ziff. 9.3) und wird auch sonst (von Banken) meist abbedungen.

Der Bürgschaftsvertrag bedarf der **Schriftform**, §766 i. V. m. §126 BGB. Etwas anderes gilt nur unter Kaufleuten, §350 HGB (siehe dazu unten WPR 2 Einheit 9 Ziff. 9.3). Für den Gläubiger der Hauptforderung ist die Bürgschaft ein **akzessorisches Sicherungsrecht**. Das bedeutet: Bestand und Inhalt der Bürgschaft hängen an Bestand und Inhalt der gesicherten Forderung, §§767, 768 BGB. Verringert sich die Hauptschuld, etwa weil der Schuldner Zahlungen an den Gläubiger leistet, verringert sich auch die Schuld des Bürgen.

6.5.2 Vergleich

Gem. §779 BGB ist der Vergleich ein Vertrag, mit dem zwei Parteien einen Streit oder eine Ungewissheit „im Wege gegenseitigen Nachgebens" ausräumen. Die Parteien schließen also einen **Kompromiss**. Erheblich ist die praktische Bedeutung des Vergleichs zur Beendigung von Zivilprozessen. Der von Prozessparteien geschlossene Vergleich ist Prozessvergleich gem. §794 Abs. 1 Nr. 1 ZPO.

6.6 Übungsfall mit Lösung

Sachverhalt

Student S hat zu Semesterstart eine neue Wohnung bezogen. Leider fehlt ihm das nötige Geld für die Wohnungseinrichtung. Erfreulicherweise schlägt ihm sein Bekannter B, ein gelernter Tischler, vor, einen Schrank sowie eine Kommode zum günstigen Preis für zusammen 450 Euro herzustellen (das Material allein kostet im Fachhandel bereits 280 Euro). S stimmt dem Vorschlag begeistert zu und freut sich auf die neuen Möbel. Nachdem S in den folgenden Wochen nichts mehr von B hört, erkundigt er sich nach dem Herstellungsverlauf. Als B ihm mitteilt, die Möbel leider nicht herstellen zu wollen, weil er zwischenzeitlich lukrativere Aufträge erhalten habe, verlangt S verärgert die Herstellung der Möbel. Zu Recht?

Lösung

S könnte gegen B ein Anspruch auf Herstellung der Möbel gem. § 651 S. 1 i. V. m. § 433 Abs. 1 S. 1 BGB zustehen.

1. Hierzu müssten S und B zwei übereinstimmende Willenserklärungen (Angebot und Annahme gem. §§ 145 ff. BGB) abgegeben haben, die auf den Abschluss eines Werklieferungsvertrags gerichtet waren.
2. Der Vorschlag des B, dem S die Möbel herzustellen, kann als Angebot gem. § 145 BGB gesehen werden. Denn sowohl äußerer als auch innerer Erklärungstatbestand einer Willenserklärung sind gegeben.
3. S nahm dieses Angebot des B an (§ 147 BGB). Auch insoweit liegen die Voraussetzungen einer wirksamen Willenserklärung vor.
4. Schließlich müssten beide Willenserklärungen inhaltlich übereinstimmen, jedenfalls in Bezug auf die wesentlichen Vertragsbestandteile (essentialia negotii). Anderenfalls kommt kein wirksamer Vertrag zustande. Fraglich ist der übereinstimmende Inhalt der Willenserklärungen, da dieser die Vertragswesentlichkeiten betrifft und damit auch den Vertragstypus festlegt. Verträge werden, da sie aus (mehreren) empfangsbedürftigen Willenserklärungen bestehen, nach dem objektiven Empfängerhorizont gem. §§ 133, 157 BGB ausgelegt.
5. Vorliegend sollte der Vertrag zum Gegenstand haben Möbel, also neue bewegliche Sachen, herzustellen. Insoweit könnte es sich um einen Kaufvertrag handeln, wenn von den Parteien gewollt war, dass B einen Anspruch gegen S auf Übergabe und Übereignung der Sachen haben sollte. Andererseits sollte aber auch die Herstellung von Schrank und Kommode maßgeblicher Vertragsgegenstand sein. So könnte ein Dienstvertrag gem. § 611 BGB von den Parteien gewollt gewesen sein, wenn allein die Tischlerarbeit des B gegen Entgelt vereinbart worden wäre. Dagegen spricht jedoch, dass nicht allein die Tätigkeit des B von S gewollt war, sondern dieser vielmehr als Ergebnis der Arbeit des B einen fertigen Schrank und eine Kommode erhalten wollte. Geht es aber weniger um die Vergütung der reinen Tätigkeit (dann eher Dienstvertrag), als um den Erfolg bei der Herstellung eines Werks, welcher wiederum zu vergüten ist, handelt es sich um einen Werkvertrag gem. § 631 BGB.
6. Da bei Verträgen zur Herstellung beweglicher Sachen eine genaue Unterscheidung zwischen der Anwendbarkeit von Kaufrecht gem. §§ 433 ff. BGB und Werkvertragsrecht gem. §§ 631 ff. BGB kaum möglich ist, regelt § 651 BGB diesen Sonderfall, um Rechtssicherheit herzustellen. Gem. § 651 S. 1 BGB findet auf solche Vereinbarungen grundsätzlich Kaufrecht Anwendung. Hier ist der Vertrag als Werklieferungsvertrag anzusehen. Als wesentliche Vertragsbestandteile wurden zumindest der herzustellende Schrank und die Kommode sowie das Entgelt bestimmt. Maßgebliche Anspruchsgrundlage des S auf Herstellung der Möbel ist somit § 433 Abs. 1 S. 1 BGB, der über die Verweisungsnorm des § 651 S. 1 BGB Anwendung findet.

S kann von B Herstellung der Möbel gem. §651 S.1 BGB i.V.m. §433 Abs.1 S.1 BGB verlangen.

Anmerkung: In der Regel ist auf der Ebene des ursprünglichen Leistungsanspruchs (Primärleistung) nicht maßgeblich, um welchen Vertragstyp es sich handelt. Denn ob S nun die Herstellung der Möbel aus Werkvertrag oder Werklieferungsvertrag oder Kaufvertrag usw. verlangen kann, ist nebensächlich. Im Übrigen herrscht Vertragsfreiheit, die Parteien können vertraglich weitestgehend frei vereinbaren, was sie möchten. Wichtig ist auf Primärebene nur, dass überhaupt ein Anspruch besteht. Die Unterscheidung des Vertragstypus spielt aber vor allem dann eine Rolle, wenn es um Leistungsstörungen geht (Sekundärebene). Denn die unterschiedlichen Vertragstypen haben oft unterschiedliche besondere Leistungsstörungsregelungen. Bei manchen Vertragstypen gibt es kein besonderes Gewährleistungsrecht, z.B. beim Dienstvertrag, §§611ff. BGB. Bei anderen Vertragstypen gibt es dagegen ausdifferenzierte Systeme wie im Kaufrecht.

7. Einheit: Allgemeines Schuldrecht

7.1 Inhalt und Lernziele

Nachdem in den vorangehenden Einheiten die Anforderungen an einen wirksamen Vertragsschluss sowie die Grenzen der Privatautonomie zum Schutz des Verbrauchers und bereits einige Vertragstypen behandelt wurden, wenden wir uns nun dem (allgemeinen) Inhalt von Schuldverhältnissen zu. Es lassen sich bestimmte Typen von Schuldverhältnissen – vertragliche bzw. rechtsgeschäftliche und gesetzliche – unterscheiden. Das Allgemeine Schuldrecht enthält nach dem schon für das gesamte BGB bekannten Klammer- bzw. Schachtelprinzip **allgemeine Vorschriften für alle Formen von Schuldverhältnissen** und wird ergänzt durch das Besondere Schuldrecht, das spezifische Vorschriften für bestimmte Vertragstypen, wie Kauf, Miete, Pacht, etc., also rechtsgeschäftliche Schuldverhältnisse, und für bestimmte gesetzliche Schuldverhältnisse enthält. Das Allgemeine Schuldrecht besteht neben dem (in der 8. Einheit behandelten) Leistungsstörungsrecht vor allem aus Regelungen zum Inhalt eines Schuldverhältnisses, außerdem zu besonderen (bereits aus der 5. Einheit bekannten) Vertriebsformen gegenüber Verbrauchern, wie etwa Haustürgeschäften oder Fernabsatzverträgen, dem Vertrag zugunsten Dritter, der Vertragsstrafe, dem Erlöschen von Schuldverhältnissen sowie zur Beteiligung von mehr als zwei Parteien am Schuldverhältnis (sog. Mehrheit von Gläubigern und Schuldnern). Kurzum: Das Allgemeine Schuldrecht betrifft alle diejenigen Fragen, die für sämtliche und nicht nur für einzelne spezifische Schuldverhältnisse relevant werden.

Der Übungsfall betrifft die sog. Gefahr des zufälligen Untergangs, also die Frage, ob der Schuldner nach einem vergeblichen Leistungsversuch erneut leisten muss oder von seiner Pflicht befreit wird. Dabei wird mit der Problematik der Unmöglichkeit gemäß § 275 BGB punktuell auf den Stoff der 8. Einheit, nämlich das Leistungsstörungsrecht vorgegriffen.

7.2 Der Begriff des Schuldrechts und des Schuldverhältnisses

7.2.1 Begriff des Schuldrechts

Das Schuldrecht ist der Teil des Privatrechts, der sich mit den Rechten und Pflichten aus Schuldverhältnissen befasst. Hier geht es nicht mehr um das Zustandekommen von Verträgen, sondern um die **Konsequenzen aus einem bestehenden Schuldverhältnis**.

Das Schuldrecht ist im zweiten Buch des BGB geregelt, §§ 241–853 BGB. Die für alle Schuldverhältnisse geltenden Regelungen sind im Allgemeinen Schuldrecht

(§§ 241-432 BGB) wieder gleichsam „vor die Klammer" gezogen (Klammer- bzw. Schachtelprinzip). Das Besondere Schuldrecht regelt die wichtigsten Vertragstypen (§§ 433-811 BGB) sowie das Recht der ungerechtfertigten Bereicherung (§§ 812-822 BGB) und der unerlaubten Handlungen (§§ 823–853 BGB).

7.2.2 Begriff des Schuldverhältnisses

Jeder Vertrag ist ein Schuldverhältnis. Vereinbaren K und V, dass K das Auto des V gegen Zahlung von 10.000 Euro erwerben solle, entsteht ein Schuldverhältnis. Wird bei einem Verkehrsunfall durch das Verschulden des A der Wagen des B beschädigt, entsteht ebenfalls ein Schuldverhältnis. Im ersten Fall handelt es sich um eine vertragliches oder rechtsgeschäftliches Schuldverhältnis, im zweiten Fall um ein gesetzliches (genauer: ein deliktisches) Schuldverhältnis. Der Begriff des Schuldverhältnisses ist damit weiter als der Begriff des Vertrags.

Schuldverhältnis $=_{def}$ Rechtsverhältnis, aus dem eine Person (Schuldner/in) einer anderen Person (Gläubiger/in) ein Tun oder Unterlassen schuldet

7.3 Entstehung von Schuldverhältnissen

Schuldverhältnisse können durch Rechtsgeschäft oder kraft Gesetzes entstehen.

7.3.1 Rechtsgeschäftliche Schuldverhältnisse

Rechtsgeschäftliche Schuldverhältnisse entstehen durch wirksamen Vertragsschluss oder Vornahme eines einseitigen Rechtsgeschäfts, wobei letzteres nur selten der Fall ist (z. B. Auslobung, § 657 BGB). Man unterscheidet **gegenseitige** Verträge (alle Austauschverträge: Kauf- Werk-, Darlehensvertrag u. a.), **unvollkommen zweiseitig verpflichtende** Verträge (z. B. Leihe (§ 598 BGB), Auftrag (§ 662 BGB)) und **einseitig verpflichtende** Verträge (z. B. Schenkung, § 518 BGB).

In der Praxis am wichtigsten sind die **gegenseitigen Verträge**. Sie sind gekennzeichnet durch die funktionelle gegenseitige Abhängigkeit der vertraglichen Hauptleistungspflichten der Parteien (**funktionelles Synallagma**).[40] Jede Vertragspartei verpflichtet sich gerade deshalb zur Leistung, weil sich (auch) die andere Partei zur (Gegen-)Leistung verpflichtet (***Do ut des*** *(lat.): Ich gebe, damit du gibst*). Konsequenz ist die **Verpflichtung zur Leistung „Zug um Zug"**, vgl. § 322 Abs. 1 BGB. Dies bedeutet, dass eine Leistung nur bei gleichzeitiger Erbringung der Gegenleistung gefordert werden kann. Bis zur Leistung des Vertragspartners besteht gegen diesen nach § 320 BGB ein **Leistungsverweigerungsrecht**.

Synallagma $=_{def}$ Verhältnis der Leistungspflichten bei gegenseitigen Verträgen.

---

40 BGH NJW 2013, 1245 (1246); m. Anm. *K. Schmidt* JuS 2013, 562.

Bei **unvollkommen zweiseitig verpflichtenden Verträgen** bestehen nur für eine Partei Hauptpflichten, die darüber hinaus nicht im Synallagma zu den (Neben-) Pflichten der anderen Partei stehen.[41] Bei einem Leihvertrag (§598 BGB) etwa trägt der Verleiher die Hauptpflicht, den Gebrauch der Sache zu gestatten, der Entleiher hingegen nur eine Nebenpflicht, die Sache zurückzugeben. Kennzeichnend dabei ist, dass die Sache nicht übergegeben wird, um sie später zurückzuerhalten.

Einseitig verpflichtende Verträge begründen nur (Haupt-) Pflichten einer Partei. Bei der Schenkung ist nur der Schenker, verpflichtet das Eigentum an dem betreffenden Gegenstand an den Beschenkten (seinen Vertragspartner) zu übertragen. Ein Synallagma kann daher hier erst recht nicht bestehen. Es handelt sich dennoch um einen Vertrag, für den zwei übereinstimmende Willenserklärungen erforderlich sind. Man kann einer Person daher nichts gegen ihren Willen schenken.

7.3.2 Rechtsgeschäftsähnliche Schuldverhältnisse

Das vorvertragliche Schuldverhältnis aus §311 Abs. 2 BGB (Verschulden bei geschäftlichem Kontakt) wird üblicherweise als rechtsgeschäftsähnliches Schuldverhältnis, also zwischen vertraglichem und gesetzlichem Schuldverhältnis eingeordnet.[42] Dies entspricht auch der amtlichen Überschrift von §311 BGB.

7.3.3 Gesetzliche Schuldverhältnisse

Gesetzliche Schuldverhältnisse entstehen unmittelbar durch gesetzliche Anordnung. Erfüllt die Handlung einer Person den Tatbestand einer entsprechenden Anspruchsgrundlage, sind Rechte und Pflichten gegenüber Dritten die gesetzlich begründete Folge.

Beispiel:

Ein Ball wird von A beim Fußballspiel auf der Straße in eine Fensterscheibe des B geschossen. Diese Beschädigung kann eine Verpflichtung des A zum Schadensersatz gegenüber B nach sich ziehen. Liegen insoweit die Voraussetzungen einer unerlaubten Handlung i. S. v. §823 Abs. 1 BGB vor, entsteht per Gesetz (ipso jure) ein Schuldverhältnis zwischen A und B, das auf die Zahlung von Schadensersatz gerichtet ist.

Die wichtigsten gesetzlichen Schuldverhältnisse ergeben sich aus unerlaubten Handlungen (§§823 ff. BGB), ungerechtfertigter Bereicherung (§§812 ff. BGB) und Geschäftsführung ohne Auftrag (§§677 ff. BGB). Weil die Entstehung gerade nicht vom Abschluss eines Vertrages abhängt, spricht man hier auch von **außervertraglichen Schuldverhältnissen**.

---

41 *Brox/Walker*, Schuldrecht AT, §3 Rn. 3.
42 *Westermann/Bydlinski/Weber*, Schuldrecht AT, Rn. 2/26.

7.4 Inhalt von Schuldverhältnissen

Kennzeichnend für Schuldverhältnisse ist ihre **Relativität**:[43] Sie wirken nur **zwischen den Parteien** (*inter partes*). Demgegenüber wirken sog. absolute Rechte gegen jedermann (*erga omnes*), wie z. B. das Eigentum.

Vor der Frage nach den Folgen, die Störungen beim Vollzug von Schuldverhältnissen („Ist-Zustand") auslösen, muss der Inhalt dieser Schuldverhältnisse („Soll-Zustand") klar sein, also die **Leistungspflichten**, deren Durchsetzung beansprucht und (notfalls) gerichtlich durchgesetzt werden kann.

7.4.1 Leistungspflichten

Leistungspflichten lassen sich unterteilen in Haupt- und Nebenleistungspflichten. **Hauptpflichten** (meist Hauptleistungspflichten) sind in der Regel gesetzlich festgelegt. Das zeigen §433 Abs. 1 S. 1 BGB, der den **Verkäufer** zur **Übergabe und Übereignung der Kaufsache** verpflichtet, und §433 Abs. 2 Alt. 1 BGB, der den **Käufer** zur **Kaufpreiszahlung** verpflichtet. Hauptpflichten sind diejenigen Pflichten, zu dessen rechtlicher Fixierung der Vertrag geschlossen wurde. Um die Erfüllung dieser Pflichten geht es den Vertragsparteien in erster Linie. Der Gläubiger fordert sie und der Schuldner erklärt sich zu deren Erfüllung bereit. Die Hauptpflichten betreffen die wesentlichen Vertragspflichten, ergeben sich also aus dem Charakter des jeweiligen Vertrages.

Zur **Bestimmung von Schuldner und Gläubiger** muss in jedem Vertrag also nach Pflichten differenziert werden. Beim Kaufvertrag (§433 BGB) sieht das wie folgt aus:

- **Pflicht zur Kaufpreiszahlung** (§433 Abs. 2 Alt. 1 BGB): Schuldner ist der Käufer, Gläubiger der Verkäufer.
- Bei der **Pflicht zu Übergabe und Übereignung der mangelfreien Kaufsache** (§433 Abs. 1 BGB) liegt es umgekehrt: hier ist Schuldner der Verkäufer und Gläubiger der Käufer.

Nebenleistungspflichten sind meist **„Hilfspflichten"**, denen eine Vertragspartei nachkommen muss, damit der Vertragszweck erreicht werden kann[44], z. B. die Einweisung in eine komplizierte Maschine oder die besondere Verpackung eines zerbrechlichen Gegenstandes vor dem Versand. Die Nebenleistungspflichten folgen, soweit nicht ausdrücklich vereinbart oder im Ausnahmefall gesetzlich geregelt (z. B. §448 Abs. 1 BGB, §666 BGB), aus einer **ergänzenden Vertragsauslegung** nach §§133, 157 BGB unter Berücksichtigung des (in der Praxis enorm wichtigen!) Grundsatzes von Treu und Glauben, §242 BGB. Die Nebenleistungspflichten (oder leistungsbezogene Nebenpflichten) sind streng zu unterscheiden von (nicht leistungsbezogenen) **Nebenpflichten i. S. d. §241 Abs. 2 BGB**. Nebenpflichten sind nicht auf die Erbringung einer Leistung,

---

[43] Vgl. dazu BGH NJW 2001, 2885; m. Anm. *K. Schmidt* JuS 2001, 1123.

[44] *Westermann/Bydlinski/Weber*, Schuldrecht AT, Rn. 2/38.

sondern auf die Befriedigung eines sonstigen Gläubigerinteresses gerichtet.[45] Dazu zählen vor allem **Schutz- und Aufklärungspflichten**.[46] Im Gegensatz zu Leistungspflichten begründen sie keinen Anspruch auf Erfüllung, sondern es führt erst ihre Verletzung bestimmte Rechtsfolgen herbei. So hat beispielsweise das Reinigungsunternehmen nicht nur sorgfältig zu putzen, sondern bestimmte Schutzpflichten hinsichtlich des Mobiliars der zu reinigenden Wohnung zu beachten. Wird daher beim Putzen die teure Porzellanvase durch allzu sorglose Handhabung zerstört, so hat diese Nebenpflichtverletzung Konsequenzen.

Die Unterscheidung zwischen Haupt- und Nebenpflichten ist wichtig im Hinblick auf die Rechtsfolgen bei Leistungsstörungen. So sind z.B. die Regelungen der §§320ff. BGB nur auf synallagmatische Hauptleistungspflichten anwendbar. Leistungsstörungen können sich aber auch grundsätzlich auch auf Nebenpflichten beziehen.

Eine weitere Unterscheidung betrifft die sog. Primär- und Sekundärpflichten. Als **Primärpflichten** werden die Pflichten bezeichnet, die sich unmittelbar aus dem Vertrag ergeben und unabhängig davon sind, ob eine Störung der Leistung eintritt. Beim Kaufvertrag ergibt sich die Pflicht des Verkäufers, dem Käufer das Eigentum an der Kaufsache zu verschaffen, unmittelbar aus dem Vertrag. Erst wenn der Verkäufer nicht mehr dazu in der Lage ist, dieser Primärpflicht nachzukommen, ordnet das Gesetz unter bestimmten Voraussetzungen eine Schadensersatzpflicht als Sekundärpflicht an. **Sekundärpflichten** entstehen demgegenüber also erst, wenn die Leistung gestört ist. Sie treten an die Stelle der Primärpflichten.

7.4.2 Umfang der Leistung

Die Leistung kann als Gattungs- oder Stückschuld vereinbart werden. Eine sog. **Gattungsschuld** liegt vor, wenn der Leistungsgegenstand nach allgemeinen Kriterien festgelegt wird.[47] Der Schuldner wird dann von seiner Verpflichtung befreit, wenn er einen Gegenstand „mittlerer Art und Güte" (§243 Abs.1 BGB) aus dieser Gattung leistet. Bei der **Stückschuld** hingegen bestimmt sich der Leistungsgegenstand nach individuellen Merkmalen.[48] Als Beispiele können etwa ein einzigartiges Kunstwerk, ein preisgekröntes Rennpferd oder ein maßgeschneiderter Anzug genannt werden. Bestellt man hingegen im Internet ein Buch, liegt eine Gattungsschuld vor, weil sehr viele identische Exemplare dieses Buches existieren und kein besonderes Vervielfältigungsstück ausgesucht wurde.

7.4.3 Leistungsort

Der **Leistungsort** (Synonym: **Erfüllungsort**, vgl. §447 BGB) ist der Ort, an dem der Schuldner seine **Leistungshandlung** vornehmen muss. Leistungsort ist dar-

---

45 *Medicus/Petersen*, BGB, §11 Rn.208.
46 BGH NJW 2012, 2878 (Tz. 22, 29).
47 *Brox/Walker*, Schuldrecht AT, §8 Rn.1.
48 *Brox/Walker*, Schuldrecht AT, §8 Rn.2.

um keineswegs immer auch der **Erfolgsort**, an dem der Leistungserfolg eintritt. Grundsätzlich **können die Parteien den Leistungsort bestimmen**. Sie regeln dann im Vertrag, wo der Schuldner seine Leistung erbringt, wer also z. B. beim Kaufvertag für den Transport des Kaufgegenstandes zu sorgen hat (siehe unten den Kasten: Hol-, Bring- und Schickschuld). Tun sie das nicht und ist auch den Umständen nichts zu entnehmen, ist Leistungsort **der Wohnort bzw. Geschäftssitz des Schuldners** (§ 269 BGB). Anders gesagt: Im Zweifel darf der Schuldner „zuhause" leisten und darf – genauer – also alles, was er zur Erfüllung seiner Leistungspflicht tun muss, an seinem Wohnort erledigen (sog. Holschuld).

In letzter Zeit wurde der Leistungsort vor allem für die Nacherfüllung im Kaufrecht diskutiert, ob mithin der Käufer den mangelhaften Kaufgegenstand zur Reparatur bringen oder der Verkäufer ihn abholen muss (siehe dazu in der 8. Einheit). Die Bestimmung des Leistungsorts ist außerdem vor allem dann wichtig, wenn sich etwa der Zustand einer Kaufsache nach Vertragsabschluss, aber vor Inbesitznahme durch den Käufer, aufgrund einer Beschädigung „verschlechtert". Dann stellt sich die Frage, in wessen Risikosphäre diese Verschlechterung fällt: (noch) in die Sphäre des Verkäufers oder (schon) in die Käufersphäre.

Leistungsort $=_{def}$ Ort, an dem der Schuldner die Leistungshandlung(en) vornehmen muss[49] (auch: Erfüllungsort)

Erfolgsort $=_{def}$ Ort, an dem der Leistungserfolg eintritt[50]

Holschuld, Bringschuld, Schickschuld

- Bei der **Holschuld** fallen Leistungs- und Erfolgsort am **Wohnsitz des Schuldners** zusammen. Ein Käufer muss z. B. die Kaufsache beim Verkäufer abholen, der Verkäufer sie dort bereitstellen.
- Bei der **Bringschuld** fallen Leistungs- und Erfolgsort am **Wohnsitz des Gläubigers** zusammen. Ein Verkäufer muss z. B. die Kaufsache dem Käufer an dessen Wohnort liefern.
- Bei der **Schickschuld** fallen Leistungs- und Erfolgsort **auseinander**. Leistungsort ist der Wohnsitz des Schuldners, Erfolgsort der Wohnsitz des Gläubigers. Der Verkäufer muss dann z. B. die Kaufsache einem Versender übergeben.

Leistungs- und Erfolgsort fallen i. d. R. **zusammen**. Eine Ausnahme bildet die Schickschuld. Wo sich Leistungs- und Erfolgsort befinden, wird meist vertraglich vereinbart oder lässt sich durch Vertragsauslegung bestimmen. So handelt es sich etwa bei der Lieferung von Möbeln durch das Möbelgeschäft grundsätzlich um eine Bringschuld des Verkäufers,[51] beim Versandhandel hingegen grundsätzlich um eine Schickschuld.[52] Lediglich wenn sich weder aus einer Vereinbarung noch aus den Umständen ermitteln lässt, welche Schuld vereinbart wurde, greift § 269 BGB. **Nur im Zweifel ist die Schuld also eine Holschuld**.

Für **Geld** gilt die Sonderregel des § 270 Abs. 1 BGB. Weil der Schuldner hier die Gefahr der Versendung trägt, vor allem mit Blick auf ein mögliches Abhan-

[49] BGH NJW 2011, 2278 (Tz. 14); vgl. auch BGH NJW 1999, 1179 (1180); NJW 1981, 752 (753).
[50] BGH NJW 2008, 2344 (Tz. 16); GRUR 2012, 1069 (Tz. 26).
[51] Vgl. OLG Brandenburg NJW-RR 1992, 1527 (1528).
[52] Vgl. BGH NJW 2003, 3341.

denkommen des von ihm überwiesenen Geldes, spricht man hier von einer **qualifizierten Schickschuld.**[53]

Im **Kaufrecht** gilt nach §447 Abs.1 BGB (sog. **Versendungskauf**), dass mit der Übergabe der Kaufsache an die Transportperson auch die sog. **Preisgefahr** übergeht. Geht die Sache beim Transport unter, erhält der Käufer zwar nicht die Kaufsache (deren Lieferung unmöglich geworden ist). Er bleibt aber (gleichwohl) zur Kaufpreiszahlung verpflichtet. Nur zum Schutz von Verbrauchern macht §474 Abs.4 BGB von dieser Regelung aber wiederum eine Ausnahme für den sog. **Verbrauchsgüterkauf,** indem weitere Kriterien gefordert werden, damit §447 Abs.1 BGB Anwendung findet.

Der Leistungsort spielt für die sog. **Konkretisierung der Gattungs- zur Stückschuld** eine wichtige Rolle. Wenngleich nämlich der Leistungsgegenstand sich zunächst aus einer Gattung bestimmt, kann sich die Verpflichtung des Schuldners dann auf einen bestimmten Gegenstand beschränken, wenn der Schuldner das zur Leistung seinerseits Erforderliche getan hat (§243 Abs.2 BGB). Was dieses Erforderliche im Einzelfall ist, ergibt sich aus dem **Inhalt des Schuldverhältnisses**. Bei einer **Holschuld** muss der Schuldner die Sache lediglich **aussondern, bereitstellen** sowie den Gläubiger **benachrichtigen.**[54] Sobald er dies tut, konkretisiert sich seine (Gattungs-)Schuld auf diesen einzelnen Gegenstand. Bei der **Bringschuld** muss der Schuldner hingegen die Leistung **dem Gläubiger an dessen Wohn- bzw. Geschäftssitz anbieten**. Bei einer **Schickschuld** hat der Schuldner bereits das seinerseits Erforderliche getan, wenn er die Sache einer sorgfältig ausgesuchten **Transportperson übergeben** hat.[55]

7.4.4 Leistungszeit

Die Leistungszeit bestimmt sich nach der Fälligkeit und der Erfüllbarkeit der Leistung. **Fälligkeit** ist der Zeitpunkt, zu dem geleistet werden muss. Fällig ist jede Leistung nach §271 Abs.1 Alt.1 BGB im Zweifel „sofort", also eine logische Sekunde nach Vertragsschluss. Selbstverständlich sind aber vertragliche Vereinbarungen oder spezielle gesetzliche Regelungen (z.B. zur Fälligkeit der Miete, §556b Abs.1 BGB) vorrangig.

Fälligkeit $=_{def}$ Zeitpunkt, ab dem der Gläubiger die Leistung fordern kann

Wird die Fälligkeit nach Vertragsschluss durch Vereinbarung (§311 Abs.1 BGB: Änderungsvertrag) zeitweise ausgesetzt und so „nach hinten" verschoben, spricht man von einer **Stundung**. Leistet der Schuldner bei Fälligkeit nicht, kann er in Schuldnerverzug geraten, §§286ff. BGB (siehe dazu die Erläuterungen in der 8. Einheit).

Von der Fälligkeit zu unterscheiden ist die sog. **Erfüllbarkeit**, also der Zeitpunkt, ab dem der Schuldner leisten darf (§271 Abs.1 Alt.2 BGB). Die Erfüllbarkeit ist

[53] Nach a.A. handelt es sich um eine Bringschuld, etwa Palandt/*Grüneberg*, BGB, §270 Rn.1.
[54] Palandt/*Grüneberg*, BGB, §243 Rn.5.
[55] BGH Urteil vom 16.07.2003 – VIII ZR 302/02 = BeckRS 2003, 08299.

im Zweifel **sofort** gegeben, auch wenn die Parteien eine spätere Fälligkeit vereinbart haben (§ 271 Abs. 2 BGB). Bietet der Weinhändler seinen Kunden z. B. an, die Weinlieferung statt im Januar erst im März zu begleichen, so wird er nichts dagegen einzuwenden haben, wenn er sein Geld bereits im Februar oder Januar erhält. Anders ist die Situation, wenn aufgrund der Art der Leistung bzw. des Leistungsgegenstandes der Gläubiger die Leistung erst ab einem bestimmten Zeitpunkt entgegennehmen kann und will, z. B. wegen erst freiwerdender Lagerkapazitäten oder eines erst im Bau befindlichen Leistungsobjektes (Die Malerarbeiten können erst erbracht werden, wenn das Haus gebaut und verputzt ist).

7.5 Erlöschen von Schuldverhältnissen

Wenngleich ein Anspruch zunächst bestanden hat, erlischt er durch spätere Ereignisse wieder. Diesen Umstand des Erlöschens kann der Schuldner dem Gläubiger aus dem erloschenen Schuldverhältnis als sog. rechtsvernichtende Einwendungen entgegenhalten. Der wichtigste Erlöschensgrund ist die **Erfüllung**. Hat der Schuldner seine Verpflichtung erfüllt (§ 362 Abs. 1 BGB), kann der Gläubiger selbstverständlich den gleichen Anspruch nicht ein weiteres Mal gegen ihn geltend machen. Der Schuldner kann die Einwendung der Erfüllung entgegenhalten.

Ein weiterer Grund für das Erlöschen des Schuldverhältnisses kann sich aus der **Aufrechnung** ergeben. U.U. kann der Schuldner gegen die Forderung des Gläubigers nämlich auch mit einem eigenen Anspruch, den er seinerseits gegen den Gläubiger hat, aufrechnen, sodass beide Forderungen (rückwirkend, § 389 BGB) untergehen (§ 387 BGB). Voraussetzung dafür ist, dass die beiden versprochenen Leistungsgegenstände identisch sind. So lässt sich nicht mit einem Anspruch auf Äpfel gegen einen Anspruch auf Birnen aufrechnen. Ferner muss der Anspruch des Aufrechnenden (sog. **Gegenforderung** oder Aktivforderung) durchsetzbar (§ 390 BGB) und der Anspruch der anderen Partei (sog. **Hauptforderung** oder Passivforderung) erfüllbar i. S. d. § 271 BGB sein. Die Aufrechnung ist ein **Gestaltungsrecht**, d. h. sie muss erklärt werden (§ 388 BGB) und wird nicht von Amts wegen vorgenommen.

Daneben können die Parteien sich auf einen **Erlass** der Schuld einigen (§ 397 Abs. 1 BGB). Einen einseitigen Verzicht auf Ansprüche gibt es hingegen nicht.[56]

---

56 BGH NJW 1987, 3203 (3203).

7.6 Weitere Regelungen und Rechtsfiguren des Allgemeinen Schuldrechts

7.6.1 Vertrag zugunsten Dritter (§§ 328 ff. BGB)

Die Parteien können vereinbaren, dass die Leistung einem Dritten zugute kommt und dementsprechend dieser Dritte sogar einen eigenen Anspruch erlangt. So kann ein Vertrag zugunsten Dritter geschlossen werden, der dem Dritten beispielsweise einen Anspruch aus § 433 Abs. 1 S. 1 BGB i. V. m. § 328 BGB verschafft. Einen wichtigen Anwendungsfall stellen bestimmte Formen von **Versicherungsverträgen** dar. Unzulässig sind hingegen stets Verträge, die zu Lasten eines Dritten ohne dessen Zustimmung abgeschlossen werden.[57]

7.6.2 Vertragsstrafe (§§ 339 ff. BGB)

Um der vertraglichen Forderung „mehr Gewicht" zu verschaffen, wird vielfach eine Vertragsstrafe vereinbart. Die Vertragsstrafe ist eine meist in Geld bestehende Leistung, die der Schuldner für den Fall der Nichterfüllung bzw. der ungenügenden oder verspäteten Erfüllung einer Verbindlichkeit verspricht.[58] Die große praktische Bedeutung der Vertragsstrafe ergibt sich daraus, dass hier im Gegensatz zum Schadensersatz keine komplizierte Berechnung des Schadens und schwierige Beweisführung für die verlangte Höhe einer Zahlung erforderlich werden.[59] Die Vertragsstrafe kann allerdings beliebig vereinbart werden. Sie unterliegt vielmehr gemäß § 343 BGB einer Billigkeitskontrolle des Richters.[60] Dabei kann der Richter die Höhe der Strafe auf ein angemessenes Maß herabsetzen.

7.6.3 Abtretung (§§ 398 ff. BGB)

Nach den Regeln des BGB ist nicht nur die Übertragung von Eigentum an körperlichen Gegenständen, sondern auch die **Übertragung von Forderungen** möglich. Man spricht hier von einer Forderungsabtretung oder kurz: einer Abtretung. Bei der Abtretung eines vertraglichen Anspruchs des Zedenten (Abtretender) an den Zessionar (Abtretungsempfänger) handelt es sich um ein sog. **Verfügungsgeschäft**, weil die Änderung des Rechts – hier die Übertragung der Forderung – unmittelbar vorgenommen wird. Das Verpflichtungsgeschäft begründet im Unterschied dazu lediglich die Verpflichtung zur Rechtsübertragung. In der Regel wird der Abtretung ein Verpflichtungsgeschäft zugrunde liegen, z. B. ein Kauf der Forderung (§§ 433, 453 BGB).

---

57 BGH NJW 1972, 942 (943); BGH NJW 1974, 96 (96 f.).
58 Palandt/*Grüneberg*, BGB, § 339 Rn. 1.
59 *Brox/Walker*, Schuldrecht AT, § 11 Rn. 1.
60 BGH NJW 1977, 533 (534); GRUR 2010, 355 (Tz. 30).

7.6.4 Mehrheit von Gläubigern und Schuldnern (§§ 420 ff. BGB)

Das Schuldverhältnis ist nicht auf ein Zwei-Personen-Verhältnis beschränkt. An einem Schuldverhältnis können vielmehr auch mehr als zwei Personen beteiligt sein. Bei einer Konzertaufführung durch ein Orchester verpflichten sich mehrere Personen zu einer Leistung, die sie nur in gemeinsamem Zusammenwirken erbringen können (sog. **Gemeinschaftliche Schuldnerschaft**).[61] Andererseits kann diese Leistung auch teilbar sein (sog. **Teilschuldnerschaft**, § 420, Alt. 1 BGB). Von großer Bedeutung ist die sog. **Gesamtschuldnerschaft** oder **Gesamtschuld** (§§ 421 ff. BGB). Bei einer Mehrheit von Schuldnern handelt es sich im Zweifelsfall um eine Gesamtschuldnerschaft (§ 427 BGB). Die Gesamtschuldnerschaft kann auch bei gesetzlichen Schuldverhältnissen auftreten, bspw. wenn mehrere Personen für die Verursachung eines Schadens deliktisch haften (§ 840 Abs. 1 BGB). Das Besondere an der Gesamtschuld ist, dass der Gläubiger nach seinem Belieben **einen der Schuldner auf die gesamte Leistung** in Anspruch nehmen kann (§ 421 S. 1 BGB).

Die Gesamtschuldner haften im **Außenverhältnis** gemeinsam für die gesamte Schuld. Auf diese Weise wird das Insolvenzrisiko vom Gläubiger auf die Schuldner verlagert. Der einzelne Gesamtschuldner, der vom Gläubiger in Anspruch genommen wird, ist dann darauf verwiesen, sich über einen Anspruch aus § 426 BGB von den anderen Gesamtschuldnern deren „Anteil" an der Gesamtschuld erstatten zu lassen. Im **Innenverhältnis** trägt in der Regel jeder Gesamtschuldner die Schuld zu gleichen Teilen. Es kann aber auch eine andere Aufteilung im Innenverhältnis geben. Der Gläubiger befindet sich unabhängig davon stets in der vorteilhaften Position, an jeden einzelnen der Gesamtschuldner herantreten und die gesamte Schuld einfordern zu können. Allerdings darf er naturgemäß die Schuld nur einmal einfordern. Hat der einzelne Gesamtschuldner, an den sich der Gläubiger zuerst gewandt hat, bereits die gesamte Schuld beglichen, so bleibt dem Gläubiger ein Herantreten an die anderen Schuldner verwehrt.

Entsprechend wird auf der Gläubigerseite zwischen **Teilgläubigerschaft** (§ 420, Alt. 2 BGB), **Gesamtgläubigerschaft** (§§ 428 ff. BGB) und **Gemeinschaftlicher Gläubigerschaft** (§ 432 BGB) unterschieden.

7.7 Übungsfall mit Lösung

Sachverhalt

Käufer K bestellt beim Weinhändler V drei Kisten Rotwein „Chianti", Jahrgang 2010, für eine private Feier zum Preis von je 50 Euro. K beauftragt den bisher stets zuverlässige Spediteur S mit der Abholung der Kisten bei V. Nachdem V drei Kisten aus seinem Lager mit dem Namen des K beschriftet und S diese abgeholt hat, wird S auf der Autobahn ohne eigenes Verschulden in einen Unfall verwickelt. Dabei erleidet nicht nur der Lieferwagen einen Totalschaden.

---

[61] *Westermann/Bydlinski/Weber*, Schuldrecht AT, Rn. 18/26.

Auch sämtliche in dem Wagen befindlichen Rotweinflaschen werden zerstört. Da die Feier nunmehr unmittelbar bevorsteht, verlangt K von V die Lieferung des Rotweins. Zu Recht?

Lösung

K könnte gegen V ein Anspruch auf Übergabe und Übereignung von drei Kisten Rotwein „Chianti", Jahrgang 2010, aus §433 Abs. 1 S. 1 BGB haben.

1. Voraussetzung dafür ist, dass ein wirksamer Kaufvertrag vorliegt (§433 BGB). Zwischen K und V wurde durch die Bestellung ein Kaufvertrag geschlossen. Der Anspruch ist daher zunächst entstanden.
2. Der Anspruch könnte jedoch gem. §275 BGB wegen objektiver, nachträglicher Unmöglichkeit untergegangen sein. Die von V beschrifteten Kisten sind zerstört, so dass eine Übergabe und Übereignung nicht mehr möglich ist. Fraglich ist jedoch, ob V andere Kisten derselben Sorte Rotwein übergeben und übereignen könnte.
   a) Dies wäre der Fall, wenn es sich um eine Gattungsschuld (§243 BGB) handeln würde. Dafür müsste der Leistungsgegenstand nach allgemeinen Kriterien festgelegt sein. Hier haben V und K einen Kaufvertrag über mehrere Flaschen Rotwein einer bestimmten Sorte (Rotwein „Chianti", Jahrgang 2010) geschlossen, die Flaschen jedoch nicht genauer spezifiziert oder ausgesucht. Somit liegt eine Gattungsschuld vor. Damit läge keine Unmöglichkeit vor, weil davon auszugehen ist, dass noch weitere Flaschen dieser Gattung existieren.
   b) Diese Schuld des V könnte sich jedoch auf die drei beschrifteten Kisten gem. §243 Abs. 2 BGB konkretisiert haben. Dafür müsste V das zur Leistung seinerseits Erforderliche getan haben. Ob er dies getan hat, hängt von der Art seiner Verpflichtung ab, nämlich davon, ob eine Hol-, Bring- oder Schickschuld vereinbart war.
   c) Hier könnte es sich um eine Schickschuld handeln, weil K den S mit dem Transport beauftragt hatte. V hat daher das seinerseits Erforderliche getan, sobald er die Sache der Transportperson übergab. Speziell für das Kaufrecht regelt §447 Abs. 1 BGB, dass beim sog. Versendungskauf mit Übergabe an die zur Versendungsausführung bestimmte Person die Gefahr des zufälligen Untergangs auf den Käufer übergeht. Dies ist geschehen. Zum Zeitpunkt des Unfalls hätte daher K die Gefahr des zufälligen Untergangs zu tragen. Folglich hätte sich die Schuld auf die drei beschrifteten Kisten konkretisiert, so dass die Leistung gem. §275 Abs. 1 BGB unmöglich geworden wäre.
   d) Allerdings hat hier K zu privaten Zwecken, also als Verbraucher (§13 BGB), eine bewegliche Sache von einem Unternehmer (§14 BGB) gekauft. Es handelte sich daher um einen sog. Verbrauchsgüterkauf (§474 Abs. 1 S. 1 BGB). Die Vorschrift des §447 Abs. 1 BGB findet im vorliegenden Fall nur unter den Maßgaben des §474 Abs. 4 BGB Anwendung. Die Gefahr des zufälligen Untergangs geht daher nur dann auf den Käufer über, wenn der Käufer den Spediteur beauftragt hat und der Unternehmer dem Käufer diese Person nicht zuvor benannt hat. Hier beauftragt K den S und ihm

wurde S auch nicht von V zuvor benannt. Demnach geht die Gefahr des zufälligen Untergangs der Kisten mit der Übergabe von V an S auf K über.

e) Eine Konkretisierung der Gattungsschuld auf die beschrifteten Gegenstände ist daher eingetreten. Es liegt Unmöglichkeit vor. Der Anspruch ist untergegangen.

Ergebnis: K hat keinen Anspruch gegen V auf Übergabe und Übereignung von drei Kisten Rotwein „Chianti", Jahrgang 2010.

8. Einheit: Leistungsstörungs- und Gewährleistungsrecht

8.1 Inhalt und Lernziele

Das Leistungsstörungs- und Gewährleistungsrecht bildet in der Praxis ein hoch relevantes Problemfeld. Es geht darum zu klären, welche Rechtsfolgen aus einer **Störung des Leistungsaustauschs** im Rahmen eines Schuldverhältnisses resultieren. Welche Ansprüche hat der Käufer, wenn sich herausstellt, dass sein Kaufgegenstand fehlerhaft ist? Welche Handhabe hat der Unternehmer, wenn sein Vertragspartner auch nach mehrmaliger Aufforderung die Rechnung nicht bezahlt? Welche Konsequenz hat es für den Malermeister, wenn das Haus, an dem Malerarbeiten vorgenommen werden sollten, abgebrannt ist? Solche und ähnliche Fragen werden durch das Leistungsstörungs- und Gewährleistungsrecht beantwortet. Wichtig ist bei der Lösung derartiger Fälle vor allem, sich die Konstruktion gegenseitiger Verträge bewusst zu machen: es herrscht ein **Gegenseitigkeitsverhältnis zwischen Leistung und Gegenleistung**, beim Kaufvertrag also der Verpflichtung des Verkäufers zur Übergabe der Kaufsache und Verschaffung des Eigentums einerseits und der Verpflichtung des Käufers zur Kaufpreiszahlung andererseits. Leistung und Gegenleistung sind **synallagmatisch miteinander verknüpft**. Dieses Gegenseitigkeitsverhältnis bestimmt letztlich über die Rechtsfolgen, wenn der Verkäufer die Kaufsache beispielsweise nicht (mehr) liefern kann, weil sie ihm gestohlen wurde. Ob der Käufer dann trotzdem den Kaufpreis bezahlen muss, ist Teil des allgemeinen BGB-Leistungsstörungsrechts. Es behandelt die Rechtsfolgen, die eintreten, wenn ein Vertragsteil seine Pflichten aus einem Schuldverhältnis verletzt und die Gegenseite dadurch einen Schaden erleidet – eben zum Beispiel, wenn eine Partei ihre Leistung überhaupt nicht (mehr) erbringen kann, oder sie nicht rechtzeitig erbringt.

Neben den Regeln des allgemeinen Leistungsstörungsrechts enthält auch das Besondere Schuldrecht Vorschriften zur Störung von Leistungen, nämlich zur Gewährleistung bei Schlechtleistung. Diese Vorschriften des Besonderen Schuldrechts gehen als speziellere Normen den Vorschriften des allgemeinen Schuldrechts vor. Nichtsdestotrotz spielt das allgemeine Schuldrecht hierfür eine wichtige Rolle, weil es häufig nur ergänzt wird. Die Frage der Verantwortlichkeit bzw. des Vertretenmüssens ist z. B. im Allgemeinen Schuldrecht geregelt und gilt auch im Gewährleistungsrecht. Allgemeines und Besonderes Schuldrecht greifen so ineinander.

Der Übungsfall behandelt den Annahmeverzug des Gläubigers, bei dem eine Partei eine vertraglich geschuldete Leistung (z. B. Übergabe der Kaufsache) nicht zur vereinbarten Zeit entgegennimmt und anschließend ein Schaden (z. B. an der Kaufsache) entsteht, der die Leistung unmöglich macht.

8.2 Leistungsstörungen

Aus jedem Schuldverhältnis ergeben sich Pflichten, § 241 Abs. 1 BGB. Werden diese Pflichten verletzt, spricht man von einer **Leistungsstörung**. Das allgemeine Schuldrecht unterscheidet zwischen

- **Schlechtleistung** (Sach- oder Rechtsmangel)

  Beispiele:

  verkaufter Gebrauchtwagen hat Motorschaden; Arzt setzt Patienten bei Röntgenuntersuchung gesundheitsschädlich hoher Strahlung aus

- **Nichtleistung** (v. a. Unmöglichkeit)

  Beispiel:

  verkaufter aber noch nicht übereigneter Gebrauchtwagen wird bei einem Brand zerstört

- **Zu-spät-Leistung** (Schuldnerverzug)

  Beispiel:

  Käufer zahlt Kaufpreis auch 50 Tage nach Vertragsschluss nicht

Verletzt werden können auch **Nebenpflichten** (§ 241 Abs. 2 BGB), wenn z. B. ein Maler während seiner Malerarbeiten Sachen des Auftraggebers (Vase, Möbel etc.) zerstört.

Leistungsstörungen können verschiedene Rechtsfolgen auslösen. Im allgemeinen Schuldrecht sind dies insbesondere Ansprüche des anderen Vertragsteils auf

- **Schadensersatz neben der Leistung** (§ 280 BGB),
- **Schadensersatz statt der Leistung** (§§ 281–283 BGB),
- **Ersatz vergeblicher Aufwendungen** (§ 284 BGB).

Daneben (§ 325 BGB) kann der andere Vertragsteil gegebenenfalls nach §§ 323, 324 BGB vom Vertrag **zurücktreten** bzw. bei Dauerschuldverhältnissen gemäß § 314 BGB aus wichtigem Grund **kündigen**.

Die Regelungen des Allgemeinen Schuldrechts gelten **grundsätzlich für alle Vertragstypen** des Besonderen Schuldrechts. Teils wird dies durch ausdrücklichen Verweis klargestellt, vgl. §§ 437, 634 BGB. Wichtig ist aber: Bei den besonderen Vertragstypen werden die **allgemeinen Regeln** zum Teil **modifiziert** (z. B. durch die kaufrechtliche Mängelgewährleistung, §§ 434 ff. BGB) oder **ergänzt** (z. B. durch die erweiterten Kündigungsmöglichkeiten der §§ 620 Abs. 2, 626 BGB beim Dienstvertrag).

Zur Vereinfachung wird in dieser Darstellung zunächst von den Rechtsfolgen ausgegangen, die Leistungsstörungen auslösen, und es werden erst anschließend die einzelnen Pflichtverletzungen dargestellt.

8.2.1 Rechtsfolgen

8.2.1.1 Schadensersatz neben der Leistung

Der Anspruch auf Schadensersatz verpflichtet den Schuldner, seinen Gläubiger so zu stellen, wie dieser ohne schadensbegründende Pflichtverletzung stünde (§249 Abs. 1 BGB). Zentrale Anspruchsgrundlage ist §280 Abs. 1 BGB. Danach kann der Gläubiger **bei jeder Art von Pflichtverletzung** Schadensersatz verlangen. Es müssen jedoch zwei Formen unterschieden werden, deren Abgrenzung unbedingt beherrscht werden muss, um in der Falllösung die richtige Anspruchsgrundlage finden zu können: Schadensersatz neben der Leistung und Schadensersatz statt der Leistung.

Schadensersatz neben der Leistung bedeutet, dass die **Hauptleistungspflicht** des Schuldners von diesem Schadensersatzanspruch **unberührt** bleibt, der Schuldner seine Hauptleistung also weiterhin schuldet. Der Schadensersatzanspruch ergibt sich grundsätzlich aus **§280 Abs. 1 BGB**, ohne dass weitere Voraussetzungen erfüllt werden müssen. Damit die höheren Hürden des sog. Schadensersatzes statt der Leistung nicht umgangen werden, kann man Schadensersatz neben der Leistung nur dann verlangen, wenn im Zeitpunkt des Erlöschens der Leistungspflichten der Schaden durch eine erneute Leistungsvornahme innerhalb einer angemessenen Frist nicht mehr abgewendet werden kann.[62] Könnte der Schaden hingegen noch abgewendet werden, bleibt nur Schadensersatz statt der Leistung.

Schadensersatz neben der Leistung $=_{def}$ Ersatz des endgültig eingetretenen, also durch Nacherfüllung nicht mehr zu behebenden Schadens.

Beispiel:

A beauftragt B mit der Reparatur seines Daches, §631 Abs. 1 BGB. Misslingt die Dachreparatur des B und es regnet ins Haus, hat B dem A den Wert eines durch Regen zerstörten Teppichs zu ersetzen (sog. Mangelfolgeschaden). Daneben hat er aber weiter Anspruch auf Durchführung einer ordnungsgemäßen Dachreparatur. Durch eine ordnungsgemäße Dachreparatur würde der Schaden am Teppich aber nicht behoben, denn dieser ist bereits endgültig eingetreten. Daher tritt der Anspruch auf diesen Schadensersatz neben den weiter bestehenden Anspruch auf Erfüllung der Reparaturleistung aus dem Werkvertrag.

Ein Schadensersatzanspruch besteht nur, wenn der Schuldner **die Pflichtverletzung zu vertreten** hat (vgl. §280 Abs. 1 S. 2 BGB).

Unter welchen Umständen der Schuldner Pflichtverletzungen zu vertreten hat, bestimmt §276 Abs. 1 BGB. Im Normalfall hat der Schuldner für **Vorsatz** (wissentliche und willentliche Herbeiführung eines Erfolges) und **Fahrlässigkeit** (Außerachtlassen der im Verkehr erforderlichen Sorgfalt, §276 Abs. 2 BGB) einzustehen. Vorsatz und Fahrlässigkeit werden unter dem Begriff **Verschulden** zusammengefasst. Schaltet der Schuldner zur Erfüllung seiner Verbindlichkeit Dritte ein (sog. **Erfüllungsgehilfen**), muss er nach §278 BGB auch für deren Verschulden einstehen. Das Vertretenmüssen wird dem Schuldner zugerechnet,

[62] *Medicus/Petersen*, BGB, §13 Rn. 237.

auch wenn er selbst keinerlei Fehler begangen hat. Vor allem relevant wird §278 BGB im Arbeitsverhältnis, so dass der Arbeitgeber gegenüber Vertragspartnern für ein Verschulden seiner Arbeitnehmer haftet. Allgemein ist Erfüllungsgehilfe jeder, der **mit Willen des Schuldners in dessen Pflichtenkreis tätig** wird.[63] Darunter fallen also auch selbstständige Unternehmer, derer sich der Schuldner als Hilfsperson bedient.[64] Aus der Formulierung des §280 Abs. 1 S. 2 BGB folgt, dass das Vertretenmüssen des Schuldners vor Gericht vermutet wird und der Schuldner das Gegenteil (seine Schuldlosigkeit) gegebenenfalls beweisen muss (**Exkulpation**). Ist die Sachlage nicht aufklärbar, geht das zu seinen Lasten.

Voraussetzungen des Schadensersatzanspruchs gem. § 280 Abs. 1 BGB sind:
- Schuldverhältnis (vertraglich oder gesetzlich) zwischen Gläubiger und Schuldner
- Pflichtverletzung des Schuldners
- Vertretenmüssen (§ 280 Abs. 1 S. 2 BGB)
- Kausalität zwischen Pflichtverletzung und Schaden

Ein Sonderfall des Schadensersatzes neben der Leistung ist ein Schaden aufgrund verzögerter Leistung des Schuldners. Dieser sog. **Verzugsschaden** oder **Verzögerungsschaden** wird gemäß §280 Abs. 2 BGB nur ersetzt, wenn auch die zusätzlichen Voraussetzungen des §286 BGB vorliegen. Die Anspruchsgrundlage lautet dann §§280 Abs. 1, 2, 286 BGB. Verlangt werden können etwa die zur Durchsetzung der Gläubigerrechte erforderlichen Kosten wie Anwalts- oder Detektivkosten sowie eine Auslagenpauschale für entstandene Porto- und Telefonkosten.[65]

Voraussetzungen des Schadensersatzanspruchs gem. §§ 280 Abs. 1, 2, 286 BGB sind:
- Schuldverhältnis (vertraglich oder gesetzlich) zwischen Gläubiger und Schuldner
- Verzug des Schuldners
  - Fälliger, durchsetzbarer Anspruch
  - Nichtleistung des Schuldners trotz Möglichkeit dazu
  - Mahnung (ggf. entbehrlich gem. § 286 Abs. 2), Surrogat (§ 281 Abs. 1 S. 2 BGB) oder 30-Tage-Frist (§ 286 Abs. 3 BGB)
  - Schuldner muss Verzögerung zu vertreten haben (§ 286 Abs. 4 BGB)
- Kausalität zwischen Pflichtverletzung und Schaden

8.2.1.2 Schadensersatz statt der Leistung

Schadensersatz statt der Leistung (§280 Abs. 1, 3 i. V. m. §§281-283 BGB oder §311a Abs. 2 BGB) **tritt an die Stelle des ursprünglichen Erfüllungsanspruchs**. Wird Schadensersatz statt der Leistung beansprucht, entfällt der ursprüngliche Erfüllungsanspruch (§281 Abs. 4 BGB). Hier erlangt die Abgrenzung von Schadensersatz statt und neben der Leistung Relevanz, weil der Gläubiger nach erfolgreicher Geltendmachung seines Erfüllungsanspruchs nur mehr Scha-

---

[63] BGH NJW 2011, 139 (140).
[64] BGH NJW 1996, 452.
[65] BGH NJW 2011, 2871 (2872) (dort Auslagenpauschale i.H.v. 25 Euro).

densersatz neben der Leistung verlangen kann.[66] Er kann den Schuldner nicht „doppelt" in Anspruch nehmen und sowohl Leistung als auch Schadensersatz wegen Nichtleistung beanspruchen.

Im Rahmen des Schadensersatzes muss der Schuldner den Gläubiger so stellen, wie dieser **bei ordnungsgemäßer Vertragserfüllung** stünde. So kann der Käufer eines Gebrauchtwagens, der einen Motorschaden aufweist, den Wagen zurückgeben und sowohl Rückzahlung des Kaufpreises als auch Ersatz seines entgangenen Gewinns verlangen, weil er den Wagen nun nicht weiterverkaufen konnte (Schadensersatz statt der **ganzen** Leistung). Er kann den Wagen aber auch behalten und den Minderwert des Wagens als Schadensersatz statt der Leistung verlangen. Ausgeschlossen ist Schadensersatz statt der ganzen Leistung allerdings dann, wenn die Pflichtverletzung bei einer Schlechtleistung unerheblich ist oder an einer Teilleistung kein Interesse besteht, § 281 Abs. 1 S. 2 BGB. Da der Gläubiger die Vorteile aus dem Vertragsschluss verliert, müssen für den Schadensersatz statt der Leistung im Vergleich zu § 280 Abs. 1 BGB weitere Voraussetzungen erfüllt sein. Wichtig ist insoweit insbesondere die Obliegenheit des Gläubigers, dem Schuldner bei Nicht-, Teil- oder Schlechtleistung eine **Frist zur Nacherfüllung** zu setzen (§ 281 Abs. 1 S. 1 BGB). Dabei genügt die allgemeine Beanstandung der fehlenden Funktionalität und die Defizite müssen nicht im Einzelnen aufgeführt werden.[67] Es genügt zudem die Mitteilung eines bestimmbaren Zeitraums (z. B. „umgehend", „in angemessener Frist"), der Zeitraum für die Nacherfüllung muss nicht zwingend konkret genannt werden.[68] Der Schuldner erhält also eine „zweite Chance", um seine vertraglichen Verpflichtungen doch noch erfüllen zu können. Im Kaufrecht spricht man vom sog. **Vorrang der Nacherfüllung**. In Ausnahmefällen ist diese Fristsetzung jedoch entbehrlich, etwa wenn der Schuldner die Leistung ernsthaft und endgültig verweigert (§ 281 Abs. 2 Alt. 1 BGB). Dafür genügt jedoch nicht das bloße Bestreiten eines Mangels.[69] Vielmehr muss der Schuldner den Eindruck erwecken, er habe sein „letztes Wort" gesprochen und werde seinen Vertragspflichten unter keinen Umständen nachkommen.[70]

Schadensersatz statt der Leistung $=_{def}$ Ersatz des durch das Ausbleiben der mangelfreien Leistung entstandenen Schadens samt des dadurch verursachten Mangelschadens.

Voraussetzungen des Schadensersatzanspruchs gem. §§ 280 Abs. 1, 3, 281 BGB sind:

- Schuldverhältnis (vertraglich oder gesetzlich) zwischen Gläubiger und Schuldner
- Nicht-/Schlechtleistung des Schuldners trotz fälligen und durchsetzbaren Anspruchs des Gläubigers
- Erfolgloser Ablauf einer Nachfrist (ggf. entbehrlich gem. § 281 Abs. 2 BGB)
- Schuldner muss Pflichtverletzung zu vertreten haben
- Kein Ausschluss gem. § 281 Abs. 1 S. 2, 3 BGB
- Kausalität zwischen Pflichtverletzung und Schaden

---

66 BGH NJW 2013, 2959 (2959).
67 BGH NJW 2010, 2200 (2201).
68 BGH NJW 2009, 3153 (3154).
69 BGH NJW 2011, 2872 (2873); BGH NJW 2013, 1074 (1076).
70 BGH NJW 2011, 2872 (2873).

Voraussetzungen des Schadensersatzanspruchs gem. § 280 Abs. 1, 3, 282 BGB sind:
• Schuldverhältnis (vertraglich oder gesetzlich) zwischen Gläubiger und Schuldner • Verletzung einer Pflicht des Schuldners aus § 241 Abs. 2 BGB • Unzumutbarkeit der Leistung • Schuldner muss Pflichtverletzung zu vertreten haben • Kausalität zwischen Pflichtverletzung und Schaden
Voraussetzungen des Schadensersatzanspruchs gem. § 280 Abs. 1, 3, 283 BGB sind: • Schuldverhältnis (vertraglich oder gesetzlich) zwischen Gläubiger und Schuldner • (Nachträgliche) Unmöglichkeit der Leistung • Schuldner muss Unmöglichkeit zu vertreten haben • Kein Ausschluss gem. § 283 S. 2 i. V. m. § 281 Abs. 1 S. 2, 3 BGB • Kausalität zwischen Pflichtverletzung und Schaden
Voraussetzungen des Schadensersatzanspruchs gem. § 311 a Abs. 2 BGB sind: • Schuldverhältnis (vertraglich oder gesetzlich) zwischen Gläubiger und Schuldner • (Anfängliche) Unmöglichkeit der Leistung • Schuldner muss Unmöglichkeit gekannt oder Unkenntnis zu vertreten haben • Kein Ausschluss gem. § 311a Abs. 2 S. 3 i. V. m. § 281 Abs. 1 S. 2, 3 BGB • Kausalität zwischen Pflichtverletzung und Schaden

8.2.1.3 Aufwendungsersatz

Wahlweise („anstelle des Schadensersatzes statt der Leistung") kann der Gläubiger gem. § 284 BGB auch Ersatz vergeblicher Aufwendungen verlangen. Aufwendungen unterscheiden sich von einem Schaden dadurch, dass sie keine unfreiwilligen Vermögenseinbußen sind, sondern unabhängig davon, ob der Schuldner seine Pflicht ordnungsgemäß erfüllt, getätigt werden. Es handelt sich also um **freiwillige Vermögensopfer.**[71] Diese Kosten kann man ersetzt verlangen, wenn sie im Vertrauen auf den Erhalt der Leistung **billigerweise gemacht werden durften** und wegen des Ausbleibens der Leistung für den Gläubiger **wertlos werden**. So wird beispielsweise die Einholung einer Baugenehmigung im Vertrauen auf den Kaufvertrag über ein Grundstück wertlos, wenn sich das Grundstück wegen schwerer Altlasten als unbebaubar erweist. Hier hilft ein Schadensersatzanspruch statt der Leistung nicht weiter, denn dann wäre der Gläubiger nur so zu stellen, wie er bei ordnungsgemäßer Erfüllung stünde, also als ob er ebenfalls eine Baugenehmigung eingeholt und die damit verbundenen Kosten getragen hätte. Die Baugenehmigung wäre „so oder so" beantragt worden. Sollte die Bebauung zu privaten Wohnzwecken geschehen, kann dem Gläubiger auch nicht durch eine Vermutung geholfen werden, die Kosten der Baugenehmigung würden durch eine wirtschaftliche Grundstücksnutzung kompensiert („Rentabilitätsvermutung"). Die Pflicht zum Ersatz vergeblicher Aufwendungen erfordert daher eine Regelung wie die in § 284 BGB.

71 BGH NJW 1960, 1568 (1569); NJW-RR 2013, 1252 (Tz. 23).

8.2.1.4 Rücktritt

Der Rücktritt einer Vertragspartei (§§ 323, 324 BGB) verwandelt das ursprüngliche Schuldverhältnis in ein Rückabwicklungsverhältnis (**Rückgewährschuldverhältnis**) nach §§ 346 ff. BGB. Danach sind insbesondere bereits empfangene Leistungen zurück zu gewähren und gezogene Nutzungen zu vergüten. Der Anspruch auf die Leistung geht unter, weil das ursprüngliche Schuldverhältnis nicht mehr in dieser Form existiert. Da es sich beim Rücktritt um ein **Gestaltungsrecht** handelt, muss eine **Erklärung durch den Gläubiger** erfolgen (§ 349 BGB). Bevor der Gläubiger zurücktritt, muss er wie beim Schadensersatz statt der Leistung grundsätzlich eine **Nachfrist** setzen, § 323 Abs. 1 BGB. Der wesentliche Unterschied zwischen Schadensersatz und Rücktritt ist jedoch, dass hier **kein Vertretenmüssen** erforderlich wird. Die Regelung zur Entbehrlichkeit der Nachfrist (§ 323 Abs. 2 BGB) entspricht hingegen im Ergebnis der des § 281 Abs. 2 BGB. Ein sog. **relatives Fixgeschäft** i. S. d. § 323 Abs. 2 Nr. 2 BGB (das vom sog. absoluten Fixgeschäft im Rahmen der Unmöglichkeit unterschieden werden muss, siehe dazu unten) liegt vor, wenn nach dem Willen der Parteien das Geschäft mit der Einhaltung der Leistungszeit „stehen und fallen" soll.[72] Beispielsweise hat eine bestellte Hochzeitstorte für die Hochzeitsgesellschaft nur am Tag der Hochzeitsfeier Sinn. Wird die Torte danach geliefert, ist ein Rücktritt ohne Fristsetzung möglich. Soweit die Schlechtleistung unerheblich ist oder ein Leistungsinteresse des Gläubigers auch an einer bewirkten Teilleistung besteht, ist der Rücktritt ausgeschlossen (§ 323 Abs. 5 BGB). Die Unerheblichkeit i. S. d. § 323 Abs. 5 S. 2 BGB bestimmt sich nach einer umfassenden **Interessenabwägung** zum Zeitpunkt der Rücktrittserklärung.[73]

Voraussetzungen des Anspruchs auf Rückgewähr gem. § 346 Abs. 1 i. V. m. § 323 BGB sind:

- Rücktrittserklärung (§ 349 BGB)
- Rücktrittsgrund
  - Gegenseitiger Vertrag zwischen Gläubiger und Schuldner
  - Fälliger, durchsetzbarer Anspruch
  - Nicht-/Schlechtleistung des Schuldners
  - Erfolgloser Ablauf einer Nachfrist (ggf. entbehrlich gem. § 323 Abs. 2 BGB)
- Ggf. Rücktrittsfrist
- Kein Ausschluss gem. § 323 Abs. 5 oder Abs. 6 BGB

8.2.1.5 Kündigung

Die Kündigung von **Dauerschuldverhältnissen beendet** diese stets nur **für die Zukunft**. Eine in diesen Fällen schwierige Rückabwicklung ist nicht notwendig. Denn das Schuldverhältnis hat bis zu dem entsprechenden Beendigungszeitpunkt Bestand. Ein Rücktritt kommt bei Dauerschuldverhältnissen nicht in Betracht. Man unterscheidet zwischen der ordentlichen und der außerordentli-

72 BGH NJW 1990, 2065 (2067).
73 BGH NJW 2013, 1365 (1366).

chen Kündigung. Die **ordentliche Kündigung** dient dazu, ein auf unbestimmte Zeit abgeschlossenes Dauerschuldverhältnis, z. B. einen Gewerbemietvertrag, zu beenden, wobei es keines bestimmten Grundes für die Beendigung bedarf (Ausnahme: ordentliche Kündigung des Vermieters von Wohnraum, § 573 BGB). Der Kündigende darf sich – bei Einhaltung einer Kündigungsfrist – von seiner vertraglichen Verpflichtung für die Zukunft lösen. Die Voraussetzungen für die Kündigung sind in den jeweiligen Sondervorschriften des Mietrechts, des Pachtrechts etc. normiert.

In Fällen, in denen das Dauerschuldverhältnis auf bestimmte Zeit vereinbart wurde (z. B. im Falle der Miete eines PKW für eine Woche), endet das Dauerschuldverhältnis mit Ablauf der vereinbarten Laufzeit automatisch und ohne weitere Erklärung der Parteien. Allerdings muss es auch in diesen Fällen die Möglichkeit geben, sich vorzeitig von dem Vertrag zu lösen. Der Gesetzgeber stellt dafür das Instrument der **außerordentlichen Kündigung** bereit (allgemein in § 314 BGB und speziell in den jeweiligen Sondervorschriften des Mietrechts, Pachtrechts etc.). Der Einhaltung einer Kündigungsfrist bedarf es nicht. Weil aber auch bei einem auf bestimmte Zeit abgeschlossenen Dauerschuldverhältnis der Grundsatz *pacta sunt servanda* gilt und der Vertragsschluss die Parteien bindet, bedarf es eines besonderen Grundes für die ausnahmsweise existierende Lösungsmöglichkeit. Nach § 314 Abs. 1 S. 1 BGB ist das Vorliegen eines wichtigen Grundes erforderlich. Ein **wichtiger Grund** ist gemäß § 314 Abs. 1 S. 2 BGB gegeben, „wenn dem kündigenden Teil unter Berücksichtigung aller Umstände des Einzelfalls und unter Abwägung der beiderseitigen Interessen die Fortsetzung des Vertragsverhältnisses bis zur vereinbarten Beendigung oder bis zum Ablauf einer Kündigungsfrist nicht zugemutet werden kann."

8.2.2 Pflichtverletzungen

8.2.2.1 Unmöglichkeit

Gelegentlich wird dem Schuldner die Erfüllung der Leistung unmöglich, weil etwa ein verkaufter Gebrauchtwagen ausbrennt, das Rennpferd stirbt oder das Gemälde gestohlen wird (Unmöglichkeit). Was dann gilt, regelt § 275 BGB. Auch ein Vertrag über eine unmögliche Leistung grundsätzlich **wirksam** (§ 311a Abs. 1 BGB).

a. Arten der Unmöglichkeit

Man unterscheidet drei Arten von Unmöglichkeit. Liegt eine **physische oder rechtliche Unmöglichkeit** vor, geht der Leistungsanspruch gem. § 275 Abs. 1 BGB automatisch unter (z. B. irreparabel zerstörtes einzigartiges Kunstwerk, verkauftes Grundstück nicht im Eigentum des Verkäufers). Dies ist der häufigste und wichtigste Fall der Unmöglichkeit. Hier unterscheidet man nach dem Gesetzeswortlaut, ob die Leistungserbringung für jedermann (**objektive Unmöglichkeit**) oder nur für den Schuldner (**subjektive Unmöglichkeit**) unmöglich ist. Soll in der Falllösung unter den Begriff der Unmöglichkeit nach § 275 Abs. 1 BGB subsummiert werden, ist zunächst der genaue Leistungsumfang zu bestimmen. Eine Gattungsschuld kann nämlich nur dann unmöglich werden, wenn die gesamte Gattung nicht mehr existiert oder verfügbar ist,[74] was praktisch nur selten vorkommen wird. Von großer Relevanz für die Frage der Unmöglichkeit ist daher die **Konkretisierung einer Gattungs- zur Stückschuld** gemäß § 243 Abs. 2 BGB, also die Frage nach der Vereinbarung einer Hol-, Bring- oder Schickschuld (siehe dazu bereits in der 7. Einheit).

Bei der Beurteilung der Unmöglichkeit ist von den Naturgesetzen und dem Stand von Wissenschaft und Technik auszugehen, so dass etwa das Versprechen des Einsatzes „magischer" Kräfte zur Voraussagung der Zukunft, zur Lebensberatung etc. (Dienstvertrag, § 611 BGB) unmöglich i. S. d. § 275 Abs. 1 BGB ist.[75]

Ist die Einhaltung der Leistungszeit so wesentlich, dass die verspätete Leistung keine Erfüllung mehr darstellt (sog. **absolutes Fixgeschäft**), liegt ein Fall der Unmöglichkeit vor.[76] Davon zu unterscheiden ist das sog. relative Fixgeschäft (§ 323 Abs. 2 Nr. 2 BGB; siehe dazu bereits in der 7. Einheit).

Der Schuldner kann die Leistung gemäß § 275 Abs. 2 BGB verweigern, wenn sie ihm nur faktisch unmöglich wird (**faktische Unmöglichkeit**; z. B. fällt der verkaufte Ring ins Meer). Im Unterschied zu § 275 Abs. 1 BGB muss sich der Schuldner darauf in jedem Fall berufen.[77]

Von beiden Fällen abzugrenzen ist die sog. **wirtschaftliche Unmöglichkeit**. Hier könnte der Schuldner im Prinzip weiterhin leisten, aber die Erfüllung seiner Leistungspflicht fällt ihm aus Gründen schwer, die nach Vertragsschluss eingetreten sind. Bewältigt werden diese Fälle über den **Wegfall der Geschäftsgrundlage, § 313 BGB**. Letztlich greift § 275 Abs. 2 BGB wegen seiner schwerwiegenden Folge damit nur in Extremfällen ein, deren Abgrenzung im Einzelfall schwer fallen kann. Erforderlich ist nämlich ein **grobes Missverhältnis** des Aufwandes der Leistungserbringung zum Leistungsinteresse des Gläubigers.

Aus § 275 Abs. 3 BGB steht dem Schuldner ein **Leistungsverweigerungsrecht** zu, wenn ihm eine persönlich zu erbringende Leistung nicht zugemutet werden kann (**moralische** oder **persönliche Unmöglichkeit**). Abgewogen werden muss hier die Schwere des Leistungshindernisses mit dem Leistungsinteresse des Gläubigers.

Beispiel:

Opernsängerin ist wegen der kurzfristigen schweren Erkrankung ihres Kindes außerstande, einen vereinbarten Auftritt zu absolvieren.

---

74 *Looschelders* JuS 2010, 849 (850).
75 BGH NJW 2011, 756 (757).
76 BGH NJW 2009, 2743 (2744).
77 BGH NJW 2013, 1074 (1077).

Arten der Unmöglichkeit		
§ 275 Abs. 1 BGB	**§ 275 Abs. 2 BGB**	**§ 275 Abs. 3 BGB**
physische Unmöglichkeit (Leistungserbringung ist nicht (mehr) möglich)	**faktische Unmöglichkeit** (Leistungserbringung ist prinzipiell möglich, erfordert aber unverhältnismäßigen Aufwand)	**persönliche Unmöglichkeit** (Leistungserbringung ist prinzipiell möglich, aber persönlich unzumutbar)
Beispiel: zu übereignendes Auto brennt aus.	Beispiel: zu übereignendes Auto geht mit Frachtschiff unter und liegt in 5000 m Tiefe.	Beispiel: Opernsängerin muss wegen plötzlicher Erkrankung ihres Kindes ein Konzert absagen.

b. Schicksal der Gegenleistung

In gegenseitigen Verträgen stellt sich bei Wegfall der Leistungspflicht des Schuldners aufgrund Unmöglichkeit stets die Frage nach dem **Schicksal der Gegenleistung**. „Gegenleistung" ist hier die Pflicht, die mit der gestörten Leistung im Gegenseitigkeitsverhältnis (Synallagma) steht. Beim Kaufvertrag ist das typischerweise die Pflicht zur Kaufpreiszahlung, wenn der Verkäufer die irreparabel zerstörte Kaufsache nicht mehr liefern kann. Leistung ist in diesem Regelungskontext die gestörte Leistung.

Gemäß **§ 326 Abs. 1 S. 1 BGB** wird der Gläubiger bei synallagmatischen Verträgen von seiner Pflicht zur Erbringung der Gegenleistung (meist Zahlungspflicht) grundsätzlich frei. Etwas anderes gilt, wenn der Gläubiger die Unmöglichkeit – etwa die Zerstörung des Kaufgegenstandes – allein oder weit überwiegend zu verantworten hat oder wenn er sich bei Eintritt der Unmöglichkeit im Annahmeverzug befindet und der Schuldner die Unmöglichkeit nicht zu vertreten hat. Gemäß **§ 326 Abs. 2 BGB** bleibt es dann beim Anspruch des Schuldners auf die Gegenleistung, meist auf das vereinbarte Entgelt (Kaufpreis usw.).

§ 326 Abs. 1 S. 1 BGB kann jedoch von den Parteien durch Vereinbarung abbedungen werden, so dass der Anspruch auf die Gegenleistung bestehen bleibt. Wer sich etwa durch Kartenlegen mittels „magischer" Kräfte beraten lässt, ist sich bewusst, dass er den Boden wissenschaftlich gesicherter Erfahrungen verlässt, und kann sich daher wegen Abbedingung des § 326 Abs. 1 S. 1 BGB im Rahmen des Dienstvertrages (§ 611 BGB) auf diese Vorschrift nicht berufen.[78]

c. Schadensersatz wegen Unmöglichkeit

Liegt ein Leistungshindernis nach § 275 BGB vor, kann dem Gläubiger zudem ein Recht auf Schadensersatz (als **Schadensersatz statt der Leistung**) zustehen. Voraussetzung ist immer, dass der Schuldner die Unmöglichkeit zu vertreten hat (Verschulden). Welche Anspruchsgrundlage eingreift, bestimmt sich nach dem Zeitpunkt, zu dem die Unmöglichkeit eintritt, ob sie schon vor Vertragsschluss bestanden hatte (**anfängliche Unmöglichkeit**) oder erst nach Vertragsschluss eingetreten war (**nachträgliche Unmöglichkeit**).

---

[78] BGH NJW 2011, 756 (758).

Bei **anfänglicher Unmöglichkeit** ergibt sich der Schadensersatzanspruch aus § 311a Abs. 2 BGB. Die Schadensersatzpflicht besteht jedoch nicht, wenn der Schuldner das Leistungshindernis nicht kannte und diese Unkenntnis auch nicht zu vertreten hat, § 311a Abs. 2 S. 2 BGB. Wurde die Leistung **nachträglich unmöglich**, ergibt sich der Anspruch für den verschuldensabhängigen Schadensersatz statt der Leistung aus §§ 280 Abs. 1, 3, 283 BGB. Hier muss sich das Vertretenmüssen auf die Unmöglichkeit selbst beziehen.

8.2.2.2 Schlechtleistung

Eine Schlechtleistung liegt vor, **wenn der Schuldner seine Leistung nicht ordnungsgemäß erbracht** hat. Dies wird i. d. R. unter dem Begriff des Mangels gefasst. Dem Gläubiger stehen dann ggf. ein Rücktrittsrecht und ein Anspruch auf Schadensersatz oder Aufwendungsersatz zu. Es greift das **Gewährleistungsrecht**, das jeweils im Rahmen der jeweiligen Vertragsvorschriften des Besonderen Schuldrechts geregelt ist. So findet sich das Kaufgewährleistungsrecht in den Vorschriften der §§ 434 ff. BGB (siehe dazu unten Abschnitt 8.3).

8.2.2.3 Verzug

a. Schuldnerverzug (Leistungsverzug)

Leistet der Schuldner bei Fälligkeit nicht, zahlt er z. B. den vereinbarten Kaufpreis nicht oder liefert er die Kaufsache nicht, kann er in Verzug geraten.

Verzug $=_{def}$ die vom Schuldner zu vertretende Nichtleistung trotz Möglichkeit zur Erbringung der fälligen Leistung und Mahnung des Gläubigers (§ 286 BGB)

Der Verzug begründet keinen Mangel, sondern stellt eine eigenständige Leistungsstörung dar.[79] Eine **Mahnung** ist eine eindeutige und bestimmte Aufforderung an den Schuldner, die Leistung zu erbringen.[80] Im Gegensatz zur Fristsetzung bei § 281 BGB oder § 323 BGB tritt die Rechtsfolge nicht erst nach Ablauf eines bestimmten Zeitabschnitts ein, sondern der Verzug des Schuldners beginnt im Zeitpunkt des Zugangs der Mahnung. Freilich kann die Mahnung des Gläubigers gemäß § 286 Abs. 2 BGB **entbehrlich** sein. Dies ist vor allem dann der Fall, wenn die Parteien einen Zeitpunkt für die Leistungserbringung bestimmt haben (§ 286 Abs. 2 Nr. 1 BGB), z. B. „Lieferung bis zum 1. April". Der Verzug tritt in diesem Fall automatisch mit Ablauf dieses Datums ein, ohne dass es einer Mahnung bedarf. Ein „besonderer Grund" (§ 286 Abs. 2 Nr. 4 BGB) liegt etwa vor, wenn der Käufer an der Selbstbedienungstankstelle wegfährt, ohne den Kaufpreis zu entrichten.[81]

Wichtig: Ohne Mahnung kommt der **Schuldner einer Entgeltforderung** stets spätestens 30 Tage nach Fälligkeit und Zugang einer Rechnung oder einer gleichwertigen Forderungsaufstellung in Verzug, § 286 Abs. 3 BGB. Für Verbraucher

[79] BGH NJW 2009, 2743 (2744).
[80] BGH NJW 2008, 50 (Tz. 11).
[81] BGH NJW 2011, 2871 (2871 f.).

i. S. v. § 13 BGB gilt diese Regelung nur, wenn besonders darauf hingewiesen wurde, § 286 Abs. 3 S. 2 BGB.

Voraussetzungen des Schuldnerverzugs:
- Fälliger, durchsetzbarer Anspruch
- Nichtleistung des Schuldners trotz Möglichkeit dazu (Merke: die Unmöglichkeit d. Leistung schließt einen Verzug aus)
- Mahnung (ggf. entbehrlich gem. § 286 Abs. 2 BGB), Surrogat (§ 286 Abs. 1 S. 2 BGB) oder 30-Tage-Frist (§ 286 Abs. 3 BGB)
- Schuldner muss Verzögerung zu vertreten haben (§ 286 Abs. 4 BGB)

Rechtsfolgen des Schuldnerverzugs:
- Ersatz des **Verzögerungsschadens** (§ 280 Abs. 2 BGB, z. B. Miete Ersatzräume)
- **Verzinsung** einer Geldschuld (§ 288 BGB – „pauschaler Schadensersatz")
- Erweiterte **Haftung auch für Zufall** (§ 287 BGB als besondere Bestimmung i. S. d. § 276 Abs. 1 BGB)

b. Annahmeverzug des Gläubigers (vielfach auch „Gläubigerverzug")

Ist die Leistung des Schuldners von einer Mitwirkungshandlung des Gläubigers abhängig, kann dieser in **Annahmeverzug** geraten. Gemäß § 293 BGB gerät der Gläubiger in Annahmeverzug, wenn er die ihm nach §§ 294–297 BGB **ordnungsgemäß angebotene Leistung nicht annimmt**. Das Gesetz knüpft an den Annahmeverzug des Gläubigers bestimmte **Rechtsnachteile**. Zum einen trägt er die Gefahr, die Gegenleistung (meist Kaufpreiszahlung) auch dann erbringen zu müssen, wenn die Leistungspflicht des Schuldners (wegen Unmöglichkeit) untergegangen ist. Man spricht insoweit von der Preisgefahr, § 326 Abs. 2 BGB. Zudem hat der Schuldner im Annahmeverzug des Gläubigers nach § 300 Abs. 1 BGB nur Vorsatz und grobe Fahrlässigkeit zu vertreten. Dies ist eine besondere Bestimmung i. S. v. § 276 Abs. 1 BGB, die dem Gläubiger etwa Schadensersatzansprüche wegen einer vom Schuldner leicht fahrlässig verursachten Verschlechterung einer Kaufsache abschneidet.

Der Annahmeverzug des Gläubigers ist **keine** eigene Anspruchsgrundlage, sondern wirkt nur als besonderer Haftungsmaßstab im Rahmen anderer Anspruchsgrundlagen.

Annahmeverzug des Gläubigers

Voraussetzungen (§§ 293 ff. BGB):
- Möglichkeit der Leistung
- tatsächliches Angebot der Leistung (oder Entbehrlichkeit) zur rechten Zeit am rechten Ort, §§ 294–296 BGB
- Nichtannahme der Leistung durch den Gläubiger, § 293 BGB (aber: § 299 BGB)

Rechtsfolgen (§§ 300 ff. BGB):
- Haftungsminderung, § 300 Abs. 1 BGB
- Wegfall der Verzinsung, § 301 BGB
- reduzierter Nutzungsersatzanspruch gegen den Schuldner, § 302 BGB
- Aufwendungsersatzanspruch des Schuldners, § 304 BGB
- Verlagerung der Preisgefahr auf den Gläubiger, § 326 Abs. 2 S. 1 BGB

8.2.2.4 Verletzung nicht leistungsbezogener Nebenpflichten

Unter die nicht leistungsbezogenen Pflichten fallen neben allen sonstigen Pflichten aus dem Schuldverhältnis (§241 Abs. 2 BGB) auch **vorvertragliche Pflichten** (vgl. §311 Abs. 2, 3 BGB), u. a. die Pflicht, Rücksicht auf die Rechtsgüter des Vertragspartners zu nehmen. In der Regel wird insoweit Schadensersatz **neben** der Leistung geschuldet, §280 Abs. 1 BGB.

Ein Anspruch auf Schadensersatz **statt** der Leistung kann sich aber aus den §§280 Abs. 1 und 3, 282 BGB ergeben. Diese Norm ist eine Sondervorschrift, die eine spezielle Rechtsprechung des BGH zum Rücktritt bei Nebenpflichtverletzungen kodifiziert.[82] Voraussetzung dafür ist (neben dem Verschulden) jedoch, dass die Leistung dem Gläubiger unzumutbar ist. Nach dem Grundgedanken des verwandten §281 Abs. 2 BGB sind hieran aber hohe Anforderungen zu stellen (z. B. schwere Beleidigung des Vertragspartners).

Der Rücktritt im Falle der Verletzung nicht leistungsbezogener Nebenpflichten ist in §324 BGB geregelt.

8.3 Gewährleistung im Kaufrecht

Für die Gewährleistung im Kaufrecht (§§434 ff. BGB) ist §437 BGB die zentrale Norm. Diese enthält die drei wesentlichen **Rechtsinstrumente des Käufers**: **Nacherfüllung**, **Rücktritt** und **Schadensersatz**. Voraussetzung dafür, dass dem Käufer diese Gewährleistungsrechte in die Hand gegeben werden, ist stets, dass ein **Mangel** vorliegt. Wenn die Pflichtverletzung des Verkäufers in einer anderen Leistungsstörung besteht, findet nicht §437 BGB, sondern das Allgemeine Schuldrecht Anwendung. Auch die Rechte des Verkäufers bei einer Pflichtverletzung durch den Käufer richten sich ausschließlich nach dem Allgemeinen Schuldrecht, weil das Kaufrecht hierzu keine Regelungen trifft. Für die Rechte des Käufers ist die Abgrenzung der kaufrechtlichen Mängelgewährleistung vom allgemeinen Leistungsstörungsrecht daher wichtig. Entscheidend für die Anwendung der besonderen kaufvertraglichen Vorschriften ist der **Zeitpunkt des Gefahrübergangs**. Dieser richtet sich im Regelfall nach der Übergabe der verkauften Sache (§446 BGB). Vor diesem Zeitpunkt gilt allgemeines Leistungsstörungsrecht (§§280 ff. BGB), danach die spezielle kaufvertragliche Mängelgewährleistung (§§434 ff. BGB).

Bei der kaufrechtlichen Mängelgewährleistung geht der Anspruch auf **Nacherfüllung** (§§437 Nr. 1, 439 BGB) grundsätzlich allen anderen Gewährleistungsrechten vor.[83] Dies ergibt sich auch aus der von §437 BGB gewählten Reihenfolge. Es gilt der **Vorrang der Nacherfüllung,** der auch durch das Erfordernis zur Nachfristsetzung bei §281 BGB und §323 BGB deutlich wird. Der Verkäufer soll durch diese **Obliegenheit zur zweiten Andienung** die Möglichkeit erhalten, den Kaufpreis doch noch ganz zu verdienen („zweite Chance").

---

[82] Vgl. etwa BGH NJW 1969, 975 (976); BGH NJW-RR 1996, 949 (950).
[83] BGH Urteil vom 12.1.2011 – VIII ZR 346/09 (Tz. 15); BGHZ 162, 219, 227.

8.3.1 Der Sachmangel (§ 434 BGB)

Der Verkäufer hat die Sache frei von Mängeln zu übergeben. Weicht die tatsächliche Beschaffenheit (Ist-Beschaffenheit) der Kaufsache negativ von der Soll-Beschaffenheit ab, liegt ein Sachmangel vor. Die Soll-Beschaffenheit bestimmt sich nach § 434 BGB. Zunächst ist zu fragen, ob die Parteien eine **bestimmte Beschaffenheit vereinbart** haben (§ 434 Abs. 1 S. 2 BGB), z. B. ein Auto als „fabrikneu" bezeichnen[84] oder eine Klausel „positive Begutachtung nach § 21c StVZO (Oldtimer) im Original" einfügen[85]. Die Beschaffenheitsvereinbarung kann auch konkludent erfolgen, was jedoch nur anzunehmen ist, wenn dafür gewisse Anhaltspunkte bestehen. Denn nähme man bei jedem Kauf eine konkludente Vereinbarung dahingehend an, dass die Sache fehlerfrei funktioniert, wären die im Folgenden von § 434 BGB getroffenen Regelungen überflüssig. Es begründet etwa einen Sachmangel, wenn ein auf einer Internet-Versteigerungsplattform verkauftes Markenprodukt, das als solches bezeichnet wurde, sich als Nachbau herausstellt.[86] Eine Vereinbarung i. S. d. § 434 Abs. 1 S. 2 BGB liegt ebenso vor, wenn der Verkäufer bei Vertragsschluss gewisse Eigenschaften der Kaufsache beschreibt und der Käufer vor diesem Hintergrund seine Kaufentscheidung trifft.[87]

Wenn die Parteien keine spezielle Vereinbarung über die Beschaffenheit getroffen haben, ist darauf abzustellen, ob die Kaufsache sich zu der **vertraglich vorausgesetzten Verwendung** eignet (§ 434 Abs. 1 S. 2 Nr. 1 BGB). So liegt etwa ein Mangel vor, wenn ein als „Bauland" verkauftes Grundstück nicht bebaubar ist.[88] Neben diesen beiden subjektiven Mangelbegriffen existiert in § 434 Abs. 1 S. 2 Nr. 2 BGB ein objektiver Maßstab, wonach es auf die **Eignung zur gewöhnlichen Verwendung** bzw. die zu erwartende **übliche Beschaffenheit** ankommt. Hier können öffentliche Äußerungen des Verkäufers oder Herstellers, etwa in der Werbung, zu berücksichtigen sein (§ 434 Abs. 1 S. 3 BGB). Der Sachmangel muss in jedem Fall bereits **bei Gefahrübergang**, also Übergabe (§ 446 BGB), vorgelegen haben. Auch wenn er sich erst später zeigt, muss er dennoch zu diesem Zeitpunkt in der Sache angelegt gewesen sein. Da dies in der Praxis häufig zu Beweisschwierigkeiten führen kann, hat der Gesetzgeber den Verbraucher in den ersten sechs Monaten von der Beweislast befreit (§ 476 BGB; siehe dazu unten). Daneben kann ein Sachmangel auch in einer fehlerhaften Montage (§ 434 Abs. 2 S. 1 BGB) oder Montageanleitung (§ 434 Abs. 2 S. 2 BGB; auch „IKEA-Klausel" genannt[89]) bestehen.

Liefert der Käufer – aus objektiver Sicht zur Erfüllung seiner Pflicht[90] – eine **andere Sache** (sog. *aliud*-Lieferung) oder eine **zu geringe Menge**, wird dies einem Sachmangel unabhängig von der tatsächlichen Qualität der Leistung **gleichgestellt** (§ 434 Abs. 3 BGB), so dass hier die §§ 437 ff. BGB Anwendung finden.

---

[84] BGH NJW 2013, 1365 (1365).
[85] BGH NJW 2013, 2749 (2750).
[86] BGH NJW 2012, 2723 (2724).
[87] BGH NJW 2013, 1074 (1075).
[88] *Brox/Walker*, Schuldrecht BT, § 4 Rn. 10.
[89] OLG Koblenz NJW-RR 2008, 69 (70).
[90] Palandt/*Weidenkaff*, BGB, § 434 Rn. 52.

8.3.2 Der Rechtsmangel (§ 435 BGB)

Ein Rechtsmangel an einer Kaufsache kann darin bestehen, dass Dritte ein privatrechtliches Recht in Bezug auf die Sache haben (z. B., wenn eine Hypothek ein Grundstück belastet) oder öffentlich-rechtliche Beschränkungen bestehen (z. B. die Beschlagnahme im strafrechtlichen Ermittlungsverfahren nach § 111b StPO). Dagegen handelt es sich um einen Sachmangel, wenn das Gebäude auf einem gekauften Grundstück ohne Baugenehmigung errichtet wurde und die zuständige Behörde somit eine Nutzung untersagen kann.[91]

8.3.3 Die Nacherfüllung (§§ 437 Nr. 1, 439 BGB)

Als Nacherfüllung kann der Käufer nach *seiner* Wahl entweder Mängelbeseitigung (**Nachbesserung**) oder Lieferung einer mangelfreien Sache (**Nachlieferung**) verlangen (§ 439 Abs. 1 BGB). Dabei hat der Verkäufer die Kosten zu tragen (§ 439 Abs. 2 BGB). Äußerst problematisch ist jedoch, wo der **Leistungsort der Nacherfüllung** liegt, ob der Verkäufer die Sache zum Zweck der Reparatur abholen oder der Käufer sie ihm bringen muss. Der BGH hat mittlerweile entschieden, dass die allgemeine Regelung des § 269 BGB angewendet wird. Zunächst maßgeblich sind daher die sich aus der Natur des Schuldverhältnisses ergebenden Umstände. Der Leistungsort liegt demnach beim Verkäufer, wenn es sich um ein Ladengeschäft oder einen Autokauf handelt.[92] Lässt sich den Umständen nichts entnehmen (d. h. im Zweifelsfall), liegt der Leistungsort beim Schuldner (§ 269 BGB), also beim Verkäufer.

Ebenso problematisch ist die **Nacherfüllung fest eingebauter Sachen**, wenn z. B. die im Badezimmer verlegten Fliesen schadhaft sind. Wenngleich der Verkäufer eine mangelfreie Sache liefern muss, stellt sich die Frage, wer die **Kosten** für den **Ausbau der mangelhaften** und den **Einbau der neuen Sache** zu tragen hat. Auf Grundlage einer Entscheidung des Europäischen Gerichtshofs (EuGH NJW 2011, 2269) urteilte der BGH, diese Tätigkeiten schulde der Verkäufer bzw. habe er bei Berufung auf § 439 Abs. 3 BGB zumindest anteilig die Kosten zu übernehmen.[93] Dies gilt jedoch nur für den **Verbrauchsgüterkauf** (§§ 474 ff. BGB; siehe dazu unten), weil sich die zugrunde liegende EU-Richtlinie nur auf diesen bezieht. In allen übrigen Fällen schuldet der Verkäufer dies nicht.[94]

Grundsätzlich besteht (nach zutreffender überwiegender Ansicht) im Kaufrecht jedenfalls **kein Recht zur Selbstvornahme**. Der Käufer muss die Nacherfüllung vom Verkäufer durchführen lassen und kann diesem nicht einfach die Reparaturkosten in Rechnung stellen, nachdem er selbst den Mangel beseitigt hat.[95] Neben dem Grundsatz des Vorrangs der Nacherfüllung ergibt sich dies auch daraus, dass der Gesetzgeber die Selbstvornahme lediglich im Miet- (§ 536a BGB) und Werkvertragsrecht (§ 637 BGB) vorgesehen hat.

91 BGH NJW 2013, 2182 (2183).
92 BGH NJW 2011, 2278 (2281).
93 BGH NJW 2012, 1073.
94 BGH NJW 2013, 220 (221 f.).
95 BGH NJW 2005, 1348; a. A. *Lorenz* NJW 2005, 1321 (1322 ff.).

Nur wenn die Nacherfüllung gemäß § 275 BGB unmöglich bzw. nach §§ 281 Abs. 2, 323 Abs. 2 BGB entbehrlich ist oder wenn sie vom Verkäufer nach § 439 Abs. 3 BGB wegen unverhältnismäßiger Kosten zu Recht verweigert wird (§ 440 S. 1, Var. 1 BGB), ist die Fristsetzung verzichtbar. In diesen Fällen der Entbehrlichkeit oder nach fruchtlosem Fristablauf kann der Käufer vom Vertrag zurücktreten (§§ 437 Nr. 2, 323, 326 Abs. 5 BGB) bzw. den Kaufpreis mindern (§§ 437 Nr. 2, 441 BGB) oder Schadensersatz statt der Leistung verlangen (§§ 437 Nr. 3, 280 Abs. 1, Abs. 3, 281 bzw. 283 BGB oder §§ 437 Nr. 3, 311a Abs. 2 BGB).

8.3.4 Rücktritt bzw. Minderung (§ 437 Nr. 2 BGB)

Für den Rücktritt (§§ 437 Nr. 2, 323 BGB) gilt im Wesentlichen das zum allgemeinen Leistungsstörungsrecht Gesagte. Allerdings enthält das Kaufrecht mit § 440 S. 1 BGB eine weitere Norm zur Entbehrlichkeit der Fristsetzung, die § 323 Abs. 2 BGB ergänzt. Dem Käufer eines Autos kann die **Nacherfüllung unzumutbar** i. S. d. § 440 S. 1, Alt. 3 BGB bzw. § 323 Abs. 2 Nr. 3 BGB sein, wenn bei prognostischer Betrachtung zu befürchten ist, dass das Fahrzeug auf Grund herstellungsbedingter Mängel zukünftig nicht über längere Zeit mangelfrei sein wird (sog. Montagsauto).[96] Der Rücktritt ist jedoch ausgeschlossen, wenn der Mangel nur unerheblich, also geringfügig ist (§ 323 Abs. 5 S. 2 BGB). Jedenfalls Mängel, deren Beseitigung Aufwendung von nur etwa 1 % des Kaufpreises erfordern, werden als geringfügig erachtet.[97]

Eine Besonderheit gegenüber dem allgemeinen Schuldrecht besteht im Kaufrecht durch die Möglichkeit, den Kaufpreis zu mindern (§§ 437 Nr. 2, 441 BGB). Der Käufer behält die mangelhafte Sache und **kürzt den Kaufpreis um ihren mangelbedingten Minderwert** (vgl. § 441 Abs. 3 BGB). Die Voraussetzungen dafür gleichen denen des Rücktritts, lediglich die Rechtsfolgen unterscheiden sich. Außerdem findet § 323 Abs. 5 S. 2 BGB keine Anwendung (§ 441 Abs. 1 S. 2 BGB).

8.3.5 Schadens- bzw. Aufwendungsersatz (§ 437 Nr. 3 BGB)

Auch für den Schadensersatz gemäß §§ 437 Nr. 3, 280 Abs. 1, Abs. 3, 281 BGB gilt § 440 BGB. Im Übrigen findet allgemeines Schuldrecht Anwendung. Für §§ 437 Nr. 3, 311a Abs. 2 BGB und §§ 437 Nr. 3, 280 Abs. 1, Abs. 3, 283 BGB ist zu beachten, dass beide Arten der Nacherfüllung gemäß § 275 BGB unmöglich sein müssen.

Auch wenn § 286 BGB in § 437 Nr. 3 BGB nicht genannt wird, findet er dennoch über § 280 Abs. 2 BGB Anwendung.[98] Gerät der Verkäufer also **mit der Nacherfüllung in Verzug**, kann der Käufer Schadensersatz neben der Leistung gemäß §§ 437 Nr. 3, 280 Abs. 1, Abs. 2, 286 BGB verlangen. Umstritten ist, ob der sog. **Nutzungsausfallschaden**, der aus der fehlenden Nutzungsmöglichkeit der mangelhaften Sache resultiert, über §§ 437 Nr. 3, 280 Abs. 1 BGB oder erst nach erfolgter Mahnung gem. §§ 437 Nr. 3, 280 Abs. 1, Abs. 2, 286 BGB verlangt werden

96 BGH NJW 2013, 1523 (1524).
97 BGH NJW 2011, 2872 (2874).
98 *Brox/Walker*, Schuldrecht BT, § 4 Rn. 105; Palandt/*Weidenkaff*, BGB, § 437 Nr. 36.

kann. Der BGH schloss sich der ersten Ansicht an, weil er das Erfordernis der Mahnung für nicht sachgerecht hielt.[99] Nach überwiegender Ansicht können jedoch die **Kosten eines Deckungskaufs**, also zur Bedarfsdeckung nach mangelhafter Lieferung, nur über Schadensersatz statt der Leistung geltend gemacht werden.[100]

8.3.6 Weitere besondere Regelungen des Kaufrechts

Das Kaufrecht enthält besondere Bestimmungen zum **Ausschluss der Gewährleistungsrechte** (§§ 442, 444, 445 BGB) und regelt die sog. **Garantie** (§ 443 BGB). Wichtig ist vor allem, dass abweichend von den §§ 194 ff. BGB die Gewährleistungsansprüche des Käufers grundsätzlich bereits **zwei Jahre nach Ablieferung der Sache verjähren** (§ 438 Abs. 1 Nr. 3 BGB).

Außerdem werden für den Verkauf einer beweglichen Sache durch einen Unternehmer i. S. d. § 14 BGB an einen Verbraucher (§ 13 BGB) wichtige Modifikationen vorgenommen (sog. **Verbrauchsgüterkauf**, §§ 474 ff. BGB). Neben dem Verbot, nachteilige Abweichungen von den gesetzlichen Gewährleistungsrechten zu vereinbaren (§ 475 BGB), spielt in der Praxis insbesondere die Beweislastumkehr für das Auftreten von Sachmängeln (§ 476 BGB) eine wichtige Rolle. Danach muss bei Auftreten des Sachmangels innerhalb der ersten sechs Monate der Verkäufer beweisen, dass dieser erst nach der Übergabe verursacht wurde, um den Gewährleistungsansprüchen des Verbrauchers zu entgehen.

99 BGH NJW 2009, 2674 (2675 f.).
100 Vgl. BGH NJW 2013, 2959 (2959 f.).

Zusammenfassung: Mängelrechte des Käufers

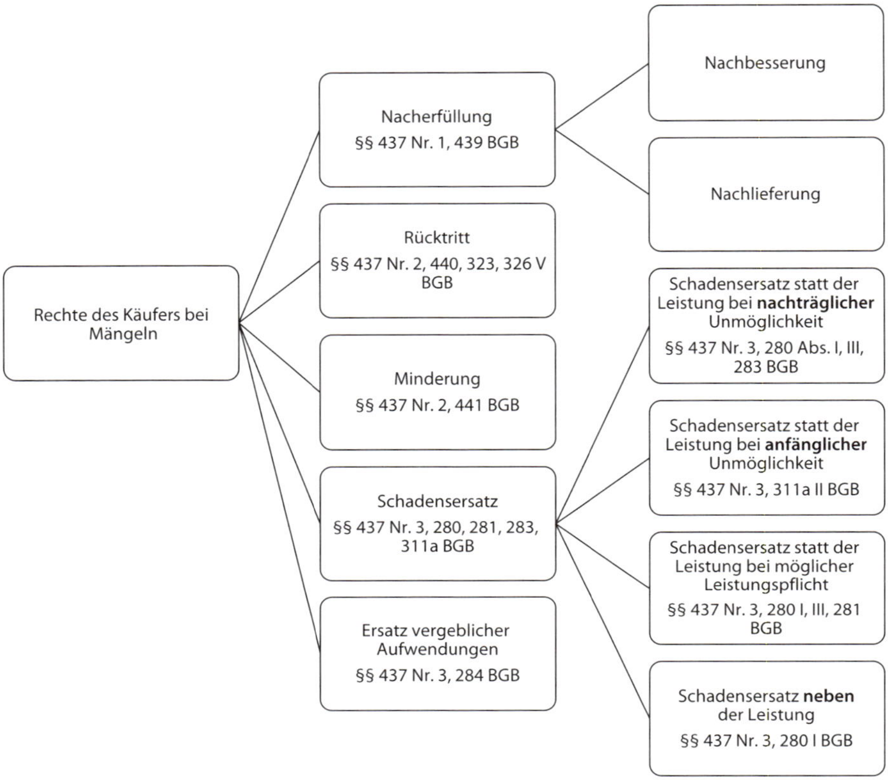

8.4 Gewährleistung in weiteren besonderen Schuldverhältnissen

8.4.1 Werkvertragsrecht (§§ 631 ff. BGB)

Die Gewährleistung im Werkvertragsrecht (§§ 631 ff. BGB) entspricht in ihrer Struktur weitgehend der des Kaufrechts. Der BGH geht hier jedoch von einem **funktionalen Mangelbegriff** aus, d.h. es kommt nicht nur auf die vereinbarte Ausführungsart, sondern auch auf die vom Werk zu erfüllende Funktion an.[101] Maßgeblicher Zeitpunkt ist die Abnahme i.S.d. § 640 BGB.[102] Ist das Werk mangelhaft, hat der **Besteller** gegen den **Unternehmer** (wie beim Kaufvertrag) gemäß §§ 634 Nr. 1, 635 BGB primär einen Anspruch auf Nacherfüllung. Aufgrund seiner besonderen Sachkunde berechtigt das Gesetz den Unternehmer zur **Wahl zwischen Neuherstellung und Mängelbeseitigung** als Formen der

---

[101] BGH NJW 2011, 3780 (3780 f.).
[102] Palandt/*Sprau*, BGB, § 633 Rn. 3, § 640 Rn. 11.

Nacherfüllung. Nach fruchtlosem Ablauf der Nacherfüllungspflicht kann der Besteller den Mangel selbst beseitigen und Ersatz der erforderlichen Aufwendungen verlangen (sog. **Selbstvornahme**, §§ 634 Nr. 2, 637 BGB). Wahlweise kann der Besteller

- vom Vertrag **zurücktreten** (§§ 634 Nr. 3, 323, 326 Abs. 5 BGB),
- die Vergütung **mindern** (§§ 634 Nr. 3, 638 BGB),
- **Schadensersatz fordern** (§§ 634 Nr. 4, 280, 281, 283, 311a Abs. 2 BGB; Schadensersatz neben der Leistung kann auch zusätzlich zur Selbstvornahme verlangt werden),
- **Aufwendungsersatz verlangen** (§§ 634 Nr. 4, 284 BGB).

Dies gilt auch, wenn der Werkunternehmer die Nacherfüllung nach §§ 275 Abs. 2 BGB oder § 635 Abs. 3 BGB zu Recht verweigert.

8.4.2 Schenkung (§§ 516 ff. BGB)

In den Schenkungsvorschriften (§§ 516 ff. BGB) spiegelt sich die „Schwäche des unentgeltlichen Erwerbs". Der Schenker haftet weniger streng als in Fällen des entgeltlichen Erwerbs üblich; bei Sachmängeln haftet er nur für Vorsatz und grobe Fahrlässigkeit (§ 521 BGB), bei Rechtsmängeln nur für Arglist (§ 523 BGB). Auch kann das Geschenk unter bestimmten Voraussetzungen zurückgefordert werden (§ 519 BGB: Notbedarf, § 528 BGB: Verarmung, § 530 BGB: grober Undank). Diese „Schwäche des unentgeltlichen Erwerbs" setzt sich in den bereicherungsrechtlichen Vorschriften der §§ 816 Abs. 1 S. 2, 822 BGB fort.

8.4.3 Mietrecht (§§ 535 ff. BGB)

Das Mietrecht (§§ 535 ff. BGB) unterscheidet sich wesentlich vom Kaufrecht, weil es sich um einen Gebrauchsüberlassungsvertrag und ein Dauerschuldverhältnis handelt. Daher besteht für beide Vertragsparteien z. B. nicht die Möglichkeit eines Rücktritts, sondern nur der **Kündigung**. Unterschieden werden muss hier zwischen der sog. ordentlichen Kündigung, die grundsätzlich keinen Kündigungsgrund erfordert (Ausnahme: ordentliche Kündigung des Vermieters von Wohnraum, § 573 BGB), dafür aber unter Wahrung einer bestimmten Frist erklärt werden muss, und der sog. außerordentlichen Kündigung, die stets eines Grundes bedarf, jedoch nur in bestimmten Fällen einer Frist unterliegt (z. B. §§ 540 Abs. 1 S. 2, 561 BGB), im Übrigen fristlos erklärt werden kann (§ 543 BGB). Bei der Beendigung eines Mietvertrages über Wohnraum (§§ 568 ff. BGB) sind wichtige Sonderbestimmungen zur Form der Kündigung (§ 568 Abs. 1 BGB) sowie zum Kündigungsgrund (§§ 569, 573 BGB) und zur Kündigungsfrist (§§ 573c, 573d BGB) zu beachten. Das Rechtsinstitut der Nacherfüllung existiert im Mietrecht nicht. Vielmehr ergibt sich der Anspruch des Mieters auf eine **mangelfreie Mietsache** sowohl für den Zeitpunkt der Überlassung als auch für die Dauer der Mietzeit aus § 535 Abs. 1 S. 2 BGB. Ist die Mietsache nicht mangelfrei, fällt z. B. bei Minusgraden die Heizung aus, so kann der Mieter sich auf eine Minderung des Mietzinses berufen. Im Gegensatz zum Kauf- und Werkvertragsrecht erfolgt die **Minderung des Mietzinses** nicht auf Grund der Ausübung eines Gestaltungsrechts, sondern **automatisch per Gesetz** (§ 536 Abs. 1 BGB). Der Aufwendungsersatzanspruch ist speziell geregelt in § 536a Abs. 2 sowie § 539 Abs. 1 BGB, der Schadensersatzanspruch des Mieters in § 536a Abs. 1 BGB, der nach überwiegender Ansicht auch den Mangelfolgeschaden erfasst[103].

8.5 Übungsfall mit Lösung

Sachverhalt

Verkäufer V und Käufer K schließen einen Kaufvertrag über den Erwerb eines alten, originalgetreu restaurierten Mercedes 300 SL ab. Sie vereinbaren ferner, dass V den Wagen am 13. Dezember um 8:00 Uhr zu K nach Hause liefern soll. Als V am 13. Dezember zur vereinbarten Zeit bei K eintrifft, ist jedoch niemand da. V wartet noch eine Stunde und fährt dann wieder ab. An der nächsten Kreuzung ist er ein wenig unachtsam und fährt gegen eine Mauer. Der Wagen wird irreparabel zerstört. K, der den Wagen weiterveräußern wollte und schon einen Käufer hatte, der 2000 Euro mehr gezahlt hätte, fordert diesen Betrag nun von V. Zu Recht?

Lösung

K könnte gegen V ein Schadensersatzanspruch auf Zahlung der 2000 Euro aus §§ 280 Abs. 1, 3, 283 BGB zustehen.

1. Hierzu bedarf es eines Schuldverhältnisses i. S. v. § 280 Abs. 1 S. 1 BGB. Zwischen K und V wurde laut Sachverhalt ein Kaufvertrag geschlossen. Dieser Kaufvertrag stellt ein Schuldverhältnis dar.
2. Die maßgebliche Pflichtverletzung i. S. v. § 280 Abs. 1 S. 1 BGB stellt bei einem Anspruch auf Schadensersatz statt der Leistung wegen nachträglicher Unmöglichkeit (§§ 280 Abs. 1, 3, 283 BGB) die Nichtleistung aufgrund von Unmöglichkeit gem. § 275 BGB dar. Da der Mercedes irreparabel zerstört wurde, liegt ein Fall von objektiver Unmöglichkeit gem. § 275 Abs. 1 Alt. 2 BGB vor.

Anmerkung: Die Zerstörung als das unmöglichkeitsbegründende Ereignis trat nach Abschluss des Kaufvertrags ein. Wäre der Mercedes bereits vor Kaufvertragsabschluss zerstört worden, läge ein Fall der anfänglichen Unmöglichkeit vor. Maßgebliche Anspruchsgrundlage wäre dann § 311a Abs. 2 BGB. Der wesentliche Unterschied zwischen §§ 280 Abs. 1, 3, 283 BGB und § 311a Abs. 2 BGB ist, dass sich bei §§ 280 Abs. 1, 3, 283 BGB das Vertretenmüssen des Schuldners auf die Nichtleistung aufgrund von Unmöglichkeit bezieht. Bei § 311a Abs. 2 BGB kommt es dagegen für das Vertretenmüssen auf die Kenntnis der Unmöglichkeit (§ 311a Abs. 2 S. 2 BGB) an.

3. Diese Pflichtverletzung – die Nichtleistung – müsste V zu vertreten haben, wobei das „Vertretenmüssen" grundsätzlich gem. § 280 Abs. 1 S. 2 BGB widerleglich vermutet wird. Was der Schuldner zu vertreten hat, regeln die §§ 276 ff. BGB. Demnach hat der Schuldner gem. § 276 Abs. 1 BGB grundsätz-

---

[103] Vgl. BeckOK BGB/*Ehlert*, § 536a Rn. 16.

lich Vorsatz und Fahrlässigkeit (§ 276 Abs. 2 BGB) zu vertreten. Vorliegend handelte V laut Sachverhalt „ein wenig unachtsam", als er den Wagen gegen die Mauer fuhr. Zumindest leichte Fahrlässigkeit kann demnach angenommen werden. Sie reicht im Rahmen von § 276 Abs. 1, 2 BGB aus.

Jedoch könnte gem. § 300 Abs. 1 BGB ein modifizierter Haftungsmaßstab greifen. § 300 Abs. 1 BGB bestimmt eine „mildere Haftung" gem. § 276 Abs. 1 S. 1 BGB. Im Falle eines Gläubigerverzugs hätte V nur Vorsatz und grobe Fahrlässigkeit zu vertreten. Für leichte Fahrlässigkeit würde er dagegen nicht haften. Voraussetzung für die Anwendung des § 300 Abs. 1 BGB ist aber, dass sich V zur Zeit des Unfalls tatsächlich im Gläubigerverzug gem. §§ 293 ff. BGB befand.

a) Voraussetzung ist gem. § 293 BGB, dass der Gläubiger die ihm angebotene Leistung nicht annimmt. Es muss also zunächst ein wirksamer, erfüllbarer Anspruch vorliegen. K hatte gegen V einen Anspruch auf Übergabe und Übereignung des Mercedes gem. § 433 Abs. 1 S. 1 BGB. Er war insoweit Gläubiger des Lieferanspruchs.

b) Die Leistung müsste dem Gläubiger – also K – angeboten worden sein (§ 293 BGB). Was hierunter zu verstehen ist, regeln die §§ 294–296 BGB. Vorliegend bot V dem K den Mercedes gem. § 294 BGB an, indem er ihn zu diesem nach Hause lieferte. Denn diese Lieferung stellte die Leistung dar, so wie sie „zu bewirken war".

c) Dann müsste V als Schuldner zur Zeit des Angebots leistungsbereit gewesen sein. Denn ein Unvermögen des Schuldners schließt gem. § 297 BGB Gläubigerverzug aus. Zur Zeit der Lieferung des Mercedes war V auch (noch) leistungsbereit und imstande, die Leistung zu erbringen. Auch nahm K die ihm angebotene Leistung nicht gem. § 293 BGB an.

d) Schließlich liegt kein Ausschluss des Gläubigerverzugs gem. § 299 BGB vor, da eine feste Leistungszeit bestimmt war.

e) Folglich befand sich K mit der Nichtannahme des ihm angebotenen Wagens in Gläubigerverzug gem. §§ 293 ff. BGB. Aufgrund des milderen Haftungsmaßstabs des § 300 Abs. 1 BGB hatte der Schuldner V nur noch Vorsatz und grobe Fahrlässigkeit zu vertreten. Da V bei dem Unfall lediglich leicht fahrlässig handelte, hat er das dadurch ausgelöste unmöglichkeitsbegründende Ereignis nicht zu vertreten i. S. v. §§ 280 Abs. 1, 276 Abs. 1 BGB. Ein „Vertretenmüssen" der Pflichtverletzung seitens V liegt daher nicht vor.

Ergebnis: K hat keinen Anspruch gegen V auf Schadensersatz gem. §§ 280 Abs. 1, 3, 283 BGB.

9. Einheit: Ungerechtfertigte Bereicherung und Deliktsrecht

9.1 Inhalt und Lernziele

Die beiden in dieser Einheit behandelten Rechtsgebiete gehören ebenfalls zum BGB-Schuldrecht. Während Schuldverhältnisse wie Kauf- oder Werkvertrag rechtsgeschäftlich begründet werden, begründen ungerechtfertigte Bereicherungen und unerlaubte Handlungen gesetzliche Schuldverhältnisse. Anknüpfungspunkt dafür ist die Beeinträchtigung der Rechte einer Person durch eine andere Person; sei es durch die ungerechtfertigte Annahme oder Übernahme einer Leistung oder durch eine schädigende Handlung. Deren Erläuterung vorangestellt wird die Darstellung des Trennungs- und des Abstraktionsprinzips als zwei tragenden Grundprinzipien des deutschen Zivilrechts.

Der Übungsfall behandelt mit der Beschädigung von fremdem Eigentum eine „klassische" deliktsrechtliche Konstellation. Dabei verursacht die Beschädigung ein Angestellter, dessen Arbeitgeber Vertragspartner des Geschädigten ist. In dieser Konstellation stellen sich Fragen nach der eigenen Haftung des Schädigers und danach, ob das Handeln des Angestellten dem Vertragspartner des Geschädigten zuzurechnen ist, so dass der Geschädigte möglicherweise Schadensersatzansprüche sowohl gegen den Schädiger als auch gegen seinen Vertragspartner geltend machen kann.

9.2 Trennungs- und Abstraktionsprinzip

Man unterscheidet im deutschen Recht **Verpflichtungsgeschäft** (schuldrechtlicher Vertrag) und **Verfügungsgeschäft** (unmittelbare Einwirkung auf ein Recht durch Aufhebung, Übertragung, Belastung oder Inhaltsänderung)[104]. Durch den Abschluss eines Verpflichtungsgeschäfts verpflichtet sich der Schuldner gegenüber dem Gläubiger zu einer Leistung. Eine Rechtsänderung tritt dadurch nicht ein, insbesondere wird durch den Vertrag nicht die Eigentümerstellung in Bezug auf eine Kaufsache verändert. Um eine solche Veränderung herbei zu führen – um etwa das Eigentum an einer Kaufsache vom Verkäufer auf den Käufer zu übertragen – bedarf es eines zusätzlichen Verfügungsgeschäfts. Der Kaufvertrag ist insoweit als Verpflichtungsgeschäft „nur" die rechtliche Grundlage für die Übereignung der Kaufsache sowie des Geldes als Verfügungsgeschäfte.

---

104 MüKo-BGB/*Bayreuther*, § 185 Rn. 3.

Demnach ist bei der rechtlichen Beurteilung von Sachverhalten strikt zu trennen zwischen Verpflichtungs- und Verfügungsgeschäft. Es handelt sich um zwei unterschiedliche Rechtsgeschäfte (**Trennungsprinzip**). Nichtsdestoweniger können Verpflichtungs- und Verfügungsgeschäft gleichzeitig in einem Akt vorgenommen werden, z. B. bei Kauf und Übereignung einer Tafel Schokolade an der Supermarktkasse.

Trennungsprinzip $=_{def}$ Verpflichtungs- und Verfügungsgeschäft sind zwei voneinander zu unterscheidende Rechtsgeschäfte[105]

Verpflichtungs- und Verfügungsgeschäft sind zudem in ihrer Wirksamkeit voneinander unabhängig (**Abstraktionsprinzip**). Das bedeutet, dass ein Verfügungsgeschäft grundsätzlich auch dann wirksam bleibt, wenn das zugrunde liegende Verpflichtungsgeschäft unwirksam (geworden) ist, etwa durch Anfechtung.

Abstraktionsprinzip $=_{def}$ Verpflichtungs- und Verfügungsgeschäft sind in ihren Wirkungen voneinander unabhängig[106]

9.3 Bereicherungsrecht

Wegen des Abstraktionsprinzips kann also eine Situation entstehen, in der die sachenrechtliche Lage nicht der schuldrechtlich vorgesehenen entspricht. So ist der Käufer wirksamer Eigentümer einer Sache, obwohl der Kaufvertrag durch Anfechtung wirksam und ex tunc beseitigt wurde, ein vertraglicher Anspruch des Käufers gegen den Verkäufer auf Übertragung des Eigentums also nicht (mehr) besteht.

Zur Bereinigung solcher Situationen, und ganz generell zum Ausgleich nicht gerechtfertigter Vermögensverschiebungen, dienen die Regeln über die **ungerechtfertigte Bereicherung** in den §§ 812 ff. BGB. Die Ansprüche aus ungerechtfertigter Bereicherung werden Kondiktionen genannt (von lat. condictio = Rückforderung). Es wird insbesondere zwischen **Leistungskondiktion** (§ 812 Abs. 1 S. 1 Alt. 1 BGB: „durch Leistung“) und **Nichtleistungskondiktion** (§ 812 Abs. 1 S. 1 Alt. 2 BGB: „auf sonstige Art und Weise“, § 816 BGB) unterschieden.

9.3.1 Leistungskondiktion, § 812 Abs. 1 S. 1 Alt. 1 BGB

Der **Grundtatbestand** der Leistungskondiktion findet sich in § 812 Abs. 1 S. 1 Alt. 1 BGB. Hier wird der typische Fall geregelt, dass ein Vertrag, der die Grundlage für ein sachenrechtliches Verfügungsgeschäft war, unwirksam ist (z. B. Verweigerung der Genehmigung im Falle des § 107 BGB, Anfechtung nach §§ 142 Abs. 1, 119 Abs. 1 BGB).

---

105 *Baur/Stürner*, Sachenrecht, § 5 Rn. 40.
106 Vgl. BGH NJW 1991, 1414 (1415).

Tatbestandvoraussetzungen sind:

- **etwas erlangt:** die Vermögenslage des Bereicherten muss sich verbessert haben (Vermögensvorteil)
- **durch Leistung:** die Verschiebung des Vermögens muss vom Leistenden bewusst und zur Erreichung eines bestimmten Zwecks erfolgt sein

Leistung $=_{def}$ bewusste, zweckgerichtete Mehrung fremden Vermögens[107]

- **ohne rechtlichen Grund:** der Vermögensverschiebung darf kein Rechtsgeschäft zugrunde liegen. Denkbar sind nichtige Verträge oder aufgrund angefochtener Willenserklärung ex tunc unwirksame Verträge

Werden diese Voraussetzungen erfüllt, kann der Leistende (Bereicherungsgläubiger) Herausgabe des Geleisteten vom Bereicherten (Bereicherungsschuldner) fordern. Wurde z. B. ein Kaufvertrag wirksam angefochten, kann der Verkäufer vom Käufer Rückübereignung der Kaufsache verlangen.

9.3.2 Eingriffskondiktion, § 812 Abs. 1 S. 1 Alt. 2 BGB

Die zweite wichtige Kondiktionsform betrifft **rechtsgrundlose Eingriffe in fremde Vermögenspositionen**. Eine Leistung (im rechtlichen Sinne) liegt in diesen Fällen nicht vor, etwas (ein Vermögensvorteil) wird vielmehr „in sonstiger Weise" erlangt.

Beispiel:

Ein Pferdeeigentümer lässt seine Pferde auf fremder Weide weiden. Dadurch spart er eigene Futterkosten (Bereicherung). Dies geschah entgegen dem Zuweisungsgehalt des Eigentumsrechts an der Wiese (Eingriff).

9.3.3 Verfügung eines Nichtberechtigten, § 816 BGB

Einen in der Praxis wichtigen (und klausurrelevanten!) Sonderfall der Eingriffskondiktion regelt § 816 Abs. 1 S. 1 BGB. **Trifft ein Nichtberechtigter eine Verfügung, die dem Berechtigten gegenüber wirksam ist**, kann der Berechtigte vom Nichtberechtigten die Herausgabe des Erlangten fordern. Diese Vorschrift ist Konsequenz der Möglichkeit des gutgläubigen Erwerbs von Sachen (z. B.: gutgläubiger Eigentumserwerb bei Verfügung eines Nichtberechtigten über das Eigentum eines anderen gem. § 932 BGB, siehe dazu Einheit 10 Ziff. 10.5).

Die Vorschrift regelt, dass der ursprüngliche Rechtsinhaber nicht vom gutgläubigen neuen Rechteinhaber das Recht heraus verlangen kann und sichert so die Beständigkeit des gutgläubigen Erwerbs. Stattdessen hat der ursprüngliche Rechteinhaber sich an den Verfügenden zu halten und kann von diesem das aus dem Eingriff Erlangte – etwa den erzielten Kaufpreis – herausverlangen. Diese Regelung wird nur durchbrochen im Falle des **unentgeltlichen** gutgläu-

107 BGH NJW 1999, 1393 (1394).

bigen Erwerbs. In diesem Falle ist einerseits der Erwerber nicht schutzwürdig, andererseits hat der Verfügende im Normalfall nichts erlangt. Daher ordnet hier §816 Abs. 1 S. 2 BGB einen Durchgriff zum Erwerber an.

Beispiel:

A leiht dem B sein Fahrrad (§598 BGB). B verkauft und übereignet das Fahrrad des A an den C. C glaubt, B sei Eigentümer des Rades. Den Kaufpreis von 500 Euro zahlt C sofort an B. Somit hat B als Nichtberechtigter über das Fahrrad verfügt, die Verfügung war jedoch nach §§929 S. 1, 932 BGB gegenüber dem Eigentümer A wirksam (gutgläubiger Eigentumserwerb). C ist neuer Eigentümer des Fahrrads. Daher hat A gegen B aus §816 Abs. 1 S. 1 BGB einen Anspruch auf Zahlung von 500 Euro. Hätte B das Fahrrad dagegen an C verschenkt, könnte A von C das Fahrrad heraus verlangen, §816 Abs. 1 S. 2 BGB.

Wichtig ist weiterhin das Zusammenspiel von §185 Abs. 2 mit §816 Abs. 1 S. 1 BGB. War die Verfügung des Nichtberechtigten ursprünglich unwirksam, etwa weil der Erwerber nicht nach §932 Abs. 2 BGB gutgläubig war oder weil die Sache dem Eigentümer gestohlen worden war, §935 Abs. 1 BGB, kann der Berechtigte nach §185 Abs. 2 BGB die Verfügung **genehmigen**. Als Rechtsfolge wird die Verfügung i. S. d. §816 Abs. 1 BGB wirksam. So **kann der Berechtigte das Geschäft des Nichtberechtigten an sich ziehen**, etwa weil dieser die Sache zu einem besonders hohen Kaufpreis verkauft hat und der Berechtigten diesen herausverlangen will. Die Genehmigung muss nicht ausdrücklich erklärt werden, sondern kann auch durch schlüssiges Verhalten (konkludent) erfolgen, etwa indem der Berechtigte den Nichtberechtigten auffordert, den erlangten Kaufpreis herauszugeben.

Beispiel:

Der ahnungslose A kauft von Dieb D ein gestohlenes Fahrrad. Eigentum erwirbt er dabei nicht (§935 BGB). Eigentümer E kann die Verfügung des Nichtberechtigten D nach §185 Abs. 2 BGB genehmigen und die Eigentumsübertragung an A dadurch wirksam machen. Nun ist D verpflichtet, E den erzielten Kaufpreis herauszugeben. Dies würde sich anbieten, wenn D einen Kaufpreis erzielt hat, der den Wert des Fahrrades übersteigt.

9.3.4 Rechtsfolge

Rechtsfolge der Kondiktionsansprüche ist ein **Anspruch auf Herausgabe des Erlangten**. Dieser wird präzisiert in den §§818 ff. BGB. Ist eine Herausgabe des konkreten Bereicherungsgegenstandes nicht möglich, wird nach §818 Abs. 2 BGB **Wertersatz** geschuldet.

Der Herausgabeanspruch umfasst nach §818 Abs. 1 BGB auch die vom Bereicherten gezogenen Nutzungen sowie das, was dieser aufgrund eines erlangten Rechts oder als Ersatz für die Zerstörung, Entziehung oder Beschädigung des erlangten Gegenstandes erhält.

Allerdings ist der Anspruch nach §818 Abs. 3 BGB ausgeschlossen, soweit der Empfänger nicht mehr bereichert ist, soweit also der erlangte Vermögensvorteil auch wertmäßig nicht mehr in seinem Vermögen vorhanden ist (sog. **Entreicherung**). Dies ist etwa der Fall, wenn der erlangte Gegenstand zerstört wird und kein Ersatzanspruch hierfür besteht[108] oder wenn der Bereicherte einen er-

[108] Palandt/*Sprau*, BGB, §818 Rn. 40.

langten Geldbetrag für sog. Luxusverwendungen nutzt[109]. Dies sind Ausgaben, die der Bereicherte ohne Erlangung des Betrages mit an Sicherheit grenzender Wahrscheinlichkeit nicht getätigt hätte und die auch wertmäßig nicht mehr vorhanden sind (z. B. Luxuskreuzfahrt eines Arbeitslosen).

Die Gefahr des § 818 Abs. 3 BGB wird für den Gläubiger allerdings wiederum durch §§ 818 Abs. 4, 819 BGB gemindert. Der bösgläubige Bereicherte profitiert genauso wenig von der Privilegierung des § 818 Abs. 3 BGB wie der verklagte Bereicherte.

9.4 Deliktsrecht

Das Deliktsrecht dient dem zivilrechtlichen Ausgleich von Schäden, die durch unerlaubte Handlungen an den Rechtsgütern eines anderen entstehen.

9.4.1 Grundtatbestand: § 823 Abs. 1 BGB

Grundtatbestand des Deliktsrechts ist § 823 Abs. 1 BGB.

Tatbestandselemente der Norm sind:

1. Eintritt eines **Verletzungserfolgs**: Verletzung von Leben, Körper, Gesundheit, Freiheit, Eigentum oder eines sonstigen absoluten Rechts eines anderen.
   a. „Absolut" sind Rechte, die gesetzlich mit **Schutzwirkung für und gegen jedermann** ausgestattet sind, etwa das allgemeine Persönlichkeitsrecht oder das Recht am eingerichteten und ausgeübten Gewerbebetrieb.
   b. Das **Vermögen als solches wird nicht geschützt**, sondern nur mittelbar über eine Verletzung eines der genannten Rechte.
2. Der Verletzungserfolg muss durch eine **Verletzungshandlung** (Tun oder pflichtwidriges Unterlassen) herbeigeführt werden.
3. Die Verletzungshandlung muss für die Rechtsgutverletzung (Ziff. 1) kausal sein (**haftungsbegründende Kausalität).**
4. **Rechtswidrigkeit** der Verletzung; es darf also kein Rechtfertigungsgrund greifen, z. B. Notwehr nach § 227 BGB oder Notstand nach §§ 228, 904 BGB.
5. **Verschulden** des Handelnden; also Vorsatz oder Fahrlässigkeit, § 276 BGB.
6. Entstehung eines ersatzfähigen **Schadens**
7. Kausalität zwischen Verletzungserfolg und Schaden (**haftungsausfüllende Kausalität)**

Liegen diese Voraussetzungen vor, entsteht ein **Anspruch auf Schadensersatz** nach Maßgabe der §§ 249 ff. BGB. Zu beachten sind jedoch anspruchsmindernde Faktoren wie z. B. ein Mitverschulden des Geschädigten nach § 254 BGB. Stellt sich im Schadensersatzprozess heraus, dass sich etwa bei einem Unfall mit einem PKW der Fahrer des beschädigten Fahrzeugs seinerseits nicht vorschriftsgemäß verhalten hat, wird dies beim Schadensersatz berücksichtigt. Z. B. wird die Schadenssumme bei hälftigem **Mitverschulden** um 50 % reduziert.

---

[109] BGH NJW 2010, 2125 (Tz. 10).

9.4.2 Weitere Tatbestände der unerlaubten Handlung

9.4.2.1 Verstoß gegen ein Schutzgesetz, § 823 Abs. 2

Schutzgesetze i. S. v. § 823 Abs. 2 BGB sind z. B.: § 242 StGB (Diebstahl), § 263 StGB (Betrug), § 19 Abs. 1 GWB (Missbrauch einer marktbeherrschenden Stellung).[110]

Anders als nach § 823 Abs. 1 BGB wird über § 823 Abs. 2 BGB **auch das Vermögen** als solches geschützt, also ohne Notwendigkeit einer zwischengeschalteten Rechtsgutsverletzung nach § 823 Abs. 1 BGB.

9.4.2.2 Vorsätzliche sittenwidrige Schädigung, § 826 BGB

§ 826 BGB gehört ebenfalls zu den generalklauselartig formulierten Grundtatbeständen. Die Norm **schützt ebenfalls das Vermögen als solches**. Voraussetzung ist, dass einem anderen in sittenwidriger Weise vorsätzlich Schaden zugefügt wird. Notwendig ist ein doppelter Vorsatz: Einerseits muss die Verletzungshandlung vorsätzlich vorgenommen worden sein. Zusätzlich muss sich der Vorsatz aber auch auf den konkreten Schaden beziehen (**Schädigungsvorsatz**).[111] Der Anwendungsbereich von § 826 BGB ist daher eher gering.

9.4.2.3 Sondertatbestände, insbesondere die Haftung für Verrichtungsgehilfen, § 831 BGB

Ein wichtiges strukturelles Problem im Zivilrecht ist die Haftung für Hilfspersonen. Dazu gibt es zwei wichtige Vorschriften: § 831 und § 278 BGB. § 831 BGB regelt als **eigenständiger Haftungstatbestand** die deliktische Haftung eines Geschäftsherrn für rechtswidriges Handeln seines Verrichtungsgehilfen.

> **Verrichtungsgehilfe $=_{def}$ Person, die im Interesse des Geschäftsherrn für diesen tätig wird und von dessen Weisungen abhängig ist**[112]

Voraussetzung einer Haftung des Geschäftsherrn ist, dass der Verrichtungsgehilfe **in Ausführung** der ihm übertragenen Verrichtung rechtswidrig Rechtsgüter eines anderen schädigt, die durch die §§ 823 ff. BGB geschützt sind.[113] Beim Verrichtungsgehilfen müssen also die Voraussetzungen des § 823 BGB vorliegen. Nicht notwendig ist jedoch ein eigenes Verschulden des Gehilfen selbst. An dessen Stelle tritt ein vom Gesetz vermutetes **Auswahl- oder Überwachungsverschulden** des Geschäftsherrn.

Allerdings besteht für den Geschäftsherrn eine **Entlastungsmöglichkeit** in Abs. 1 S. 2 (Exkulpation): er haftet dann nicht für die rechtswidrigen Handlungen seiner Angestellten (Verrichtungsgehilfen), wenn er diese **sorgfältig ausgewählt und überwacht** hat. Kann sich der Geschäftsherr auf diese Weise „exkulpieren", also entschuldigen, ist der Geschädigte auf Ansprüche verwiesen, die ihm

---

110 Vgl. die Aufzählung bei MüKo-BGB/*Wagner*, § 823 Rn. 420 ff.
111 Vgl. BGH NJW 1963, 148 (150).
112 Vgl. BGH NJW 1966, 1807 (1808).
113 Vgl. MüKo-BGB/*Wagner*, § 831 Rn. 28.

(aus § 823 BGB) gegen die in der Regel weniger vermögenden Angestellten des Geschäftsherrn zustehen.

Von § 831 BGB unterscheidet sich § 278 BGB in zweifacher Hinsicht: inhaltlich geht die Haftung nach § 278 BGB weiter, da hier keine Exkulpationsmöglichkeit vorgesehen ist. Überdies ist ein Erfüllungsgehilfe etwas anderes als ein Verrichtungsgehilfe.

Erfüllungsgehilfe $=_{def}$ wer mit Wissen und Willen des Schuldners in dessen Pflichtenkreis als Hilfsperson tätig wird (nicht notwendigerweise weisungsgebunden)[114]

Schließlich sind § 831 und § 278 BGB dogmatisch unterschiedlich einzuordnen. § 831 BGB ist eine **eigene Anspruchsgrundlage**, § 278 BGB hingegen nur eine Vorschrift zur **Verschuldenszurechnung**, die eine gesonderte Anspruchsgrundlage erfordert, etwa § 280 BGB.

Weitere Sondertatbestände sind z. B. die Gefährdungshaftungstatbestände in den §§ 833 ff. BGB. Sie bürden denjenigen, die für eine **besondere Gefahrenquelle** verantwortlich sind, das Haftungsrisiko dafür auf. Hier kommt es auf ein Verschulden des Haftenden nicht an.

9.4.3 Schadensrecht

Die Frage nach Art der zu ersetzenden Schäden und der Form des zu leistenden Schadenersatzes, beantwortet das allgemeine Schadensrecht in den §§ 249 ff. BGB:

- Ersatz in Geld oder Wiederherstellung?

  Grundsätzlich ist gemäß § 249 Abs. 1 BGB die Wiederherstellung des ursprünglichen Zustands geschuldet. Gemäß § 249 Abs. 2 BGB kann hierfür bei Verletzung einer Person oder Beschädigung einer Sache auch der zur Wiederherstellung erforderliche Geldbetrag verlangt werden. Dies wird als **Prinzip der Naturalrestitution** bezeichnet. Ausnahmen davon finden sich in den §§ 250 ff. BGB (Kompensationsprinzip).

Grundsatz der Naturalrestitution $=_{def}$ es ist der Zustand herzustellen, der bestehen würde, wenn der zum Ersatz verpflichtende Umstand nicht eingetreten wäre

- Ersatz materieller und immaterieller Schäden?

  Aus § 249 Abs. 2 BGB geht hervor, dass **grundsätzlich nur materielle Schäden** (d. h. in Geld bezifferbare Vermögensschäden) ersatzpflichtig sind. Der Ersatz von Nichtvermögensschäden (**immaterielle Schäden**, z. B. Zeitverlust, Ansehensverlust, Schmerzen) kann aber (ausnahmsweise) dann gefordert werden, wenn er ausdrücklich durch das Gesetz angeordnet ist, § 253 Abs. 1 BGB. Beispiele für die kleine Zahl solcher Anordnungen sind § 253 Abs. 2 BGB („Schmerzensgeld") oder § 651 f. Abs. 2 BGB (Ersatz für nutzlos aufgewendete Urlaubszeit).

---

[114] BGH NJW 1954, 1193.

9.5 Übungsfall mit Lösung

Sachverhalt

Autofahrer A bringt seinen heißgeliebten Sportwagen zum Ölwechsel in die Werkstatt des B. B lässt den Ölwechsel von seinem Angestellten C ausführen. Nach getaner Arbeit fährt C den Wagen von der Werkstatt auf den Hof. Dabei übersieht er, dass seine Arbeitshose am Gesäß ölverschmiert ist und ruiniert die exquisiten Büffelledersitze des A im Wert von 1.000 Euro. Zuvor hatte C stets äußerst zuverlässig gearbeitet und dem B nie Anlass zur Beschwerde gegeben. Kann A von B und/oder C Schadenersatz in Höhe von 1.000 Euro verlangen?

Lösung

I. Ansprüche des A gegen C auf Schadensersatz

Anmerkung: Es ist sinnvoll mit möglichen Ansprüchen gegen C anzufangen. Denn dieser hat die Verschmutzung verursacht, ist also „näher" am Schaden als B. Ferner wird es bei der Haftung des B auch um Zurechnungsfragen gehen. Insoweit ist es hilfreich, bereits die Haftung des C, dessen Handeln unter Umständen dem B zuzurechnen ist, vorweg zu prüfen.

Anspruch des A gegen C gem. §280 Abs. 1 BGB

Ein Anspruch des A gegen C aus §280 Abs. 1 BGB scheidet aus. Denn zwischen A und C besteht kein Schuldverhältnis, aus dem C eine Pflicht verletzt haben könnte.

Anspruch des A gegen C gem. §823 Abs. 1 BGB

Für einen Schadenersatzanspruch gem. §823 Abs. 1 BGB müsste C eines der dort genannten absoluten Rechtsgüter des A widerrechtlich und vorsätzlich oder fahrlässig verletzt haben.

1. Die Verletzungshandlung des C ist das Beschmieren des Ledersitzes mit dem Öl. Diese Verletzungshandlung müsste eine Rechtsgutverletzung des A zur Folge gehabt haben. Verletztes Rechtsgut ist vorliegend das Eigentum des A an den Ledersitzen. Eine Substanzschädigung stellt eine Eigentumsverletzung dar.
2. Das verletzte Rechtsgut müsste durch die Verletzungshandlung kausal geschädigt worden sein (haftungsbegründende Kausalität). Dies ist vorliegend der Fall. Denn ohne das Beschmieren des Sitzes durch C wäre es nicht zur Eigentumsverletzung des A gekommen.
3. Auch war die Handlung des C rechtswidrig. Die Rechtswidrigkeit wird dabei grundsätzlich durch den tatbestandsmäßigen Erfolg der Rechtsgutverletzung indiziert (sog. Lehre vom Erfolgsunrecht). Die Rechtswidrigkeit würde nur dann entfallen, wenn sich C auf Rechtfertigungsgründe stützen könnte. Ein solcher ist aber nicht ersichtlich.
4. Schließlich müsste C schuldhaft gehandelt haben. §823 Abs. 1 BGB nennt Vorsatz und Fahrlässigkeit als Kategorien des Verschuldens. Vorliegend handelte C nicht vorsätzlich, er wollte nicht bewusst die Ledersitze beschädigen. Er könnte aber fahrlässig gehandelt haben. Gemäß §276 Abs. 2 BGB handelt fahrlässig, wer die im Verkehr erforderliche Sorgfalt außer Acht lässt. C han-

delte unachtsam. Er hätte sich versichern müssen, dass seine Arbeitskleidung nicht die Sitze des Wagens verschmiert. C ließ die erforderliche Sorgfalt außer Acht und handelte somit fahrlässig.

5. Dem A ist daher aufgrund der Rechtsgutverletzung ein Schaden in Höhe von 1.000 Euro entstanden. Das verletzte Rechtsgut (Eigentum an den Sitzen) ist auch kausal für den Schaden (haftungsausfüllende Kausalität). Bezüglich Art und Umfang des Schadenersatzanspruchs sind die Regelungen der §§ 249 ff. BGB maßgeblich. Gemäß § 249 Abs. 1 BGB könnte A von C Naturalrestitution, also die Herstellung des Zustands verlangen, der bestehen würde, wenn das schädigende Ereignis nicht eingetreten wäre. Vorliegende möchte A aber Ersatz in Form von 1.000 Euro. Dies steht ihm gem. § 249 Abs. 2 BGB statt der Herstellung auch zu, da wegen Beschädigung einer Sache Schadenersatz zu leisten ist.

Ergebnis zu I: A kann von C Schadenersatz gem. § 823 Abs. 1 BGB i.H.v. 1.000 Euro verlangen.

II. Ansprüche des A gegen B auf Schadenersatz

Anspruch des A gegen B gem. §§ 631, 280 Abs. 1, 241 Abs. 2 BGB

Anmerkung: Vorliegend fordert A von B Schadenersatz neben der Leistung. Es liegt kein Fall des Schadenersatzes statt der Leistung gem. §§ 280 Abs. 1, 3, 281 BGB vor, da dieser nur bei Nichterfüllung der Leistungspflicht in Betracht käme. Der Ölwechsel an sich wurde aber ordnungsgemäß ausgeführt. Es handelt sich auch nicht um eine Schlechtleistung, für die die §§ 634 ff. BGB maßgeblich wären. Ansatzpunkt für einen Mangel wäre also nur der Ölwechsel als solches. Vielmehr geht es um die Verletzung von Nichtleistungspflichten, was immer zu Schadensersatz neben der Leistung führt (wenn die übrigen Voraussetzungen vorliegen).

Für einen Anspruch des A gegen B gem. §§ 631, 280 Abs. 1, 241 Abs. 2 BGB müsste ein (Werk)vertrag als Schuldverhältnis bestehen, B müsste eine Pflicht verletzt haben und er müsste diese Pflichtverletzung zu vertreten haben.

1. A brachte seinen Wagen zum Ölwechsel zur Werkstatt des B. Da der Erfolg des Ölwechsels geschuldet war, wofür A dem B eine Vergütung zu zahlen hat, liegt ein Werkvertrag gem. § 631 BGB vor. A und B gaben insoweit übereinstimmende Willenserklärungen (Angebot und Annahme gem. §§ 145 ff. BGB) ab.

2. B müsste eine Pflicht aus diesem Schuldverhältnis gem. § 280 Abs. 1 BGB verletzt haben. Selbst hat B keine Pflicht verletzt. Jedoch könnte eine Pflichtverletzung des C vorliegen. Gemäß § 241 Abs. 2 BGB bestehen Verpflichtungen zur Rücksichtnahme auf die Rechtsgüter des anderen Teils. Durch die Ölverschmutzung der Ledersitze nahm C nicht hinreichend Rücksicht auf die Interessen und Rechtsgüter des A. Verletzt wurde eine Nichtleistungspflicht (sog. Schutzpflicht) gem. § 241 Abs. 2 BGB.

3. Da B die Sitze nicht selbst verschmutzt hat, müsste ihm die Handlung des C als Pflichtverletzung zuzurechnen sein. § 278 BGB stellt eine Zurechnungsnorm dar, die direkt nur auf die Zurechnung von Verschulden Anwendung findet. Diese Norm ist aber auch analog auf den dem Verschulden vorgela-

gerten objektiven Pflichtenverstoß anzuwenden. Als Rechtsfolge könnte die Pflichtverletzung des C dem B wie eine eigene zuzurechnen sein.

4. Hierzu müsste B Schuldner sein, also zwischen A und B ein Schuldverhältnis bestehen, kraft dessen A gegen B einen Anspruch hat. Ein solches Schuldverhältnis liegt mit dem Werkvertrag vor. C müsste eine Person sein, deren sich der Schuldner (B) zur Erfüllung seiner Verbindlichkeit bedient (ein sog. Erfüllungsgehilfe). Ein Erfüllungsgehilfe ist, wer mit Wissen und Wollen im Pflichtenkreis des Schuldners tätig ist. Da C mit Wissen des B in dessen Pflichtenkreis (hier: der Ölwechsel zur Erfüllung des Werkvertrags) tätig war, ist C Erfüllungsgehilfe des B. B muss sich daher die (objektive) Pflichtverletzung des C gem. § 278 S. 1 BGB analog zurechnen lassen.
5. Des Weiteren müsste B die Pflichtverletzung zu vertreten haben, vgl. § 280 Abs. 1 S. 2 BGB. Das „Vertretenmüssen" richtet sich nach §§ 276 ff. BGB. B trifft selbst kein Verschuldensvorwurf i. S. v. § 276 BGB. Er handelte weder fahrlässig noch vorsätzlich. Doch könnte das Verschulden des C dem B wiederum über § 278 S. 1 BGB zuzurechnen sein. Auf Verschuldenszurechnungen findet die Norm direkte Anwendung. Da zwischen S und B eine Sonderverbindung bestand und C als Erfüllungsgehilfe des B einzuordnen ist (s. o.), ist der Tatbestand erfüllt. Als Rechtsfolge ist das Verschulden des Erfüllungsgehilfen C dem B zuzurechnen. C handelte bei der Ölverschmutzung der Ledersitze unter Außerachtlassung der im Verkehr erforderlichen Sorgfalt und somit fahrlässig gem. § 276 Abs. 2 BGB. Diese Fahrlässigkeit wird dem C über § 278 S. 1 BGB zugerechnet. Er hat die Pflichtverletzung also zu vertreten.
6. Ein kausaler ersatzfähiger Schaden ist ebenfalls entstanden, folglich ist B dem A zum Schadenersatz gem. §§ 631, 280 Abs. 1 BGB verpflichtet. Zahlung in Höhe von 1000 Euro kann A gem. § 249 Abs. 2 BGB verlangen.

Ergebnis: A kann von B Schadenersatz gem. §§ 631, 280 Abs. 1, 241 Abs. 2 BGB i.H.v. 1000 Euro verlangen.

Anspruch des A gegen B gem. § 831 Abs. 1 BGB

Anmerkung: Beachten Sie, dass § 831 Abs. 1 BGB eine eigene Anspruchsgrundlage darstellt. Falsch wäre es daher, § 831 BGB als reine Zurechnungsnorm innerhalb des Anspruchsaufbaus von § 823 Abs. 1 BGB zu prüfen. Dagegen stellt § 278 BGB keine Anspruchsgrundlage dar, sondern eine reine Zurechnungsnorm. Beachten Sie aber, dass § 278 BGB nur im Zusammenhang mit § 280 BGB geprüft werden darf. Innerhalb von § 823 Abs. 1 BGB kann es nicht zu einer Zurechnung der Handlung des Erfüllungsgehilfen über § 278 S. 1 BGB kommen.

Für einen Anspruch aus § 831 Abs. 1 BGB müsste B den C zu einer Verrichtung bestellt haben, C müsste Verrichtungsgehilfe des B sein.

1. Verrichtungsgehilfe ist eine Person, die im Interesse des Geschäftsherrn für diesen tätig wird und von dessen Weisungen abhängig ist. C war im Interesse des B tätig und als Angestellter dessen Weisungen unterworfen. Er war somit Verrichtungsgehilfe.
2. Der Verrichtungsgehilfe C müsste gegenüber A einen Schaden verursacht haben. Maßgeblich ist hierbei die Verletzung von Rechtsgütern i. S. v. § 823 Abs. 1 BGB. Vorliegend verletzte C das Eigentum des A (s. o.).

3. Dies müsste in Ausführung der Verrichtung geschehen sein, also nicht bloß bei Gelegenheit. Das heißt, es müsste ein unmittelbarer Zusammenhang zwischen der ausgeübten Verrichtung und der schädigenden Handlung vorliegen. Die Verrichtung stellte der Ölwechsel samt Wegfahrens des Wagens auf den Hof dar. Dabei ereignete sich die schädigende Handlung, so dass die Schädigung in Ausführung der Verrichtung erfolgte.
4. Die Ersatzpflicht tritt nach §831 Abs. 1 S. 2 BGB aber nicht ein, wenn sich der Geschäftsherr B exkulpieren kann, insbesondere wenn er bei der Auswahl der bestellten Person (C) die im Verkehr erforderliche Sorgfalt beobachtet hat. C arbeitete stets zuverlässig und gab nie Anlass zur Beschwerde. Es ist deshalb davon auszugehen, dass B bei der Auswahl des C sorgfältig gehandelt hat. Ein Auswahlverschulden ist ihm nicht zur Last zu legen. Auch ist kein Anhaltspunkt für ein Überwachungsverschulden des B ersichtlich. B kann sich exkulpieren.

Ergebnis: A steht gegen B kein Anspruch aus §831 Abs. 1 BGB zu.

Anmerkung: Da Ansprüche gleichermaßen gegen B und gegen C bestehen, der A die Leistung aber nur einmal fordern kann, haften B und C dem A gegenüber als Gesamtschuldner gem. §§421ff. BGB. A kann aber frei wählen, welchen Schuldner er tatsächlich in Anspruch nimmt.

10. Einheit: Besitz und Eigentum

10.1 Inhalt und Lernziele

Mit dieser Einheit beginnt die Darstellung des 3. Buch des BGB, des **Sachenrechts**. Im Sachenrecht geht es, anders als im Schuldrecht, nicht um die Beziehung zwischen Rechtsubjekten (etwa bei Vertragspartnern), sondern um die Beziehung eines Rechtssubjekts zu einer Sache (etwa das Verhältnis des Eigentümers eines Autos zu seinem Fahrzeug). Behandelt werden vor allem die Begriffe „Besitz" und „Eigentum" einschließlich der sich daraus ergebenden Ansprüche, ferner der praktisch enorm wichtige Eigentumserwerb durch Rechtsgeschäft oder Gesetz – sowohl vom Berechtigten als auch vom Nichtberechtigten. Ein Überblick über die sog. beschränkten dinglichen Rechte schließt sich an.

Der Beispielsfall knüpft an den Sachverhalt des Übungsfalls in Einheit 3 an. Aus dem dort gefundenen Ergebnis der Unwirksamkeit des Vertrags resultieren die weiteren Fragen nach den sachenrechtlichen Konsequenzen. Wer ist eigentlich Eigentümer der Kaufsache, wenn der Kaufvertrag unwirksam ist? Wie kann der Verkäufer die Kaufsache vom Käufer wieder zurückerlangen? Besondere Bedeutung kommt dabei dem in Einheit 9 dargestellten Trennungs- und Abstraktionsprinzip zu.

10.2 Sachenrecht

Das Sachenrecht findet sich im dritten Buch des BGB (§§ 854–1296 BGB) und regelt die Rechtsbeziehungen von Personen zu Sachen.[115] Die Regelungen unterscheiden insbesondere zwischen beweglichen Sachen (**Mobiliarsachenrecht**) und unbeweglichen Sachen, d. h. Grundstücken (**Immobiliarsachenrecht**). Der Begriff „Sache" wird im BGB definiert. Nach § 90 sind Sachen „körperliche Gegenstände".

Die durch das Sachenrecht geregelten Rechte an Sachen werden als **dingliche Rechte** bezeichnet. Diese Rechte wirken **absolut**, also gegenüber jedermann. Vertragliche Ansprüche hingegen wirken nur **relativ** zwischen den Vertragsparteien.[116] Am Anfang des Sachenrechts steht der Abschnitt über den Besitz (§§ 854–872 BGB). Es folgen Regelungen zum Eigentum (insbesondere: §§ 903–1011 BGB) sowie zu den beschränkten dinglichen Rechten (§§ 1018–1296 BGB). Letztere werden deshalb so bezeichnet, weil sie im Gegensatz zum Eigentum keine vollständige Ausschlusswirkung vermitteln, sondern insofern

115 Vgl. *Baur/Stürner*, Sachenrecht, § 2 Rn. 1 ff.
116 *Wolf/Neuner*, BGB AT, § 20 Rn. 55.

nur eingeschränkt wirken, also sie die Herrschaft über eine Sache nur in bestimmter Hinsicht gestatten. Das zeigt z. B. die Hypothek (§ 1113 BGB), mit der ein Grundstück zugunsten des Gläubigers eines Anspruchs belastet werden kann. Anders als das Eigentum ist die Hypothek eben nicht das Vollrecht am Grundstück, sondern nur ein Teilrecht: der Berechtigte darf unter bestimmten Voraussetzungen die Zwangsversteigerung des Grundstücks betreiben (§ 1147 BGB), um sich aus dem Erlös hinsichtlich seines Anspruchs zu befriedigen. Im Gegensatz zum Grundstückseigentümer dürfte er aber z. B. kein Haus auf dem Grundstück errichten (lassen).

Aufgrund seiner Funktion herrschen im Sachenrecht besondere **Prinzipien** vor:[117] Da Sachenrechte absolut, d. h. gegen jedermann gelten, besteht ein Bedürfnis, die Zuordnung ersichtlich zu machen. Insbesondere Rechtsänderungen müssen objektiv nachvollziehbar sein und bedürfen daher zusätzlich zum Willenselement stets eines sog. Publizitätsakts (**Publizitätsprinzip**). Bei der Übereignung beweglicher Sachen ist dies fast immer die Übergabe der Sache, § 929 S. 1 BGB (Besitzverschaffung), bei der Übereignung unbeweglicher Sachen die Eintragung der Rechtsänderung ins Grundbuch, § 873 Abs. 1 BGB.

Nach dem **Spezialitätsprinzip** können dingliche Rechte nicht an Sachgesamtheiten bestehen, sondern nur an einzelnen Sachen. Das Abstraktionsprinzip stellt die absolut wirkenden Verfügungen von Fehlern des Grundgeschäfts frei (siehe bereits oben Einheit 9 Ziff. 9.2).

Wichtig ist auch der **numerus clausus der Sachenrechte**. Danach herrscht im Sachenrecht **Typenzwang**, gibt es also nur die gesetzlich definierten dinglichen Rechte. Die „Erfindung" im Gesetz nicht vorgesehener sachenrechtlicher Konstruktionen mittels Parteivereinbarung ist nur äußerst eingeschränkt möglich.

10.3 Besitz

10.3.1 Begriff

Der Besitz beschreibt ein **tatsächliches** und kein rechtliches Verhältnis zwischen einer Person und einer Sache. § 854 Abs. 1 BGB bestimmt, dass Besitz durch die Erlangung der „tatsächlichen Gewalt" über eine Sache erworben wird. Auch der Dieb erlangt auf diese Weise Besitz am (von ihm gestohlenen) Diebesgut. Wenngleich ihm keine Rechte daran zustehen, er insbesondere nicht Eigentümer ist, kann doch auch der Dieb bestohlen werden. Und das geschieht gar nicht selten.

Besitz $=_{def}$ von einem natürlichen Besitzwillen getragene tatsächliche Herrschaft über eine Sache (unabhängig vom Recht zur Ausübung)[118]

Ob einer Person die **tatsächliche Sachherrschaft** über eine Sache zukommt, entscheidet sich nach der sog. „Verkehrsanschauung des täglichen Lebens".

---

[117] Vgl. *Baur/Stürner*, Sachenrecht, § 4 Rn. 1 ff.
[118] Vgl. BGH NJW 2009, 1947 (1949).

Diese Präzisierung ist erforderlich, um Besitzverhältnissen ohne unmittelbare räumliche Nähebeziehung gerecht werden zu können. So besitzt der Autofahrer sein in der Garage stehendes Auto, auch wenn er nachts im Schlafzimmer seines Hauses tief und fest schläft.

10.3.2 Publizitätsmittel

Die Besitzverschaffung (Übergabe) dient bei der Übereignung nach §929 S.1 BGB der Kenntlichmachung des Eigentumsübergangs. Entsprechend knüpft §1006 BGB an den Besitz eine **Eigentumsvermutung**. Bis zum Beweis des Gegenteils (§292 ZPO) gilt der Besitzer daher als Eigentümer der Sache. Der Vorschrift liegt also die Annahme zu Grunde, dass die Eigentumsposition durch rechtsgeschäftlichen Erwerb erlangt worden ist.

10.3.3 Unmittelbarer und mittelbarer Besitz

Es gibt nicht nur unmittelbaren, sondern auch einen mittelbaren Besitz an derselben Sache. Unmittelbarer und mittelbarer Besitz unterscheiden sich in der Intensität der Sachbeziehung. Beim **mittelbaren** Besitz ist der Besitz an einer Sache durch Begründung eines sog. **Besitzmittlungsverhältnisses** i.S.d. §868 BGB gestuft. Derjenige, der seinen unmittelbaren Besitz im Rahmen einer schuldrechtlichen Vereinbarung auf Zeit weggibt (z.B. durch Abschluss eines Verwahrungsvertrags, durch Vermietung, Leihe), bleibt mittelbarer Besitzer. Derjenige, der für den mittelbaren Besitzer direkt – also unmittelbar – über die Sache herrscht (Mieter, Verwahrer, Entleiher), ist zum gleichen Zeitpunkt unmittelbarer Besitzer. Da er dem mittelbaren Besitzer den Besitz vermittelt, heißt er auch **Besitzmittler**.

Beispiel:

Vermieter V ist Eigentümer einer an M vermieteten Wohnung. M ist unmittelbarer Besitzer. Aufgrund des Mietvertrags (Besitzmittlungsverhältnis nach §868 BGB) besitzt M für V, ist also Besitzmittler. V ist mittelbarer Besitzer.

10.3.4 Besitzschutz

Der Besitz ist durch die in den §§861ff. BGB geregelten **possessorischen Ansprüche** geschützt. Bei dieser Art von Ansprüchen kommt es auf ein **Recht** zum Besitz nicht an (**anders** bei den sog. **petitorischen** Ansprüchen, die ein Recht zum Besitz voraussetzen). Wird der Besitzer gegen oder ohne seinen Willen im Besitz gestört bzw. wird ihm der Besitz entzogen (verbotene Eigenmacht i.S.d. §858 BGB), kann er gemäß §§861, 862 BGB Beseitigung der Störung bzw. Wiedereinräumung des Besitzes verlangen. Diese Ansprüche stehen nach §869 BGB auch dem mittelbaren Besitzer zu. Weiterhin darf der unmittelbare Besitzer sich gegen verbotene Eigenmacht gemäß §858 Abs.1 BGB mit Gewalt wehren (§859 Abs.1 BGB: **Besitzwehr**). Wird dem Besitzer eine bewegliche Sache weggenommen, darf er sich diese mit Gewalt zurückholen, wenn er den Täter auf frischer Tat ertappt (§ 859 Abs. 2 BGB: **Besitzkehr**). Dies ist eine der ganz wenigen Ausnahmen des deutschen Rechts vom staatlichen Gewaltmonopol.

10.4 Eigentum

10.4.1 Bedeutung

Eigentum ist das **stärkste Recht**, das einer Person an Sachen (§ 90 BGB) zustehen kann. Nach § 903 BGB kann der Eigentümer mit seinen Sachen nach Belieben verfahren und andere von jeder Einwirkung ausschließen.

Eigentum $=_{def}$ rechtliche Herrschaftsgewalt über eine Sache; es besteht ein exklusives, alle anderen Personen ausschließendes Verfügungs- und Nutzungsrecht[119]

10.4.2 Formen des Eigentumserwerbs

Eigentum kann auf unterschiedlichem Wege erworben werden. Wichtigster Fall ist der **rechtsgeschäftliche Erwerb**. Er ist **immer zweigliedrig** und besteht aus dem **Willenselement der Einigung** (vgl. §§ 929 S. 1, 873 Abs. 1, 925 BGB) und einem **Publizitätselement**, Übergabe oder Übergabesurrogate bzw. Grundbucheintragung (vgl. §§ 929 S. 1, 873 Abs. 1 BGB). Der rechtsgeschäftliche Erwerb des Eigentums an beweglichen und unbeweglichen Sachen vollzieht sich nach unterschiedlichen Regeln. Neben dem rechtsgeschäftlichen gibt es auch den gesetzlichen Erwerb von Eigentum (s. u.) und den Erwerb durch Staatsakt.

Dingliches Rechtsgeschäft $=_{def}$ Rechtsgeschäft, das unmittelbar auf die Veränderung der dinglichen (sachenrechtlichen) Rechtslage abzielt und hinwirkt.[120]

Für **bewegliche** Sachen (Mobilien) bestimmt im Regelfall § 929 S. 1 BGB, was eine wirksame Übereignung erfordert. Danach erfolgt der Eigentumserwerb durch **Einigung** (dingliches Rechtsgeschäft) und **Übergabe** (Publizitätsakt). Beide Parteien müssen also vereinbaren, dass das Eigentum vom einen auf den anderen übergehen soll und dann mit diesem Willen die Sache übergeben. **Übergabe ist die Verschaffung von (nicht zwangsläufig unmittelbarem) Besitz unter gleichzeitiger Aufgabe jeglichen eigenen Besitzrests.**[121] Die Einigungserklärung kann – anders als eine schuldrechtliche Willenserklärung (§ 145 BGB) – bis zur Übergabe widerrufen werden. Die Übergabe kann nach §§ 930, 931 BGB durch sog. **Übergabesurrogate** ersetzt werden. § 929 S. 2 BGB enthält kein Übergabesurrogat. Vielmehr ist bei Vorliegen der dort geregelten Voraussetzungen die Übergabe entbehrlich, weil der künftige Eigentümer (Erwerber) die Sache bereits besitzt, die Übergabe also bereits stattgefunden hat.

[119] Vgl. MüKo-BGB/*Brückner*, § 903 Rn. 4 ff.
[120] *Baur/Stürner*, Sachenrecht, § 5 Rn. 1 ff.
[121] Vgl. BGH NJW 1959, 2206.

Übergabesurrogat $=_{def}$ Ersatztatbestand für die Übergabe nach § 929 S. 1 BGB im Rahmen der Eigentumsübertragung, Vereinbarung eines Besitzmittlungsverhältnisses (sog. Besitzkonstitut) oder Abtretung des Herausgabeanspruchs.

Ist der Übereignende (Verfügender) nicht zur Übereignung der beweglichen Sache berechtigt, weil er nicht Eigentümer ist, kann der Erwerber an dieser Sache trotzdem Eigentum erlangen. Einerseits kann die Verfügung gemäß § 185 BGB wirksam sein, wenn eine Einwilligung oder Genehmigung des Eigentümers vorliegt. Andererseits kann auch ohne eine solche Zustimmung Eigentum kraft guten Glaubens des Erwerbers erworben werden (§§ 932 ff. BGB, siehe unten Ziff. 10.5).

Für **unbewegliche** Sachen (Immobilien) gilt § 873 BGB. Hier erfolgt der Eigentumserwerb durch Einigung in Form der Auflassung (vgl. § 925 BGB) und – als Publizitätsakt – der Eintragung der Rechtsänderung ins Grundbuch. Der Erwerber erlangt also erst dann Eigentum am Grundstück, wenn er ins Grundbuch eingetragen wird (dazu unten Einheit 11).

Außer durch Rechtsgeschäft ist Eigentumserwerb auch gesetzlich möglich durch:

- Aneignung, § 958 BGB,
- Fund, § 973 BGB,
- Ersitzung, § 937 BGB oder
- Vermischung/Verbindung/Verarbeitung, §§ 946 ff. BGB.

Tatbestand der Übereignung beweglicher Sachen

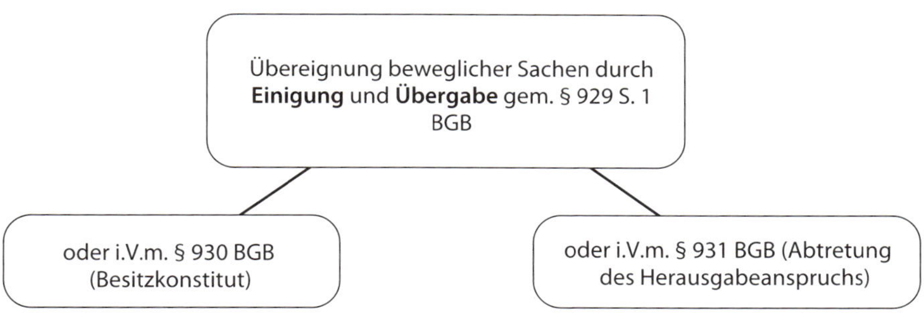

10.4.3 Exkurs: Forderungen und sonstige Rechte

10.4.3.1 Begriffe

An Forderungen und anderen Rechten (z. B. urheberrechtliche Verwertungsrechte, Markenrechte, Patente) gibt es kein Eigentum, denn Eigentum bezeichnet nach BGB (anders noch im Preußischen Allgemeinen Landrecht von 1794) ausschließlich die Zuordnung von Sachen zu Personen. Rechte sind jedoch keine Sachen i. S. v. § 90 BGB.

Auch besitzen kann man Forderungen und andere Rechte nicht, da dieser Begriff nach §§ 854 ff. BGB juristisch gesehen die tatsächliche Herrschaft über Sachen bezeichnet. Für Forderungen und Rechte spricht man stattdessen von **Inhaberschaft**.

10.4.3.2 Erwerb

Beim Erwerb von Forderungen und anderen Rechten ist zwischen **originärem** und **abgeleitetem Erwerb** zu unterscheiden. Der Begriff des originären Erwerbs bezeichnet das erstmalige Entstehen einer Forderung bzw. eines anderen Rechts. Er unterliegt je nach Gegenstand des Erwerbs unterschiedlichsten Regeln. Eine Forderung kann etwa durch Vertrag (z. B. Darlehensauszahlungsanspruch nach Abschluss eines Darlehensvertrags) oder aufgrund gesetzlicher Anordnung (Schadensersatzanspruch nach § 823 Abs. 1 BGB wegen Zerstörung einer Sache) erworben werden.

Ein Urheberrecht erwirbt der Schöpfer eines Werkes der Literatur Wissenschaft und Kunst ohne weiteres durch Gesetz (§ 1 UrhG). Ein Markenrecht wird grundsätzlich durch Eintragung eines Zeichens als Marke in das vom Patentamt geführte Markenregister (§ 4 Nr. 1 MarkenG) erworben. Patente werden durch Erteilung, § 1 Abs. 1 PatG, erworben.

Der **abgeleitete** Erwerb bezeichnet den rechtsgeschäftlichen Erwerb einer Forderung oder eines Rechtes durch Verfügung des ursprünglichen Inhabers, also des originären Erwerbers oder eines anderen abgeleiteten Erwerbers. Der abgeleitete Erwerb richtet sich, soweit keine Sonderregelungen einschlägig sind, nach den §§ 398 ff. BGB. Demnach erfolgt die Verfügung über Forderungen und sonstige Rechte mittels **Abtretungsvertrags** (§§ 398, 413 BGB). Mit Abschluss des Vertrags tritt der neue Gläubiger/Rechteinhaber (Zessionar) an die Stelle des bisherigen Gläubigers/Rechteinhabers (Zedent). Eines besonderen Publizitätsaktes bedarf es nicht. Konsequenz dessen ist, dass es einen gutgläubigen Forderungs- und Rechtserwerb nicht gibt (Ausnahme: § 405 BGB). Die Abtretung ist gemäß § 399 BGB unwirksam, soweit die Abtretung durch Rechtsgeschäft ausgeschlossen wurde oder nicht ohne Veränderung des Inhalts der Forderung/des Rechts möglich ist.

Mit der Abtretung einer Forderung gehen gemäß § 401 BGB die **akzessorischen** Sicherungsrechte (Hypothek, Bürgschaft u. a.) ohne weiteres mit über. Der Schuldner der Forderung, der nicht über die Abtretung informiert werden muss, wird durch die §§ 406 ff. BGB vor Nachteilen geschützt.

10.4.4 Ansprüche aus dem Eigentum

10.4.4.1 Herausgabe

Wichtigster Anspruch des Eigentümers ist der gegen den (unrechtmäßigen) Besitzer auf Herausgabe seiner Sache aus § 985 BGB. Dieser sog. **Vindikationsanspruch** ist in der Praxis sehr bedeutsam.

Voraussetzungen eines Anspruchs auf Herausgabe des Eigentums an einer Sache gem. § 985 BGB sind:

- der Anspruchsteller muss **Eigentümer** sein,
- der Anspruchsgegner muss **Besitzer** sein,
- dem Anspruchsgegner darf **kein Recht zum Besitz** gem. § 986 Abs. 1 BGB zustehen.

Das Verhältnis zwischen Eigentümer und nicht berechtigtem Besitzer ist ausführlich in den §§ 987–1003 BGB geregelt. Dabei handelt es sich um das sog. **Eigentümer-Besitzer-Verhältnis** („EBV"). Dem Eigentümer werden unter bestimmten Voraussetzungen Ansprüche auf Schadens- und Nutzungsersatz eingeräumt (§§ 987–993 BGB). Im Gegenzug kann der Besitzer möglicherweise Ansprüche auf Ersatz von Verwendungen gegen den Eigentümer geltend machen (§§ 994–1003 BGB).

Beispiel:

Der Käufer K eines Autos lässt einen Motorschaden reparieren. Danach stellt sich heraus, dass er nicht Eigentümer des Autos war, weil das Fahrzeug dem E gestohlen worden war. K will das Auto an E herausgeben, er möchte aber die Reparaturkosten von E ersetzt haben. Dabei handelt es sich möglicherweise um notwendige Verwendungen i. S. v. § 994 BGB. Im Gegenzug verlangt E Nutzungsersatz von K gem. §§ 987, 990 BGB, da dieser das Auto noch genutzt hatte nachdem er erfahren hatte, dass er nicht Eigentümer war.

Diese im Detail äußerst komplexen Regelungen dürfen nicht durch die allgemeinen Vorschriften des Delikts- oder Bereicherungsrechts unterlaufen werden, so dass diese neben den Vorschriften über das EBV nicht angewendet werden dürfen, § 993 Abs. 1 HS 2 BGB.

10.4.4.2 Abwehranspruch aus § 1004 BGB

§ 1004 BGB ist die zentrale Vorschrift für Beseitigungs- und Unterlassungsansprüche. Insofern ergänzt sie insbesondere den durch § 823 Abs. 1 BGB gewährten Rechtsgüterschutz, geht jedoch im Einzelfall weit darüber hinaus.

Seinem Wortlaut nach gewährt § 1004 Abs. 1 BGB dem in seinem Eigentum beeinträchtigten Eigentümer einen Anspruch. Dies gilt aber nur für Beeinträchtigungen in anderer Weise als durch Entziehung oder Vorenthaltung des Besitzes, denn dann besteht ein Herausgabeanspruch des Eigentümers nach § 985 BGB. Der in seiner Rechtsausübungsfreiheit beeinträchtigte Eigentümer kann vom Störer **Beseitigung** der Beeinträchtigung verlangen und, soweit weitere Beeinträchtigungen zu befürchten sind, auf **Unterlassung** klagen. Störer ist zum einen derjenige, der die Rechtsgutbeeinträchtigung durch eine eigene Handlung verursacht bzw. verursacht hat (**Handlungsstörer**) zum anderen derjenige, auf dessen Willen die Beeinträchtigung wenigstens mittelbar zurückzuführen ist, weil er die Störungsquelle beherrscht (**Zustandsstörer**).

Problematisch kann im Einzelfall die Abgrenzung zwischen „Beeinträchtigung" i. S. d. § 1004 Abs. 1 BGB und „Schaden" i. S. d. § 823 Abs. 1 BGB sein. Diese ist hinsichtlich der Unterscheidung von Beseitigungs- und Schadenersatzanspruch wichtig, da nur letzterer Anspruch verschuldensabhängig ist. Insoweit ist auf die Art der Beeinträchtigung abzustellen. Es gilt der Grundsatz, dass die

Beseitigung bereits eingetretener und abgeschlossener Einwirkungsfolgen nicht nach § 1004 Abs. 1 S. 1 BGB sondern nur als Schadenersatz über §§ 823 Abs. 1, 249 BGB verlangt werden kann.

Seine überragende Bedeutung erlangt § 1004 BGB aber durch seine (gewohnheitsrechtlich anerkannte) analoge **Anwendbarkeit auf alle absoluten Rechte** (z. B. gewerbliche Schutzrechte, Urheberrechte, Freiheit, körperliche Unversehrtheit) sowie noch weiter gehend auch auf bloße Rechtsgüter und rechtlich geschützte Interessen (z. B. das Fortkommen, die Freiheit der Willensbestimmung und die eheliche Lebensgemeinschaft).[122]

10.4.5 Verlust des Eigentums

Verloren wird Eigentum entweder rechtsgeschäftlich (durch Übertragung, s. o.), durch Aufgabe (**Dereliktion**, §§ 928, 959 BGB), durch Verarbeitung (§ 950 BGB, beachte aber § 951 BGB) oder durch den Untergang der Sache.

10.5 Gutgläubiger Eigentumserwerb vom Nichtberechtigten

Ist der Übereignende einer beweglichen Sache nicht deren Eigentümer, kann ein **gutgläubiger Erwerber** gemäß § 932 Abs. 1 BGB dennoch wirksam Eigentum erwerben. Grund hierfür ist die Legitimitätsfunktion, die der Besitz dem Verfügenden einräumt (§ 1006 BGB). Der Erwerber ist nicht gutgläubig, wenn er die fehlende Eigentümerposition des Veräußerers kennt oder seine Unkenntnis auf grober Fahrlässigkeit beruht (§ 932 Abs. 2 BGB).

Freilich hat auch der gutgläubige Erwerb Grenzen. So wird der gute Glaube des Erwerbers nur in Bezug auf die Eigentümerposition des Verfügenden geschützt (anders § 366 Abs. 1 HGB bei Kaufleuten; vgl. WPR 2 Einheit 8 Ziff. 2.4.7.). Weiß der Erwerber hingegen, dass die Sache nicht dem Veräußerer gehört, hält ihn jedoch irrtümlich für vom Eigentümer zur Verfügung ermächtigt (§ 185 Abs. 1 BGB), ist § 932 Abs. 1 BGB unanwendbar. **Geschützt ist nur der gute Glaube an die Eigentümerstellung!** Andere Wirksamkeitshindernisse für ein Rechtsgeschäft (etwa Minderjährigkeit des anderen Vertragsteils) können durch guten Glauben nicht überwunden werden. Abhanden gekommene (z. B. gestohlene oder verlorene) Sachen können gem. § 935 BGB – mit Ausnahme von Inhaberpapieren und Geld, vgl. § 935 Abs. 2 BGB – nicht nach § 932 Abs. 1 BGB gutgläubig erworben werden. Hier hat die Sache ohne bzw. gegen den Willen des Alteigentümers dessen Rechtskreis verlassen. Da er eine Sache nicht selbst weggegeben hat, ist er schutzwürdiger als der gutgläubige Erwerber.

Für Übereignungen nach §§ 930, 931 BGB regeln die §§ 933, 934 BGB zusätzliche Voraussetzungen für einen gutgläubigen Eigentumserwerb.

---

[122] Vgl. BeckOK BGB/*Fritzsche*, § 1004 Rn. 2 ff.

10.6 Andere (beschränkte) dingliche Rechte

Beschränktes dingliches Recht $=_{def}$ im Gegensatz zum Eigentum, der umfassenden rechtlichen Herrschaft, gewährt dieses nur eine begrenzte Rechtsmacht über eine Sache.

10.6.1 Nießbrauch

Der Nießbrauch, §§ 1030 ff. BGB, ist das umfassendste **dingliche Nutzungsrecht**. Der Nießbrauch gibt dem Begünstigten das Recht, die Nutzungen aus einer Sache zu ziehen (z. B. Mieterträge, Früchte). Schuldrechtliche „Entsprechung" des Nießbrauchs ist der Pachtvertrag. Nießbrauch kann an beweglichen und unbeweglichen Sachen und an Rechten bestellt werden.

10.6.2 Dienstbarkeiten

Auch Dienstbarkeiten sind **Nutzungsrechte** an Sachen, § 1018 BGB. Sie können **als beschränkte persönliche Dienstbarkeiten oder als Grunddienstbarkeiten** bestellt werden. Bei der Grunddienstbarkeit wird die Beziehung zwischen zwei Grundstücken (bzw. deren Eigentümern) geregelt, bei der beschränkten persönlichen Dienstbarkeit die Beziehung einer Person zu einem Grundstück, § 1090 BGB. In der Praxis werden beschränkte persönliche Dienstbarkeiten häufig in Form von Wohnrechten (§ 1093 BGB) für Eltern eingerichtet, die ihren Kindern bereits zu Lebzeiten ihren Erbteil zukommen haben lassen. Das im Grundbuch gesicherte Wohnrecht erlischt mit dem Tod des Begünstigten.

10.6.3 Vorkaufsrecht

Ein Vorkaufsrecht kann sowohl schuldrechtlich, § 463 BGB, als auch dinglich bestellt werden, § 1094 BGB. Das dingliche Vorkaufsrecht hat im Vergleich mit dem schuldrechtlichen den Vorteil der dinglichen Wirkung, d. h. es wirkt absolut, gegenüber jedermann. Es kann sowohl subjektiv-dinglich als auch subjektiv-persönlich bestellt werden. Neben den rechtsgeschäftlichen gibt es auch gesetzliche Vorkaufsrechte, z. B. des Miterben nach § 2034 BGB.

10.6.4 Pfandrechte

Zu den sonstigen dinglichen Rechten zählen auch die Pfandrechte. Man teilt sie nach dem verpfändeten Gegenstand auf in Pfandrechte an Rechten (§§ 1273 ff.), Pfandrechte an Sachen (§§ 1204 ff.) und Grundpfandrechte (Pfandrechte an Grundstücken). Bei den Grundpfandrechten unterscheidet man wiederum Hypothek, Grundschuld und Rentenschuld (dazu unten WPR 2 Einheit 9 Ziff. 9.5).

Gemeinsam ist den Pfandrechten, dass sie der **Sicherung einer Forderung** des Pfandgläubigers dienen, bei der Grundschuld freilich nur im Sonderfall der sog.

Sicherungsgrundschuld. Begleicht der Schuldner die Forderung nicht, ist der Pfandgläubiger berechtigt, die Verwertung des Pfandgegenstands zu betreiben (z. B. durch Zwangsversteigerung) und sich dann aus dem Erlös zu befriedigen. Er ist also berechtigt, den Teil des Erlöses für sich zu behalten, der seinem Anspruch entspricht, bzw. der ihm zusteht. Die Pfandrechte gehören daher auch zur Gruppe der Sicherungsrechte.

Die Entstehung eines Pfandrechts an beweglichen Sachen (z. B. Produktionsmaschinen, Ware des Händlers) setzt die **Übergabe** des verpfändeten Gegenstandes an den Pfandgläubiger voraus (§ 1205 Abs. 1 BGB). Dies macht das Pfandrecht ungeeignet für den Geschäftsverkehr: der gewerbliche Kreditnehmer ist i. d. R. darauf angewiesen, mit den verpfändeten Sachen zu wirtschaften, um die Mittel zu verdienen, mit denen er die gesicherte Forderung erfüllen kann.

Wegen dieser Schwäche des Pfandrechts haben sich im Geschäftsverkehr die Institute der **Sicherungsübereignung** und des **Eigentumsvorbehalts** entwickelt (siehe dazu unten WPR 2 Einheit 9 Ziff. 9.4). Hierbei handelt es sich dem Wesen nach um „besitzlose Pfandrechte“ (die das deutsche Recht eigentlich nicht kennt) an beweglichen Sachen. Da sie aus den allgemeinen Instituten des Zivilrechts (schuldrechtliche Verpflichtungen bzw. aufschiebende Bedingungen nach §§ 158 ff. BGB) entwickelt wurden, liegt kein Verstoß gegen das Prinzip des **numerus clausus der Sachenrechte** vor.

10.7 Übungsfall mit Lösung

Zum Ausgangssachverhalt siehe oben Einheit 3 Ziff. 3.4. Ausgehend von dem gefundenen Ergebnis, dass ein Kaufvertrag zwischen K und V nicht zustande gekommen ist, werden nunmehr die dingliche Rechtslage und ggf. bestehende Herausgabeansprüche geprüft.

I. Wer ist Eigentümer des Handys?

Anmerkung: Ist nach der Eigentumslage gefragt, bauen Sie Ihre Prüfung am besten chronologisch auf. Das heißt, dass Sie mit dem ursprünglichen Eigentümer anfangen und zeitlich der Reihe nach eigentumsrechtlich relevante Übertragungsvorgänge prüfen.

1. Ursprünglich war V Eigentümerin des Handys, vgl. § 1006 Abs. 1 BGB. V könnte ihr Eigentum jedoch durch Übereignung an K verloren haben. Eine Übereignung beweglicher Sachen setzt im Grundsatz Einigung, Übergabe und die Eigentümerstellung bzw. dingliche Berechtigung des Veräußerers gem. § 929 S. 1 BGB voraus. Unter Übergabe ist die Verschaffung von Besitz unter Aufgabe jeglichen eigenen Besitzes zu verstehen.
2. Vorliegend räumte V der K unmittelbaren Besitz i. S. v. § 854 Abs. 1 BGB ein und gab jeglichen eigenen Besitz am Handy auf. Somit lag eine Übergabe vor. Auch war V als ursprüngliche Eigentümerin dinglich berechtigt, das Handy zu übereignen. Schließlich müsste eine wirksame dingliche Einigung vorliegen. Die volljährige V gab eine Willenserklärung ab, die der K auch zugehen konnte, da mit dem Angebot auf Übereignung ihre Handlungsmöglichkeiten

erweitert wurden und somit ein lediglich rechtlicher Vorteil i. S. v. § 131 Abs. 2 S. 2 BGB für sie bestand.

3. Fraglich ist, ob auch die 16-jährige K eine wirksame Einigungserklärung abgeben konnte. Mangels Zustimmung ihrer Eltern müsste sie gem. § 107 BGB durch ihre Erklärung einen rechtlichen Vorteil erlangen. Die dingliche Einigung ist für K lediglich rechtlich vorteilhaft. Denn durch die dingliche Einigung wird die Übereignung des Handys von V an K möglich, K erlangt also das Eigentum an dem Handy, einen rechtlichen Vorteil.

Ergebnis zu I: K ist neue Eigentümerin des Handys.

II. Kann V das Handy von K zurückverlangen?

V könnte gegen K einen Anspruch auf Herausgabe des Handys aus § 985 BGB haben.

1. Hierzu müsste V Eigentümerin des Handys sein und K nicht zum Besitz berechtigte (vgl. § 986 BGB) Besitzerin. Da V durch die Übereignung an K ihr Eigentum am Handy verloren hat, scheidet ein Anspruch auf Herausgabe aus § 985 BGB aus.
2. V könnte gegen K einen Anspruch auf Herausgabe und Übereignung des Handys aus § 812 Abs. 1 S. 1 Alt. 1 BGB haben. Dazu müsste K durch die Leistung der V etwas ohne rechtlichen Grund erlangt haben.
3. „Etwas" im Sinne des § 812 Abs. 1 S. 1 BGB ist jeder vermögenswerte Vorteil. Vorliegend hat K Eigentum und Besitz am Handy als vermögenswerte Positionen erhalten.

Anmerkung: Seien Sie hier genau. Juristisch falsch wäre es zu schreiben, K hätte „das Handy" als das „erlangte Etwas" erhalten.

4. Eigentum und Besitz könnte K durch Leistung der V erhalten haben. Leistung im Sinne des § 812 Abs. 1 S. 1 BGB ist jede bewusste, zweckgerichtete Vermehrung fremden Vermögens. Vorliegend räumte V der K den Besitz ein und übereignete das Handy, weil sie ihre vermeintliche Verpflichtung aus dem Kaufvertrag erfüllen wollte. Die Vermehrung des Vermögens der K geschah also bewusst und zweckgerichtet. Eine Leistung liegt vor.
5. K müsste Eigentum und Besitz ohne rechtlichen Grund erlangt haben. Als rechtlicher Grund für die Übereignung und die Besitzeinräumung käme vorliegend allein der Kaufvertrag in Betracht. Dieser ist jedoch aufgrund der Minderjährigkeit der K und mangelnder Zustimmung der Eltern nicht wirksam zustande gekommen (s. o.). K erlangte Eigentum und Besitz am Handy also ohne rechtlichen Grund.
6. Als Rechtsfolge hat K somit das „erlangte Etwas" i. S. v. § 812 Abs. 1 S. 1 BGB herauszugeben. Sie hat folglich Eigentum und Besitz am Handy an V herauszugeben und muss das Handy also zurückübereignen.

Ergebnis zu II: V kann von K Eigentum und Besitz am Handy gem. § 812 Abs. 1 S. 1 Alt. 1 BGB herausverlangen.

11. Einheit: Verfügungen über Grundstücke

11.1 Inhalt und Lernziel

Nachdem in der vorhergehenden Einheit das Recht der beweglichen Sachen (Mobilien) dargestellt wurde, geht es in dieser Einheit um die BGB-Regelungen über unbewegliche Sachen (Immobilen). Auch hier ist zentral das Verhältnis zwischen Rechtsubjekten (natürlichen oder juristischen Personen) und (unbeweglichen) Sachen. Den Schwerpunkt der Darstellung bilden die praktisch höchst relevanten Voraussetzungen des Eigentumserwerbs an Grundstücken einschließlich des gutgläubigen Erwerbs vom Nichtberechtigten.

Der Übungsfall vertieft die Anforderungen an die Übereignung von Grundstücken. Zugleich werden die Wirkungen einer Vormerkung dargestellt, durch die ein vertraglicher Anspruch auf Eigentumsübertragung gesichert werden kann.

11.2 Grundstück und Grundbuch

Die Rechte an Grundstücken unterliegen eigenen Regelungen. Wichtig sind insbesondere die allgemeinen Regelungen der §§ 873–902 BGB. (Ferner: §§ 905–924 BGB: Nachbarrecht, §§ 925–928 BGB: Eigentumserwerb, §§ 1018–1029 BGB: Grunddienstbarkeiten, §§ 1113–1198 BGB: Grundpfandrechte).

Besonderer Regelungen über Grundstücke bedarf es einerseits aufgrund der großen wirtschaftlichen und gesellschaftlichen Bedeutung des Verkehrs mit Grundstücken. Denn bei der Übertragung eines Grundstücks kommt es regelmäßig zur Verschiebung großer Werte zwischen altem und neuem Eigentümer. Zudem sind Grundstücke in einem dicht besiedelten Staat wie Deutschland nur begrenzt verfügbar. Für diese knappen Güter besteht also ein besonderes Bedürfnis nach klaren, transparenten und allgemein nachvollziehbaren Regelungen. Hinzu kommt, dass die Vorschriften des Mobiliarsachenrechts den Besonderheiten von Immobilien nur bedingt gerecht werden. So könnte etwa die Übergabe eines Grundstücks i. S. d. § 929 S. 1 BGB die Publizitätsforderungen des Sachenrechts aufgrund der Ortsgebundenheit des Grundstücks nur sehr eingeschränkt erfüllen.

Der Gesetzgeber hat dieses Problem durch Einführung des **Grundbuchs** gelöst. Das Grundbuch ist ein Register, das, außer in Baden-Württemberg, wo Sonderregeln gelten, die sich im badischen und württembergischen Landesteil auch noch unterscheiden, beim örtlichen Amtsgericht geführt wird („Grundbuchamt", § 1 Grundbuchordnung [GBO]). Jedes Grundstück verfügt über ein eigenes Grundbuchblatt, in dem das Grundstück nach Vermessungsbezirk, Flurstück und Art des Grundstücks (z. B. Wohnhaus, Fabrikgebäude) verzeichnet ist.

Dieses Blatt ist wiederum in drei Abteilungen aufgeteilt:

1. Eigentümer und Eigentumswechsel
2. Lasten und Beschränkungen
3. Grundpfandrechte

Einsicht in das Grundbuch kann nach §12 GBO jeder nehmen, der ein **berechtigtes Interesse** an der Einsicht hat. Dieses hat zum Beispiel der Eigentümer, der Inhaber eines Grundpfandrechts, oder ein mit Streitigkeiten betreffend das Grundstück befasster Rechtsanwalt.

Grundstück im Sinne des BGB ist ein durch Vermessung räumlich abgegrenzter Teil der Erdoberfläche.[123] Über jedes Grundstück wird ein eigenes Grundbuchblatt geführt. Sachen (insb. Gebäude), die fest mit dem Boden verbunden sind, gehören als wesentliche Bestandteile zum Grundstück (§§93, 94 BGB). Dies bedeutet, dass an wesentlichen Bestandteilen keine eigenen Rechte bestehen können, sondern dass diese Gegenstände rechtlich das Schicksal des Grundstücks teilen. **Wer „ein Haus" kauft**, kauft rechtlich in Wahrheit nicht das Haus, sondern eigentlich das (Haus-)Grundstück – und nur als dessen wesentlichen Bestandteil dann eben auch das darauf errichtete Haus (Ausnahmen: §95 BGB, Wohnungseigentumsgesetz).

11.3 Rechtsgeschäftliche Eigentumsübertragung

So wie die Übereignung beweglicher Sachen besteht auch die Übertragung des Eigentums an Immobilien aus zwei Elementen: der **dinglichen Einigung** (Willenselement) und der **Eintragung ins Grundbuch** (Publizitätselement). Die dingliche Einigung (genannt **Auflassung**) ist ein Rechtsgeschäft, das gemäß §925 BGB besonderen Formvorschriften unterliegt. Sie muss bei gleichzeitiger Anwesenheit beider Teile vor einer zuständigen Stelle erklärt werden, wobei Stellvertretung zulässig ist. Nach §925 Abs. 1 S. 2 ist eine zuständige Stelle insbesondere ein Notar. Die Auflassung ist bedingungsfeindlich, §925 Abs. 2 BGB. Ihre Wirksamkeit kann also nicht vom Hinzutreten oder Wegfallen äußerer Umstände oder Fristen (§§158–163 BGB) abhängig gemacht werden. Nach der notariellen Beurkundung der Auflassung sind die Beteiligten zudem daran gebunden, kann die Auflassungserklärung also nicht mehr widerrufen werden, §873 Abs. 2 BGB. Insofern unterscheidet sich die Auflassung von der dinglichen Einigung bei der Übereignung beweglicher Sachen.

Ein schuldrechtlicher Vertrag, in dem sich der Schuldner zur Übertragung des Eigentums an einem Grundstück verpflichtet (z.B. Kaufvertrag), bedarf nach §311b Abs. 1 S. 1 BGB ebenfalls der notariellen Beurkundung.

Gemäß §311b Abs. 1 S. 2 BGB führt ein Formfehler – abweichend von der allgemeinen Regelung des §125 BGB – aber nicht zwangsläufig zur Nichtigkeit des Vertrags. Vielmehr wird der Fehler geheilt, sobald die Verpflichtung durch

[123] Vgl. *Baur/Stürner*, Sachenrecht, §15 Rn. 15ff.

Übereignung des Grundstücks bewirkt wird. Praktisch kommt das freilich so gut wie nicht vor, denn ohne notariell beurkundete Erklärungen nehmen Grundbuchämter keine Eintragungen ins Grundbuch vor.

Publizitätsakt der Übereignung ist bei Immobilien die **Eintragung der Rechtsänderung** ins Grundbuch. Erst durch diese Eintragung geht das Eigentum über, §873 Abs. 1 S. 1 BGB. Ausgehend von diesem Grundsatz stellt das Gesetz die **Vermutung auf, dass der im Grundbuch eingetragene Bucheigentümer der wahre Eigentümer des Grundstücks ist**, §891 BGB (analog zu §1006 BGB bei beweglichen Sachen), und **knüpft §892 BGB den gutgläubigen Erwerb von Immobilien an die Grundbucheintragung**.

Bei Mobilien: Eigentumsübergang durch Einigung und Übergabe gem. §929 S. 1 BGB bzw. Übergabesurrogat, §§930, 931 BGB

Bei Immobilien: Eigentumsübergang durch Auflassung und Eintragung, §§873, 925 BGB

Bei Grundstücken besteht jedoch die Gefahr, dass der Verkäufer eines Grundstücks dieses vor Erfüllung seiner kaufvertraglichen Pflicht an einen Dritten übereignet. Dann würde die Erfüllung des Kaufvertrags nach §275 Abs. 1 BGB rechtlich unmöglich und der Käufer wäre auf Schadensersatzansprüche nach §§280 Abs. 1, 3, 283 BGB verwiesen. Dies lässt sich durch Eintragung einer **Auflassungsvormerkung** verhindern. Diese wird aufgrund der **Bewilligung** des Grundstückseigentümers oder aufgrund einstweiliger Verfügung ins Grundbuch eingetragen, §885 Abs. 1 BGB. Sie ist vom Bestand des zu sichernden Anspruchs abhängig. Die Vormerkung stellt keine Verfügungsbeschränkung dar, sichert aber den schuldrechtlichen Anspruch des Erwerbers auf Übertragung des Grundstücks. Verfügungen, die das Recht des Vormerkungsinhabers beeinträchtigen würden (z. B. anderweitige Übereignung aber auch Einräumung von Grundpfandrechten), sind (allein) dem Vormerkungsinhaber gegenüber – also relativ – unwirksam, §883 Abs. 2 BGB.

Der Inhaber der Vormerkung kann nach §888 BGB von der nunmehr als Eigentümer eingetragenen Person die Zustimmung zur Änderung des Grundbuchs (Eintragung des Vormerkungsberechtigten als Eigentümer) verlangen. Somit wird dem Grundstücksverkäufer die Übereignung an seinen vormerkungsgesicherten Käufer trotz der anderweitigen Verfügung nicht nach §275 Abs. 1 BGB unmöglich. Dieses Verfahren ist hochwirksam und sichert in der Praxis fast jeden Grundstückskauf.

Beispiel:

A verkauft sein Grundstück für 200.000 Euro an B, und bewilligt die Eintragung einer Vormerkung. Die Vormerkung wird unverzüglich eingetragen, die Auflassung des Grundstücks zu Gunsten des B verzögert sich allerdings. Derweil bietet C dem A für das Grundstück 300.000 Euro, was dieser annimmt. Daher übereignet A dem C das Grundstück formwirksam nach §§873, 925 BGB.

A wäre nun eigentlich nicht mehr in der Lage, das Eigentum an B zu übertragen, da er sein Eigentum nach erfolgter Eintragung bereits an C verloren hat. Aufgrund der Vormerkung kann B aber von C verlangen, dass C seine Zustimmung dazu erteilt, dass B als Eigentümer eingetragen wird. In diesem Fall kann A doch gegenüber B erfüllen.

11.4 Gutgläubiger Erwerb

Auch bei Grundstücken ist Voraussetzung für einen rechtsgeschäftlichen Eigentumserwerb grundsätzlich die Eigentümerstellung des Veräußerers. Aber auch Grundstücke können gutgläubig erworben werden. Anknüpfungspunkt ist hierbei die Eintragung im Grundbuch. Nach §892 BGB (**öffentlicher Glaube**) gilt zugunsten eines gutgläubigen Erwerbers das Grundbuch als richtig. Sollten also tatsächliche Rechtslage und die Eintragung im Grundbuch nicht übereinstimmen, geht die Grundbucheintragung vor. Dabei kommt es nicht darauf an, ob der Erwerber tatsächlich Einsicht ins Grundbuch genommen hat. Geschützt wird vielmehr der **abstrakte gute Glaube** des Erwerbers. Dieser ist jedoch **ausgeschlossen, wenn der Erwerber positive Kenntnis von der Unrichtigkeit des Grundbuchs** hatte. Grob fahrlässige Unkenntnis der Unrichtigkeit genügt im Gegensatz zum Recht der beweglichen Sachen (§932 Abs. 2 BGB) im Grundstücksrecht nicht! Abgestellt wird auf die Kenntnis zum Zeitpunkt der Stellung des Eintragungsantrags beim Grundbuchamt (§892 Abs. 2 BGB). Erfährt der Erwerber während des Eintragungsverfahrens von der Unrichtigkeit, ist dies unschädlich.

Ausgeschlossen wird der öffentliche Glaube auch (und ebenfalls abstrakt) durch Eintragung eines **Widerspruchs** (§899 BGB). Materiell-rechtliche Voraussetzung für die Eintragung des Widerspruchs ist, dass tatsächliche Rechtslage und der Eintrag im Grundbuch auseinander fallen, §§899 Abs. 1, 894 BGB. Sollte derjenige, dessen Recht durch den Widerspruch betroffen ist, die notwendige Zustimmung verweigern, kann der Widerspruch durch eine einstweilige Verfügung herbeigeführt werden. Vorteil der einstweiligen Verfügung im Vergleich zum zivilprozessualen Hauptsacheverfahren ist, dass kein Vollbeweis der Tatbestandsvoraussetzungen erbracht werden muss, sondern deren Glaubhaftmachung genügt (siehe unten Einheit 12 Ziff. 12.2).

11.5 Sonstige Verfügungen

Neben der Übertragung des Eigentums kann über Grundstücke noch in anderer Art und Weise verfügt werden. Solche Verfügungen sind insbesondere die Bestellung von:

- Grundpfandrechten (Hypothek, Grundschuld, Rentenschuld, §§1113 ff. BGB),
- Grunddienstbarkeiten (§§1018 ff. BGB),
- beschränkten persönlichen Dienstbarkeiten (§§1090 ff. BGB),
- Nießbrauchsrechten (§§1030 ff. BGB),
- (dinglichen) Vorkaufsrechten (§§1094 BGB),
- Reallasten (§§1105 ff. BGB).

Auch für die Wirksamkeit dieser Verfügungen sind nach §873 Abs. 1 S. 1 BGB die Einigung sowie die Eintragung der Rechtsänderung ins Grundbuch erforderlich. Eine gesonderte Auflassung ist mit Ausnahme der erwähnten Übertragung von Grundeigentum sowie der Übertragung von Wohnungseigentum (§4 Abs. 2 WEG) aber nicht erforderlich. Somit kann die Einigung über sonstige Verfügungen über das Grundstück von Bedingungen abhängig gemacht werden und bedarf keiner notariellen Beurkundung. Dann besteht aber keine Bindung an die dingliche Einigung nach §873 Abs. 2 BGB.

11.6 Übungsfall mit Lösung

Sachverhalt

A verkauft dem B mit notariell beurkundetem Vertrag ein Grundstück zum Preis von 100.000 Euro. Die Auflassung wird wirksam erklärt, B aber noch nicht als neuer Eigentümer ins Grundbuch eingetragen. Darüber hinaus bewilligt A dem B die Eintragung einer Auflassungsvormerkung. Diese wird in das Grundbuch eingetragen. Kurze Zeit später veräußert A das Grundstück an C, da dieser einen Preis von 150.000 Euro dafür bietet. Zwischen A und C wird die Auflassung erklärt, C wird als neuer Eigentümer ins Grundbuch eingetragen.

Welche Rechte stehen B gegenüber C und A zu?

Lösung

I. Ansprüche des B gegen C

Anspruch aus §894 BGB auf Grundbuchberichtigung

B könnte gegen C ein Anspruch aus §894 BGB auf Grundbuchberichtigung zustehen. Hierzu müsste das Grundbuch in Ansehung eines Rechts mit der wirklichen Rechtslage nicht in Einklang stehen. Vorliegend könnte die Eigentumsstellung ein solches Recht sein. Als Eigentümer ist C im Grundbuch eingetragen. Dieser konnte von A das Eigentum durch dingliche Einigung (Auflassung) gem. §925 BGB und Eintragung in das Grundbuch gem. §873 Abs. 1 BGB erwerben. Dem steht auch nicht die Auflassungsvormerkung zugunsten des B entgegen. Denn Rechtsfolge der Auflassungsvormerkung ist gem. §883 Abs. 2 BGB lediglich die relative Unwirksamkeit der Verfügung (hier der Übereignung an C) gegenüber dem Vormerkungsberechtigten B. Dies bedeutet aber nicht, dass damit das Grundbuch objektiv falsch geworden wäre. Ein Anspruch aus §894 BGB setzt aber die objektive Unrichtigkeit des Grundbuchs voraus. Folglich scheidet ein Anspruch aus §894 BGB aus.

Anspruch des B gegen C aus §888 Abs. 1 BGB auf Zustimmung zur Eintragung als Eigentümer

1. B könnte gegen C einen Anspruch auf Zustimmung zur Eintragung als Eigentümer des Grundstücks haben. Voraussetzung ist, dass zugunsten des B eine wirksame Vormerkung besteht und gem. §888 Abs. 1 BGB die Eintragung der Eigentümerstellung des C gegenüber B unwirksam ist.
2. Die Bestellung einer Auflassungsvormerkung setzt gem. §883 Abs. 1 BGB das Bestehen eines zu sichernden Anspruchs voraus (Akzessorietät). Vorliegend kam zwischen A und B ein gem. §311b BGB formwirksamer Kaufvertrag (§433 BGB) über das Grundstück zustande. Der zu sichernde Anspruch des B gegen A folgt aus §433 Abs. 1 S. 1 BGB.

3. Dann müsste entweder gem. §885 Abs. 1 BGB die Eintragung der Vormerkung aufgrund einstweiliger Verfügung oder Bewilligung desjenigen erfolgt sein, dessen Grundstück von der Vormerkung betroffen ist. Vorliegend bewilligte A dem B die Vormerkung.
4. Schließlich wurde die Vormerkung in das Grundbuch eingetragen, vgl. §883 Abs. 1 BGB. Die Vormerkung ist wirksam entstanden.
5. §888 Abs. 1 BGB setzt voraus, dass der Erwerb des eingetragenen Rechts gegenüber demjenigen, zu dessen Gunsten die Vormerkung besteht unwirksam ist. Diese relative Unwirksamkeit des Eigentumserwerbs des C gegenüber B könnte sich aus §883 Abs. 2 BGB ergeben. Die Eigentumsübertragung des A an C gem. §§873, 925 BGB war eine Verfügung über das Grundstück, die nach der Eintragung der Vormerkung erfolgte und den Anspruch des B gegen A aus §433 Abs. 1 S. 1 BGB vereiteln konnte. Somit liegen die Voraussetzungen von §888 Abs. 1 BGB vor.
6. Rechtsfolge von §888 Abs. 1 BGB ist, dass B von C Zustimmung zur Eintragung verlangen kann, die zur Verwirklichung des durch die Vormerkung gesicherten Anspruchs erforderlich ist.

Ergebnis zu I: B kann von C die (gem. §19 GBO zwingend erforderliche) Zustimmung zu seiner Eintragung als Eigentümer verlangen.

Anmerkung: Der Anspruch aus §888 Abs. 1 BGB ist deshalb notwendig, weil der grundbuchrechtliche Bewilligungsgrundsatz gem. §19 GBO zwingend erfordert, dass zu einer Eintragung im Grundbuch immer derjenige zustimmen muss, dessen Recht von ihr betroffen ist. Da C (objektiv) Eigentümer wurde, ist sein Recht betroffen.

II. Anspruch des B gegen A auf Übergabe und Übereignung des Grundstücks gem. §433 Abs. 1 S. 1 BGB

1. Für einen Anspruch aus §433 Abs. S. 1 BGB müsste ein wirksamer Kaufvertrag geschlossen worden sein. Ein wirksamer Kaufvertrag über das Grundstück, unter Beachtung der Form des §311b Abs. 1 BGB ist durch zwei übereinstimmende Willenserklärungen zustande gekommen.
2. Vorliegend könnte der Anspruch gem. §275 Abs. 1 BGB unmöglich geworden und somit untergegangen sein, da A das Grundstück gem. §§873, 925 BGB an C übereignet hatte. Somit wäre es eigentlich dem A unmöglich das Grundstück an B zu übereignen, da C neuer Eigentümer wurde und A seine Eigentümerstellung verlor. Jedoch könnte sich aufgrund der Vormerkung etwas anderes ergeben. Gem. §883 Abs. 2 BGB ist diese Verfügung nämlich B gegenüber relativ unwirksam, da sie Bs Anspruch aus dem Kaufvertrag vereiteln würde. Für B gilt somit A noch als Eigentümer, obwohl objektiv C neuer Eigentümer wurde. Damit ist es A nicht unmöglich dem B das Eigentum am Grundstück zu verschaffen. Ein Fall von §275 Abs. 1 BGB liegt nicht vor.

Ergebnis zu II: B kann von A Übergabe und Übereignung des Grundstücks aus §433 Abs. 1 S. 1 BGB verlangen.

12. Einheit: Einführung in das Zivilprozessrecht

12.1 Inhalt und Lernziel

Die juristische Fallbearbeitung geht für die rechtliche Beurteilung von einem feststehenden Lebenssachverhalt aus. Wenn beispielsweise der Käufer eines Gebrauchtwagens von der defekten Klimaanlage weis, dann kann er sich später nicht mehr auf Mängelrechte berufen (§ 442 BGB). In der Praxis ist aber häufig nicht von vornherein klar, ob die Klimaanlage bereits bei Gefahrübergang defekt war und ob der Verkäufer darauf auch hingewiesen hatte. Strittig ist also häufig schon die Tatsachengrundlage eines Rechtsstreits. Gleiches gilt für die auf der Tatsachenfeststellung beruhende rechtliche Beurteilung, da diese bei nicht rechtskundigen Bürgern nicht einheitlich ist. Aber selbst wenn Sach- und Rechtslage klar sind, kann der Gläubiger gegen einen leistungsunwilligen Schuldner nicht zur Selbsthilfe greifen.

Der Staat räumt dem Bürger daher die Möglichkeit ein, die Rechtslage durch die Zivilgerichte verbindlich klären und seine Ansprüche gegen den Anspruchsgegner durchsetzen zu lassen. Die Klärung der Rechtslage findet im **Erkenntnisverfahren** statt, die Durchsetzung der Ansprüche im **Vollstreckungsverfahren**. Die Grundzüge des Zivilprozessrechts werden in dieser Einheit dargestellt.

12.2 Erkenntnisverfahren

Die Entscheidung über bürgerliche Rechtsstreitigkeiten ist – wie auch über Strafsachen – der **ordentlichen Gerichtsbarkeit** zugewiesen. Sie besteht in Deutschland (seit 1877) aus Amtsgerichten (AG), Landgerichten (LG), Oberlandesgerichten (OLG) und dem Bundesgerichtshof (BGH, in Karlsruhe). Ein zivilrechtlicher Sonderfall sind arbeitsrechtliche Streitigkeiten. Sie sind in einem separaten Rechtszug den Arbeitsgerichten bzw. den Landesarbeitsgerichten und letztinstanzlich dem Bundesarbeitsgericht (BAG, in Erfurt) zugewiesen.

Von der ordentlichen Gerichtsbarkeit ist die **Verwaltungsgerichtsbarkeit** zu trennen, die Verwaltungsgerichte (VG), Oberverwaltungsgerichte (OVG, in einigen Bundeländern als Verwaltungsgerichtshöfe [VGH] bezeichnet) und das Bundesverwaltungsgericht (BVerwG, in Leipzig) umfasst. Zur Verwaltungsgerichtsbarkeit zählen auch Spezialgerichte wie das Sozialgericht, das sich mit Transferleistungen des Staates an Bürger befasst, oder das für Steuerfragen zuständige Finanzgericht.

Das zivilgerichtliche Verfahren unterliegt weitgehend der **Parteiherrschaft** (auch: Dispositionsgrundsatz). Hiernach ist das Gericht nur dann zur Entscheidung berufen, wenn die Parteien dies verlangen. Das Zivilgericht darf daher in der Sache nicht mehr entscheiden, sobald die Parteien den Streit einvernehmlich für erledigt erklärt haben oder wenn der Kläger seine Klage zurückgenommen hat; eine Entscheidung ergeht dann (allenfalls) noch zur Verteilung der Kosten des Rechtsstreits.

Dreh- und Angelpunkt des Zivilprozesses ist der **Streitgegenstand**. Dieser setzt sich aus dem Klageantrag und dem zugrunde liegenden Lebenssachverhalt zusammen und wird vom Kläger in der Klageschrift bestimmt. Erhebt im Ausgangsbeispiel der Pkw-Verkäufer Klage auf Kaufpreiszahlung, umfasst der Streitgegenstand den geltend gemachten Zahlungsanspruch (Klageantrag), der auf dem Verkauf des Fahrzeugs beruht (Lebenssachverhalt). Innerhalb einer Klage können mehrere Ansprüche geltend gemacht werden. Dann spricht man von Klagehäufung.

12.2.1 Entscheidung erster Instanz

12.2.1.1 Zuständigkeit

Die **sachliche Zuständigkeit** in Zivilsachen richtet sich nach den §§ 23 ff. Gerichtsverfassungsgesetz (GVG). Nach § 71 Abs. 1 GVG sind die mit drei Berufsrichtern besetzten Zivilkammern der Landgerichte für bürgerliche Rechtsstreitigkeiten in erster Instanz zuständig, sofern die Entscheidung nicht den Amtsgerichten zugewiesen ist. Die amtsgerichtliche Zuständigkeit besteht vor allem für Streitigkeiten über die Wohnraummiete (§ 23 Nr. 2 a) GVG), für Familiensachen (§§ 23a, b GVG) und für vermögensrechtliche Streitigkeiten mit einem **Streitwert** bis 5.000 Euro (§ 23 Nr. 1 GVG). Der Streitwert richtet sich nach dem Streitgegenstand. Bei Zahlungsansprüchen ergibt sich der Streitwert aus dem eingeklagten Betrag, bei Herausgabeansprüchen aus dem Wert des betreffenden Gegenstands. Im Wirtschaftsrecht weisen gelegentlich **Spezialgesetze** den Landgerichten die erstinstanzliche Zuständigkeit unabhängig vom Streitwert zu, z. B. in Patent- und Markenstreitsachen oder in Kartellstreitsachen. In Zivilsachen dürfen die Parteien nur vor den Amtsgerichten ohne Rechtsanwalt auftreten. Vor allen anderen Zivilgerichten herrscht Anwaltszwang. Ausnahmen kennt nur die Arbeitsgerichtsbarkeit, in der sich Arbeitnehmer auch z. B. von Gewerkschaftssekretären vertreten lassen dürfen.

Die **örtliche Zuständigkeit** des Gerichts (sog. Gerichtsstand) kann sich auf verschiedene Weisen ergeben. Zu unterscheiden ist zwischen allgemeinem, besonderem und ausschließlichem Gerichtsstand. Der **allgemeine** Gerichtsstand ist am Wohnsitz (vgl. § 7 BGB) des Beklagten, bei einer Klage gegen eine juristische Person an deren Sitz (§§ 12, 13, 17 ZPO). Hinzu kommen verschiedene **besondere Gerichtsstände**, zum Beispiel der des Erfüllungsorts des Vertrags (§ 29 ZPO), des gewöhnlichen Aufenthaltsorts einer Person (§ 20 ZPO) oder des Orts der unerlaubten Handlung (§ 32 ZPO).

Diese besonderen Gerichtsstände treten **neben** den allgemeinen Gerichtsstand, so dass der Kläger zwischen verschiedenen Gerichtsständen auswählen kann (vgl. § 35 ZPO). Wird also ein Pkw in München schuldhaft durch einen in Nürnberg wohnhaften Verkehrsteilnehmer beschädigt, kann der hieraus resultierende Anspruch aus § 823 BGB entweder in Nürnberg (§ 13 ZPO) oder in München (§ 32 ZPO) eingeklagt werden. Das Wahlrecht kommt allerdings nicht in Betracht, wenn ein **ausschließlicher Gerichtsstand** gegeben ist. Dies ist bei Sachverhalten zu Immobilien häufig der Fall, beispielsweise bei Klagen wegen einer Belastung von Grundstücken (§ 24 ZPO) oder Raummiete (§ 29a ZPO). Hier ist das Gericht ausschließlich zuständig, in dessen Bezirk sich das Grundstück bzw. die Räume befinden.

12.2.1.2 Verfahren

Die Klage wird durch Eingang beim Gericht anhängig und durch Zustellung an den Beklagten rechtshängig (§§ 253, 261 ZPO). Die Klageschrift muss die Parteien, das angerufene Gericht, den Klageantrag sowie den zugrunde liegenden Lebenssachverhalt enthalten. Nicht notwendig – wohl aber üblich ist die Benennung einer Rechtsgrundlage –, denn diese Beurteilung wird durch das Gericht vorgenommen (iura novit curia – „das Gericht kennt das Recht").

Nach Rechtshängigkeit kann die Streitsache nicht mehr anderweitig anhängig gemacht werden. Das schließt divergierende Entscheidungen aus. Auch die Verjährung von Forderungen wird nach § 204 Abs. 1 Nr. 1 BGB durch Klageerhebung gehemmt. Nach Zustellung der Klageschrift kann der Beklagte seine Sicht der Dinge und seine Verteidigungsmittel in der sog. Klageerwiderung vorbringen.

12.2.1.3 Darlegungs- und Beweislast

Den Kläger trifft für den vom ihm geltend gemachten Anspruch die **Darlegungslast.** Er muss alle Tatsachen darlegen, die seinen Anspruch begründen. Stimmt der Tatsachenvortrag der Parteien nicht überein oder wird das Vorbringen einer Partei bestritten, muss diese dafür Beweis antreten. Wird einer von einer Partei vorgebrachten Tatsache nicht widersprochen, gilt sie als zugestanden und muss der Richter sie seiner Entscheidung zugrunde legen (**Verhandlungs- oder Beibringungsgrundsatz**).[124] Das Gericht darf also nicht aus eigener Initiative ermitteln, sondern darf allenfalls Hinweise an die Parteien geben, was noch aufklärungsbedürftig sein könnte (§ 139 ZPO).

Über den Ausgang eines Zivilprozesses entscheidet häufig die **Beweislast**. Vereinfacht ausgedrückt trägt der Beweisbelastete das Risiko, dass weder sein Tatsachenvortrag, noch der seines nicht beweisbelasteten Gegners bewiesen werden kann. Die Beweislastverteilung ergibt sich aus dem betreffenden Anspruch bzw. den dagegen vorgebrachten Verteidigungsmitteln. Es gilt der **Grundsatz, dass jede Partei die ihr günstigen Tatsachen beweisen muss**.

Beispiel:

Verlangt ein Verkäufer die Zahlung des Kaufpreises, muss er das Bestehen eines Kaufvertrags (§ 433 BGB) beweisen. Beruft sich ein Käufer hingegen auf die Gewährleistung, liegt die Beweislast für die Mangelhaftigkeit im Zeitpunkt des Gefahrübergangs bei ihm (§ 434 BGB). In der Praxis ist dieser Beweis häufig nicht zu führen, daher ordnet § 476 BGB für den Verbrauchsgüterkauf eine Beweislastumkehr für die ersten sechs Monate nach Gefahrübergang an. In den ersten sechs Monaten muss also der Verkäufer beweisen, dass die Sache nicht mangelhaft war.

---

[124] Vgl. BGH NJW 1958, 1968.

Häufig kann eine beweisbelastete Partei bestimmte Tatsachen nicht beweisen, weil diese im alleinigen Zugriffsbereich der Gegenseite liegen. Für solche Fälle kennt die ZPO zwar Beweiserleichterungen und (beschränkte) Informationsansprüche. Grundsätzlich ist die Beweisbeibringung aber eine große Schwäche des deutschen Zivilprozessrechts.

12.2.1.4 Beweismittel

Die deutsche Zivilprozessordnung stellt den Parteien zur Beweiserbringung insgesamt **fünf Beweismittel** zur Verfügung:

- **Zeugenbeweis** (§§ 373 ff. ZPO)
- **Sachverständigenbeweis** (§§ 402 ff. ZPO)
- **Augenscheinsbeweis** (§§ 371 ff. ZPO)
- **Urkundenbeweis** (§§ 415 ff. ZPO)
- **Parteivernehmung** (§§ 445 ff. ZPO)

Den Parteien steht bei der Beweisaufnahme ein unbeschränktes Anwesenheitsrecht zu, die Öffentlichkeit kann hingegen ausgeschlossen werden (§ 174 GVG). Nach Abschluss bewertet das Gericht die vorgebrachten Beweismittel in **freier Beweiswürdigung** (§ 286 ZPO). Da die Beweiswürdigung für die Urteilsfindung entscheidend ist, muss es sie im Urteil überzeugend begründen.

12.2.1.5 Die Entscheidung

Auf Grundlage der festgestellten Tatsachen nimmt das Gericht die rechtliche Bewertung vor und fertigt eine Entscheidung. Der bekannteste Entscheidungstyp ist das **Urteil**. Neben Urteilen gibt es aber auch andere Formen gerichtlicher Entscheidungen wie Beschlüsse, Anordnungen oder Verfügungen. Während ein Urteil immer auf der Grundlage einer mündlichen Verhandlung durch das Gericht ergeht, wird bei den anderen Entscheidungsformen „nach Aktenlage" entschieden.

Ein Urteil besteht in der Regel aus drei Teilen: Der **Tenor** gibt die eigentliche Entscheidung wieder. Außerdem wird über die Kosten des Verfahrens sowie die vorläufige Vollstreckbarkeit des Urteils entschieden. Im **Tatbestand** wird die Tatsachengrundlage festgehalten. Die abschließenden **Entscheidungsgründe** enthalten die rechtliche Bewertung des Sachverhalts. Wird gegen das Urteil kein Rechtsmittel wie etwa die Berufung eingelegt, „erwächst es" **in Rechtskraft**.

12.2.2 Berufung

Gegen erstinstanzliche Urteile kann nach den §§ 511 ff. ZPO innerhalb eines Monats ab Zustellung des vollständigen Urteils **Berufung** eingelegt werden. Für Berufungen gegen erstinstanzliche Urteile des Amtsgerichts ist die Berufungskammer des Landgerichts zuständig, gegen erstinstanzliche Urteile des Landgerichts der Senat eines Oberlandesgerichts.

Statthaft ist die Berufung in zwei Fällen: Die **Wertberufung** nach § 511 Abs. 2 Nr. 1 ZPO setzt voraus, dass der Wert des Beschwerdegegenstands (= Berufungssumme) 600 Euro übersteigt. Die Berufungssumme ergibt sich aus der Abweichung des erstinstanzlichen Urteils von den gestellten Anträgen. Hat also der Kläger aus einem eingeklagten Zahlungsanspruch i. H. v. 7.000 Euro vom Landgericht 6.500 Euro zugesprochen bekommen, beläuft sich die **Beschwer** auf 500 Euro und bleibt unterhalb der Berufungssumme. Der Beklagte hingegen ist mit 6.500 Euro beschwert, so dass ihm die Wertberufung offen steht. Bei der **Zulassungsberufung** nach §511 Abs. 2 Nr. 2 ZPO muss demgegenüber die Berufung durch das erstinstanzliche Gericht ausdrücklich zugelassen werden. Voraussetzung hierfür ist nach §511 Abs. 4 ZPO eine grundsätzliche Bedeutung der Rechtssache, etwa bei einem Abweichen von der Rechtsprechung höherer Gerichte oder der Notwendigkeit einer Rechtsfortbildung.

Inhaltlich kann die Berufung gem. §513 Abs. 1 ZPO nur darauf gestützt werden, dass die Entscheidung auf einer falschen Rechtsanwendung beruht (§546 ZPO), oder dass zugrunde zu legende Tatsachen eine andere Entscheidung rechtfertigen (§529 ZPO). Das Urteil in zweiter Instanz ist daher im Grundsatz eine echte **zweite Tatsacheninstanz**. Allerdings kann der Berufungskläger bisher nicht in den Prozess eingeführte Tatsachen nur dann vorbringen, wenn er diese nicht bereits in erster Instanz hätte vorbringen können (vgl. §531 Abs. 2 ZPO).

Das Berufungsgericht muss die Sache selbst entscheiden, §538 Abs. 1 ZPO. Allerdings kann unter bestimmten Voraussetzungen an das Gericht des ersten Rechtszugs zurückverwiesen werden. Dies betrifft insbesondere Fälle, in denen in erster Instanz noch keine Beweisaufnahme vorgenommen wurde oder besonders umfangreiche Tatsachenfeststellungen nachgeholt werden müssen (§538 Abs. 2 ZPO).

12.2.3 Revision

Gegen Berufungsurteile kann binnen Monatsfrist nach den §§542 ff. ZPO Revision zum Bundesgerichtshof eingelegt werden, dessen Zivilsenate aus fünf Berufsrichtern bestehen. Auch hier gibt es zwei Möglichkeiten: Nach §543 Abs. 1 Nr. 1 ZPO findet eine Revision statt, wenn das Berufungsgericht diese in seinem Urteil zugelassen hat. Nach §543 Abs. 1 Nr. 2, Abs. 2 muss sie außerdem vom BGH zugelassen werden, wenn eine Partei Nichtzulassungsbeschwerde eingelegt hat und die Revision von grundsätzlicher Bedeutung ist.

Im Gegensatz zur Berufung wird das Urteil zweiter Instanz allein auf die richtige Anwendung des Rechts überprüft. Es findet daher keine Beweisaufnahme statt, der BGH ist an die in erster und zweiter Instanz getroffenen Tatsachenfeststellungen gebunden. Das angegriffene Berufungsurteil wird aufgehoben und zur erneuten Entscheidung an das Berufungsgericht (OLG bzw. LG) zurückverwiesen, soweit es rechtsfehlerhaft ist (§§562 f. ZPO).

12.2.4 Verfassungsbeschwerde

Gegen letztinstanzliche Urteile sind keine Rechtsmittel möglich. Auch das Bundesverfassungsgericht (BVerfG) ist nicht für die Kontrolle solcher Urteile zuständig, denn es ist **keine Superrevisionsinstanz**.[125] Allerdings können fachgerichtliche Urteile mit einer Verfassungsbeschwerde angegriffen werden, wenn in einem Prozess Verfassungsrecht verletzt wurde, also Grundrechte nicht beachtet oder falsch angewendet wurden. Denkbar ist auch die Rüge der Verletzung von Verfahrensgrundrechten (z. B. dem rechtlichen Gehör).

12.2.5 Eilverfahren

Die bisherigen Ausführungen betrafen das Hauptsacheverfahren, in dem endgültig über ein streitiges Rechtsverhältnis entschieden wird. Die durchschnittliche Dauer von Zivilverfahren liegt bei einem bis anderthalb Jahren, was im internationalen Vergleich sehr kurz ist. In diesem Zeitraum kann es für den Gläubiger notwendig sein, dass er seine Rechte vorläufig sichert oder durchsetzt. Dies kann im Wege des Eilverfahrens (auch: einstweiliger oder Eilrechtsschutz) erfolgen. Das Eilverfahren ist vom Hauptverfahren strikt getrennt, so dass sein Ausgang keinen Einfluss auf den Ausgang des Hauptverfahrens hat, diesen sogar ausdrücklich nicht vorwegnehmen darf.

Zur Sicherung der Zwangsvollstreckung wegen Geldforderungen in das bewegliche oder unbewegliche Vermögen kann ein **Arrest** beantragt werden. Hierfür ist zunächst ein Arrestanspruch notwendig (§ 916 ZPO). Dies ist nichts anderes als das Bestehen eines Zahlungsanspruchs. Die besondere Dringlichkeit kommt durch das Erfordernis eines Arrestgrundes zum Ausdruck. Der dingliche Arrest findet statt, wenn ohne Verhängung die Vollstreckung des Urteils wesentlich erschwert werden würde (§ 917 ZPO), z. B. durch die Verschiebung der Sache, in die vollstreckt werden soll, ins Ausland. Der Arrest erfolgt nach den Regeln der Zwangsvollstreckung, also durch Pfändung.

Häufig ist dem Gläubiger aber daran gelegen, den durch das Urteil herzustellenden Rechtszustand möglichst schnell herbeizuführen. Hierfür kann nach den §§ 935, 940 ZPO eine **einstweilige Verfügung** erlassen werden. Voraussetzung ist auch hier ein Verfügungsanspruch, der bei Obsiegen im Hauptverfahren eine Rechtsänderung herbeiführen würde. Als Verfügungsgrund muss die Gefahr bestehen, dass eine vorläufige Gestaltung oder Beibehaltung des Rechtszustandes zur Abwendung wesentlicher Nachteile auf Seiten des Anspruchsinhabers notwendig ist.

Entscheidungen im Eilverfahren können innerhalb weniger Tage, in besonders dringlichen Fällen (z. B. auf Messen) ohne mündliche Verhandlungen binnen Stunden herbeigeführt werden. Dabei muss kein vollständiger Beweis erbracht werden, der Antragsteller muss die Tatsachen lediglich **glaubhaft** machen (§ 294 ZPO). Eine Tatsache ist glaubhaft gemacht, wenn eine stark überwiegende Wahrscheinlichkeit dafür besteht, dass sie zutrifft.

---

[125] BVerfG NJW 1986, 2101.

12.3 Zwangsvollstreckung

Ein stattgebendes Urteil bedeutet nicht, dass der Schuldner die ihm obliegende Leistung auch wirklich erbringt. Erst das auf Antrag durchgeführte Zwangsvollstreckungsverfahren ermöglicht es dem Gläubiger, seinen Anspruch auch tatsächlich durchzusetzen. Die Zwangsvollstreckung ist vom Erkenntnisverfahren strikt getrennt und kennt eigenständige Rechtsbehelfe gegen die jeweiligen Vollstreckungsmaßnahmen.

12.3.1 Verfahrensablauf

Materielle Voraussetzung ist das Vorliegen eines **Titels**, also einer verbrieften rechtlichen Handlungsordnung (z. B. zur Herausgabe einer genau bezeichneten Sache). Der in der Praxis gebräuchlichste Titel ist ein rechtskräftiges oder vorläufig vollstreckbares Urteil. Weitere Titel sind gem. § 794 Abs. 1 ZPO gerichtlich protokollierte Vergleiche, der im Rahmen des Mahnverfahrens ergangene Vollstreckungsbescheid oder die beim Grundstückskauf übliche notariell beurkundete Unterwerfung unter die sofortige Zwangsvollstreckung. Das Prozessgericht stellt beim Vorliegen eines Titels auf Antrag die **Vollstreckungsklausel** (§ 725 ZPO) aus, die amtliche Bescheinigung der Vollstreckbarkeit. Die Vollstreckungsklausel dient dem zuständigen Vollstreckungsorgan als Grundlage der späteren Vollstreckungsmaßnahmen. Die eigentliche Zwangsvollstreckung darf erst beginnen, wenn die **Zustellung** des zu vollstreckenden Titels an den Vollstreckungsschuldner erfolgt ist (§ 750 Abs. 1 ZPO).

12.3.2 Zwangsvollstreckung wegen Geldforderungen

Die Zwangsvollstreckungsmaßnahmen werden vom zuständigen Vollstreckungsorgan vorgenommen. Dabei ist zunächst zu fragen, was für ein Anspruch vollstreckt wird. Die Zwangsvollstreckung wegen **Geldforderungen** ist in den §§ 802a–882 h ZPO geregelt. Die **Zwangsvollstreckung in das bewegliche Vermögen** erfolgt bei körperlichen Gegenständen durch Pfändung und Verwertung durch den zuständigen Gerichtsvollzieher (§§ 808–827 ZPO). Die Pfändung wird durch die Inbesitznahme der körperlichen Sachen beim Schuldner vorgenommen. Geld, Kostbarkeiten und Wertpapiere werden vom Gerichtsvollzieher mitgenommen, andere Sachen unter Anbringung eines Pfandsiegels (sog. Kuckuck) beim Gläubiger belassen (§ 808 ZPO). Allerdings sind bestimmte Gegenstände, die zur Führung eines menschenwürdigen Lebens notwendig sind, aus sozialen Gründen von der Pfändung ausgenommen (§ 811 ZPO). Die endgültige Verwertung erfolgt nach Fristablauf durch öffentliche Versteigerung (§§ 814 ff. ZPO).

Die in der Praxis häufig anzutreffende **Zwangsvollstreckung in Forderungen** wird durch das Vollstreckungsgericht, also das zuständige Amtsgericht, vorgenommen (§ 828 ZPO). Dabei wird dem Drittschuldner verboten, an den Schuldner zu zahlen. Gleichzeitig wird ihm aufgegeben, an den Gläubiger zu überweisen (sog. Pfändungs- und Überweisungsbeschluss, §§829, 835 ZPO). Auch hier bestehen Pfändungsfreigrenzen (vgl. §850c ZPO).

Die **Zwangsvollstreckung in das unbewegliche Vermögen** (also Grundstücke) ist ebenfalls dem Vollstreckungsgericht zugewiesen und kann auf verschiedene Arten erfolgen: Die Eintragung einer Zwangshypothek sichert dabei lediglich die Ansprüche des Gläubigers, wohingegen die Zwangsversteigerung zu einer Befriedigung aus dem Erlös führt. Wirft das Grundstück Erträge ab, kann vom Gläubiger auch die Zwangsverwaltung gewählt werden, so dass die Befriedigung über die Erträge erfolgt (§866 ZPO).

12.3.3 Zwangsvollstreckung wegen sonstiger Ansprüche

Das BGB kennt verschiedene Arten von Ansprüchen, die im Wege der Zwangsvollstreckung durchgesetzt werden können. Für Vollstreckung der **Herausgabe von Sachen** ist der Gerichtsvollzieher zuständig. Die Herausgabe von Mobilien oder die Räumung von Immobilien kann nach Fristsetzung notfalls mit Gewalt erzwungen werden (§758 Abs. 3 ZPO).

Ist der Schuldner verpflichtet, eine Handlung zu **unterlassen** oder die Vornahme einer Handlung zu **dulden**, kann vom Prozessgericht des ersten Rechtszugs ein Ordnungsgeld bis zu 250.000 Euro oder Ordnungshaft bis zu zwei Jahren angeordnet werden (§890 ZPO). Ähnliches gilt für die Vornahme **unvertretbarer Handlungen**, also für Handlungen, die nur vom Schuldner vorgenommen werden können (z. B. die Auskunftserteilung). Hier wird der Schuldner durch Zwangsgeld oder Zwangshaft zur Vornahme angehalten (§888 ZPO).

Bei **vertretbaren Handlungen**, die auch von Dritten durchgeführt werden können, kann der Gläubiger nach §887 ZPO die Handlung auf Kosten des Schuldners vornehmen lassen (z. B. Nachbesserung einer mangelhaften Sache).

Bei der Verpflichtung zur Abgabe von **Willenserklärungen** gilt die Willenserklärung mit Rechtskraft des Urteils gem. §894 ZPO als abgegeben.

Wirtschaftsprivatrecht Teil 2

1. Einheit: Einführung in das Handelsrecht

1.1 Begriffsbestimmung

Das Handelsrecht ist das **Sonderprivatrecht der Kaufleute**.[126] Das Handelsrecht ist damit Teil des Privatrechts, insbesondere des Wirtschaftsprivatrechts, auch wenn es vereinzelt öffentlich-rechtliche Vorschriften enthält, wie z. B. im HGB die §§ 8 ff. HGB zum Registerrecht, §§ 18 ff. HGB zum Firmenordnungsrecht und §§ 238 ff. HGB zur Buchführungspflicht. Das Handelsrecht ist als „Kaufmannsrecht" Sonderrecht mit einem **engeren** Anwendungsbereich als das für alle Rechtssubjekte geltende bürgerliche Recht.

1.2 Geltungsbereich

Der Geltungsbereich des Handelsrechts wird mit Hilfe eines subjektiven Kriteriums bestimmt. Tatbestandsvoraussetzung für die Anwendung handelsrechtlicher Normen ist die **Kaufmannseigenschaft** (§§ 1–6 HGB) zumindest eines der an dem Rechtsverhältnis beteiligten Rechtssubjekte. Das HGB folgt damit einem **subjektiven System**,[127] im Gegensatz etwa zum objektiven System, bei dem auf die Natur des Rechtsgeschäfts abgestellt wird, wie z. B. im französischen Recht.

1.3 Verhältnis zum bürgerlichen Recht

Handelsrechtliche Normen genießen in ihrem Geltungsbereich als Sonderrecht der Kaufleute Anwendungsvorrang vor dem (subsidiären) bürgerlichen Recht (vgl. **Art. 2 Abs. 1 EGHGB**: „In Handelssachen kommen die Vorschriften des [BGB] nur insoweit zur Anwendung, als nicht im Handelsgesetzbuch (…) ein anderes bestimmt ist."). Es gelten folgende Grundsätze:

- lex specialis derogat legi generali (lat. für: „das spezielle Gesetz verdrängt das allgemeine Gesetz"); d. h. die Regeln des allgemeinen Zivilrechts werden durch die spezielleren handelsrechtlichen Regeln verdrängt.
- die handelsrechtlichen Vorschriften wirken teils ergänzend (z. B. §§ 383 ff. HGB), teils modifizierend (z. B. §§ 348–350 HGB) im Verhältnis zu den allgemeinen privatrechtlichen Vorschriften.

---

[126] MüKo-HGB/*K. Schmidt*, Vorb. v. § 1 Rn. 1.
[127] *Baumbach/Hopt*, HGB, Einl. v. § 1 Rn. 1.

Viele Fragen sind aber nicht im HGB geregelt. Finden sich daher keine speziellen Regelungen im HGB, bleibt es auch für Kaufleute bei der Anwendung der allgemeinen Vorschriften insbesondere des BGB.

1.4 Wesensmerkmale und Zweck

Als **Sonderprivatrecht der Kaufleute** dient das Handelsrecht den Bedürfnissen eines gut funktionierenden Handels. Dieses Ziel erreicht das Handelsrecht, indem es u. a. auf viele Schutzvorschriften verzichtet und Geschäftserfahrenheit der Beteiligten voraussetzt. Das macht es für den Handelnden **gefährlich**, dem Handelsrecht unterworfen zu sein. Deshalb ist es wichtig, die Grenzen des Anwendungsbereichs genau zu bestimmen.

Der Wirtschaftsverkehr ist angewiesen auf:

- **Schnelligkeit.** Dies zeigt sich z. B. in der Notwendigkeit unverzüglicher Warenuntersuchung und Mängelrüge beim beiderseitigen Handelskauf (§ 377 HGB) und der Erweiterung der Rechte des Verkäufers auf Hinterlegung und Selbsthilfeverkauf (§ 373 HGB).
- **Vertrauensschutz** sowie **Rechtsklarheit.** Eine Ausprägung finden diese Erfordernisse z. B. in der Publizitätswirkung des Handelsregisters (§ 15 HGB und ergänzendes Gewohnheitsrecht), der Unbeschränkbarkeit des Umfangs der Prokura gegenüber Dritten (§ 50 HGB), dem erweiterten Gutglaubensschutz gem. § 366 HGB, der Lehre vom Scheinkaufmann und der Regelung zum Erklärungswert des Schweigens im Handelsverkehr (§ 362 HGB).

Kaufleute werden als **weniger schutzbedürftig** angesehen. Das Handelsrecht setzt in stärkerem Maße als das BGB auf

- **Selbstverantwortung** des Handelnden. Dieser Grundsatz wird z. B. in der Formlosigkeit von Bürgschaft, Schuldversprechen und Schuldanerkenntnis (§ 350 HGB) sowie der eingeschränkten Geltung der AGB-Regelungen (vgl. § 310 Abs. 1 BGB) deutlich.
- **Entgeltlichkeit.** Eine Ausprägung findet dieser Grundsatz z. B. in einem höheren gesetzlichen Zinssatz (gem. § 352 Abs. 2 HGB 5 % statt 4 % nach § 246 BGB) und dem Anspruch auf Zinsen bereits bei Fälligkeit einer Forderung (§ 353 HGB) und nicht erst bei Verzug (§ 288 Abs. 1 BGB) oder Rechtshängigkeit (§ 291 BGB). Des Weiteren gibt es Ansprüche auf Provision, Lagergeld oder Zinsen auch ohne entsprechende Vereinbarung (§ 354 HGB).

1.5 Handelsrechtliche Rechtsquellen

Bei den handelsrechtlichen Regelungen sind Regelungen im engeren Sinne und solche im weiteren Sinne zu unterscheiden.

Solche **im engeren Sinn** sind alle, die ausschließlich für Kaufleute gelten. Hierzu zählen die gesetzlichen Vorschriften, welche die Kaufmannseigenschaft direkt

(z. B. §§ 17 ff. HGB) oder indirekt (z. B. § 350 i. V. m. § 343 Abs. 1 HGB) als Tatbestandsmerkmal aufweisen (subjektives System, siehe dazu unten Einheit 2). Diese finden sich in den **fünf Büchern des HGB**, in den **handelsrechtlichen Nebengesetzen** und vereinzelt in Vorschriften der **ZPO** (§§ 29 Abs. 2, 38 Abs. 1 ZPO).

Ferner zählt dazu das **Handelsgewohnheitsrecht**, welches durch eine in kaufmännischen Verkehrskreisen dauernde und vom Rechtsgeltungswillen getragene Übung begründet wird, wie z. B. die Lehre vom Scheinkaufmann und die Regeln zum kaufmännischen Bestätigungsschreiben (KBS).

Als Rechtsquellen können auch **Handelsbräuche** angesehen werden,[128] welche durch eine in kaufmännischen Verkehrskreisen dauernde Übung von Auslegungsregeln bzw. Verhaltenserwartungen (Verkehrssitte unter Kaufleuten) entstehen. Im Gegensatz zum Handelsgewohnheitsrecht haben sie mangels Rechtsgeltungswillen des Handelsverkehrs keinen Normcharakter. Nach **§ 346 HGB** ist aber unter Kaufleuten „auf die im Handelsverkehre geltenden Gewohnheiten und Gebräuche Rücksicht zu nehmen".

Handelsrechtliche Rechtsquellen **im weiteren Sinn** sind Rechtsnormen und Verkehrssitten mit Bezug zum Handelsrecht, die auch – aber nicht ausschließlich – mit Bezug zum Handelsrecht bzw. zur Kaufmannseigenschaft der beteiligten Personen gelten, z. B. aus dem BGB, WechselG, ScheckG, DepotG, VVG, UWG, GWB, UN-Kaufrecht.

---

128 *Baumbach/Hopt*, HGB, Einl. v. § 1 Rn. 18.

2. Einheit: Der Kaufmann

2.1 Inhalt und Lernziele

Das Vorliegen der Kaufmannseigenschaft bei zumindest einem der an dem Rechtsverhältnis Beteiligten ist **Anknüpfungspunkt** für die Anwendung handelsrechtlicher Normen (**subjektives System**).[129] Somit hat der Kaufmannsbegriff zentrale Bedeutung für das gesamte Handelsrecht, denn es gilt der Grundsatz: Ohne Kaufmann, kein Handelsrecht.

In dieser Einheit werden die Anforderungen an die Kaufmannseigenschaft einer natürlichen oder juristischen Person dargestellt. Voraussetzung dafür ist die Definition der Begriffe „Gewerbe" und „Handelsgewerbe".

Der Übungsfall zeigt, wie die Anwendung handelsrechtlicher Vorschriften von der Kaufmannseigenschaft eines Beteiligten abhängt. Wobei es für die Lösung des Falls vor allem darauf ankommt, dass die Voraussetzungen des § 1 Abs. 2 HGB mit dem Vorliegen eines Handelsgewerbes sauber geprüft werden.

2.2 Systematik des Kaufmannsbegriffs

Das HGB kennt drei **Kaufmannskategorien:**

1) Kaufmann aufgrund **Betreibens eines Handelsgewerbes** gem. §§ 1–3 HGB

- **Gewerbe** ist jedes Handelsgewerbe (dazu unten Ziff. 2.3.1),
- Der Betreiber ist ohne weiteres von Rechts wegen nach **§ 1 HGB** Kaufmann (**Istkaufmann**),

Ist das Gewerbe kein Handelsgewerbe, kann der Betreiber durch fakultative Eintragung der Firma in das Handelsregister die Kaufmannseigenschaft nach **§ 2 HGB** herbeiführen (**Kannkaufmann**).

Ein Gewerbe der Land- und Forstwirtschaft, das nach Art und Umfang eine kaufmännische Einrichtung erfordert, kann durch **fakultative** Eintragung der Firma in das Handelsregister die Kaufmannseigenschaft nach § 3 HGB erhalten (**uneigentlicher Kannkaufmann**).

2) Kaufmannseigenschaft **kraft Eintragung,** § 5 HGB

Nach der Neuregelung des § 2 HGB hat § 5 HGB keinen eigenen Regelungsgehalt mehr.

3) Kaufmannseigenschaft **kraft Rechtsform,** § 6 HGB (**Formkaufmann**)

---

129 *Canaris*, Handelsrecht, § 1 Rn. 1 u. 3.

Hinzu kommt die ungeschriebene Kaufmannseigenschaft **kraft Rechtsscheins.** Der sog. Scheinkaufmann ist kein Kaufmann, er muss sich aber so behandeln lassen (dazu unten Ziff. 2.3.4).

Übersicht: Kaufmannskategorien

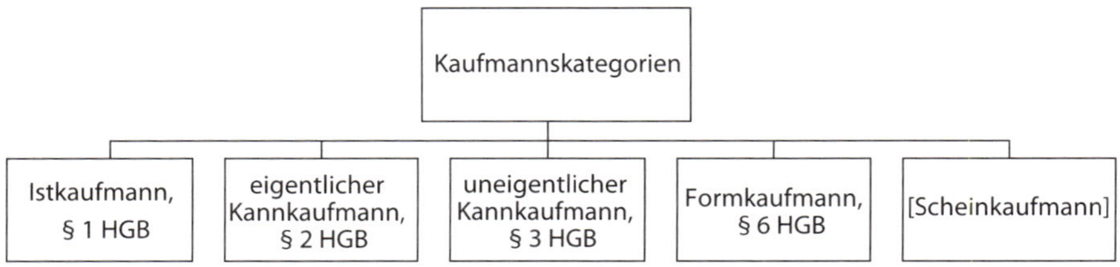

2.3 Kategorien im Einzelnen

2.3.1 Kaufmann kraft Betreibens eines Handelsgewerbes, §§ 1–3 HGB

Die Kaufmannseigenschaft aufgrund Betreibens eines Handelsgewerbes (sog. Istkaufmann) erfordert
- die Eigenschaft des Unternehmens als **Gewerbe,**
- die Eigenschaft des Unternehmens als **Handelsgewerbe,**
- die **Betreibereigenschaft** des betreffenden Rechtssubjekts.

2.3.1.1 Eigenschaft des Unternehmens als Gewerbe

Es gibt keine nähere Umschreibung des Begriffs „Gewerbe" im Handelsrecht, sondern lediglich einen Negativkatalog in §6 GewO und eine steuerrechtliche Definition in §15 Abs. 2 S. 1 EStG. Für die Bestimmung eines handelsrechtlichen Gewerbebegriffs werden hierdurch allerdings nur unverbindliche Anhaltspunkte gegeben.

Gewerbe $=_{def}$ Jede selbständige entgeltliche Tätigkeit, die nach außen erkennbar und auf Dauer angelegt ist und nicht als freier Beruf betrieben wird.

Für einige Berufsgruppen hat der Gesetzgeber aber ausdrücklich entschieden, dass diese **nicht** gewerblich tätig sind, z. B. Rechtsanwälte, Steuerberater und Wirtschaftsprüfer (vgl. §2 Abs. 2 BRAO, §32 Abs. 2 StBerG, §2 Abs. 2 S. 2 WPO).

Die Voraussetzungen für das Vorliegen eines Gewerbes sind:

a. Selbständigkeit (vgl. §84 Abs. 1 S. 2 HGB)

Selbständig ist, wer ein Unternehmerrisiko übernimmt und in persönlicher Unabhängigkeit seine Tätigkeit im Wesentlichen frei gestalten kann; dabei wird auf das eigenständige Auftreten am Markt zur Ausnutzung unternehmerischer Chancen abgestellt.

Maßgeblich ist die **rechtliche** Selbständigkeit; die (wirtschaftliche) Abhängigkeit von Kreditgebern, Lieferanten oder Kunden ist dagegen unschädlich (und im Wirtschaftsleben ohnehin die Regel).

Das Merkmal der Selbständigkeit ist nur für den Einzelkaufmann von Bedeutung, da es ihn vom Arbeitnehmer und Beamten unterscheidet; die Handelsgesellschaften sind bereits aufgrund ihrer Natur stets selbständige Unternehmensträger.

b. Erkennbarkeit nach außen

Die bloße innere Absicht, ein Gewerbe zu betreiben, reicht nicht aus, erforderlich ist ein **Anbieten einer Leistung am Markt.**[130]

Negativ-Beispiel:

eine Beteiligung als stiller Gesellschafter gem. §§ 230 ff. HGB ist kein Gewerbe, es bedarf einer Manifestation dieser Absicht nach außen (z. B. Angabe auf dem Briefkopf); heimliches Spekulieren an der Börse

c. Planmäßigkeit und Ausrichtung auf Dauer

Die Tätigkeit muss von vornherein auf eine Vielzahl von Geschäften gerichtet sein; eine lang andauernde oder ununterbrochene Tätigkeit ist aber nicht erforderlich.

Beispiel:

auch die Eisdiele, die nur in den Sommermonaten betrieben wird, und der Süßwarenstand auf dem Oktoberfest sind Gewerbe

Negativ-Beispiel:

gelegentlicher Verkauf von überschüssigem Obst aus dem Garten ist keine gewerbliche Tätigkeit

d. Erlaubtheit

Nach der heute herrschenden Lehre (h. L.) kommt es auf die Erlaubtheit der Tätigkeit oder die Wirksamkeit der abgeschlossenen Rechtsgeschäfte **nicht** an.[131]

Beispiel:

auch ein Unternehmen, das Kredite zu wucherischen Bedingungen vergibt, kann Gewerbe sein, ebenso der Heiratsvermittler

Nach einer älteren Ansicht sollen die von der Rechtsordnung geächteten Gewerbe ausgegrenzt werden, danach können gem. §§ 134, 138 BGB gesetzes- oder sittenwidrige Tätigkeiten nicht Gewerbe sein. Ein sitten- oder gesetzeswidriges Gewerbe wird (nach beiden Ansichten) nicht ins Handelsregister eingetragen, sondern ist zu unterbinden.

Die öffentlich-rechtliche Zulässigkeit des Betriebs ist nach § 7 HGB für den Gewerbebegriff ebenfalls **unerheblich**.

Beispiel:

ob Wirt W eine Gaststättenerlaubnis nach § 2 Abs. 1 GastG hat, ist für die Frage nach seiner Kaufmannseigenschaft irrelevant

---

130 *Canaris,* Handelsrecht, § 2 Rn. 7.
131 *K. Schmidt,* Handelsrecht, § 9 Rn. 35.

e. Entgeltlichkeit/Gewinnerzielungsabsicht

Nach heute h. L. ist erforderlich, dass ein **Entgelt als Vergütung** gefordert wird. Die früher herrschende Meinung forderte dagegen eine Tätigkeit, die darauf gerichtet ist, einen den Aufwand übersteigenden Ertrag (Gewinn) zu erwirtschaften. Entscheidend ist die Absicht, auf die tatsächliche Gewinnerzielung kommt es nicht an.[132] Die Gewinnerzielung muss auch nicht das einzige Motiv der Tätigkeit sein (Stichwort: Motivbündel). Relevant wird diese Unterscheidung etwa bei defizitären Unternehmen der öffentlichen Daseinsvorsorge und Abschreibungsgesellschaften

f. Keine freiberufliche Tätigkeit

Die Ausgrenzung der freien Berufe aus dem Gewerbebegriff ist durch standesrechtliche Tradition (Abgrenzung zum Kaufmannsstand) bedingt. Zum (beispielhaften) Katalog der Freiberufler kann auf § 1 Abs. 2 PartGG verwiesen werden.[133]

2.3.1.2 Eigenschaft des Unternehmens als Handelsgewerbe

Bestimmte Gewerbe sind Handelsgewerbe (als eigentliche Handelsgewerbe gem. § 1 Abs. 2 HGB) oder gelten als solche (uneigentliche Handelsgewerbe nach §§ 2, 3 HGB).

a. **eigentliches** Handelsgewerbe nach **§ 1 Abs. 2 HGB** (Istkaufmann)

Handelsgewerbe $=_{def}$ jeder Gewerbebetrieb, es sei denn, dass das Unternehmen nach Art oder Umfang (beides muss vorliegen) einen in kaufmännischer Weise eingerichteten Geschäftsbetrieb nicht erfordert.

Die **Art** des Geschäftsbetriebes meint die Geschäftsstruktur. Dabei handelt es sich um ein qualitatives Kriterium mit folgenden Anhaltspunkten: Natur und Vielfalt der gewöhnlich vorkommenden Geschäfte, Vielfalt der Erzeugnisse und Leistungen, Art des Kundenkreises, Lagerhaltung, Teilnahme am Wechsel- und Scheckverkehr, Inanspruchnahme und Gewährung von Kredit, Umfang der Korrespondenz.[134]

Dagegen meint der **Umfang** des Geschäftsbetriebs die Größenordnung des Gewerbes. Bei diesem quantitativen Kriterium werden folgende Faktoren berücksichtigt: Betriebskapital, Umsatzvolumen,[135] Zahl der Beschäftigten, Lohnsumme, Anzahl der Betriebsstätten und deren Größe.

Die **kaufmännische Einrichtung** zeichnet sich typischerweise durch den Einsatz kaufmännischen Personals mit oder ohne Vertretungsmacht aus, durch Aufgliederung in Geschäfts- bzw. Zuständigkeitsbereiche, durch eine kaufmännische Buchführung, eine Aufbewahrung der Korrespondenz sowie durch eine Firmenführung zur Identifikation des Geschäftsinhabers.

---

132 *Baumbach/Hopt*, HGB, § 1 Rn. 15.
133 BGH NJW 2011, 3036.
134 *Baumbach/Hopt*, HGB, § 1 Rn. 23.
135 BGH NJW 1982, 577.

Eine derartige Einrichtung ist **erforderlich**, wenn sie zur ordentlichen und übersichtlichen Geschäftsführung bzw. zum Schutz der Geschäftspartner notwendig ist.

Liegen die genannten Voraussetzungen vor, besteht die Eigenschaft des Gewerbes als Handelsgewerbe nach § 1 Abs. 2 HGB auch ohne Eintragung der Firma in das Handelsregister. Die Eintragung ist zwar für den Betreiber eines Handelsgewerbes i. S. v. § 1 Abs. 2 HGB nach § 29 HGB obligatorisch, so dass das zuständige Registergericht ggf. Maßnahmen des Registerzwangs ergreifen kann, diese Eintragung hat aber nur rechtsbekundende, deklaratorische Bedeutung.

Die Eigenschaft eines Gewerbes als Handelsgewerbe ist meist von dem unsicheren, für den Rechtsverkehr schwer erkennbaren **Kriterium der Erforderlichkeit** abhängig. Dieser Rechtsunsicherheit tritt der Gesetzgeber durch eine vom Gewerbetreibenden zu widerlegende Vermutung entgegen (Umkehr der Darlegungs- und Beweislast in § 1 Abs. 2 HGB: „es sei denn, dass [...].")

Beispiel:

Kaufmann K verlangt vom (nicht eingetragenen) Gewerbetreibenden G Fälligkeitszinsen nach § 353 HGB. Da diese Vorschrift nur für Kaufleute gilt, müsste K nun die für ihn günstige Tatsache beweisen, dass G Kaufmann ist. Dies bleibt ihm aufgrund der Formulierung in § 1 Abs. 2 HGB erspart. G selbst kann jedoch die Vermutung widerlegen, wenn es ihm gelingt nachzuweisen, dass er kein Handelsgewerbe betreibt.

b. **uneigentliches** Handelsgewerbe nach **§ 2 HGB** (Kannkaufmann)

Uneigentliches Handelsgewerbe $=_{def}$ Nach § 2 S. 1 HGB gilt als Handelsgewerbe auch ein Gewerbebetrieb, der nach Art oder Umfang einen in kaufmännischer Weise eingerichteten Geschäftsbetrieb nicht erfordert (Kleingewerbe), sofern die Firma des Unternehmens in das Handelsregister eingetragen ist.

Die Eintragung der Firma (§ 17 HGB) hat folgende Konsequenzen:

- durch die **fakultative** Eintragung erwirbt der Kleingewerbetreibende konstitutiv (rechtsbegründend) die Kaufmannseigenschaft,
- nach § 105 Abs. 2 HGB besteht für (eingetragene) Kleingewerbetreibende auch die Möglichkeit der Gründung einer Personenhandelsgesellschaft,
- der Registerrichter wird von der Prüfung entbunden, ob das angemeldete Unternehmen nach Art und Umfang einen in kaufmännischer Weise eingerichteten Geschäftsbetrieb erfordert oder nicht.

Beispiele:

allein arbeitende Friseure (Dienstleistungen), kleine Bäckereien (Warenumsatz)

Bereut der Kleingewerbetreibende, durch die Eintragung in das Handelsregister Kaufmann geworden zu sein, kann er dies durch Einleitung eines Löschungsverfahrens rückgängig machen (§ 2 S. 3 HGB). Er ist ein „Kannkaufmann mit Rückfahrkarte".[136]

[136] Vgl. *K. Schmidt* NJW 1998, 2161 (2162).

Nichteingetragene Kleingewerbetreibende können dennoch in folgenden Fällen handelsrechtlichen Vorschriften unterliegen („Nicht-aber-teils-doch-Kaufleute")[137]:

- als Scheinkaufmann (siehe unten Ziff. 2.3.4),
- durch die Regelungen bzgl. Kommissions-, Fracht-, Speditions- und Lagergeschäften gelten für gewerbsmäßige Kommissionäre, Spediteure, etc., handelsrechtliche Vorschriften, auch wenn es sich dabei um kein Handelsgewerbe i. S. d. § 1 Abs. 2 HGB handelt (vgl. für das Kommissionsgeschäft § 383 Abs. 2 S. 1 HGB; ähnliche Vorschriften finden sich auch bei den anderen genannten Geschäften); daneben gelten mit Ausnahme der §§ 348–350 HGB die allgemeinen Vorschriften über Handelsgeschäfte (vgl. § 383 Abs. 2 S. 2 HGB).

Merke: Im Recht des Verbraucherschutzes stehen die nicht eingetragenen Kleingewerbetreibenden als Unternehmer i. S. v. § 14 BGB ohnehin weitgehend den Kaufleuten gleich (§ 310 Abs. 1 BGB).

c. **uneigentliches** Handelsgewerbe nach **§ 3 HGB** (uneigentlicher Kannkaufmann)

Ein land- oder forstwirtschaftliches Hauptgewerbe erwirbt unter folgenden Voraussetzungen die Eigenschaft eines Handelsgewerbes:

- Es handelt sich um einen land- oder forstwirtschaftlichen Betrieb: Voraussetzung ist die Gewinnung und Verwertung pflanzlicher oder tierischer Rohstoffe durch Bodennutzung,
- Erforderlichkeit eines kaufmännisch eingerichteten Geschäftsbetriebs (dieselben Voraussetzungen wie oben unter a. dargestellt),
- Eintragung der Firma in das Handelsregister gem. § 2 HGB.

Die Eintragung ist **fakultativ** und **konstitutiv** wie beim Kannkaufmann des § 2 HGB; im Unterschied zu diesem kann der Land- oder Forstwirt die Löschung seiner Firma aber nicht mehr ohne weiteres herbeiführen: Bestehen die bei der Eintragung gegebenen Voraussetzungen nach § 3 HGB fort, muss er Kaufmann bleiben[138] („Kannkaufmann ohne Rückfahrkarte").

3. Betreibereigenschaft

Nur derjenige ist Kaufmann, der ein Handelsgewerbe **betreibt**. Das Handelsgewerbe wird von demjenigen betrieben, in dessen Namen die zum Handelsgewerbe gehörenden Rechtsgeschäfte abgeschlossen werden.[139] Es kommt auf die Frage an, wer aus dem jeweiligen Rechtsgeschäft berechtigt und verpflichtet wird. Unerheblich ist demnach, ob der Betreiber persönlich in „seinem" Handelsgewerbe tätig ist, ob er Inhaber des Geschäftsvermögens ist, eine bestimmte Eignung besitzt oder eine öffentlich-rechtliche Gewerbeerlaubnis hat.

Beispiel:

B hat eine Kleiderfabrik. Er selbst befindet sich im Winter beim Skifahren und im Sommer beim Segeln. Sein Generalbevollmächtigter führt die Geschäfte. Betreiber ist nach obigem Grundsatz B; G schließt für ihn gem. § 164 BGB, § 54 HGB (also als Stellvertreter) die Verträge.

---

[137] Vgl. *K. Schmidt*, Handelsrecht, § 10 Rn. 70 ff.
[138] *Baumbach/Hopt*, HGB, § 3 Rn. 8.
[139] MüKo-HGB/*K. Schmidt*, § 1 Rn. 54.

2.3.2 Kaufmann kraft Betreibens eines eingetragenen Gewerbes, § 5 HGB

§ 5 HGB hat keinen eigenen Anwendungsbereich mehr, denn entweder wird das Vertrauen in die Kaufmannseigenschaft eines eingetragenen Gewerbetreibenden auch vollständig durch § 2 HGB geschützt oder die Vorschrift greift in Ermangelung eines Gewerbetriebs tatbestandlich nicht ein.

2.3.3 Kaufmann kraft Gesellschaftsform, § 6 HGB

§ 6 HGB enthält zwei sich im Anwendungsbereich überschneidende, aber dennoch unterschiedliche Regelungen, welche die Kaufmannseigenschaft von Gesellschaften (= alle der Erreichung eines gemeinsamen Zwecks dienenden organisierten Personenvereinigungen, die durch eine rechtsgeschäftliche Vereinbarung, den Gesellschaftsvertrag, zustande gekommen sind, vgl. unten Einheiten 10–12) betreffen:

- Die Kaufmannseigenschaft von Handelsgesellschaften: Nach § 6 Abs. 1 HGB gilt das gesamte Handelsrecht auch für die Handelsgesellschaften. Handelsgesellschaften sind alle Gesellschaften, die in das Handelsregister eingetragen werden (OHG, KG, AG, GmbH, KGaA, SE, EWIV).
- Die Kaufmannseigenschaft der Körperschaften: Nach § 6 Abs. 2 HGB ist ein Verein, dem das Gesetz ohne Rücksicht auf den Gegenstand des Unternehmens die Eigenschaft eines Kaufmanns beilegt, auch dann Kaufmann, wenn die Voraussetzungen des § 1 Abs. 2 HGB nicht vorliegen.

2.3.4 Scheinkaufmann

2.3.4.1 Begriff

Scheinkaufmann ist, wer durch zurechenbares Verhalten den Anschein erweckt oder unterhält, Kaufmann zu sein. Gegenüber einem gutgläubigen Dritten, der sein Verhalten von diesem Anschein bestimmen ließ, muss er sich in gewisser Hinsicht als Kaufmann behandeln lassen und somit auch die entsprechenden Nachteile in Kauf nehmen. Die Lehre vom Scheinkaufmann ist ein Unterfall der Haftung für zurechenbar erzeugten Rechtsschein,[140] die auf dem Grundsatz von Treu und Glauben beruht und ihren Ausdruck in verschiedenen gesetzlichen Regelungen gefunden hat, z. B. auch in § 15 HGB.

2.3.4.2 Voraussetzungen

Die Voraussetzungen entsprechen den allgemeinen Voraussetzungen der Rechtsscheinhaftung:

---

[140] BGH NJW 1966, 1915 (1916).

- Unanwendbarkeit vorrangiger gesetzlicher Regelungen: die §§ 2, (5), 15 HGB sind vorrangig zu prüfen, nur wenn sie nicht einschlägig sind, kommt eine Anwendung der Regeln zum Scheinkaufmann in Betracht.
- Rechtsschein der Kaufmannseigenschaft: durch ein nach außen gerichtetes Verhalten des Betroffenen oder eines Dritten wird entgegen den tatsächlichen Verhältnissen der Anschein erweckt, dass dieser Kaufmann sei. Dies beurteilt sich nach dem objektivierten Empfängerhorizont.[141]

> **Beispiel:**
> Nichtkaufmann N gibt auf seinen Geschäftsbögen mehrere Geschäftskonten an und führt die einem Kaufmann vorbehaltene Firma „Modehaus N e.K."

- Zurechenbarkeit des Rechtsscheins: die Zurechenbarkeit ist zu bejahen, wenn der Rechtsschein durch Tun gesetzt oder durch pflichtwidriges Unterlassen aufrechterhalten wird (auf ein Verschulden kommt es nur bei einem Unterlassen an). Wurde der Rechtsschein von einem Dritten gesetzt, ist eine Zurechenbarkeit nur dann gegeben, wenn der Scheinkaufmann das Verhalten des Dritten kannte oder zumindest hätte kennen können und ihm ein Einschreiten zur Zerstörung des Rechtsscheins zumutbar gewesen wäre.[142] Geschäftsunfähigkeit und beschränkte Geschäftsfähigkeit schließen eine Zurechenbarkeit aus.

> **Beispiel:**
> M ist Mitarbeiter in dem nichtkaufmännischen Gewerbe des N. Gegenüber einem Geschäftspartner tritt er mit Ns Wissen als „Prokurist" auf. Damit wird der Rechtsschein durch M erweckt, bei dem Gewerbe des N handele es sich um ein kaufmännisches. Da N das Verhalten des M kannte, ist es ihm auch zurechenbar.

- Gutgläubigkeit des Dritten: der Dritte ist bei positiver Kenntnis oder grob fahrlässiger Unkenntnis des wahren Sachverhalts nicht schutzwürdig. Den Dritten trifft aber grundsätzlich keine Nachforschungspflicht, insbesondere nicht die Pflicht zur Einsichtnahme in das Handelsregister.
- Kausale Vertrauensbestätigung: der Dritte muss tatsächlich in Kenntnis und im Vertrauen auf den Rechtsschein zu Entschließungen rechtsgeschäftlicher oder tatsächlicher Art veranlasst worden sein.
- Privatrechtlicher Geschäftsverkehr: Die Lehre vom Scheinkaufmann ist in ihrer Geltung auf den privatrechtlichen Geschäftsverkehr beschränkt; im reinen Deliktsrecht entfällt der Tatbestand bereits mangels kausaler Vertrauensbetätigung, denn niemand lässt sich im Vertrauen auf die Kaufmannseigenschaft schädigen.

2.3.4.3 Rechtsfolgen

Der Rechtsschein wirkt nur unter den Beteiligten, also relativ, und nicht auch gegenüber unbeteiligten Dritten. Der Rechtsschein wirkt nur zugunsten, nicht zuungunsten des gutgläubigen Dritten. Außerdem sind nur die HGB-Normen

---

[141] Vgl. BGH NJW 2012, 3368 (3369).
[142] *Baumbach/Hopt*, HGB, § 5 Rn. 11.

anwendbar, die keine zwingenden Schutzvorschriften zugunsten des Nichtkaufmanns enthalten.[143]

Beispiel:

Zu Lasten des Scheinkaufmanns sind die §§ 347, 362, 377 f. HGB anwendbar. Nicht anwendbar sind jedoch die §§ 348, 350 HGB, da diese die zwingend dem Schutz des Nichtkaufmanns dienenden Vorschriften der §§ 343, 766, 780, 781 BGB für Kaufleute außer Kraft setzen. Dies würde sonst zu einer Begünstigung des Scheinkaufmanns führen.

2.4 Übungsfall mit Lösung

Sachverhalt

Bäckermeister B ist nicht im Handelsregister eingetragen. Die von B mit einem Gesellen und zwei Lehrlingen hergestellten Backwaren werden von seiner Ehefrau und der Tochter in der im Haus des B untergebrachten Bäckerei verkauft. Die Bäckerei wird nur von einem Lieferanten versorgt. Die Abrechnung mit diesem erfolgt teils durch Barzahlung, teils durch Banküberweisung. Teilzahlungsgeschäfte werden nicht getätigt. Der Betrieb des B hat einen Jahresumsatz von 400.000 Euro. Für die Darlehensschuld seines Bruders D gibt B der G-Bank gegenüber mündlich eine Bürgschaftserklärung ab. Nach einigen Monaten nimmt G den B in Anspruch. Muss B für die Darlehensschuld des D einstehen?

Lösung

B muss für die Darlehensschuld des D einstehen, wenn die G-Bank ihn gem. § 765 Abs. 1 BGB aus der Bürgschaft in Anspruch nehmen kann.

1. Dazu muss zwischen der G-Bank und B ein wirksamer Bürgschaftsvertrag zustande gekommen sein. B hat der G-Bank gegenüber eine Bürgschaftserklärung abgegeben. Die G-Bank hat diese angenommen. Die Bürgschaftserklärung des B könnte jedoch gem. § 125 BGB (form)nichtig sein.
2. Nach § 766 S. 1 BGB muss für die Gültigkeit des Bürgschaftsvertrags die Bürgschaftserklärung schriftlich erteilt werden. Die Bürgschaftserklärung muss als Urkunde vorliegen und vom Bürgen unterzeichnet werden (§ 126 Abs. 1 BGB). Dem Bürgen soll auf diese Weise vor Augen geführt werden, dass er im Begriff ist, eine bedeutende Erklärung mit unter Umständen weitreichenden Folgen abzugeben (Übereilungsschutz).
3. Ein solcher Schutz wird im Handelsverkehr aber als überflüssig angesehen. § 350 HGB ordnet als handelsrechtliche Sondervorschrift an, dass die Formvorschrift des 766 S. 1 BGB keine Anwendung findet, sofern die Bürgschaft auf Seiten des Bürgen ein Handelsgeschäft ist. Entscheidend ist also, ob die Bürgschaft des B ein Handelsgeschäft darstellt.
4. Handelsgeschäfte sind gem. § 343 Abs. 1 HGB alle Geschäfte eines Kaufmanns, die zum Betrieb seines Handelsgewerbes gehören. B müsste zunächst Kaufmann sein.

---

[143] *Canaris*, Handelsrecht, § 6 Rn. 23.

5. Nach §1 Abs. 1 HGB ist Kaufmann, wer ein Handelsgewerbe betreibt. Ein Handelsgewerbe wiederum ist gem. §1 Abs. 2 HGB jeder Gewerbebetrieb, es sei denn, dass das Unternehmen nach Art und Umfang einen in kaufmännischer Weise eingerichteten Geschäftsbetrieb nicht erfordert.
6. B betreibt mit seiner Bäckerei ein Gewerbe: Er ist selbständig tätig, denn er kann seine Tätigkeit im Wesentlichen frei gestalten und trägt das unternehmerische Risiko seiner Bäckerei. Seine Tätigkeit ist durch den Verkauf der Waren im Geschäft nach außen erkennbar und nicht nur vorrübergehend, sondern auf Dauer angelegt. Die Tätigkeit als Bäcker fällt auch nicht unter die freien Berufe.
7. §1 Abs. 2 HGB stellt ferner die Vermutung auf, dass ein Gewerbebetrieb auch ein Handelsgewerbe darstellt. Diese Vermutung ist aber widerlegbar („es sei denn"). Dem Umfang nach könnte bei einem Jahresumsatz von immerhin 400.000 Euro durchaus ein in kaufmännischer Weise eingerichteter Geschäftsbetrieb erforderlich sein.
8. Der Art nach ist dies aber abzulehnen: B verkauft nur wenige, selbst hergestellte Produkte. Sein Betrieb erfordert lediglich eine begrenzte Lagerhaltung und wird nur von einem Lieferanten versorgt. Teilzahlungsgeschäfte werden keine getätigt und B hat nur wenig Angestellte, so dass auch die Lohnbuchhaltung nicht umfangreich ist.
9. B betreibt daher kein Handelsgewerbe und ist jedenfalls kein Kaufmann nach §1 HGB (Istkaufmann). Für die Kaufmannseigenschaft gem. §2 S. 1 HGB fehlt es an der Eintragung der Firma im Handelsregister. Die Abgabe der Bürgschaftserklärung war für ihn also kein Handelsgeschäft i. S. d. §343 Abs. 1 HGB. §350 HBG ist daher nicht einschlägig, so dass es beim Schriftformerfordernis des §766 S. 1 BGB bleibt. Die mündliche Bürgschaftserklärung des B ist gem. §125 BGB nichtig.
10. Formmängel können zwar gem. §766 S. 3 BGB geheilt werden, dafür hätte B aber die Bürgschaft erfüllen müssen, was nicht der Fall ist.

Ergebnis: Die G-Bank kann B nicht aus §765 Abs. 1 BGB in Anspruch nehmen. B muss nicht für die Darlehensschuld seines Bruders einstehen.

3. Einheit: Vertretung des Kaufmanns

3.1 Inhalt und Lernziele

Diese Einheit, in der die besonderen Formen der handelsrechtlichen Stellvertretung dargestellt werden, baut auf den Kenntnissen der allgemeinen Regelungen des BGB zur Stellvertretung auf. Gerade im Handelsverkehr ist die Rechtsfigur der Stellvertretung unverzichtbar, denn ein Kaufmann kann – jedenfalls ab einer gewissen Größe seiner Unternehmung – nicht alle rechtsgeschäftlichen Handlungen selbst vornehmen, sondern er muss sich vielmehr vertreten lassen. Dargestellt werden daher im Folgenden die besonderen Vertretungsformen des Handelsrechts, wie Prokura und Handlungsvollmacht.

Im Übungsfall besteht die Möglichkeit, die Anforderungen an eine wirksame Prokuraerteilung zu wiederholen. Aufgezeigt wird ferner, welche Unterschiede zwischen einer Prokura und der Handlungsvollmacht bestehen und unter welchen Voraussetzungen eine unwirksame Prokuraerteilung in eine wirksame Erteilung einer Handlungsvollmacht umgedeutet werden kann.

3.2 Überblick

Im Handelsverkehr mit seinem Bedürfnis nach Rechtsklarheit und rascher Geschäftsabwicklung ist ein stärkerer Vertrauensschutz erforderlich als der vom BGB vorgesehene, wonach der Nichtkaufmann individuell und frei den Umfang der Vertretungsmacht bestimmen kann. Das Handelsrecht hat daher drei typisierte rechtsgeschäftliche Vertretungsformen herausgebildet, deren Umfang sich zum Schutze Dritter weitgehend aus dem Gesetz ergibt:

- Prokura, §§ 48–53 HGB
- Handlungsvollmacht, §§ 54–58 HGB
- Ladenvollmacht, § 56 HGB

3.3 Innen- und Außenverhältnis

Bei allen kaufmännischen Hilfspersonen ist – wie generell im Zusammenhang mit dem Handeln für Dritte – immer genau zu unterscheiden zwischen dem **Innenverhältnis** und dem **Außenverhältnis**.

Das Innenverhältnis (Verhältnis zwischen Kaufmann und Helfer) betrifft die Frage des **Dürfens** (die Geschäftsführungsbefugnis: Welche Rechtsgeschäfte dürfen im Namen des Prinzipals vorgenommen werden?), während das Außenverhältnis (Verhältnis zwischen Kaufmann, vertreten durch Helfer, und dem Dritten) die Frage des **Könnens** betrifft (Vertretungsmacht: Welche getätigten Rechtsgeschäfte berechtigen und verpflichten den Prinzipal gegenüber dem Dritten?).

3.3.1 Prokura, §§ 48–53 HGB

Prokura ist eine grundsätzlich unbeschränkte (§ 49 Abs. 1 HGB) und auch unbeschränkbare (§ 50 Abs. 1, 2 HGB) rechtsgeschäftlich erteilte Vertretungsmacht (Vollmacht i. S. v. § 166 Abs. 2 BGB).

Übersicht: Handelsrechtliche Stellvertretung

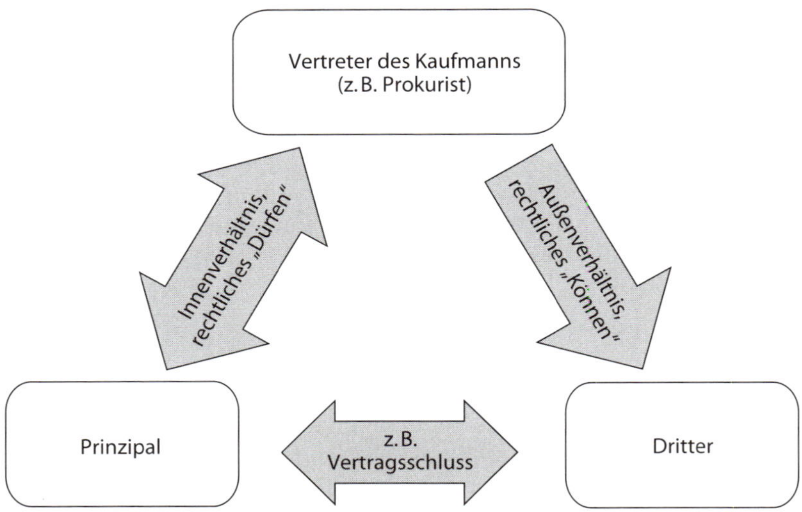

3.3.1.1 Erteilungsvoraussetzungen, § 48 Abs. 1 HGB

a. Kaufmann

Prokura kann nur von dem Inhaber eines Handelsgeschäfts erteilt werden, also von einem Kaufmann. Dazu zählen gem. § 6 HGB auch Gesellschaften. Eine von einem Nichtkaufmann erteilte (und damit nicht wirksame) „Prokura" kann möglicherweise entweder in eine Handlungsvollmacht gem. § 54 HGB (dazu unten 3.3.2) oder eine gewöhnliche Vollmacht umgedeutet werden (§ 140 BGB) oder nach der Lehre vom Scheinkaufmann Wirkungen entfalten.

b. Persönlichkeit der Erteilung

Die Prokuraerteilung hat grundsätzlich persönlich durch den Kaufmann zu erfolgen. Bei Handelsgesellschaften und beschränkt geschäftsfähigen Geschäftsinhabern wird die Prokura von den gesetzlichen Vertretern verliehen; der Vertreter eines Minderjährigen bedarf dabei einer Genehmigung des Vormundschaftsgerichts (§§ 1643 Abs. 1, 1822 Nr. 11, 1831, 1915 BGB). Eine Erteilung durch einen rechtsgeschäftlichen Vertreter und Erteilung einer Unterprokura ist damit ausgeschlossen.

c. Ausdrückliche Willenserklärung

Die Prokura muss durch eine ausdrückliche, empfangsbedürftige Willenserklärung gem. § 130 BGB erteilt werden. Eine konkludente Erklärung scheidet damit aus wie auch eine Prokura kraft Duldung. Allerdings ist nach den allg. Voraussetzungen eine Prokura kraft Rechtsscheins gegenüber einem gutgläubigen Dritten möglich. Die Erteilung ist als Innen- und Außenprokura möglich (vgl. dazu die allgemeinen Stellvertretungsregeln, oben WPR 1 Einheit 4).

d. Höchstpersönlichkeit der Prokuristenstellung

Die Erteilung der Prokura knüpft an die Person des Prokuristen an. Denn zwischen Prinzipal und Prokuristen wird i. d. R. ein besonderes Vertrauensverhältnis bestehen. Selbst mit Zustimmung des Prinzipals kann die Prokura daher nicht auf einen Dritten übertragen werden (§ 52 Abs. 2 HGB).[144] Es bleibt allein die Möglichkeit des Widerrufs der alten und die Bestellung einer neuen Prokura.

3.3.1.2 Eintragung im Handelsregister

Nach § 53 Abs. 1 HGB ist die Eintragung der Prokuraerteilung in das Handelsregister zwingend, aber lediglich deklaratorischer Natur und damit keine Wirksamkeitsvoraussetzung. Dies gilt ebenso für das Erlöschen der Prokura, § 53 Abs. 2 HGB. Eintragungspflichtig sind neben der Erteilung und dem Erlöschen auch die zulässigen Beschränkungen der Prokura wie das Bestehen einer **Gesamtprokura** (§ 53 Abs. 1 S. 2 HGB) oder **Filialprokura** (§ 50 Abs. 3 HGB).

3.3.1.3 Handeln mit Prokura

Nach § 51 HGB gilt – wie auch im allgemeinen Recht der Stellvertretung – das **Offenkundigkeitsprinzip**. Der Prokurist soll unter der Firma seines Prinzipals mit seinem Namen und einem die Prokura andeutenden Zusatz zeichnen (meist ppa = per procura). Durch die Formulierung „soll" wird aber klargestellt, dass es sich bei § 51 HGB um eine bloße Ordnungsvorschrift handelt.

3.3.1.4 Umfang im Außenverhältnis

a. Grundsatz

Die Prokura berechtigt zur Vornahme **aller** Rechtsgeschäfte und Prozesshandlungen, die der Betrieb **irgendeines** Handelsgewerbes mit sich bringt (§ 49 Abs. 1 HGB).

Beispiel:

Darlehensaufnahme, Personaleinstellung, Errichtung einer Zweigniederlassung, Erteilung einer Handlungsvollmacht, Schenkung, Klageerhebung, gerichtlicher Vergleichsschluss

---

[144] MüKo-HGB/*Krebs*, § 52 Rn. 21.

Bezugspunkt ist also nicht eine Geschäftshandlung des speziellen Handelsgewerbes des Prinzipals, sondern **jegliches** Geschäft, das **irgendein** Handelsgewerbe mit sich bringt.

Beispiel:

Der Prokurist eines kaufmännischen Antiquitätenhändlers kann nicht nur alte Stilmöbel erwerben, sondern auch eine LKW-Ladung französischen Käse.

b. Gesetzliche Grenzen

Folgende Geschäfte kann der Prokurist kraft Gesetzes **nicht** mit Wirkung für und gegen den Prinzipal tätigen:

- **Privatgeschäfte,** die vom Prinzipal höchstpersönlich vorzunehmen sind (z. B. Testamentserrichtung, § 2064 BGB),
- **Inhabergeschäfte,** die dem Kaufmann kraft Gesetzes selbst vorbehalten sind (Prokuraerteilung, § 48 Abs. 1 HGB, Unterzeichnung des Jahresabschlusses, § 245 HGB),
- **Grundlagengeschäfte,** die den Bestand des Geschäfts selbst verändern, gehören nicht zum Betrieb des Handelsgewerbes (z. B.: Veräußerung, Verpachtung oder Einstellung des Handelsgeschäfts; die Änderung der Firma),
- **Veräußerung und Belastung von Grundstücken,** falls keine besondere Vollmacht vorliegt (**§ 49 Abs. 2 HGB**). Nach h. M. fallen hierunter auch die hierauf gerichteten Verpflichtungsgeschäfte, da andernfalls der bezweckte Schutz des Prinzipals ins Leere liefe.[145]

Keiner besonderen Vollmacht bedürfen jedoch Erwerb, Vermietung und Verpachtung eines Grundstücks sowie die Verfügung über bereits bestehende Belastungen.

c. Rechtsgeschäftlich festgesetzte Grenzen

Grundsätzlich können rechtsgeschäftliche Beschränkungen der Prokura einem Dritten nicht entgegengehalten werden (§ 50 Abs. 1, 2 HGB). Solche Beschränkungen entfalten nur im Innenverhältnis zwischen Prinzipal und Prokurist Wirkung. Rechtliches Dürfen und rechtliches Können fallen so unter Umständen auseinander. Dies öffnet die Tür zum Missbrauch. Eine Beschränkung der Geschäftsführungsbefugnis (im Innenverhältnis) zieht nämlich grundsätzlich nicht die Unwirksamkeit der im Außenverhältnis getätigten Geschäfte nach sich (Risikosphäre des Vertretenen).

Ausnahmen davon bilden die Gesamt- und Filialprokura sowie die Fallgruppe des Missbrauchs der Vertretungsmacht.

- Gesamtprokura, § 48 Abs. 2 HGB

Eine Prokura kann an die Mitwirkung anderer Personen mit Außenwirkung gebunden werden (Form der Gesamtvertretungsmacht). Klassisch ist die (echte) Gesamtprokura i. S. v. § 48 Abs. 2 HGB. Sie liegt vor, wenn die Prokura an mehrere Personen gemeinschaftlich erteilt wird, so dass diese eine Willenserklärung nur gemeinsam abgeben können.

---

[145] *K. Schmidt*, Handelsrecht, § 16 Rn. 32.

Beispiel:
Der Prokurist S darf nur zusammen mit dem Prokuristen P die Prokura ausüben.

- „Filialprokura", § 50 Abs. 3 HGB

Dabei handelt es sich um die sachliche Beschränkung der Prokura auf den Betrieb einer einzigen von mehreren Niederlassungen eines Handelsgewerbes. Die Niederlassung muss jedoch eine eigene Firma haben, denn nur dann ist für den Geschäftspartner von außen her erkennbar, dass es sich um eine weitgehend eigenständige Niederlassung handelt.

Beispiel:
P ist Prokurist der als „Daimler-Niederlassung Hamburg" firmierenden Hamburger Zweigniederlassung der Daimler AG, Stuttgart.

- Missbrauch der Vertretungsmacht

Über diese Figuren wird der Grundsatz der Abstraktheit der rechtsgeschäftlichen Vertretungsmacht durchbrochen und der Umfang des rechtlichen Könnens an denjenigen des rechtlichen Dürfens im Innenverhältnis angebunden. Fallgruppen eins solchen Missbrauchs sind:

- **Kollusion:** ist das bewusste Zusammenwirken zwischen Prokurist und Geschäftspartner zum Nachteil des Prinzipals. **Rechtsfolge**: Das betreffende Rechtsgeschäft ist nach § 138 Abs. 1 BGB nichtig.[146]
- **Evidenz:** ist das Überschreiten des rechtlichen Dürfens im Rahmen des rechtlichen Könnens bei grob fahrlässiger Unkenntnis des Geschäftspartners bzw. objektiver Offensichtlichkeit des Missbrauchs. **Rechtsfolge:** Nach h. L. sind die §§ 177 ff. BGB über den Vertreter ohne Vertretungsmacht analog anzuwenden (schwebende Unwirksamkeit des Rechtsgeschäfts; der Geschäftsherr („Prinzipal") kann aber genehmigen).[147]

3.3.1.5 Erlöschen der Prokura

Die Prokura ist frei widerruflich, § 52 Abs. 1 HGB. Beschränkungen der Widerruflichkeit sind unwirksam. § 52 Abs. 1 HGB ist **unabdingbar**.

Weitere Erlöschensgründe sind:

- Beendigung des Grundverhältnisses, z. B. des Arbeitsvertrags, § 168 S. 1 BGB,
- Tod des Prokuristen (vgl. §§ 673, 168 S. 1 BGB, § 52 HGB und arg. e contrario § 52 Abs. 3 HGB),
- Verlust der Kaufmannseigenschaft des Erteilenden und Einstellung des Handelsgeschäfts.

Das Erlöschen der Prokura ist eine **eintragungspflichtige** Tatsache, § 53 Abs. 2 HGB. Die Eintragung hat zwar nur deklaratorische Wirkung, ist aber für eine etwaige **Rechtsscheinhaftung** gem. § 15 Abs. 1 HGB (vgl. unten Einheit 4 Ziff. 4.3) von großer Bedeutung.

---

146 *K. Schmidt*, Handelsrecht, § 16 Rn. 74.

147 *Canaris*, Handelsrecht, § 12 Rn. 41; a. A. BGH NJW 1968, 1379 (1381), der dem Geschäftsherrn den Einwand unzulässiger Rechtsausübung gem. § 242 BGB zubilligt.

3.3.2 Handlungsvollmacht, § 54 HGB

3.3.2.1 Begriff

Die Legaldefinition der Handlungsvollmacht findet sich in §54 Abs. 1 HGB. Handlungsvollmacht ist jede von einem Kaufmann im Rahmen seines Handelsgewerbes erteilte Vollmacht, die keine Prokura darstellt. Es handelt sich somit um eine Zwischenstellung zwischen Prokura und der einfachen BGB-Vollmacht. Nach anderer und zustimmungswürdiger Ansicht kann eine Handlungsvollmacht auch von Nichtkaufleuten (insb. Kleingewerbereibenden) erteilt werden.[148]

Nach §57 HGB soll der Handlungsbevollmächtigte mit einem das Vollmachtsverhältnis ausdrückenden Zusatz (i. V.; i. A.; per) zeichnen und sich dabei jedes eine Prokura andeutenden Zusatzes enthalten. Wie die Formulierung „soll" zeigt, handelt es sich dabei aber lediglich um eine Ordnungsvorschrift.

Es besteht keine Eintragungspflicht und -fähigkeit des Bestehens einer Handlungsvollmacht im Handelsregister.

3.3.2.2 Erteilung

Die Erteilung einer Handlungsvollmacht bestimmt sich nach den allgemeinen Regeln der Vollmachtserteilung, §§167, 171 BGB. Daher ist auch – anders als bei der Prokura – eine konkludente Erteilung, die Begründung einer Unterhandlungsvollmacht sowie einer Duldungshandlungsvollmacht möglich. Entgegen der Regelungen zur Prokura kann die Handlungsvollmacht gem. §58 HGB mit Zustimmung des Geschäftsinhabers übertragen werden.

3.3.2.3 Umfang und Arten der Handlungsvollmacht

a. Grundsatz

Grundsätzlich bestimmt der Erteilende den Umfang der Handlungsvollmacht. §54 Abs. 1 HGB vermutet lediglich drei typisierte Formen der Handlungsvollmacht (General-, Gattungs- und Spezialvollmacht) und knüpft diese an das Erfordernis der Gewöhnlichkeit des Geschäfts für das bestimmte Handelsgewerbe, die bestimmte Geschäftsgattung oder das konkrete Geschäft:

- Die **Generalvollmacht** berechtigt als „kleine Prokura" grds. zu sämtlichen Rechtsgeschäften, die der gesamte Betrieb des bestimmten Handelsgewerbes gewöhnlich zur Folge hat, sog. branchentypische Rechtsgeschäfte.
- Die **Gattungsvollmacht** berechtigt als die praktisch häufigste Form der Handlungsvollmacht zur Vornahme aller Rechtsgeschäfte, die eine bestimmte Art von Geschäften des konkreten Handelsgewerbes gewöhnlich mit sich bringt, sog. arttypische Rechtsgeschäfte.
- Die **Spezialvollmacht** berechtigt zur Vornahme aller Rechtsgeschäfte, die ein einzelnes bestimmtes Geschäft gewöhnlich mit sich bringt.

[148] MüKo-HGB/*Krebs*, §54 Rn. 8.

Beispiele:
Kellner im Restaurant (Gattungsvollmacht), Kassiererin im Kaufhaus (Gattungsvollmacht), Filialleiter im Lebensmitteleinzelhandel ohne Prokura (Generalvollmacht)

b. Gesetzliche Grenzen

Wie bei der Prokura berechtigt die Handlungsvollmacht aber nicht zur Vornahme von höchstpersönlichen Rechtsgeschäften des Vertretenen, von Inhabergeschäften und von Grundlagengeschäften.

Darüber hinaus sind nach **§54 Abs.2 HGB** ohne besondere Vollmacht von der Handlungsvollmacht nicht gedeckt die Veräußerung oder Belastung von Grundstücken, die Aufnahme von Darlehen, die Eingehung von Wechselverbindlichkeiten sowie die Führung von Prozessen.

c. Rechtsgeschäftliche Grenzen

Für die rechtsgeschäftlichen Grenzen der Handlungsvollmacht gilt §54 Abs. 3 HGB. Ein Dritter muss eine im Innenverhältnis vereinbarte Beschränkung nur gegen sich gelten lassen, wenn er sie kannte oder kennen musste. Für das „Kennenmüssen" gilt der Maßstab des §122 Abs. 2 BGB.[149] Hierbei trifft den Dritten keine Nachforschungspflicht.

3.3.2.4 Erlöschen der Handlungsvollmacht

Die Handlungsvollmacht erlischt nach den allgemeinen Vorschriften über Vollmachten, §§168ff. BGB. Daneben gibt es den speziellen Erlöschensgrund des Verlusts der Kaufmannseigenschaft. Dies gilt aber dann nicht, wenn man der Meinung folgt, dass eine Handlungsvollmacht auch von einem Nichtkaufmann erteilt werden kann.

3.3.3 Ladenvollmacht, §56 HGB

3.3.3. Rechtsnatur

Die Ladenvollmacht ist gesetzlich geregelter Sonderfall der Anscheinsvollmacht und somit einer **Rechtsscheinhaftung**.[150] Danach greift §56 HGB nur dann ein, wenn es an einer ausdrücklichen, konkludenten oder durch Duldung erteilten Handlungsvollmacht des Angestellten nach §54 HGB für das konkrete Geschäft ausnahmsweise fehlt.

3.3.3.2 Voraussetzungen der Ladenvollmacht

Das Vorliegen einer Ladenvollmacht setzt das Handeln durch einen Angestellten in einer Verkaufsstätte voraus, die zum freien Eintritt für das Publikum und zum Abschluss von Geschäften bestimmt ist. Angestellter ist dabei jeder, der mit Wissen und Wollen des Ladeninhabers in dem Laden zu Verkaufszwecken

---

[149] *Baumbach/Hopt*, HGB, §54 Rn. 19.
[150] *Canaris*, Handelsrecht, §14 Rn. 5.

tätig wird. Unerheblich ist, ob hierin der Schwerpunkt der Tätigkeit liegt oder ob es sich nur um einen Einzelfall (Aushilfe) handelt.

Ferner soll die Kaufmannseigenschaft des Prinzipals erforderlich sein, da §56 HGB ein Unterfall des §54 HGB ist. Diese Ansicht ist jedoch umstritten. Nach a. A. ist keine Kaufmannseigenschaft erforderlich, siehe oben Einheit 2. Weitere Voraussetzungen sind die Gewöhnlichkeit des Rechtsgeschäfts (nach Branche, Ladentyp etc.), der örtliche Zusammenhang zwischen dem Rechtsgeschäft und dem Laden bzw. Warenlager sowie die Gutgläubigkeit des Geschäftspartners (Rechtsgedanke des §54 Abs. 3 HGB).

3.3.3.3 Rechtsfolgen

Liegen die Voraussetzungen vor, besteht eine **gesetzliche Vermutung**: Der Ladenangestellte gilt als ermächtigt (also bevollmächtigt) zu Verkäufen und Empfangnahmen. Diese Vermutung ist aber **widerleglich** über den Gutglaubensschutz nach §54 Abs. 3 HGB analog.

Der Begriff „Verkäufe" ist untechnisch zu verstehen. Umfasst sind auch die Übereignung von Sachen, die Vermittlung eines Verkaufs, der Abschluss eines Werk- oder Werklieferungsvertrags sowie das Entgegennehmen von Mängelrügen. Unter „Empfangnahme" ist insbesondere das Entgegennehmen von Zahlungen und angelieferter Ware zu verstehen.

3.4 Übungsfall mit Lösung

Sachverhalt

M betreibt als Einzelkaufmann ein Möbelhaus. Zu seiner Entlastung möchte er P zu seinem Prokuristen machen. P war schon seit Aufnahme des Geschäftsbetriebs stets seine rechte Hand. Aus Zeitmangel bittet M seinen Bruder B, der gelegentlich während der Semesterferien im Betrieb aushilft, dem P Prokura zu erteilen. So geschehen, bestellt P einige Tage darauf bei V neue Wohnzimmereinrichtungen Modell „Eiche Barock". M empfindet dies als Stilbruch und verweigert Annahme der Lieferung sowie Zahlung. Zu Recht?

Lösung

M verweigert die Annahme der Lieferung und die Bezahlung der Wohnzimmereinrichtungen zu Recht, wenn V keinen Anspruch auf Abnahme und Bezahlung hat.

V könnte gegen M einen Anspruch auf Abnahme der Wohnzimmereinrichtung und Zahlung des Kaufpreises aus §433 Abs. 2 BGB haben.

1. Hierzu müsste ein wirksamer Kaufvertrag zwischen V und M zustande gekommen sein. Ein Kaufvertrag kommt durch zwei übereinstimmende Willenserklärungen, Angebot und Annahme gem. §§ 145 ff. BGB zustande.
2. V hat eine auf den Abschluss eines Kaufvertrags gerichtete Willenserklärung abgegeben. M hingegen hat diesbezüglich selbst nichts erklärt. Die Erklärung des P könnte jedoch nach §164 Abs. 1 S. 1 BGB für und gegen ihn wirken.

3. P hat V gegenüber eine eigene Willenserklärung abgegeben. Dabei handelte er auch im Namen des M. Für eine wirksame Stellvertretung müsste er ferner mit und im Rahmen seiner Vertretungsmacht gehandelt haben. M könnte dem P Vertretungsmacht in Form einer Prokura i. S. d. §§ 48 ff. HGB erteilt haben.
4. Bei der Erteilung hat M sich allerdings wiederum von seinem Bruder B vertreten lassen. Gem. § 48 Abs. 1 HGB kann eine Prokura jedoch nur vom Inhaber des Handelsgeschäfts selbst oder seinem gesetzlichen Vertreter, jedoch nicht von einem rechtsgeschäftlichen Vertreter wie dem B, erteilt werden. Da ein Prokurist nach § 49 HGB mit umfassender Vertretungsmacht ausgestattet wird, soll die Erteilung einer Prokura dem Inhaber vorbeihalten bleiben. Eine rechtsgeschäftliche Stellvertretung nach den §§ 164 ff. BGB ist nicht zulässig.

   Die Prokura wurde damit nicht wirksam erteilt. Eine Heilung ist nicht möglich.
5. Die Erklärung des B könnte aber in die Erteilung einer Handlungsvollmacht umgedeutet werden können. Für eine Umdeutung nach § 140 BGB muss das von den Parteien gewollte Rechtsgeschäft nichtig sein, in seinen Erfordernissen aber einem anderen Rechtsgeschäft entsprechen und dieses von den Parteien bei Kenntnis der Nichtigkeit des durchgeführten gewollt sein.
6. Die Erteilung der Prokura war nichtig. Die Erteilung entspricht aber den Erfordernissen einer Handlungsvollmacht i. S. d. § 54 HGB. Die Handlungsvollmacht wird gem. § 167 Abs. 1 BGB durch Erklärung gegenüber dem zu Bevollmächtigenden erteilt. Eine dem § 48 Abs. 1 HGB entsprechende Vorschrift, die die persönliche Erteilung durch den Inhaber der Handelsgeschäfts anordnet, gibt es nicht. M konnte sich also bei der Erteilung einer Handlungsvollmacht von seinem Bruder B vertreten lassen. Die von B im Namen des M erteilte Vollmacht kann gem. § 164 Abs. 1 BGB für und gegen M wirken.
7. Die Erteilung einer Handlungsvollmacht entspricht auch dem Willen des P und des M. M wollte sich entlasten und seiner „rechten Hand" P eine möglichst weitreichende Vollmacht erteilen lassen. Dem P wurde also wirksam eine Handlungsvollmacht erteilt.
8. Der Umfang einer solchen Vertretungsmacht wird in § 54 Abs. 1 HGB beschrieben. Sie erstreckt sich auf alle Geschäfte und Rechtshandlungen, die der Betreib eines derartigen Handelsgewerbes gewöhnlich mit sich bringt. Die Bestellung von Wohnzimmereinrichtungen ist ein für ein Möbelhaus branchentypisches Rechtsgeschäft und liegt damit im Rahmen der Vertretungsmacht des P.

   P hat den M also wirksam vertreten. Seine Willenserklärung wirkt gem. § 164 Abs. 1 BGB für und gegen diesen.

Ergebnis: Zwischen M und V besteht ein wirksamer Kaufvertrag, aus dem M zur Zahlung des Kaufpreises und zur Abnahme der Kaufsache gem. § 433 Abs. 2 BGB verpflichtet ist. M weigert sich daher zu Unrecht.

4. Einheit: Handelsregister

4.1 Inhalt und Lernziele

In Einheit 10 von WPR 1 (Verfügungen über Grundstücke) wurde mit dem Grundbuch bereits ein öffentliches Register dargestellt. Ein weiteres öffentliches Register ist für das Handelsrecht besonders bedeutsam: das Handelsregister. Denn dieses Register gibt im Interesse der Verkehrssicherheit Auskunft über bestimmte Rechtstatsachen, die im Zusammenhang mit kaufmännischen Gewerben für den Rechtsverkehr von Interesse sind.[151] Etwa darüber, welche Personen in einem Unternehmen zur Vertretung berechtigt sind, oder wer Gesellschafter eines bestimmten Unternehmens ist. Auf die Richtigkeit dieser Eintragungen in diesem Register muss sich der Rechtsverkehr verlassen können. Man spricht von der Publizität des Handelsregisters. Die sog. formelle Publizität wird durch die Pflicht zur Bekanntmachung und das Einsichtsrecht nach §§ 9, 10 HGB gewährleistet. Auf der sog. materiellen Publizität des Handelsregisters beruht der Vertrauensschutz Dritter durch § 15 Abs. 1 und Abs. 3 HGB.

Im Folgenden werden diese Publizitätswirkungen des Handelsregisters dargestellt. Der Übungsfall baut auf dem Sachverhalt einer erteilten aber zwischenzeitlich widerrufenen Prokura auf. Damit soll verdeutlicht werden, wie aus der Publizität des Handelsregisters ein Vertrauenstatbestand für gutgläubige Dritte resultieren kann. Infolgedessen können diese sich auf eine Rechtslage berufen, die von der tatsächlich bestehenden Rechtslage abweicht.

4.2 Formelles Registerrecht

4.2.1 Registerverfahren

Das Handelsregister ist wie das Grundbuch ein öffentliches Register, die Registerführung obliegt den Amtsgerichten und bildet eine Sondermaterie der freiwilligen Gerichtsbarkeit (§§ 374 ff. FamFG).

Für Eintragungen gilt der **Antragsgrundsatz**, § 12 HGB. Nur ausnahmsweise erfolgen die Eintragungen von Amts wegen (z. B. §§ 31 Abs. 2 S. 2, 32 HGB). Die **Bekanntmachung** der Eintragungen erfolgt inzwischen im jeweiligen elektronischen Informationssystem des Bundeslandes (§ 10 HGB). Die Bekanntmachung in Bundesanzeiger sowie Zeitung (zumeist: lokale Tageszeitung) ist entfallen.

---

[151] Vgl. BGH NJW 1998, 1071.

4.2.2 Registerinhalt

4.2.2.1 Aufbau des Handelsregisters

Das Handelsregister hat **zwei Abteilungen.** In Abteilung A finden sich Tatsachen über Einzelkaufleute, Personengesellschaften (GbR) und Personenhandelsgesellschaften (OHG, KG) sowie juristische Personen des öffentlichen Rechts. In Abteilung B werden Tatsachen über Kapitalgesellschaften eingetragen.

4.2.2.2 Eintragungsfähigkeit und Eintragungspflicht

Eingetragen werden können nur die im Gesetz als solche aufgeführten **eintragungsfähigen** Tatsachen.[152] Innerhalb der eintragungsfähigen Tatsachen werden eintragungspflichtige und sonstige eintragbare Tatsachen unterschieden:

Eine Eintragungspflicht besteht z. B. bei:

- §§ 29, 31 HGB (Firma und Firmenänderung)
- § 32 HGB (Eröffnung des Insolvenzverfahrens)
- § 53 HGB (Erteilung und Erlöschen der Prokura)
- § 106 HGB (Gründung einer OHG)
- § 143 HGB (Ausscheiden von Gesellschaftern, Auflösung einer OHG)

Hier besteht ggf. ein mit Zwangsgeld durchsetzbarer Registerzwang (§ 14 HGB).

Sonstige eintragbare Tatsachen sind z. B. die nach §§ 25 Abs. 2, 28 Abs. 2 HGB notwendigen Angaben wie eine abweichende Haftungsvereinbarung bei Wechsel des Unternehmensträgers.

4.2.2.3 Wirkung der Eintragung

Die Eintragung einer Tatsache in das Handelsregister wirkt grundsätzlich lediglich **deklaratorisch** (rechtsbezeugend, nicht rechtserzeugend). Bedeutende Ausnahmen bilden die **konstitutiv** wirkenden Eintragungen nach §§ 2, 3 und 105 Abs. 2 HGB sowie nach § 11 Abs. 1 GmbHG und § 41 Abs. 1 AktG.

4.3 Materielle Registerpublizität, § 15 HGB

Die materielle Publizität des Handelsregisters in § 15 HGB gehört systematisch zur Rechtsscheinhaftung, also dem Vertrauensschutz für die Sicherheit und Leichtigkeit des Rechtsverkehrs.

Zur Wirkung von § 15 HGB ist zu unterscheiden zwischen den Regelungen in den **Absätzen 1** und **3** (zugunsten Dritter) und der Regelung in **Absatz 2** (zugunsten des Eintragenden selbst). Die Publizitätsfolgen knüpfen an die Ein-

---

[152] Die Rechtsprechung macht hiervon eine Ausnahme und sieht auch eine Eintragung von nicht eintragungsfähigen Tatsachen vor, wenn die Eintragung im Interesse des Rechtsverkehrs dringend geboten und unumgänglich ist, vgl. BayObLG NJW 1971, 810; BGH NJW 1983, 1676 (1677).

tragung und Bekanntmachung (Abs. 1, 2) einer Tatsache oder ausschließlich an die Bekanntmachung (Abs. 3) einer Tatsache an.

§ 15 HGB enthält eine Kombination aus positiver und negativer Publizität:

- **Positive Publizität** gem. § 15 Abs. 3 HGB (Richtigkeitsvermutung):

Der Rechtsverkehr kann sich darauf verlassen, was tatsächlich in einem Register steht bzw. bekannt gemacht worden ist.

- **Negative Publizität** gem. § 15 Abs. 1 HGB (Vollständigkeitsvermutung):

Diese schützt Dritte in ihrem Glauben, dass sich etwas, was nicht im Register eingetragen oder bekannt gemacht ist, auch nicht ereignet hat.

Beispiel:

P ist Prokurist des Kaufmanns K und als solcher in das Handelsregister eingetragen; K widerruft die Prokura. Noch vor Eintragung des Widerrufs im Handelsregister schließt P einen Kaufvertrag mit L. Die negative Publizität des § 15 Abs. 1 HGB verwehrt es dem K, sich gegenüber L auf den Widerruf der Prokura zu berufen, da dieser noch nicht eingetragen ist.

4.3.1 Negative Publizität, § 15 Abs. 1 HGB

4.3.1.1 Voraussetzungen

a. Eintragungspflichtige Tatsache

Eintragungspflichtige Tatsachen sind die §§ 29, 31, 53 Abs. 1, 2, 106 Abs. 2, 125 Abs. 4, 143 Abs. 2, 3 HGB. Nach der Rechtsprechung sind darüber hinaus auch die Ausdehnung der Prokura gem. § 49 Abs. 2 HGB und die Befreiung des Geschäftsführers einer GmbH von der Beschränkung des § 181 BGB eintragungspflichtige Tatsachen.

Nach h. M. ist auch die Veränderung einer nicht eingetragenen, aber eintragungspflichtigen Tatsache eintragungspflichtig, da der Verkehr auch auf andere Art und Weise von der nicht eingetragenen Tatsache Kenntnis erlangt haben kann.[153] Dem Handelsregister kommt auch insofern negative Publizität zu. Dritte können sich also auf die fehlende Eintragung des Widerrufs der Prokura berufen, obwohl ihre Erteilung gar nicht eingetragen ist.

b. Fehlende Eintragung oder Bekanntmachung (vgl. § 10 HGB)

Diese Voraussetzung knüpft an kein Verhalten an, so dass es nicht auf eine Zurechenbarkeit oder ein Verschulden des Betroffenen ankommt; deshalb gilt § 15 Abs. 1 HGB auch bei mangelnder oder beschränkter Geschäftsfähigkeit.

c. Gutgläubigkeit des Dritten

Es genügt die Unkenntnis des Dritten in Bezug auf die wahre Rechtslage (**abstraktes Vertrauen**). Nicht erforderlich ist daher – etwa im Unterschied zur Lehre vom Scheinkaufmann – die Bildung eines konkreten Vertrauens, z. B. durch Einsicht in das Handelsregister oder ein Handeln im bewussten Vertrauen auf den Rechtsschein (Kausalität).

---

[153] BGH NJW 1992, 505 (507); *K. Schmidt*, Handelsrecht, § 14 Rn. 30.

d. Handeln im Geschäfts- oder Prozessverkehr

Vertrauensschutz setzt voraus, dass die Bildung von Vertrauen prinzipiell möglich ist. Dies ist aber nur im Zusammenhang mit einem vom Willen gesteuerten Verhalten (rechtsgeschäftlicher Kontakt; Bereicherungsvorgänge, Prozesshandlungen) denkbar. Folglich wird der Dritte im reinen sog. Unrechtsverkehr (v. a. Deliktsrecht) von § 15 Abs. 1 HGB **nicht** geschützt.

Beispiel:

M wird von einem LKW der K-OHG angefahren und möchte den noch im Handelsregister eingetragenen, jedoch vor dem Unfall aus der OHG ausgeschiedenen Gesellschafter G in Anspruch nehmen. M kann sich nicht auf § 15 Abs. 1 HGB berufen, da sich bei dem plötzlichen Verkehrsunfall kein Vertrauen hinsichtlich des Fortbestehens der Gesellschafterstellung des G entwickeln konnte.

4.3.1.2 Rechtsfolge

Die nicht eingetragenen / nicht bekanntgemachten Tatsachen können Dritten nicht entgegengehalten werden, d. h. der Dritte kann sich auf diejenige Rechtsfolge berufen, die bei tatsächlichem Vorhandensein der von ihm unterstellten Rechtslage eingetreten wäre.

Beispiel:

Der ausgeschiedene Gesellschafter gilt weiterhin als Gesellschafter und haftet auch für Neuschulden; die widerrufene Prokura gilt als bestehend.

Da § 15 Abs. 1 HGB allein dem Schutz des gutgläubigen Dritten dient und nicht zu seinem Nachteil greifen kann, steht ihm ein Wahlrecht zu.[154] Er kann entscheiden, ob er sich auf den Vertrauensschutz oder die Geltung der wahren Rechtslage beruft, je nach dem, was im Einzelfall für ihn günstiger ist.[155]

Beispiel:

Die Prokura des P wird vom Kaufmann K widerrufen, vor Eintragung des Widerrufs schließt P noch einen Kaufvertrag mit L ab; L hat ein Wahlrecht: Entweder nimmt er den K unter Berufung auf § 15 Abs. 1 HGB in Anspruch oder aber – falls K insolvent sein sollte – er geht gegen P nach § 179 BGB vor, da dieser als falsus procurator handelte.

4.3.2 Zerstörung des Rechtsscheins, § 15 Abs. 2 HGB

§ 15 Abs. 2 HGB bezieht sich auf eintragungspflichtige und -fähige Tatsachen. Die Regelung des § 15 Abs. 2 HGB dient dem Schutz des Eintragenden: Die Berufung auf eine vom Registerinhalt abweichende Tatsache ist selbst dann ausgeschlossen, wenn ein gutgläubiger Dritter hierauf vertraut, § 15 Abs. 2 S. 1 HGB. Man spricht insoweit von der **rechtsscheinzerstörenden Wirkung der Registereintragung.**

Eine Ausnahme zu obigem Grundsatz regelt § 15 Abs. 2 S. 2 HGB. Ein Dritter kann sich auf einen gegenteiligen Rechtsschein berufen, wenn die jeweilige Rechtshandlung innerhalb von 15 Tagen nach der Bekanntmachung vorgenom-

---

154 BGH NJW 1971, 1268; BGH NJW 1976, 569; BGH NJW-RR 1990, 737 (738).
155 Auch innerhalb eines Sachverhaltes, vgl. BGH NJW 1976, 569.

men wird und der Dritte beweist, dass er die wahre Tatsache weder kannte noch kennen musste. Diese Vorschrift hat jedoch wegen der kurzen Frist und der beim Dritten liegenden Beweislast nur eine geringe Praxisrelevanz.

4.3.3 Positive Publizität, § 15 Abs. 3 HGB

Die positive Publizität (Richtigkeitsvermutung) schützt gutgläubige Dritte in ihrem Vertrauen auf eine unwahre Tatsache, die (fälschlich) bekannt gemacht wurde.[156] Geregelt ist dies in § 15 Abs. 3 HGB. Daneben sind ergänzende Rechtsscheingrundsätze anwendbar.

4.3.3.1 Voraussetzungen

a. Unrichtige Bekanntmachung

Dies umfasst jede Abweichung der Bekanntmachung von der tatsächlichen Rechtslage, wie:

- Bekanntmachungsfehler i. e. S. (z. B. Druckfehler),
- Bekanntmachung einer bereits falsch eingetragenen Tatsache,
- Bekanntmachung einer überhaupt nicht eingetragenen Tatsache.

Ist eine unrichtige Eintragung ausnahmsweise richtig bekannt gemacht worden, greift nicht § 15 Abs. 3 HGB, sondern ergänzendes Gewohnheitsrecht (s. u.).

b. Eintragungspflichtige Tatsache

Bei der eingetragenen und bekanntgemachten Tatsache muss es sich um eine **eintragungspflichtige** Tatsache i. S. v. § 15 Abs. 1 HGB handeln.[157]

c. Unkenntnis des Dritten

Für die Unkenntnis des Dritten von der wahren Rechtslage reicht wie bei § 15 Abs. 1 HGB abstraktes Vertrauen aus.

d. Handeln im Geschäfts- oder Prozessverkehr

Es gelten die Grundsätze wie bei § 15 Abs. 1 HGB.

e. Zurechenbarkeit der Bekanntmachung

Die Eintragung (und infolge dessen die Bekanntmachung) muss vom Betroffenen zurechenbar veranlasst worden sein.[158] Dafür spricht der Wortlaut der Vorschrift („in dessen Angelegenheiten") und das Ziel der Vorschrift, eine unerträglich weite Haftung unbeteiligter Dritter zu verhindern.

Beispiel:

R wird aufgrund eines Druckfehlers als Gesellschafter einer von A und B begründeten und geführten OHG bekannt gemacht; sämtliche Gläubiger der vermögenslosen OHG wollen nun den (noch) solventen R in Anspruch nehmen.

---

[156] Baumbach/*Hopt*, HGB, § 15 Rn. 16.
[157] Baumbach/*Hopt*, HGB, § 15 Rn. 18.
[158] *Canaris*, Handelsrecht, § 5 Rn. 52; a. A. MüKo-HGB/*Krebs*, § 15 Rn. 84 f.

Die zurechenbare Veranlassung der Bekanntmachung setzt weder ein Verschulden noch die Veranlassung der Fehlerhaftigkeit voraus. Es genügt eine Anmeldung nach § 12 HGB. Ausgeschlossen ist aber die Haftung gänzlich Unbeteiligter und Geschäftsunfähiger bzw. in der Geschäftsfähigkeit Beschränkter.

4.3.3.2 Rechtsfolge

Ein Dritter kann sich auf die falsch bekannt gemachte Tatsache nur gegenüber demjenigen berufen, in dessen Angelegenheit die Tatsache einzutragen war (im Beispiel die OHG-Gesellschafter A und B). Wie bei § 15 Abs. 1 HGB besteht insoweit ein Wahlrecht.

Übersicht: Publizität des Handelsregisters

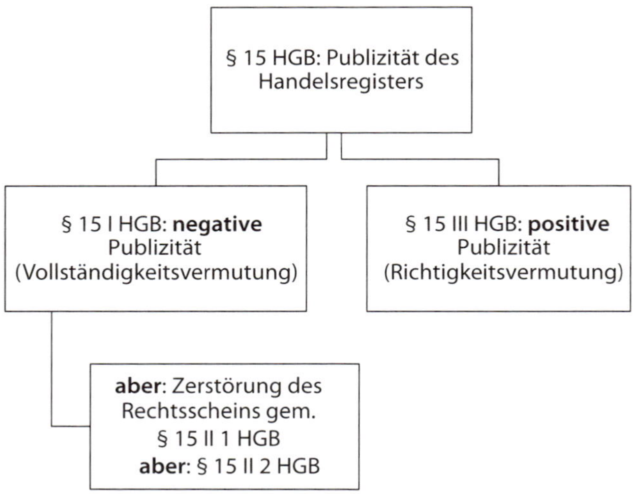

4.3.4 Ergänzende Gewohnheitsrechtssätze

Die sog. ergänzenden Gewohnheitsrechtssätze waren bereits vor der Fassung des heutigen § 15 Abs. 3 HGB anerkannt. Auf sie wird zurückgegriffen, um in Fällen, in denen § 15 Abs. 3 HGB nicht unmittelbar anwendbar ist, da es an einer unrichtigen Bekanntmachung fehlt, eine analoge Anwendung des § 15 Abs. 3 HGB zu vermeiden.

Diese Grundsätze sind aufgebaut wie typische Rechtsscheintatbestände und damit strenger als der abstrakte Vertrauensschutz des § 15 Abs. 3 HGB.

Voraussetzungen einer Haftung sind:

- die zurechenbare Veranlassung des Rechtsscheins bzw. schuldhafte Nichtbeseitigung,
- ein Handeln des Dritten im Vertrauen auf den Rechtsschein und
- die Gutgläubigkeit des Dritten.

Wegen des Vorrangs der gesetzlichen Regelung in § 15 Abs. 3 HGB sind aber nur noch drei, in der Praxis seltene Anwendungsfälle verblieben:

- Reiner Eintragungsfehler: Die Eintragung ist falsch, aber die Bekanntmachung ist dennoch richtig.
- Zwischenfehler: Die Eintragung ist falsch und eine Bekanntmachung ist noch nicht erfolgt.
- Die Eintragung und/oder Bekanntmachung einer nicht eintragungspflichtigen Tatsache.

4.4 Übungsfall mit Lösung

Sachverhalt

Grete (G) betreibt einen eingetragenen Kaufmannsbetrieb für Küchenwaren. Als Prokuristen bestellt sie den Hans (H), der in das Handelsregister eingetragen wird. Nachdem Hans mehrmals größere Mengen von für Grete unnützen Thermomixern bestellt hat, entzieht Grete ihm die Prokura, ohne dies dem Handelsregister mitzuteilen. Einige Wochen später meldet sich der Lieferant (L) der Thermomixer bei Grete und verlangt Zahlung i. H. v. 15.000 Euro für eine neue Lieferung, die Hans am Vortag in Auftrag gegeben habe. Zu Recht?

Abwandlung

Grete hatte den Entzug der Prokura in das Handelsregister eintragen lassen und die Bekanntmachung war bereits erfolgt, als H einen Monat nach der Bekanntgabe abermals bei L eine Bestellung aufgab. Vom Erlöschen der Prokura hatte der L allerdings keine Kenntnis. Er verlangt daher Begleichung seiner Forderung von Grete. Zu Recht?

Lösung Ausgangfall

L könnte gegen G einen Anspruch auf Zahlung des Kaufpreises i. H. v. 15.000 Euro aus Kaufvertrag gem. § 433 Abs. 2 BGB haben.

1. Hierzu müsste ein wirksamer Kaufvertrag zwischen L und G durch Angebot und Annahme, §§ 145 ff. BGB, zustande gekommen sein.
2. G selbst hat keine Willenserklärung abgegeben, sie könnte aber durch H nach § 164 Abs. 1 S. 1 BGB wirksam vertreten worden sein.
3. H hat im Namen der G eine eigene Willenserklärung zum Abschluss des Kaufvertrags abgeben. H müsste des Weiteren im Rahmen seiner Vertretungsmacht gehandelt haben. G hatte H als Prokuristen bestellt und ihm damit gem. § 49 HGB eine umfassende Vollmacht erteilt (siehe zur Stellvertretung und zur Prokura auch Einheit 3).
4. Problematisch ist aber, dass die Prokura dem H zum Zeitpunkt der Abgabe der Willenserklärung wieder entzogen gewesen ist. Dieses Erlöschen der Prokura kann dem L aber möglicherweise nach § 15 Abs. 1 HGB nicht entgegengehalten werden. H würde dann gegenüber L als bevollmächtigt angesehen werden. Hinsichtlich in das Handelsregister einzutragender Tatsachen gilt die Vermutung der Vollständigkeit (negative Publizität). Dritte sind in ihrem

Glauben geschützt, dass sich etwas, was nicht im Register eingetragen oder bekannt gemacht ist, auch nicht ereignet hat.

5. Das Erlöschen einer Prokura ist gem. § 53 Abs. 2 HGB eine eintragungspflichtige Tatsache. Dass die Prokura des H erloschen ist, wurde aber weder ins Handelsregister eingetragen noch bekannt gemacht.
6. Es ist davon auszugehen, dass L vom Erlöschen der Prokura keine positive Kenntnis hatte. Ob er sich tatsächlich Gedanken über das Vorliegen der Prokura gemacht hat oder das Handelsregister danach eingesehen hat, ist unerheblich. Geschützt wird bereits das abstrakte Vertrauen.
7. H war beim Abschluss des Kaufvertrags im Geschäftsverkehr tätig. Der Rechtsverkehr konnte also grundsätzlich Vertrauen in die Prokura bilden.
8. Die Voraussetzungen des § 15 Abs. 1 HGB liegen vor, das Erlöschen der Prokura kann dem L damit nicht entgegengehalten werden. Die Vorschrift des § 15 Abs. 1 HGB schützt das Vertrauen des L. Es liegt an ihm, ob er diesen Schutz in Anspruch nehmen will oder nicht. Er kann sich auf die eingetragene Rechtslage oder die wahre Rechtslage berufen. Vorliegend verlangt L die Zahlung des Kaufpreises und gibt damit zu erkennen, dass er sich auf die noch eingetragene Prokura berufen will.
9. Es ist also davon auszugehen, dass H im Zeitpunkt der Abgabe seiner Willenserklärung als Prokurist gem. § 49 Abs. 1 HGB zu allen Rechtshandlungen ermächtigt war. H handelte bei der Bestellung mit und im Rahmen seiner Vertretungsmacht. Die Willenserklärung des H zum Abschluss des Kaufvertrags über die Thermomixer wirkt damit für und gegen die G.

Ergebnis: Es besteht ein wirksamer Kaufvertrag zwischen G und L. L kann zu Recht Zahlung des Kaufpreises i. H. v. 15.000 Euro aus dem Kaufvertrag gem. § 433 Abs. 2 BGB verlangen.

Lösung der Abwandlung

Auch hier stellt sich die Frage nach der Vertretungsmacht des H bei Abschluss des Kaufvertrags.

1. G hatte dem H zwar umfassende Vertretungsmacht in Form der Prokura nach § 49 Abs. 1 HGB erteilt, zum Zeitpunkt des Vertragsschlusses mit L war die Prokura aber bereits entzogen. L hatte davon allerdings keine Kenntnis. Er hat darauf vertraut, dass H weiterhin Prokurist ist. Dennoch muss er gem. § 15 Abs. 2 S. 1 HGB das eingetragene und bekanntgemachte Erlöschen der Prokura gegen sich gelten lassen.
2. Um sich auf die Ausnahme des § 15 Abs. 2 S. 2 HGB berufen zu können, müsste der Kaufvertrag innerhalb von 15 Tagen nach der Bekanntmachung des Erlöschens der Prokura geschlossen worden sein und L müsste beweisen können, dass er vom Erlöschen weder wusste noch wissen musste. Diese Voraussetzungen liegen jedoch nicht vor. H handelte bei Abschluss des Kaufvertrags also als Vertreter ohne Vertretungsmacht.

Ergebnis: Ein wirksamer Kaufvertrag zwischen L und G ist nicht zustande gekommen. L hat keinen Anspruch auf Kaufpreiszahlung aus § 433 Abs. 2 BGB.

5. Einheit: Handelsfirma

5.1 Inhalt und Lernziele

Die Firma eines Kaufmanns als der Name, unter dem er seine Geschäfte betreibt, kann quasi als dessen „Visitenkarte" angesehen werden. Da der Rechtsverkehr gewisse Erwartungen an den Inhaber der unter einer Firma betriebenen Unternehmung hat, stellt das in dieser Einheit darzustellende Firmenrecht zwingende Regeln an die Verwendung einer Firma auf. Im Folgenden werden die handelsrechtlichen Firmengrundsätze ebenso dargestellt, wie die Rechtsfolgen, die sich aus der Beeinträchtigung und dem unberechtigten Führen einer Firma ergeben.

Im Übungsfall wird an einem Beispiel der Grundsatz der Firmenwahrheit dargestellt. Zur weiteren Übung kann ferner auf den Fall bei Einheit 6 verwiesen werden, dort geht es um die Haftung bei Firmenfortführung.

5.2 Überblick

5.2.1 Begriff

Die Firma ist nach § 17 HGB der **Name**, unter dem der Kaufmann seine Geschäfte betreibt, seine Unterschrift abgibt, sowie klagen und verklagt werden kann. Die Firma ist daher im Gegensatz zum allgemeinen Sprachgebrauch kein Rechtssubjekt. Die Firma ist der Name des Unternehmensträgers und nicht des Unternehmens. Nur der Kaufmann hat eine Firma i. S. d. §§ 17 ff. HGB.

Handelsgesellschaften führen als Namen lediglich die Firma, da sie alle Rechtsgeschäfte als Handelsgeschäfte tätigen; dagegen haben Einzelkaufleute neben ihrer Firma einen bürgerlich-rechtlichen Namen (§ 12 BGB). Das Firmenrecht ist ein absolutes Recht und wirkt gegenüber jedermann.[159] Es ist ferner ein „sonstiges Recht" i. S. v. § 823 Abs. 1 BGB.[160] Verletzungen der Firma können daher Unterlassungs- und Schadensersatzansprüche auslösen.

5.2.2 Arten

Eine Firma besteht aus einem **Firmenkern** („Gerd Mustermann") und zumindest einem **Rechtsformzusatz** (z. B.: „e.K.") sowie ggf. einem **Sachzusatz** („Schreibwaren"). Was den Firmenkern angeht, kann man (seit der HGB-Reform von 1998) zwischen folgenden Erscheinungsformen unterscheiden:

---

159 MüKo-HGB/*Heidinger*, § 17 Rn. 42.
160 MüKo-BGB/*Wagner*, § 823 Rn. 226.

- Die **Personalfirma** geht auf den bürgerlichen Namen eines Unternehmers/ eines Unternehmensgründers zurück („Daimler AG", „Axel Springer AG").
- Die **Sachfirma** geht auf den Unternehmensgegenstand zurück („Friseur-Kosmetik-Bedarf GmbH", „Stadtwerke München GmbH").
- Die **Phantasiefirma** besteht aus wohlklingenden Worten ohne erkennbaren Bezug zum Unternehmensgegenstand (z. B. „Novartis GmbH", „Abacho AG", „Xing AG").

5.2.3 Abgrenzung

Abzugrenzen ist die Firma von folgenden Erscheinungsformen:

5.2.3.1 Geschäftsbezeichnungen (Etablissementnamen) und Minderfirmen

Dabei handelt es sich um von Gewerbetreibenden und Freiberuflern verwendete, werbewirksame Bezeichnungen (Minderfirmen) und Bezeichnungen für Geschäftslokale eines Unternehmens (ergänzende Geschäftsbezeichnungen). Diese unterliegen dem Markengesetz (vgl. § 1 Nr. 2, § 5 Abs. 1, 2 MarkenG), dem allgemeinen Namensrecht (§ 12 BGB) und dem Lauterkeitsrecht (§§ 1, 3 UWG).

Beispiel:

Die „Deutsche Freizeit AG" (Firmenbezeichnung) betreibt in Hamburg ein „Hans-Albers-Theater", in Berlin einen „City-Filmpalast" (jeweils Geschäftsbezeichnungen).

5.2.3.2 Marken

Marken sind Zeichen, die dazu dienen, die durch sie gekennzeichneten Waren/ Dienstleistungen bezüglich ihrer Herkunft von denjenigen Waren/Dienstleistungen anderer Hersteller zu unterscheiden.[161] Im Gegensatz zur Firma kennzeichnet die Marke also nicht den Unternehmensträger. Die Marke wird durch das MarkenG (und ggf. durch das UWG) geschützt.

Die Marke ist ein Immaterialgüterrecht das frei übertragen werden kann, § 27 Abs. 1 MarkenG. Die Firma ist dagegen untrennbar mit dem Handelsgeschäft verbunden und kann nicht ohne dieses übertragen werden, § 23 HGB.

Beispiel:

Die „Daimler AG" (Firma) verwendet die Marke „Mercedes-Benz", die „Beiersdorf AG" (Firma) verwendet die Marke „Nivea".

5.2.3.3 Domains

Domains sind Internetadressen, unter denen eine Webpräsenz besucht werden kann. Unternehmen sind bemüht eine mit ihrer Firma gleich lautende Domain zu erhalten, einen Anspruch hierauf gibt es allerdings nicht, denn anders als eine Firma kann eine Domain immer nur von einem einzigen benutzt werden.

---

161 Vgl. MüKo-HGB/*Heidinger*, § 17 Rn. 41.

Die Blockierung einer Domain nur zu dem Zwecke, den Ruf eines berühmten Unternehmens auszubeuten oder diesem zu schaden, ist nach UWG verboten.[162] Manche Unternehmen führen ihre Domain auch als Firma, z. B. „Expedia.com GmbH“, „buch.de internetstores AG“, „guenstiger.de Verlag GmbH“.

5.3 Firmenrecht

Das Firmenrecht besteht aus Firmenordnungsrecht und Firmennamensrecht. Das Firmenordnungsrecht regelt die Bildung bzw. Führung der Firma (öffentliches Recht). Das Firmennamensrecht regelt den Schutz der Firma als Kennzeichnungsrecht (Privatrecht).

5.3.1 Firmenordnungsrecht

5.3.1.1 Firmenbildung

Jeder Kaufmann kann zwischen Personenfirma, Sachfirma und Phantasiebezeichnung wählen, solange Kennzeichnungswirkung und Unterscheidungskraft gewährleistet sind. Jede Firma muss einen Zusatz über die Rechtsform enthalten, § 19 HGB. Bei Einzelkaufleuten muss dies eine der aufgeführten Bezeichnungen sein, z. B. „e. Kfm.“ (§ 19 Abs. 1 Nr. 1 HGB). Bei Personengesellschaften sind die jeweilige genaue Gesellschaftsbezeichnung (§ 19 Abs. 1 Nr. 2 u. 3 HGB) sowie etwaige Haftungsbeschränkungen (§ 19 Abs. 2 HGB) anzugeben. Für Kapitalgesellschaften gilt dies gem. §§ 4, 279 AktG, § 4 GmbHG entsprechend.

5.3.1.2 Firmenführung

Ein Kaufmann ist nicht nur berechtigt, sondern verpflichtet, eine zulässige Firma zu führen und zu verlautbaren (**Grundsatz der Firmenöffentlichkeit**). Die Firma ist zur Eintragung in das Handelsregister anzumelden (§ 29 HGB). Änderungen der Firma sowie die Verlegung der Niederlassung an einen anderen Ort müssen ebenfalls zur Eintragung angemeldet werden (§§ 31 Abs. 1, 34 HGB). Die Firma ist auf den Geschäftsbriefen zu verlautbaren (§ 37a HGB).

Die Firma **erlischt,** wenn bei einem Inhaberwechsel die Firma nicht fortgeführt wird (§§ 22, 24 HGB) und bei Verlust der Kaufmannseigenschaft.

5.3.1.3 Firmengrundsätze

Neben dem Prinzip der Firmenöffentlichkeit finden sich im HGB weitere wichtige Grundsätze in Bezug auf Wahrheit, Beständigkeit, Einheit und Unterscheidbarkeit der Firma.[163]

---

[162] Vgl. OLG Hamburg NJW-RR 2006, 193 f.
[163] *Canaris,* Handelsrecht, § 11 Rn. 2 ff.

a. Grundsatz der **Firmenwahrheit** (Irreführungsverbot), § 18 Abs. 2 HGB

Die Firma darf keine Angaben enthalten, die geeignet sind, über geschäftliche Verhältnisse, die für die angesprochenen Verkehrskreise wesentlich (Einbeziehung aller Umstände; objektivierte Sicht) sind, irrezuführen. Wesentlich sind z. B. die Rechtsform, die Identität der persönlich haftenden Gesellschafter oder die Unternehmensgröße. Unwesentliche Angaben sind dagegen die Anzahl der Gesellschafter, das Geschlecht des Inhabers. Ferner muss ein Rechtsformzusatz gem. § 19 HGB in der Firma enthalten sein.

b. Grundsatz der **Firmenbeständigkeit**, §§ 21–24 HGB

Infolge des Wahrheitsgebots müsste die Firma eigentlich an jede maßgebliche Veränderung angepasst werden, was u. U. zu einer Zerstörung des in ihr verkörperten Werts führte. Daher kann in bestimmten Fällen im Interesse des Bestandsschutzes eine unwahr gewordene Firma zumindest teilweise fortgeführt werden.

Folgende **Fallgruppen** sind anerkannt:

(1) Fortführung der Firma trotz Namensänderung des Geschäftsinhabers (§ 21 HGB)

Die Identität des Firmenträgers bleibt unangetastet (Bsp.: durch Heirat nimmt Kauffrau den Nachnamen ihres Ehegatten an).

(2) Fortführung der Firma trotz Inhaberwechsels (§§ 22, 24 HGB)

Eine zulässige Firmenfortführung trotz Inhaberwechsels **setzt voraus**:

i. Einen Inhaberwechsel durch:
   - dauerhaften Erwerb des Unternehmens durch Rechtsgeschäft unter Lebenden (§ 22 Abs. 1 Alt. 1 HGB) oder von Todes wegen (§ 22 Abs. 1 Alt. 2 HGB),
   - vorübergehende rechtsgeschäftliche Übertragung des Unternehmens, z. B.: Vermietung, Verpachtung (§ 22 Abs. 2 HGB),
   - Einbringung eines einzelkaufmännischen Unternehmens in eine Personenhandelsgesellschaft (§ 24 Abs. 1 Alt. 1; zugleich Fall des § 22 Abs. 1 Alt. 1 HGB) oder
   - Eintritt bzw. Austritt eines Gesellschafters in eine bzw. aus einer Personenhandelsgesellschaft (§ 24 Abs. 1 Alt. 2 HGB).

ii. Die bisherige Firma muss zu Recht geführt worden sein.[164]

iii. Der Inhaberwechsel muss das Unternehmen im Ganzen betreffen, d. h. zumindest den nach außen im Wesentlichen in Erscheinung tretenden Unternehmenskern.[165]

iv. Das jeweilige Rechtsgeschäft muss hinsichtlich des Inhaberwechsels wirksam sein.

---

164 OLG Frankfurt NJW 1969, 330.

165 Vgl. BGH NJW 1991, 1353 (1354).

v. Die ausdrückliche (meint hier „zweifelsfreie") Einwilligung der bisherigen Inhaber der Firma / der Erben (§ 22 Abs. 2 HGB) / der ausscheidenden Personengesellschafter (§ 24 Abs. 2 HGB) in die Firmenfortführung.

vi. Die Fortführung der Firma muss grds. **unverändert** erfolgen. Im Interesse der Firmenwahrheit gibt es aber insbesondere für Firmenzusätze folgende Ausnahmen:
   - Unschädlich ist ein das Nachfolgeverhältnis andeutender Zusatz (§ 22 Abs. 1 HGB: „Nachf."; „Erben").
   - Unwesentliche Änderungen (Schreibweise, Streichung eines abgekürzten Vornamens) sind ebenso zulässig wie wesentliche Änderungen, die im Allgemeininteresse oder berechtigten Interesse des Nachfolgers liegen und keinen Zweifel an der Firmenidentität aufkommen lassen.[166]
   - Wegen des **Irreführungsverbots** kann eine Änderung der fortgeführten Firma notwendig sein.

     Beispiel:
     keine Fortführung akademischer Grade, die der Nachfolger nicht innehat

   - Bei Fortführung der Firma durch den Nachfolger in anderer Rechtsform ist der **Rechtsformzusatz** entsprechend anzupassen (§ 19 HGB).

c. Grundsatz der **Firmeneinheit**

Der Unternehmensträger darf für ein Unternehmen nur eine Firma führen.[167] Eine Ausnahme gilt für Zweigniederlassungen, diese können und müssen ggf. aus Gründen der Unterscheidbarkeit am Ort der Zweigniederlassung eigenständig firmieren (§ 30 Abs. 3 HGB).

d. Grundsatz der **Firmenunterscheidbarkeit**

Dieser Grundsatz (auch als Firmenausschließlichkeit bezeichnet) dient der Kennzeichnungsfunktion der Firma (§ 18 Abs. 1 i. V. m. § 30 HGB). Die Prüfung der Zulässigkeit einer Firma erfolgt unter dem Gesichtspunkt der Unterscheidbarkeit von anderen Firmen:

- abstrakte Prüfung, ob die Firma überhaupt Unterscheidungskraft besitzt (§ 18 Abs. 1 HGB) zur Vermeidung von Allerweltsnamen, Allgemein- oder Gattungsbegriffen
- konkrete Prüfung, ob die Firma sich von im Ort eingetragenen Firmen so klar unterscheidet, dass Gefahr der Verwechslung durch das Publikum ausgeschlossen ist (§ 30 HGB); die **Verwechslungsgefahr** ist anhand des vollen Firmenwortlauts und eventuell auch denkbarer Abkürzungen nach dem audiovisuellen Gesamteindruck zu beurteilen.[168]

---

[166] MüKo-HGB/*Heidinger*, § 17 Rn. 48 ff.
[167] BGH NJW 1991, 2023 (2024).
[168] Vgl. NJW 1966, 1813 (1815 f.).

Zusammenfassung der Firmengrundsätze

1. Firmenöffentlichkeit, § 29 HGB
2. Firmenwahrheit (Irreführungsverbot), § 18 Abs. 2 HGB
3. Firmenbeständigkeit, §§ 21–24 HGB
4. Firmeneinheit (ein Unternehmen = eine Firma)
5. Firmenunterscheidbarkeit, §§ 18 Abs. 1, 30 HGB

5.3.2 Firmennamensrecht (Firmenschutz)

Gegen die unzulässige Beeinträchtigung des Firmenrechts durch Dritte gewährt das HGB dem betroffenen Firmeninhaber in zweifacher Weise Schutz, denn der unzulässige Firmengebrauch löst **öffentlich-rechtliche** und **privatrechtliche Sanktionen** aus.

5.3.2.1 Registerrechtliches Firmenmissbrauchsverfahren nach § 37 Abs. 1 HGB

Das Registergericht kann gem. § 37 Abs. 1 HGB i. V. m. §§ 392, 388–391 FamFG von Amts wegen gegen den Gebrauch einer unzulässigen Firma einschreiten. Dies setzt im Einzelnen die Unzulässigkeit der Firma (keine Heilung durch Eintragung) und den Gebrauch der Firma im Geschäftsverkehr mit Wiederholungsabsicht voraus.

5.3.2.2 Privatrechtliche Sanktionen unzulässigen Firmengebrauchs

a. Firmenrechtlicher Unterlassungsanspruch aus § 37 Abs. 2 S. 1 HGB

Die Anspruchsvoraussetzungen des firmenrechtlichen Unterlassungsanspruchs sind:

- **unzulässiger Firmengebrauch**: Dies beurteilt sich nach § 37 Abs. 1 HGB mit der Folge, dass der Anspruch nur bei Verstoß gegen objektives Firmenrecht, nicht bei Verletzungen anderer Rechtsnormen (z. B. § 15 MarkenG) oder einer vertraglichen Vereinbarung gegeben ist.
- Vorliegen einer **Rechtsverletzung**: dies umfasst jede Beeinträchtigung eines rechtlichen Interesses wirtschaftlicher Art, so dass neben subjektivem Firmenrecht andere rechtliche Interessen, insbesondere von Wettbewerbern (Markenrecht, Patentrecht, Lauterkeitsrecht), geschützt werden.

Rechtsfolge ist die Verurteilung zur Unterlassung des Gebrauchs und zugleich die Verpflichtung zur zügigen Herbeiführung der Löschung einer eingetragenen Firma. Nach § 37 Abs. 2 S. 2 HGB bleiben Schadenersatzansprüche aus anderen Vorschriften ausdrücklich unberührt.

b. Daneben sind folgende sonstige privatrechtliche Sanktionen denkbar:

- allgemeiner zivilrechtlicher Unterlassungsanspruch, § 1004 Abs. 1 analog i. V. m. § 823 Abs. 1 bzw. § 12 BGB,

- allgemeiner deliktsrechtlicher Schadenersatzanspruch, § 823 Abs. 1 BGB (ggf. i. V. m. § 12 BGB; § 823 Abs. 2 BGB), § 826 BGB,
- markenrechtlicher Unterlassungs- und Schadenersatzanspruch, § 15 Abs. 4, 5 MarkenG,
- namensrechtlicher Unterlassungsanspruch, § 12 S. 2 BGB,
- wettbewerbsrechtlicher Unterlassungs- und Schadenersatzanspruch, §§ 3, 8, 9 UWG.

5.4 Übungsfall mit Lösung

Sachverhalt

Die „Gustav Gans & Sohn OHG" wurde zum 31.12. aufgelöst, was im Handelsregister vermerkt wurde. Seniorchef Gustav Gans will sich zur Ruhe setzen. Sein Sohn Hans soll das Geschäft ab 01.01. des Folgejahres unter derselben Firma als Einzelkaufmann weiterführen. Das Registergericht hat gegen die Eintragung der Firma vor allem wegen des Zusatzes „& Sohn OHG" Bedenken, da hierdurch auf ein in Wahrheit nicht bestehendes Gesellschaftsverhältnis geschlossen werden und die Öffentlichkeit somit getäuscht werden könne. Kann die Firma „Gustav Gans & Sohn OHG" wieder in das Handelsregister eingetragen werden?

Lösung

Die Firma kann nicht in das Handelsregister eingetragen werden, wenn gegen Grundsätze des Firmenrechts verstoßen würde. Ein unzulässiger Firmengebrauch könnte gem. § 37 HGB sogar eine Festsetzung von Ordnungsgeld durch das Registergericht nach sich ziehen, um die Unterlassung des Gebrauchs durchzusetzen.

Hier könnte der Grundsatz der Firmenwahrheit verletzt sein, §§ 18 Abs. 2, 19 Abs. 1 Nr. 1 HGB, da die angesprochenen Verkehrskreise sowohl über die Person des Inhabers des Handelsgeschäfts getäuscht werden – Inhaber ist Hans und nicht Gustav –, als auch über die Existenz weiterer Gesellschafter („und Sohn") und darüber hinaus über die Rechtsform, denn es handelt sich nicht um eine OHG, sondern um ein einzelkaufmännisch betriebenes Handelsgeschäft.

Nach § 19 Abs. 1 HGB müsste die Firma vielmehr „Hans Gans, e.K." lauten. Wegen § 22 HGB wäre auch die Firma „Gustav Gans, e.K." (mit oder ohne Nachfolgezusatz) möglich, da das Handelsgeschäft unter Lebenden erworben wurde und der bisherige Geschäftsinhaber Gustav in die Fortführung der Firma durch Hans ausdrücklich eingewilligt hat.

6. Einheit: Unternehmen

6.1 Inhalt und Lernziele

Wie bei der in der vorherigen Einheit dargestellten Firma wird durch die Tätigkeit eines Unternehmens im Rechtsverkehr ein Vertrauenstatbestand begründet. Wird ein Handelsgeschäft weiterveräußert, kommt es also zum Wechsel des Unternehmensträgers, können sich daraus haftungsrechtliche Fragen vor allem im Hinblick auf bereits bestehende Verbindlichkeiten ergeben. Wer haftet für noch offene Verbindlichkeiten? Der frühere Inhaber oder der Erwerber? Haften beide gemeinsam? Um solche Fragen geht es in dieser Einheit. Ferner werden die Grundsätze des Wechsels eines Unternehmensträgers bzw. der rechtsgeschäftlichen Übertragung eines Unternehmens dargestellt.

Der Übungsfall baut auf der Regelung des §25 HGB auf, mit einer Haftung des Erwerbers eines Handelsgeschäfts für vor der Übernahme entstandene Verbindlichkeiten. Wie bei Einheit 5 kommt auch hier der Fortführung der Firma eine besondere Bedeutung zu.

6.2 Einführung

Ein Unternehmen rechtsgeschäftlich zu übertragen, bringt eine Vielzahl komplizierter Probleme mit sich. Das HGB behandelt diesen Bereich nur fragmentarisch, nämlich die Teilbereiche der Fortführung der Firma (§§22, 24 HGB) und der Haftung im Falle des Wechsels des Unternehmensträgers (§§25–28 HGB).

6.2.1 Begriff des Unternehmens

Das Unternehmen ist eine organisatorisch-wirtschaftliche Einheit aus personellen und sachlichen Mitteln.[169] Zu ihm „gehören" materielle Werte (Grundstücke, Einrichtungsgegenstände), immaterielle Werte (Geschäftsgeheimnisse, Ansehen/goodwill) und die Arbeitnehmer.

6.2.2 Unternehmen und Unternehmensträger

Jedes Unternehmen hat einen Unternehmensträger. Dies können natürliche oder juristische Personen sowie Gesamthandsgemeinschaften sein. Der Unternehmensträger und nicht das Unternehmen ist Rechtssubjekt, das durch die

---

169 Vgl. MüKo-HGB/*Hoyningen-Huene*, §59 Rn. 17.

für das Unternehmen getätigten Rechtsgeschäfte berechtigt und verpflichtet wird.[170] Deshalb ist das Unternehmensvermögen nicht dem Unternehmen, sondern dem Unternehmensträger neben dessen Privatvermögen (Einzelkaufmann) oder als Gesellschaftsvermögen (Gesellschaft) zugeordnet.

6.2.3 Unternehmenserwerb

Die rechtsgeschäftliche Übertragung des Unternehmens ist keine handelsrechtliche Spezialmaterie. Sie wird nach allgemeinem Zivilrecht behandelt. Wirtschaftlich und organisatorisch bildet das Unternehmen eine Einheit. Als Rechtsgegenstand wird das Unternehmen aber nur zum Teil als Einheit betrachtet. Die Grundprinzipien des Unternehmenserwerbs sind folgende:

1. Verpflichtungsgeschäft (schuldrechtliches Rechtsgeschäft)

Schuldrechtlich ist eine Einheitsbetrachtung möglich. Verpflichtungsgeschäfte können auf Übertragung oder zeitweilige Überlassung des Unternehmens als Gesamtheit gerichtet sein. Im Zweifel sind alle Aktiva und Passiva einschließlich des Zubehörs Gegenstand des Verpflichtungsgeschäfts, das grundsätzlich keiner Form bedarf. Ausnahmen können nur für Grundstücke gelten, falls diese als Teil eines Unternehmens mitübertragen werden sollten.

Beim Unternehmenserwerb ist zu unterscheiden zwischen

- dem Kauf des Unternehmens als rechtlicher Einheit mit Wechsel des Unternehmensträgers (Unternehmenskauf i. e. S.; sog. **asset deal**) und
- dem bloßen Kauf von Gesellschaftsanteilen (etwa Aktien) am Träger des Unternehmens (Beteiligungskauf; sog. **share deal**).[171]

Weil ein Unternehmen keine Sache i. S. v. §90 BGB ist, kommen die Vorschriften über den Sachkauf beim share deal als Rechtskauf über die Verweisung in §453 Abs. 1 Alt. 1 BGB und beim asset deal als Kauf eines sonstigen Gegenstandes über §453 Abs. 1 Alt. 2 BGB zur Anwendung.

Damit sind auch die Vorschriften zur Mängelgewährleistung (§§434 ff. BGB) anwendbar. Ein Mangel i. S. d. §434 BGB liegt vor, wenn die tatsächliche Beschaffenheit des Unternehmens von der vertraglich vereinbarten oder nach objektiven Maßstäben zu erwartenden Beschaffenheit negativ abweicht.

Beispiel:

V verkauft an K seinen Hotelbetrieb und erklärt, dass das Unternehmen schuldenfrei sei. Fehlt diese Beschaffenheit bei Gefahrübergang – also: tauchen plötzlich doch versteckte Schuldenberge auf –, kann K Gewährleistungsrechte geltend machen (§§ 437, 434 Abs. 1 S. 1 BGB).

In der Praxis werden aber verbreitet Gewährleistungsausschlüsse oder eine nachträgliche Minderung des Kaufpreises vereinbart (Earn-Out-Klausel). Aus diesem Grunde prüft der Käufer das Zielunternehmen sehr genau im Rahmen der sog. due diligence.

---

[170] *K. Schmidt*, Handelsrecht, §4 Rn. 59.
[171] MüKo-BGB/*Westermann*, § 453 Rn. 20.

2. Verfügungsgeschäft (dingliches Rechtsgeschäft)

Aufgrund des Spezialitätsgrundsatzes (siehe dazu WPR 1 Einheit 10) bildet das Unternehmen sachenrechtlich keine Einheit; der Unternehmensträger ist vielmehr Eigentümer der einzelnen Unternehmensgegenstände. Dies erfordert, dass einzelne Bestandteile durch einzelne Verfügungen übertragen werden (müssen).

Beim **asset deal** müssen die einzelnen Unternehmensgegenstände (z. B. Grundstücke, bewegliche Sachen, Rechte) nach den jeweils geltenden bürgerlichrechtlichen Vorschriften (z. B. §§ 873, 925 BGB; §§ 929 ff. BGB; §§ 398 ff., 413 BGB) übertragen werden. Die Arbeitsverträge mit den Arbeitnehmern gehen nach § 613a BGB auf den neuen Unternehmensträger über.

Möglich ist auch ein **share deal.** Dabei werden die Gesellschaftsanteile am Unternehmensträger (z. B. GmbH-Anteile, Aktien) übertragen.

6.3 Haftung beim Wechsel des Unternehmensträgers

Die Regelungen der **§§ 25–28 HGB** dienen in verschiedener Weise dem Verkehrsschutz in einer schwierigen Übergangsphase des Handelsgeschäfts. Sie betreffen die

- Haftung des Erwerbers eines kaufmännischen Unternehmens für Altschulden.
- fortgesetzte Haftung des Altinhabers.
- Stellung der Altschuldner des kaufmännischen Unternehmens.

6.3.1 Inhaberwechsel unter Lebenden mit Firmenfortführung, § 25 Abs. 1, 2 HGB

Hinsichtlich der Rechtsfolgen eines Inhaberwechsels unter Lebenden, bei dem die alte Firma fortgeführt wird, ist zu unterscheiden zwischen der eintretenden Haftungskontinuität für die Altgläubiger (§ 25 Abs. 1 S. 1 HGB) und dem Forderungsübergang mit relativer Wirkung (§ 25 Abs. 1 S. 2 HGB).

1. Haftungskontinuität für die Altgläubiger, § 25 Abs. 1 S. 1 HGB

a. Voraussetzungen dafür sind:

   - ein Handelsgeschäft muss übertragen worden sein: der bisherige Inhaber muss ein Handelsgeschäft betrieben haben (dazu oben Einheit 2 Ziff. 2.3)
   - der Inhaberwechsel muss unter Lebenden stattgefunden haben

   Nicht notwendig ist ein dauerhafter Inhaberwechsel, ein vorübergehender Inhaberwechsel ist ausreichend. Es kommt nur auf den tatsächlichen Übergang und die Fortführung des Handelsgeschäfts an.[172] Ein Verkauf des Handelsgeschäftes ist ebenfalls nicht unbedingt erforderlich, auch die

[172] Baumbach/*Hopt*, HGB, § 25 Rn. 5.

Neu-Verpachtung reicht aus. Der Inhaberwechsel muss aber zumindest den Kern des Handelsgeschäfts betreffen.

- die bisherige Firma wird fortgeführt

Notwendig ist die tatsächliche, im Wesentlichen unveränderte Firmenfortführung durch den Erwerber. Die Firmenfortführung nach §22 HGB muss nicht rechtmäßig erfolgen.[173] Unwesentliche Änderungen in der Firmierung stehen einer Fortführung nicht entgegen; für Nachfolgezusätze ist dies ausdrücklich bestimmt, §25 Abs. 1 S. 1 HGB.

Beispiel:

Die „Karl Mustermann Schreibwaren GmbH" verkauft den von ihr betriebenen Schreibwarenhandel an eine KG, die den Handel unter der Firma „Mustermann Schreibwaren KG" fortführt. Hier kann man trotz der Veränderung des Rechtsformzusatzes und des Wegfalls des Vornamens noch von einer Firmenfortführung sprechen.

b. Rechtsfolgen der Firmenfortführung

Es kommt zu einem gesetzlichen Schuldbeitritt, was sich insbesondere aus §25 HGB ergibt, der die Modalitäten der Weiterhaftung des Veräußernden regelt. Im Einzelnen bedeutet dies, dass der Erwerber für sämtliche Verbindlichkeiten des früheren Inhabers haftet, die in dem übernommenen Handelsgeschäft entstanden sind und der frühere Inhaber haftet weiterhin neben dem Erwerber in vollem Umfang als Gesamtschuldner i. S. d. §§421 ff. BGB. Die Haftung des früheren Inhabers ist jedoch zeitlich befristet durch die so genannte **Nachhaftungsbegrenzung** in §26 HGB.

c. (keine) Vereinbarung eines Haftungsausschlusses, §25 Abs. 2 HGB

Eine Vereinbarung zwischen altem und neuen Geschäftsinhaber, dass der Erwerber für die Altschulden nicht zu haften habe, entfaltet nur dann Wirkung gegenüber Dritten, wenn die Vereinbarung in das Handelsregister eingetragen und bekannt gemacht oder dem Dritten unmissverständlich mitgeteilt worden ist (§25 Abs. 2 HGB). Dies muss unverzüglich (also ohne schuldhaftes Zögern, vgl. §121 Abs. 1 S. 1 BGB) nach der Geschäftsübernahme erfolgen.[174]

Beispiel:

V verkauft ihr einzelkaufmännisch betriebenes Schreibwarengeschäft an K und vereinbart mit ihm, dass dieser nicht für die Altschulden haften solle.

K führt das Geschäft unter der bisherigen Firma fort und meldet die von § 25 Abs. 1 S. 1 HGB abweichende Haftungsvereinbarung zur Eintragung in das Handelsregister an.

Noch vor Bekanntmachung nimmt ihn der Altgläubiger G in Anspruch, der über Dritte von der Haftungsvereinbarung gehört hat.

Nach der Eintragung meldet sich der Angestellte A wegen seit langem ausgebliebener Gehaltsforderungen. A meint, er habe unmittelbar nach der Geschäftsübernahme durch K Einblick in das noch keinen Vermerk nach § 25 Abs. 2 HGB enthaltende Register genommen und im Vertrauen auf die Firmenfortführung zunächst von einer Inanspruchnahme des K abgesehen.

Gegenüber G kann sich K nicht auf die Haftungsvereinbarung berufen, da sie weder bekannt gemacht, noch dem G direkt mitgeteilt worden war. Da § 25 Abs. 2 HGB keine Gutglaubensvorschrift ist, ist die anderweitige Kenntniserlangung des G unbeachtlich.

---

[173] BGH NJW 2001, 1352.
[174] BGH NJW-RR 1992, 866 (867).

Hingegen wird A den K nicht in Anspruch nehmen können, da nach allg. Ansicht die Eintragung und Bekanntmachung bzw. Mitteilung weder vor, noch gleichzeitig mit der Geschäftsübernahme, sondern lediglich unverzüglich in die Wege geleitet werden müssen.

2. Forderungsübergang mit relativer Wirkung, §25 Abs. 1 S. 2 HGB

a. Sinn und Zweck der Regelung

Der Neuinhaber eines Handelsgeschäfts wird nur dann Gläubiger der vor dem Inhaberwechsel begründeten Forderungen zwischen dem Alt-Inhaber und dessen Schuldnern, wenn ihm diese vom bisherigen Inhaber nach §§398 ff. BGB abgetreten werden. Die Abtretung nach §§398 ff. BGB bedarf nicht der Mitwirkung des Schuldners und muss diesem auch nicht angezeigt werden. Weil die Firma fortgeführt wird, weiß er womöglich auch gar nichts vom Wechsel des Unternehmensträgers. Deshalb kann beim Schuldner Ungewissheit entstehen, wer sein Gläubiger ist.

Zahlt der Schuldner in Unkenntnis an den bisherigen Inhaber, obwohl die Forderung an den Erwerber abgetreten wurde, schützt ihn §407 Abs. 1 BGB. Der Erwerber als Gläubiger der Forderung muss die Zahlung an den bisherigen Inhaber gegen sich gelten lassen.

Zahlt der Schuldner aber an den Erwerber in der irrigen Vorstellung dieser sei sein Gläubiger, obwohl keine Abtretung stattgefunden hat, greift §407 BGB nicht ein. In diesem Fall schützt ihn §25 Abs. 1 S. 2 HGB, der einen **Übergang der Altforderungen** auf den Erwerber mit relativer Wirkung gegenüber dem Schuldner bestimmt. D. h. der bisherige Inhaber muss die Zahlung an den Erwerber gegen sich gelten lassen.

Beispiel:

Dem Unternehmensinhaber U steht gegen D eine Forderung i. H. v. 10.000 Euro zu. U verkauft sein Unternehmen an E, der die bisherige Firma fortführen darf. U tritt seine Forderung gegen D nicht an E ab. D müsste also weiterhin an U und nicht an E zahlen. Zahlt D nun aber an E, wird D von seiner Schuld frei (§ 362 Abs. 1 BGB), denn nach § 25 Abs. 1 S. 2 HGB gilt die Forderung als auf E übergegangen. U kann die 10.000 Euro aber gem. § 816 Abs. 2 BGB von E verlangen.

b. Voraussetzungen

Es müssen die Voraussetzungen des §25 Abs. 1 S. 1 HGB vorliegen, also ein Handelsgeschäft, ein Inhaberwechsel und die Fortführung der bisherigen Firma. Ferner muss im Gegensatz zu §25 Abs. 1 S. 1 HGB der bisherige Inhaber in die Fortführung der Firma eingewilligt haben (Schutz des Altinhabers), eine wissentliche Duldung reicht hierbei jedoch aus. Eine abweichende Vereinbarung darf nicht bestehen. Gibt es dagegen eine abweichende Vereinbarung zwischen dem alten und neuen Inhaber, die nach §25 Abs. 2 HGB ins Handelsregister eingetragen und bekanntgemacht oder dem Schuldner mitgeteilt worden ist, ist §25 Abs. 1 S. 2 HGB nicht anwendbar.

c. Rechtsfolgen

Altschuldner können mit befreiender Wirkung an den neuen Inhaber leisten (§362 Abs. 1 BGB). Der alte Inhaber bleibt bei Leistung an den neuen Inhaber als tatsächlicher Gläubiger auf vertragliche oder gesetzliche (§816 Abs. 2 BGB) Ausgleichsansprüche gegenüber dem neuen Inhaber angewiesen. §25 Abs. 1

S. 2 HGB gilt aber nur zugunsten der Altschuldner, so dass diese mit befreiender Wirkung auch an den Veräußernden, also den tatsächlichen Gläubiger, leisten können.

6.3.2 Inhaberwechsel unter Lebenden ohne Firmenfortführung, § 25 Abs. 3 HGB

Führt der neue Inhaber die bisherige Firma nicht oder in deutlich veränderter Form fort, haftet der Erwerber des Handelsgeschäfts für die früheren Verbindlichkeiten nur, wenn ein besonderer Verpflichtungsgrund vorliegt, § 25 Abs. 3 HGB. Ein solcher Verpflichtungsgrund kann in der handelsüblichen Bekanntmachung der Übernahme der Verbindlichkeiten liegen, in der Vereinbarung eines Schuldbeitritts (§ 311 Abs. 1 BGB), der Vereinbarung einer befreienden Schuldübernahme unter Mitwirkung des Gläubigers (§§ 414 f. BGB), oder in einer vertraglichen oder gesetzlichen Vertragsübernahme (z. B. §§ 566, 613a BGB).

Wird die Firma nicht fortgeführt, ist § 25 Abs. 1 S. 2 HGB nicht einschlägig, da der Schuldner in diesem Fall nicht darauf vertrauen kann, dass der neue Unternehmensträger sein Gläubiger wird.

6.3.3 Inhaberwechsel von Todes wegen, § 27 HGB

Beim Inhaberwechsel von Todes wegen muss man unterscheiden zwischen der durch das **Erbrecht** (§§ 1922 Abs. 1, 1967 BGB) und der in bestimmten Fällen daneben durch das **Handelsrecht** (§ 27 HGB) begründeten Haftung für alte Geschäftsschulden:

1. Erbrechtlich begründete Haftung des Inhabers

Die Altverbindlichkeiten gehen mit dem Tod des Erblassers im Wege der Universalsukzession (Gesamtrechtsnachfolge) auf den Erben über. Diese Haftung ist jedoch auf den Nachlass beschränkbar (§§ 1973, 1975 ff. BGB).

2. Handelsrechtlich begründete Haftung des Inhabers (Erben)

§ 27 HGB begründet eine **zusätzliche** handelsrechtliche Erbenhaftung für die Altschulden eines einzelkaufmännischen Handelsgeschäfts. Im Gegensatz zu der erbrechtlich begründeten Haftung ist diese **nicht beschränkbar**.

Voraussetzungen einer solchen Haftung sind:

- Einzelkaufmännisches Handelsgewerbe im Nachlass

Zum Nachlass muss ein Handelsgeschäft (dazu oben Einheit 2 Ziff. 2.4.1) gehören, das der Erblasser als Einzelkaufmann betrieben hat.

- Fortführung durch den Erben

Das Handelsgeschäft muss durch einen Erben, der die Erbschaft nicht nach §§ 1942 ff. BGB ausgeschlagen hat, fortgeführt werden.

- Keine Einstellung der Geschäftsfortführung innerhalb der Bedenkzeit, § 27 Abs. 2 HGB

§25 Abs. 1 findet nach §27 Abs. 2 HGB nur Anwendung, wenn der Erbe die Fortführung des Geschäfts nicht innerhalb dreimonatiger **Bedenkzeit** eingestellt hat. Der Zweck dieser Frist besteht darin, dass der Erbe sich nach einem u. U. überraschenden Erbfall über die Lage des Handelsgeschäfts informieren und eine Entscheidung bzgl. der Fortführung treffen kann. Eine Einstellung setzt die Zerschlagung des Unternehmens voraus; eine bloße Änderung der zunächst noch fortgeführten Firma genügt ebenso wenig wie eine Veräußerung des Handelsgeschäfts.

- die zusätzlichen Voraussetzungen des §25 HGB

§27 Abs. 1 HGB ist nach h. M. eine Rechtsgrundverweisung auf §25 Abs. 1 und Abs. 2 HGB, d. h., die dort genannten Voraussetzungen müssen ebenfalls vorliegen.[175] Daher ist insbesondere die Fortführung der Firma erforderlich. Umstritten ist, ob auch der Erbe seine Haftung gem. §25 Abs. 2 HGB beschränken kann, wenn er dies ins Handelsregister eintragen und bekanntmachen lässt oder dem Dritten mitteilt.[176] In der Praxis dürften solche Fälle jedoch kaum vorkommen.

Die **Rechtsfolgen** entsprechen denen bei §25 HGB.

6.3.4 Einbringung eines Handelsgeschäfts in eine Personenhandelsgesellschaft, § 28 HGB

Wie in §25 Abs. 1 werden in §28 Abs. 1 HGB die Schuldenhaftung (Satz 1) und der Forderungsübergang (Satz 2) geregelt. Der Anwendungsbereich des §28 HGB ist jedoch ein anderer: Geregelt wird der Fall der Gründung einer OHG (Offene Handelsgesellschaft) oder KG (Kommanditgesellschaft), in die der bisherige Kaufmann sein Unternehmen einbringt und fortführt. Denn die Formulierung „Eintritt" eines persönlich haftenden Gesellschafters oder Kommanditisten in das Geschäft eines Einzelkaufmanns meint nichts anderes als die „Gründung" einer OHG bzw. KG.

1. Voraussetzungen

- Handelsgeschäft eines Einzelkaufmanns

Dies umfasst nicht nur Einzelkaufleute. Auch juristische Personen und ggf. sogar die Gesamthandsgemeinschaften mit Kaufmannseigenschaft können in das Handelsgeschäft eines Kaufmanns i. S. v. §28 Abs. 1 HGB eintreten. Die juristischen Personen werden dann Gesellschafter der entstehenden OHG bzw. KG. So kann es etwa zur Gründung einer GmbH & Co KG kommen.

- Gründung einer Personenhandelsgesellschaft

Es muss eine Personenhandelsgesellschaft gegründet werden, also eine OHG oder KG. Nicht erfasst werden die Gründung einer GbR und einer Kapitalgesellschaft.

---

175 MüKo-HGB/*Thiessen*, §27 Rn. 24 m.w.N.

176 So *Canaris*, Handelsrecht, §7 Rn. 111; a. A. *K. Schmidt*, Handelsrecht, §8 Rn. 146 f.

- Einbringung des Handelsgeschäfts

Die Einbringung kann nicht nur durch eine rechtsgeschäftliche Übertragung erfolgen, sondern auch durch eine sonstige weitere Nutzung, z. B. im Rahmen eines Pachtvertrags.[177]

Eine Firmenfortführung ist ausweislich des Wortlauts im Gegensatz zu § 25 HGB nicht erforderlich („auch wenn sie die frühere Firma nicht fortführt").

- Fehlen einer abweichenden Regelung, § 28 Abs. 2 HGB

2. Rechtsfolgen

Liegen die Voraussetzungen vor, kommt es zu einer unbeschränkten Haftung der Personenhandelsgesellschaft gesamtschuldnerisch (§§ 421 ff. BGB) neben dem bisherigen Alleininhaber für alle im einzelkaufmännischen Handelsgeschäft entstandenen Verbindlichkeiten (§ 28 Abs. 1 S. 1 HGB).

Ferner kommt es zu einem Forderungsübergang mit relativer Wirkung. Dies entspricht der Rechtsfolge des § 25 Abs. 1 S. 2 HGB.

Für den (Sonder-)Fall des § 28 Abs. 3 HGB wird die entsprechende Anwendung des § 26 Abs. 1 HGB zur Nachhaftungsbegrenzung angeordnet.

Zusammenfassung: Haftungstatbestände beim Unternehmenserwerb

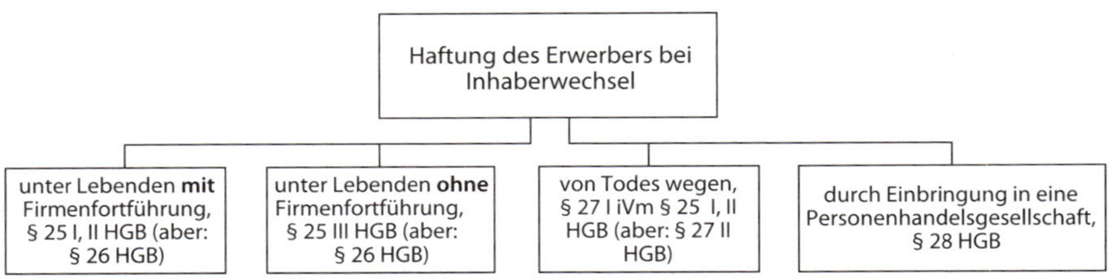

6.4 Übungsfall mit Lösung

Sachverhalt

Alfons betreibt einen großen Speiseeiszubehörvertrieb unter der Firma „Alfons Speiseeiszubehör e.K.". Für 1.700.000 Euro veräußert er das Unternehmen an Berta. Im Unternehmenskaufvertrag vereinbaren die Beiden, dass das Unternehmen ohne ausstehende Schulden und Forderungen übertragen wird und Berta berechtigt ist, die Firma weiter zu nutzen. Berta nimmt das Unternehmen in Betrieb und firmiert unter „Alfons Speiseeiszubehör Nachf. Berta e.K.".

a) Ein Kunde (K) überweist an Berta 70.000 Euro für die Lieferung einer größeren Menge Eismaschinen, die er noch von Alfons erhalten hatte. Alfons bezweifelt, dass diese Zahlung „wirksam" ist und verlangt von K Zahlung von 70.000 Euro. Falls der Anspruch nicht (mehr) bestehen sollte will er jedenfalls von Berta die 70.000 Euro herausverlangen können. Wie ist die Rechtslage?

[177] MüKo-HGB/*Thiessen*, § 28 Rn. 18.

b) Die G-Bank macht drei Jahre nach Übernahme des Betriebs gegenüber Berta eine Forderung in Höhe von 150.000 Euro geltend, die aus einem noch mit Alfons abgeschlossenen Darlehensvertrag stammt. Wegen dieser Forderung hatte sich Alfons seinerzeit wirksam der sofortigen Zwangsvollstreckung unterworfen. Berta ist zur Zahlung nicht bereit und verweist auf die anders lautende Klausel im Unternehmenskaufvertrag. Die Bank möchte wissen, wer zur Rückzahlung des Darlehens verpflichtet ist.

Lösung

Teil a)

Fraglich ist, ob ein Anspruch des Alfons gegen K auf Zahlung von 70.000 Euro aus Kaufvertrag gem. §433 Abs. 2 BGB besteht.

1. Ein solcher Anspruch war wirksam entstanden, da laut Sachverhalt ein Kaufvertrag zwischen Alfons und K geschlossen worden war.
2. Dieser Anspruch könnte aber durch die Zahlung des K an Berta nach §362 Abs. 1 BGB untergegangen sein. Fraglich ist aber, ob die Leistung tatsächlich „an den Gläubiger“ bewirkt wurde.
3. Gläubiger der Kaufpreisforderung war zunächst Alfons. Jedoch gelten gem. §25 Abs. 1 S. 2 HGB die im Betrieb des Alfons begründeten Forderungen dem (Kaufpreis-)Schuldner K gegenüber als auf die Erwerberin Berta übergegangen. Allerdings findet nach §25 Abs. 1 S. 2 HGB kein tatsächlicher Forderungsübergang im Sinne eines Gläubigerwechsels statt. Wahrer Gläubiger blieb nach wie vor Alfons, an den nicht geleistet wurde. Die Zahlung an Berta konnte den Anspruch somit nicht gem. §362 Abs. 1 BGB zum Erlöschen bringen.
4. Jedoch kann nach §25 Abs. 1 S. 2 HGB der Schuldner an den Erwerber des Handelsgeschäfts befreiend leisten. K könnte durch die Zahlung an Berta den Anspruch des Alfons also somit zum Erlöschen gebracht haben.
5. Etwas anders könnte sich freilich aus der abweichenden Vereinbarung zwischen Alfons und Berta ergeben, wonach Forderungen gerade nicht übergehen sollen. Weil diese Vereinbarung aber nicht in das Handelsregister eingetragen und bekannt gemacht wurde, ist sie gem. §25 Abs. 2 HGB dem K gegenüber unwirksam. K hat an Berta und somit mit Erfüllungswirkung gegenüber Alfons geleistet. Der Anspruch des Alfons ist damit erloschen.

Ergebnis: Alfons hat keinen Anspruch auf Kaufpreiszahlung gegen K.

Ein Anspruch des Alfons auf Herausgabe „des Geleisteten“ gegen Berta könnte gem. §816 Abs. 2 BGB (ungerechtfertigte Bereicherung) bestehen.

Berta ist hinsichtlich der Kaufpreisforderung Nichtberechtigte. Zwar konnte K gegenüber Berta befreiend leisten. Jedoch ist Berta über §25 Abs. 1 S. 2 HGB nicht als Gläubigerin des Anspruchs anzusehen und somit Nichtberechtigte. Gläubigerin wäre sie nur geworden, wenn ihr Alfons die Forderung abgetreten hätte, was nicht geschah. An sie wurde auch seitens K geleistet (bewusste und zweckgerichtete Vermögensmehrung durch K), diese Leistung war Alfons gegenüber H auch wirksam aufgrund der Wirkung von §25 Abs. 1 S. 2 HGB (s.o). Die Voraussetzungen des §816 Abs. 2 BGB liegen vor.

Ergebnis: Alfons hat gegen Berta einen Anspruch auf Herausgabe der 70.000 Euro aus §816 Abs. 2 BGB.

Teil b)

Besteht ein Anspruch der G-Bank gegen Berta auf Rückzahlung von 150.000 Euro gem. §488 Abs. 1 S. 2 BGB?

Ein solcher Anspruch besteht nicht, da zwischen der G-Bank und Berta kein Darlehensverhältnis besteht.

Es könnte ein Anspruch der G-Bank gegen Berta auf Rückzahlung von 150.000 Euro gem. §488 Abs. 1 S. 2 BGB i. V. m. §25 Abs. 1 S. 1 HGB bestehen.

1. Bei der Darlehensforderung i. H. v. 150.000 Euro handelt es sich um eine im Geschäftsbetrieb des Vorgängers Alfons begründete Verbindlichkeit aus einem laut Sachverhalt wirksamen Darlehensvertrag mit der G-Bank und somit um eine Verbindlichkeit i. S. v. §25 Abs. 1 S. 1 HGB.
2. Fraglich ist, ob Berta nach den Grundsätzen zur Firmenfortführung für diese Verbindlichkeit auch haftet. Berta hat das Handelsgeschäft durch Unternehmenskauf erworben und die bisherige Firma fortgeführt, die Voraussetzungen des §25 Abs. 1 S. 1 HGB liegen vor. Der Nachfolgezusatz ändert daran nichts. Die intern abweichende Vereinbarung zwischen Alfons und Berta, wonach keine Verbindlichkeiten übergehen sollen, ist gem. §25 Abs. 2 HGB im Außenverhältnis unwirksam. Nach §25 Abs. 1 S. 1 HGB haftet Berta daher für die Darlehensforderung als eine im Betriebe begründete Verbindlichkeit des früheren Inhabers Alfons.

Ergebnis: Die G-Bank hat gegen Berta einen Anspruch auf Darlehensrückzahlung.

Besteht ein Anspruch der G-Bank gegen Alfons auf Zahlung von 150.000 Euro gem. §488 Abs. 1 S. 2 BGB?

1. Der Anspruch ist entstanden, weil ein wirksamer Darlehensvertrag zwischen der G-Bank und Alfons laut Sachverhalt geschlossen wurde. Dieser Anspruch kann auch durch den Unternehmenskauf nicht erloschen sein.
2. Möglicherweise besteht dieser Anspruch aber wegen der Nachhaftungsbegrenzung gem. §26 Abs. 1 S. 1 HGB nicht mehr. Es handelt sich um eine Verbindlichkeit, die vor Übernahme durch G entstanden ist (sog. Altverbindlichkeit). Allerdings ist die Fünfjahresfrist des §26 Abs. 1 S. 1 HGB noch nicht abgelaufen, da die Forderung bereits nach drei Jahren fällig wurde. Wegen der Unterwerfung des Alfons unter die sofortige Zwangsvollstreckung liegt auch eine Feststellung der Forderung nach §197 Abs. 1 Nr. 4 BGB vor.

Ergebnis: Der Anspruch der G-Bank gegen Alfons auf Rückzahlung der 150.000 Euro besteht gem. §488 Abs. 1 S. 2 BGB.

Anmerkung: Alfons und Berta haften gegenüber der G-Bank als Gesamtschuldner gem. §421 BGB. Im Innenverhältnis haften gem. §426 Abs. 1 BGB Gesamtschuldner grds. zu gleichen Teilen. Vorliegend ist freilich im Unternehmenskaufvertrag, der die Übernahme der Verbindlichkeiten ausschließt, „etwas anderes bestimmt" und Berta kann, wenn sie von der G-Bank in Anspruch genommen wird, von Alfons Ersatz verlangen.

Die erwähnte Unterwerfung des Schuldners unter die sofortige Zwangsvollstreckung kommt in der (geschäftlichen) Praxis häufig vor. Der Vorteil dabei ist, dass es sich gem. §794 Abs. 1 Nr. 5 ZPO um einen vollstreckbaren Titel handelt, aus dem die Zwangsvollstreckung in das Vermögen des Schuldners unmittelbar betrieben werden kann. Es bedarf also keiner gerichtlichen Entscheidung darüber, ob der Anspruch tatsächlich besteht. Dies hat augenscheinliche Vorteile für den Gläubiger. Der Schuldner kann gegen eine dahingehende Zwangsvollstreckung – sollte ein wirksamer Anspruch des Gläubigers nicht bestehen – mit der Vollstreckungsgegenklage gem. §767 ZPO vorgehen. Eine solche Unterwerfung ist nur wirksam, wenn die Erklärung in einer Urkunde abgegeben wurde, die vor Gericht oder vor einem Notar errichtet wurde.

7. Einheit: Hilfspersonen des Kaufmanns

7.1 Inhalt und Lernziele

In Einheit 3 wurde bereits dargestellt, unter welchen Voraussetzungen sich ein Kaufmann im Handelsverkehr bei der Vornahme rechtsgeschäftlicher Handlungen vertreten lassen kann. Neben der Stellvertretung kann sich ein Kaufmann aber auch sog. Hilfspersonen bedienen, die in seinem Interesse rechtsgeschäftlich tätig werden, etwa beim Einkauf oder Vertrieb von Waren. In dieser Einheit werden diese Hilfspersonen eines Kaufmannes dargestellt.

Im Übungsfall geht es um Provisionsansprüche eines Handelsvertreters. Ein solcher Anspruch kann auch noch nach Beendigung des Handelsvertreterverhältnisses bestehen, wenn die gesetzlichen Voraussetzungen dafür vorliegen.

7.2 Grundlagen

Die kaufmännischen Hilfspersonen unterstützen den Kaufmann beim Betrieb seines Handelsgewerbes in kaufmännischer Hinsicht. Man unterscheidet zwischen **unselbständigen** kaufmännischen Hilfspersonen (Arbeitnehmer des Kaufmanns, die in sein Handelsgewerbe organisatorisch eingegliedert sind) und **selbständigen** kaufmännischen Hilfspersonen (diese sind entweder selbst Kaufmann oder Kleingewerbetreibende).

Abgrenzungsmerkmal ist die **Selbständigkeit** der Hilfsperson. Nach der Legaldefinition des § 84 Abs. 1 S. 2 HGB ist selbständig, wer im Wesentlichen frei seine Tätigkeit gestalten und seine Arbeitszeit bestimmen kann. Die Abgrenzung hier ist also die gleiche wie oben bei der Frage, ob ein Gewerbe vorliegt (siehe Einheit 2 Ziff. 2.3).

Wichtige Indizien für die Selbständigkeit sind eine weitgehende Weisungsfreiheit, die Freiheit im Einsatz der eigenen Arbeitskraft, das Bestehen eines eigenen Unternehmens (z. B. eigene Geschäftsräume, eigene Mitarbeiter, eigener Kundenstamm, Buchführung) und das eigene Unternehmerrisiko.[178]

---

[178] Baumbach/*Hopt*, HGB, § 84 Rn. 36.

7.3 Unselbständige kaufmännische Hilfspersonen – der Handlungsgehilfe, §§ 59 ff. HGB

7.3.1 Begriff

Eine **Legaldefinition** des Handlungsgehilfen findet sich in **§ 59 HGB**: Handlungsgehilfe ist, wer in einem Handelsgewerbe zur Leistung **kaufmännischer Dienste gegen Entgelt** angestellt ist.

Unter „kaufmännischen Diensten" versteht man eine überwiegend gedankliche Tätigkeit, in Abgrenzung zu mechanischen oder technischen Diensten der gewerblichen Arbeitnehmer.[179] Zu den Handlungsgehilfen gehören auch die Vertreter des Kaufmanns (siehe dazu Einheit 3), z. B. der Prokurist.

7.3.2 Recht der Handlungsgehilfen

Neben dem allgemeinen Arbeitsrecht unterliegen die Handlungsgehilfen ferner den **arbeitsrechtlichen Sonderregelungen** der **§§ 59 ff. HGB.**

Insbesondere besteht während des Vertragsverhältnisses ein **Wettbewerbsverbot** gemäß § 60 Abs. 1 HGB. Der Handlungsgehilfe darf daher nicht ohne Einwilligung des Prinzipals ein Handelsgewerbe betreiben oder im selben Handelszweig für eigene oder fremde Rechnung Geschäfte tätigen.

Die 1. Alt. des § 60 Abs. 1 HGB („ein Handelsgewerbe betreiben") ist dabei auf diejenigen Tätigkeiten zu beschränken, die dem Handelsgewerbe des Arbeitgebers schaden können. Verboten ist danach also grds. nur eine Tätigkeit **im selben Handelszweig.**[180] Durch die 2. Alt. („für eigene oder fremde Rechnung Geschäfte machen") werden rein private Geschäfte des Handlungsgehilfen vom Wettbewerbsverbot ausgenommen.

Beispiel:

H ist Handlungsgehilfe des Antiquitätenhändlers A. Lässt H in einem eigenen Laden durch Angestellte Wein verkaufen (= anderer Handelszweig) oder veräußert er auf einem Flohmarkt eine geerbte Kommode (= rein privates Geschäft), wird dies nicht von § 60 Abs. 1 HGB erfasst. Würde H allerdings ohne Einwilligung des A mit Antiquitäten handeln, würde er nach § 61 HGB haften.

Bei einem Verstoß gegen das Wettbewerbsverbot ist der Handlungsgehilfe dem Prinzipal nach § 61 Abs. 1. HS 1 HGB zum **Schadenersatz** verpflichtet. Der Prinzipal kann aber auch von seinem Eintrittsrecht nach HS 2 Gebrauch machen und **Herausgabe des Gewinns** aus dem verbotswidrigen Geschäft verlangen.

Gem. § 74 HGB kann auch ein **nachvertragliches** Wettbewerbsverbot vereinbart werden. Dieses bedarf der Schriftform und ist von der Bezahlung einer Karenzentschädigung abhängig. Bei einem Verstoß gegen das nachvertragliche Wettbewerbsverbot kann der Prinzipal Schadenersatzansprüche geltend machen, ein Eintrittsrecht besteht aber nicht.

---

[179] Vgl. BAG NZA 1990, 142.
[180] BAG BB 1970, 1134 (1135).

Das Bundesarbeitsgericht (BAG) entnimmt § 60 HGB weitergehend den allgemeinen Rechtsgedanken, dass die Treuepflicht des Arbeitnehmers für die Dauer des Arbeitsverhältnisses ein Wettbewerbsverbot begründet.[181] Auch § 74 HGB wird auf alle anderen Arbeitnehmer analog angewendet.

7.4 Selbständige kaufmännische Hilfspersonen

7.4.1 Handelsvertreter

7.4.1.1 Begriff und Abgrenzungen

Eine **Legaldefinition** des Handelsvertreters findet sich in § 84 Abs. 1 HGB: **Handelsvertreter** ist, wer als selbständiger Gewerbetreibender ständig damit betraut ist, für einen anderen Unternehmer Geschäfte zu vermitteln (sog. **Vermittlungsvertreter**) oder in dessen Namen abzuschließen (sog. **Abschlussvertreter**).

Ein **Gewerbetreibender** ist selbständig, wenn er seine Tätigkeit und Arbeitszeit im Wesentlichen frei bestimmen kann (§ 84 Abs. 1 S. 2 HGB) und ein eigenes Gewerbe mit Unternehmerrisiko betreibt. **Betraut meint**, dass der Gewerbetreibende in das Absatz- und Vertriebssystem eines Unternehmens durch einen auf Dauer angelegten Geschäftsbesorgungsvertrag integriert ist.[182]

Die Notwendigkeit der **Geschäftsvermittlung/des Abschlusses von Geschäften in fremdem Namen** verlangt eine zumindest mitursächliche Förderung des Geschäftsabschlusses durch eine Einwirkung auf den Dritten. Der bloße Nachweis der Gelegenheit zu einem Vertragsschluss genügt, anders als beispielsweise beim Zivilmakler (§ 652 BGB), ebenso wenig wie die reine Werbetätigkeit. Handelsvertreter kann nicht nur die Hilfsperson eines Kaufmanns sein, sondern jede andere Person, die privatrechtlich einen Erwerbszweck verfolgt.

Der Handelsvertreter ist selbst Kaufmann, wenn sein Gewerbe eine kaufmännische Einrichtung erfordert oder in das Handelsregister eingetragen ist. Nach § 84 Abs. 4 HGB sind die §§ 84 ff. HGB aber auch auf kleingewerbliche Handelsvertreter anwendbar. Obwohl der Handelsvertreter rechtlich selbstständig ist, ist er praktisch meist wirtschaftlich vom Hauptunternehmer abhängig. Für die Kaufmannseigenschaft ist dies jedoch unschädlich.

7.4.1.2 Handelsvertreterverhältnis

Der grundsätzlich formlose Handelsvertretervertrag begründet ein auf Dauer angelegtes **Geschäftsbesorgungsverhältnis** gem. § 675 BGB zwischen dem Handelsvertreter und dem Unternehmer mit folgenden **Pflichten**:

- Bemühenspflicht des Handelsvertreters und Pflicht zur Unterrichtung des Unternehmers durch den Handelsvertreter (§ 86 HGB),

---

[181] BAG NZA 2008, 1415 (1416).
[182] Baumbach/*Hopt*, HGB, § 84 Rn. 41.

- Verpflichtung des Unternehmers zur Information des Handelsvertreters (§ 86a HGB) und zur Provisionszahlung (§ 87 HGB).

Während der Vertragszeit besteht ein (gesetzlich nicht geregeltes) **Wettbewerbsverbot**. Der Handelsvertreter hat sich daher auch ohne ausdrückliche Vereinbarung jeder Konkurrenztätigkeit zu enthalten.[183] Allerdings ist das Wettbewerbsverbot inhaltlich auf solche Geschäfte beschränkt, die der Handelsvertreter nach dem Vertrag zu vermitteln oder abzuschließen hat. Räumlich ist das Wettbewerbsverbot auf das ihm übertragene Gebiet bzw. den zugewiesenen Kundenstamm beschränkt.

Bei einem **Verstoß** gegen das Wettbewerbsverbot kann der Unternehmer fristlos kündigen und Schadenersatz verlangen.[184] Ein Eintrittsrecht oder einen Anspruch auf Gewinnherausgabe wie beim Handlungsgehilfen (siehe oben Ziff. 7.3) hat der Unternehmer nicht. In der Praxis werden regelmäßig Vertragsstrafen vereinbart.

Nach § 90a HGB kann zusätzlich ein **nachvertragliches Wettbewerbsverbot** vereinbart werden. Es bedarf der Schriftform und darf maximal zwei Jahre gelten. Zudem muss eine **Karenzentschädigung** bezahlt werden. Bei einem Verstoß entfällt für den Zeitraum der Zuwiderhandlung der Anspruch auf die Karenzentschädigung und der Unternehmer kann Schadenersatz bzw. eine vereinbarte Vertragsstrafe verlangen.

Für die Praxis besonders wichtig ist die Regelung des § 89b HGB über den **Ausgleichsanspruch** des Handelsvertreters nach Beendigung des Handelsvertreterverhältnisses. Dies gilt auch deshalb, weil diese Regelung für die anderen Hilfspersonen des Kaufmanns – vor allem auch bei Vertragshändlern – **jeweils analog angewandt** wird.[185]

7.4.2 Handelsmakler

7.4.2.1 Begriff und Abgrenzungen

Eine Legaldefinition des Handelsmaklers findet sich in § 93 Abs. 1 HGB: **Handelsmakler** ist, wer gewerbsmäßig für andere Personen die Vermittlung von Verträgen über bewegliche Gegenstände des Handelsverkehrs übernimmt, ohne ständig damit betraut zu sein.

Der Handelsmakler muss wie der Handelsvertreter **gewerbsmäßig** tätig sein. Er muss mit der **Vermittlung von Verträgen** betraut sein. Der bloße Nachweis von Gelegenheiten zum Vertragsschluss genügt daher nicht (anders beim Zivilmakler). Allerdings ist nicht erforderlich, dass er den Vertrag im fremden Namen selbst schließt (wie beim Abschlussvertreter).

Die Vermittlungstätigkeit muss sich auf **bewegliche Gegenstände des Handelsverkehrs** beziehen, vgl. die nicht abschließende Aufzählung in § 93 Abs. 1 HGB. Der Grundstücksmakler (§ 93 Abs. 2 HGB), der Unternehmensmakler und der Ehemakler sind daher nicht erfasst.

---

183 BGH NJW 1964, 1621 (1622).
184 *Canaris*, Handelsrecht, § 15 Rn. 43.
185 Vgl. BGH NJW 1983, 1789; Baumbach/*Hopt*, HGB, § 89b Rn. 4 m.w.N.

Im Unterschied zum Handelsvertreter ist der Handelsmakler **nicht** verpflichtet, **ständig** für einen Unternehmer tätig zu sein. Er ist daher auch **nicht in das Vertriebssystem des Auftraggebers eingebunden.** Dies schließt natürlich eine dauerhafte Geschäftsbeziehung nicht aus.

Der Handelsmakler ist **Kaufmann**, wenn sein Gewerbe gem. §1 Abs. 2 HGB eine kaufmännische Einrichtung erfordert oder gem. §2 HGB in das Handelsregister eingetragen ist. Gem. §93 Abs. 3 HGB sind die §§93 ff. HGB aber auch auf kleingewerbliche Handelsmakler anwendbar.

7.4.2.2 Handelsmaklerverhältnis

Das Handelsmaklerverhältnis beruht auf einem formlosen Maklervertrag, auf den neben den vorrangigen Sonderregelungen der §§93 ff. HGB auch die allgemeinen Vorschriften der §§652 ff. BGB anwendbar sind. Nach §98 HGB hat der Handelsmakler die Interessen beider Parteien zu wahren. Deshalb kann er gem. §99 HGB auch die Provision mangels anderer Absprache von beiden Parteien zur Hälfte verlangen, sofern er zumindest die Mitursächlichkeit seiner Tätigkeit für den entsprechenden Vertragsschluss nachweist (vgl. auch §652 Abs. 1 BGB).

7.4.3 Kommissionär

Nach den §§383, 406 HGB handelt es sich beim Kommissionär um einen Gewerbetreibenden, der es übernimmt, Geschäfte im eigenen Namen, aber für fremde Rechnung abzuschließen. Siehe ausführlicher dazu Einheit 8 Ziff. 8.4.

7.4.4 Frachtführer, Spediteur und Lagerhalter

Frachtführer, Spediteure und Lagerhalter können ebenfalls selbständige Hilfspersonen eines Kaufmanns sein. Siehe dazu Einheit 8 Ziff. 8.4.

7.4.5 Weitere selbständige Hilfspersonen

7.4.5.1 Vertragshändler

Der **Vertragshändler** kauft und verkauft im **eigenen** Namen und für **eigene** Rechnung, wobei er jedoch aufgrund eines dauernden Rahmenvertrags wie der Handelsvertreter in das Vertriebs- und Marketingsystem eines Herstellers oder Lieferers eingegliedert ist. Vertragshändler spielen vor allem im Bereich des Kraftfahrzeug- und Getränkehandels eine große Rolle.

Spezielle gesetzliche Regelungen bestehen für den Vertragshändler nicht, nach h. M. sind die Vorschriften über den Handelsvertreter weitgehend analog anzuwenden.[186] Außerdem sind stets die kartellrechtlichen Vorschriften im Auge zu behalten, die eine Einschränkung der wirtschaftlichen Handlungsfreiheit des Vertragshändlers nur unter engen Bedingungen zu lassen.

---

[186] MüKo-HGB/*von Hoyningen-Huene*, Vorb. v. §84 Rn. 16.

7.4.5.2 Franchisenehmer

Franchising ist eine Vertriebskonzeption, bei der ein Unternehmen sein Erzeugnis oder die von ihm entwickelte Serviceleistung (oder beides) einer großen Zahl von anderen Unternehmen unter Verwendung eines gemeinsamen Namens, Symbols, Markenzeichens oder einer gemeinsamen Ausstattung des für diesen Zweck geschaffenen Vertriebssystems zum Vertrieb überlässt.[187]

Der Franchisenehmer bietet als selbständiger Gewerbetreibender **im eigenen Namen und für eigene Rechnung** Erzeugnisse und/oder Dienstleistungen an, wobei er sich Erzeugnisse, Produktideen sowie das Vertriebs- und Marketingsystem des Franchisegebers zunutze macht. Dabei ist der Franchisenehmer stärker als der Vertragshändler an ein bis ins Detail geregeltes Organisations- und Marketingkonzept des Franchisegebers gebunden und unterliegt insofern auch dessen Überwachung und Weisungen. Das Verhältnis zwischen Franchisenehmer und Franchisegeber ist geprägt durch lizenzvertragliche Elemente. Daneben wird nach h. M. das Handelsvertreterrecht analog angewendet.[188]

Übersicht: Hilfspersonen des Kaufmanns

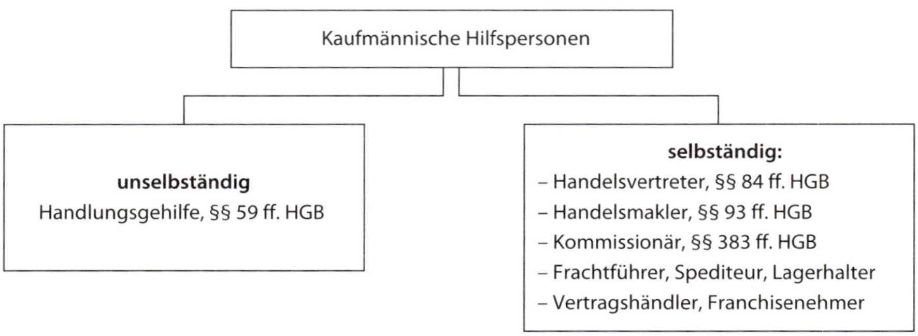

7.5 Übungsfall mit Lösung

Sachverhalt

Handelsvertreter H vermittelt seinem Unternehmer U am 29. Dezember den Verkauf eines PKW an K. Der Kaufpreis des Wagens beträgt 10.000 Euro. U schließt am 2. Januar des Folgejahres einen entsprechenden Kaufvertrag mit K und erfüllt ihn. Dabei kann K erreichen, dass U seinen Altwagen für 3.000 Euro in Zahlung nimmt. K zahlt noch 7.000 Euro abzüglich 3 % Skonto, also 6.790 Euro. Der Handelsvertretervertrag zwischen H und U lief bereits am 31. Dezember aus.

a) H berechnet seine Provision bzgl. des Kaufvertragsabschlusses am 2. Januar aus 10.000 Euro. Kann H Zahlung einer derartigen Provision von U verlangen?

---

187 Vgl. *Canaris,* Handelsrecht, § 18 Rn. 1.
188 Vgl. Baumbach/*Hopt,* HGB, § 84 Rn. 11.

b) K kauft am 7. Januar einen zweiten Wagen bei U, weil er von dessen Beratung, der problemlosen Abwicklung der Inzahlungnahme und der Qualität des Fahrzeugs begeistert ist. Als H dies erfährt, verlangt er auch dafür Provision. Steht H auch für den am 7. Januar durch K getätigten Kauf Provision zu?

Lösung

Variante a)

Besteht ein Anspruch des H gegen U auf Provisionszahlung aus §87 HGB?

1. H ist Handelsvertreter i.S.d. §84 HGB. Ferner müsste ein abgeschlossenes Geschäft infolge der Handelsvertretertätigkeit gem. §87 Abs. 1 HGB vorliegen. Dies könnte der Kaufvertrag zwischen U und K sein. Problematisch hierbei ist jedoch, dass der Kaufvertrag erst am 2. Januar und somit nicht mehr „während des Vertragsverhältnisses" abgeschlossen wurde, denn der Handelsvertretervertrag endete am 31. Dezember. Die Voraussetzungen eines Provisionsanspruchs des H gem. §87 Abs. 1 HGB liegen nicht vor.
2. Ein Provisionsanspruch ergibt sich auch nicht aus §87 Abs. 2 HGB. Denn H war weder ein Bezirk zugewiesen, noch wurde der Kaufvertrag während der Laufzeit des Handelsvertretervertrags abgeschlossen.
3. Möglicherweise hat H aber einen Anspruch auf Überhangprovision gemäß §87 Abs. 3 S. 1 Nr. 1 HGB. Laut Sachverhalt hat er das Geschäft – den Abschluss des Kaufvertrags – vermittelt und dieses Geschäft wurde auch innerhalb einer angemessenen Frist nach Beendigung des Handelsvertretervertrags abgeschlossen. Die Voraussetzungen des §87 Abs. 3 S. 1 Nr. 1 Alt. 1 HGB liegen vor. Die Provision ist auch fällig gem. 87a Abs. 1 S. 1 HGB.
4. Fraglich ist jedoch, in welcher Höhe ein Provisionsanspruch des H besteht. Die Provision des Handelsvertreters berechnet sich nach dem Entgelt, das der Dritte schuldet, §87b Abs. 2 S. 1 HGB. Nachlässe mindern die Provision nur, sofern sie dem Dritten von vornherein zugesagt sind, denn nachträgliche Nachlässe würden ansonsten zu Lasten des Handelsvertreters gehen. Der Skontoabzug ist nach §87b Abs. 2 S. 2 HGB gänzlich unbeachtlich. Unbeachtlich ist auch, dass K letztendlich wegen der Inzahlungnahme des Altwagens durch U erheblich weniger als 10.000 Euro zahlen muss. Denn dies stellt lediglich eine Zahlungsmodalität dar, die jedenfalls als nachträglicher Nachlass aber nicht zu berücksichtigen ist.

Ergebnis zu a): H hat gegen U einen Provisionsanspruch der nach dem vollen Kaufpreis (10.000 Euro) zu berechnen ist.

Variante b)

Besteht ein Anspruch des H gegen U aus §87 Abs. 3 S. 1 Nr. 1 HGB?

1. H ist Handelsvertreter gem. §84 HGB. Er müsste für einen Provisionsanspruch ein Geschäft gem. §87 Abs. 3 S. 1 Nr. 1 Alt. 1 HGB vermittelt haben. Unter „vermitteln" ist dabei ein abschlussreifes Aushandeln des Vertrags in allen Einzelheiten zu verstehen, was für den Kauf am 7. Januar nicht angenommen werden kann. Möglicherweise hat er aber den Geschäftsabschluss §87 Abs. 3 S. 1 Nr. 1 Alt. 2 HGB eingeleitet und so vorbereitet, dass dieser überwiegend auf seine Tätigkeit zurückzuführen ist.

2. Der unbestimmte Rechtsbegriff „überwiegend“ wird dabei als erfüllt angesehen, wenn der Verursacherbeitrag des Handelsvertreters mindestens 60% beträgt, was im Einzelfall durch eine Gegenüberstellung der Verursachungsanteile festgestellt werden muss. Vorliegend fehlen Anhaltspunkte im Sachverhalt dafür, dass der zweite Kauf gerade auf die Tätigkeit des H zurückzuführen ist. Bereits ein Vorbereiten seitens H kann hier in Frage gestellt werden. Vielmehr sind es Faktoren wie die Geschäftsabwicklung durch U und die Qualität des Fahrzeugs, die K zu dem weiteren Kauf animieren (sog. Stamm- oder Mehrfachkundengeschäft). Ein überwiegendes Verursachen seitens H ist jedenfalls nicht ersichtlich (a. A. vertretbar).

Ergebnis zu b): H hat keinen Provisionsanspruch gegen U für den am 7. Januar durch K getätigten Kauf.

Anmerkung. Die dargestellten Ansprüche werden als nachvertragliche Provisionsansprüche oder auch als unechte Überhangprovision bezeichnet. Dagegen wird von einer (echten) Überhangprovision gesprochen, wenn der Geschäftsabschluss vor Beendigung des Handelsvertretervertrags erfolgt, die Ausführung des Geschäfts aber erst danach.

8. Einheit: Handelsgeschäfte

8.1 Inhalt und Lernziele

Die im vierten Buch des HGB behandelten Handelsgeschäfte weisen eine enge Verbindung zu bereits aus dem BGB bekannten Regelungen auf, etwa zu den Leistungsstörungen im Allgemeinen Schuldrecht. Hier zeigt sich exemplarisch die zwischen BGB und HGB bestehende Systematik zwischen den allgemeinen Vorschriften über Rechtsgeschäfte im BGB und den besonderen Vorschriften für Rechtsgeschäfte im Handelsverkehr. Denn die Grundprinzipien des HGB, wonach es im Handelsverkehr unter anderem auf Schnelligkeit und Rechtsklarheit ankommt, werden an einigen Regelungen der Handelsgeschäftslehre besonders deutlich. So ist etwa der gutgläubige Erwerb beweglicher Sachen aufgrund des speziellen handelsrechtlichen Gutglaubensschutzes unter weniger strengen Voraussetzungen möglich, als dies nach den allgemeinen Regeln des BGB der Fall ist. Das Herausarbeiten der handelsrechtlichen Besonderheiten soll dazu dienen, die bereits in Einheit 1 angesprochenen grundlegenden Prinzipien des HGB zu vertiefen.

Eine nicht nur für die Ausbildung wichtige Fallgruppe ist die der kaufmännischen Rügeobliegenheit. Dabei geht es – in Abweichung der allgemeinen Vorschriften des BGB zur Mängelgewährleistung – um einen möglichen Anspruchsverlust eines Kaufmanns (und Käufers) trotz der Lieferung einer mangelhaften Sache durch den Verkäufer. Mit dieser Thematik befasst sich auch der Übungsfall in dieser Einheit.

8.2 Allgemeine Handelsgeschäftslehre

Das vierte Buch des HGB („Handelsgeschäfte") ist wie folgt aufgebaut:

- **Allgemeine Vorschriften** für alle Handelsgeschäfte im 1. Abschnitt des 4. Buches, §§ 343–372 HGB,
- **Sonderregelungen** für einzelne Handelsgeschäfte im HGB: 4. Buch, 2.–7. Abschnitt: Handelskauf, Kommission, Frachtgeschäft, Spedition, Lagergeschäft, §§ 373–475 h HGB.

Neben den Normen, die sich dort finden, gelten – wie auch sonst im Handelsrecht – die **allgemeinen Regeln** BGB.

8.2.1 Begriff des Handelsgeschäfts

Handelsgeschäfte sind gemäß §343 Abs. 1 HGB alle (Rechts-)Geschäfte eines Kaufmanns (§§1 ff. HGB), die zum Betriebe seines Handelsgewerbes gehören. Unter dem Begriff „Handelsgeschäft" wird dabei das einzelne Rechtsgeschäft und nicht, wie in den §§22–28 HGB, das Handelsgewerbe insgesamt verstanden.

8.2.1.1 Rechtsgeschäft

Der Begriff ist hier weit zu verstehen und erfasst jedes rechtserhebliche willentliche Verhalten, also:

- mehrseitige Rechtsgeschäfte (Kaufvertragsschluss, Übereignung)
- einseitige Rechtsgeschäfte (Kündigung, Rücktritt)
- rechtsgeschäftsähnliche Handlungen (Mahnung, Fristsetzung)
- gewollte Realakte (Verarbeitung, Geschäftsführung ohne Auftrag)

8.2.1.2 Kaufmannseigenschaft einer oder mehrerer Personen

Mindestens eine beteiligte Person muss im Zeitpunkt der Vornahme des Geschäfts **Kaufmann** i. S. d. §§1–6 HGB sein (siehe dazu Einheit 2).

8.2.1.3 Betriebsbezogenheit

Dieses Kriterium dient zur Abgrenzung der Handelsgeschäfte von den Privatgeschäften des Kaufmanns. Da die Feststellung der Betriebszugehörigkeit im Einzelfall Schwierigkeiten bereiten kann, stellt das Gesetz in §344 HGB zwei **Vermutungen** hinsichtlich der Betriebsbezogenheit auf.

8.2.2 Arten des Handelsgeschäfts

Es gibt zwei Arten von Handelsgeschäften:

- beiderseitiges Handelsgeschäft: Beide Parteien sind Kaufleute und das Geschäft gehört zum Betrieb ihres jeweiligen Handelsgewerbes.
- einseitiges Handelsgeschäft: Das Geschäft stellt nur für einen Beteiligten ein Handelsgeschäft dar, da der Geschäftspartner entweder kein Kaufmann ist oder ein Privatgeschäft tätigt.

Nach §345 HGB gelten die §§346 ff. HGB grundsätzlich auch bei einseitigen Handelsgeschäften für beide Parteien, sofern nicht ein anderes bestimmt ist. Vergleiche die Formulierungen „bei beiderseitigen Handelsgeschäften" in §352 HGB und „unter Kaufleuten" in §346 HGB.

8.2.3 Sonderregelungen für alle Handelsgeschäfte

8.2.3.1 Handelsbrauch

Handelsbräuche sind die **Verkehrssitten des Handelsverkehrs.** Sie beruhen auf der gleichmäßigen tatsächlichen **Übung** über einen angemessenen Zeitraum hinweg.[189] Handelsbräuche dienen der **Auslegung** von Willenserklärungen (§ 157 BGB) und der **Ergänzung** unvollständiger Verträge (ergänzende Vertragsauslegung, §§ 133, 157 BGB).

Handelsbräuche haben grundsätzlich **keinen Rechtsnormcharakter.** Sie sind aber durch die allgemeine **Transformationsnorm des § 346 HGB** rechtlich bindend auch ohne Kenntnis oder Unterwerfungswillen der Parteien. Eine Irrtumsanfechtung wegen Unkenntnis eines Handelsbrauchs ist nicht möglich.

8.2.3.2 Zustandekommen von Handelsgeschäften durch Schweigen

Wie im BGB hat auch im Handelsrecht Schweigen grundsätzlich **keine rechtliche Bedeutung** (siehe dazu schon WPR 1 Einheit 2). Von diesem Grundsatz gibt es im Interesse des handelsrechtlichen Vertrauensschutzes und eines erleichterten Vertragsschlusses aber **zwei Ausnahmen:**

a. Das Schweigen auf ein Angebot zur Geschäftsbesorgung, § 362 HGB

Der „Kaufmann" muss unter bestimmten Voraussetzungen auf ein Angebot zum Abschluss eines Geschäftsbesorgungsvertrags unverzüglich antworten, wenn sein Schweigen nicht als Annahme gelten soll. Voraussetzungen dafür sind:

- Ein „Kaufmann" ist Empfänger eines Angebots

Die Vorschrift ist entsprechend auf kleingewerblich tätige Handelsvertreter und Handelsmakler anwendbar.[190]

- Gegenstand des Angebots sind Geschäftsbesorgungen i. S. d. § 675 BGB, die das Gewerbe des „Kaufmanns" gewöhnlich mit sich bringt. Es muss also ein Bezug zum Handelsgewerbe bestehen.
- Es muss eine Geschäftsbeziehung bestehen oder ein Erbieten zur Geschäftsbesorgung, § 362 Abs. 1 HGB.

Werden diese Voraussetzungen erfüllt, treten folgende **Rechtsfolgen** ein:

- Zunächst muss der Empfänger des Angebots unverzüglich (vgl. § 121 Abs. 1 S. 1 BGB) antworten.
- Entspricht der Empfänger dieser Pflicht nicht, kommt ein Vertrag mit dem Inhalt des Angebots zustande, das Schweigen hat also Erklärungswirkung.
- Voraussetzung ist allerdings die Geschäftsfähigkeit bzw. das Bestehen einer Vertretungsmacht desjenigen, dem das Angebot zugeht.

---

[189] BGH NJW 1994, 659 (660).
[190] Vgl. MüKo-HGB/*Welter*, § 362 Rn. 17.

b. Schweigen auf ein kaufmännisches Bestätigungsschreiben (KBS)

KBS $=_{def}$ Ein von einem Vertragspartner an den anderen gerichtetes Schreiben, in dem der Bestätigende seine Auffassung über das Zustandekommen und den Inhalt eines mündlich, telefonisch, telegrafisch oder fernschriftlich (vermeintlich) geschlossenen Vertrags kundtut.[191]

Das KBS kann innerhalb gewisser Grenzen Ergänzungen zum oder Abweichungen vom Inhalt der tatsächlichen Vertragsverhandlungen enthalten. Der Empfänger des KBS muss unverzüglich widersprechen, wenn er vermeiden will, dass der Vertrag als zu den in dem Bestätigungsschreiben genannten Bedingungen zustande gekommen gilt.[192]

- Rechtsnatur

Die Lehre vom Erklärungswert des Schweigens auf ein KBS beruht auf dem Gedanken des Vertrauensschutzes. Im Gegensatz zu anderen Handelsbräuchen hat diese Lehre **gewohnheitsrechtlichen** Charakter und ist somit eine gesetzesgleiche Regelung.[193]

- Voraussetzungen

Die Regeln zum KBS gelten nur dann, wenn der **Empfänger** des Schreibens Kaufmann ist oder zumindest in ähnlicher Weise am Rechts- oder Handelsverkehr in größerem Umfang teilnimmt (persönlicher Anwendungsbereich).[194]

Es müssen (mündliche) Vertragsverhandlungen vorausgehen, die tatsächlich oder zumindest aus der Sicht des Bestätigenden scheinbar zu einem Vertragsschluss geführt haben.[195]

Beispiel:

Eisenwarenhändler E bestellt bei Großhändler G eine größere Menge Werkzeuge, indem er auf dessen Anrufbeantworter spricht. Nachdem G per Fax die Lieferung zugesagt hat, schickt E ein Bestätigungsschreiben, das zusätzlich eine handelsübliche Skontoklausel enthält. Will G einen etwaigen Skontoabzug durch E vermeiden, muss er unverzüglich reagieren, da auf der Seite des E die Vertragsverhandlungen noch nicht schriftlich fixiert waren.

Hier muss man abgrenzen zur bloßen Auftragsbestätigung, die erst zum Zustandekommen des Vertrags führt, wohingegen das KBS einen vermeintlich geschlossenen Vertrag schriftlich fixiert. Weicht die Auftragsbestätigung von dem Angebot ab, gilt dies als Ablehnung und neuer Antrag (§ 150 Abs. 2 BGB), zu dessen Annahme ein bloßes Schweigen grds. nicht genügt.

Im KBS muss der behauptete konkrete Vertragsschluss eindeutig, endgültig und in seinem wesentlichen Inhalt wiedergegeben sein.

Das KBS muss unverzüglich nach Abschluss der Vertragsverhandlungen zugehen.[196]

---

[191] Vgl. BGH NJW 1970, 2021 (2022).
[192] BGH NJW 1962, 246.
[193] MüKo-BGB/*Busche*, § 147 Rn. 9.
[194] BGH NJW 1987, 1940 (1941).
[195] BGH NJW 1970, 2021 (2022).
[196] Baumbach/*Hopt*, HGB, § 346 Rn. 21.

Der Bestätigende muss schutzwürdig sein. Dies ist nicht der Fall, wenn der Bestätigende oder seine Hilfsperson (§ 166 BGB) unredlich ist, es im KBS erhebliche Abweichungen von der getroffenen Vereinbarung gibt und bei sich kreuzenden, inhaltlich verschiedenen KBS.[197]

Ferner darf der Empfänger dem KBS nicht unverzüglich widersprechen.

- Rechtsfolge(n):

Als Rechtsfolge kann erstmalig ein Handelsgeschäft als Vertrag (nach anderer Ansicht ein vertragsähnliches Verhältnis) zwischen den Parteien zustande kommen.[198] Alle entsprechenden gesetzlichen Regelungen sind anwendbar. Oder ein bereits zweifelsfrei geschlossener Vertrag wird durch das KBS inhaltlich abgeändert.

c. Anfechtbarkeit des Schweigens mit Erklärungswert

Der Irrtum über die Rechtsfolgen des Schweigens ist ein nicht zur Anfechtung berechtigender, unbeachtlicher Rechtsfolgenirrtum. Dies muss so sein, da andernfalls der bezweckte Vertrauensschutz wieder durchbrochen würde. Bei einem Irrtum über den Inhalt von Antrag bzw. Bestätigungsschreiben als solchem, ist eine Anfechtung analog § 119 ff. BGB möglich, denn der Schweigende soll nicht stärker gebunden werden als der Redende.[199] Bei arglistiger Täuschung ist eine Anfechtung nach §§ 123 f. BGB uneingeschränkt möglich.

8.2.4 Sonderregelungen für die Durchführung von Handelsgeschäften

8.2.4.1 Kaufmännische Sorgfaltspflicht, § 347 HGB

Die „Sorgfalt eines ordentlichen Kaufmanns“ stellt eine **Verschärfung gegenüber dem allgemeinen Haftungsmaßstab** des § 276 Abs. 2 BGB dar. Der Sorgfaltsmaßstab differenziert sich dabei weiter nach der Art des Handelsgeschäfts (Sorgfalt eines ordentlichen Frachtführers, eines ordentlichen Bankiers etc.).

8.2.4.2 Formfreiheit bestimmter Handelsgeschäfte

Wie bereits erwähnt, kennt das BGB eine Reihe von Formvorschriften, die die Beteiligten vor übereilten Entschlüssen schützen sollen (z. B. beim Grundstückskauf). Da Kaufleute aufgrund ihrer geschäftlichen Erfahrung diesen Schutz nicht benötigen, sieht das HGB zur Erleichterung des Handelsverkehrs (Schnelligkeit) bei einigen dieser Rechtsgeschäfte von Formerfordernissen ab. So unterliegen die Bürgschaftserklärung, das Schuldversprechen und das Schuldanerkenntnis keinen besonderen Formvorschriften. Denn die §§ 766 S. 1, 780, 781 S. 1 BGB gelten gem. § 350 HGB nicht, sofern ein Kaufmann diese Rechtsgeschäfte als Handelsgeschäfte vornimmt.

---

197 BGH NJW 1994, 1288; BGH NJW 1988, 55 (57).
198 *K. Schmidt*, Handelsrecht, § 19 Rn. 125.
199 Baumbach/*Hopt*, HGB, § 346 Rn. 33.

Dem kaufmännischen Bürgen steht als zusätzliche Verschärfung keine Einrede der Vorausklage zu, § 349 HGB (zur Bürgschaft siehe auch unten Einheit 9 Ziff. 9.3).

8.2.4.3 Vertragsstrafe

Die Vertragsparteien können grundsätzlich vereinbaren, dass der Schuldner im Falle einer Pflichtverletzung einen bestimmten Geldbetrag als Vertragsstrafe zu zahlen hat (§§ 339 ff. BGB). Erscheint die vereinbarte Strafe dem Schuldner später unverhältnismäßig hoch, kann sie auf seinen Antrag hin vom Gericht auf einen angemessenen Betrag herabgesetzt werden (§ 343 Abs. 1 S. 1 BGB).

Auf diesen besonderen Schutz des unerfahrenen Vertragspartners verzichtet das Handelsrecht. Gemäß § 348 HGB ist unter den Voraussetzungen, dass der Versprechende Kaufmann ist und die Vertragsstrafe im Betrieb seines Handelsgeschäfts vereinbart worden ist, eine gerichtliche Herabsetzung nicht möglich.

8.2.4.4 Grundsatz der Entgeltlichkeit der Leistung, § 354 HGB

Nach bürgerlichem Recht wird eine Vergütung für eine vertragliche Leistung grundsätzlich nur aufgrund einer Vereinbarung gezahlt (siehe aber auch: §§ 612, 632 BGB).

Ein Kaufmann dagegen, der im Betrieb seines Handelsgeschäfts für einen anderen tätig wird, kann eine Vergütung auch ohne Vereinbarung verlangen, § 354 Abs. 1 HGB („ein Kaufmann tut bekanntermaßen nichts umsonst“).[200]

Ein Zinsanspruch besteht bei beiderseitigen Handelsgeschäften bereits ab Fälligkeit (§ 353 HGB), dagegen verlangt das bürgerliches Recht dafür Schuldnerverzug (siehe dazu WPR 1 Einheit 8 Ziff. 8.2.2.3). Nach § 352 HGB beträgt der Zinssatz 5 %, statt – wie im BGB normiert – 4 % (§ 246 BGB). Zinsansprüche für Darlehen, Vorschüsse, Auslagen und andere Verwendungen bestehen vom Tag der Leistung an (§ 354 Abs. 2 HGB).

8.2.4.5 Handelsgeschäftliches Kontokorrent, §§ 355 ff. HGB

Das handelsgeschäftliche Kontokorrent ist in § 355 Abs. 1 HGB legaldefiniert: Jemand steht mit einem Kaufmann derart in Geschäftsverbindungen, dass die aus der Verbindung entstehenden beiderseitigen Ansprüche und Leistungen nebst Zinsen in Rechnung gestellt und in regelmäßigen Zeitabschnitten durch Verrechnung und Feststellung des für den einen oder anderen Teil sich ergebenden Überschusses ausgeglichen werden (Girokonto, Verrechnungskonto zwischen Groß- und Einzelhändler).

Die Folgen einer solchen **Kontokorrentabrede** sind:

- Einstellung der Einzelforderungen in das Kontokorrent

  Mit der **Einstellung in das Kontokorrent** verlieren die einzelnen Forderungen und Leistungen ihre Eigenständigkeit und werden zu bloßen Rechnungsposten; vielfach wird von einer **„Lähmung“** der einzelnen Forderungen

---

[200] Vgl. BGH NJW-RR 1993, 802.

gesprochen.[201] Als Folge davon kann der Gläubiger über die einzelnen Forderungen nicht mehr verfügen, eine Pfändung der Einzelforderung durch die Gläubiger des Gläubigers ist ebenfalls nicht mehr möglich (§851 ZPO i.V.m. §399 BGB und §357 HGB). Nicht mehr möglich ist auch die Erfüllung einer einzelnen Forderung; der Schuldner kann hinsichtlich der Einzelforderung nicht mehr in Schuldnerverzug geraten.[202]

- Verrechnung der Einzelforderungen

  Die **Verrechnung** der einzelnen Forderungen am Ende der Rechnungsperiode erfolgt automatisch und damit ohne eine besondere Aufrechnungserklärung. Konsequenzen der Verrechnung sind die Erfüllungswirkung bzgl. der einzelnen Forderungen sowie die **Entstehung einer kausalen Saldoforderung**,[203] über die verfügt werden kann. Insoweit ist auch Pfändung nach §357 HGB möglich.

8.2.4.6 Handelsgeschäftliche Leistungszeit, §§ 358 f., 361 HGB

Die Leistung kann bei einem zumindest einseitigen Handelsgeschäft im Zweifel nicht „sofort" (vgl. §271 BGB), sondern nur zur Geschäftszeit erbracht und gefordert werden.

> **Beispiel:**
>
> K hat bei Gebrauchtwagenhändler G einen PKW gekauft. Hierfür soll er u.a. seinen Altwagen in Zahlung geben. Noch am selben Abend fährt K spontan mit seinem Altwagen bei G vor. G verweigert jedoch die Entgegennahme des Fahrzeugs, da er hierzu außerhalb seiner Geschäftszeiten aus organisatorischen Gründen nicht in der Lage sei. Auf dem Rückweg wird der Altwagen durch einen von K fahrlässig verursachten Unfall zerstört.
>
> §300 Abs.1 BGB ist nicht anwendbar, da G wegen §358 HGB nicht in Annahmeverzug geraten ist. K hat die Unmöglichkeit seiner Leistung nach §276 Abs.1 BGB zu vertreten. (siehe zum Annahmeverzug WPR 1 Einheit 6 Ziff. 6.4).

Bei den §§359, 361 HGB handelt es sich um **Auslegungsregeln**.

8.2.4.7 Handelsrechtlicher Gutglaubensschutz, § 366 HGB

a. Funktion

Der handelsrechtliche Gutglaubensschutz in §366 HGB führt zur **Erweiterung** des Gutglaubensschutzes der §§932ff. und 1207f. BGB (siehe dazu WPR 1 Einheit 10 Ziff. 10.5). Denn während sich nach §932 Abs.2 BGB der gute Glaube des Erwerbers auf die Eigentümerstellung des Verfügenden beziehen muss, wird bei einem Handelsgeschäft über eine bewegliche Sache der Erwerber auch dann geschützt, wenn sich sein guter Glaube nicht auf das Eigentum, sondern nur **auf die Verfügungsbefugnis** des Veräußernden oder Verpfändenden bezieht.

Die Vorschrift dient der Steigerung des handelsrechtlichen Verkehrsschutzes, da im Handelsverkehr häufig kraft Verfügungsmacht im eigenen Namen über fremde bewegliche Sachen verfügt wird und der Geschäftspartner auf das Bestehen der Verfügungsmacht vertraut.

---

[201] Baumbach/*Hopt*, HGB, §355 Rn.7.
[202] MüKo-HGB/*Langenbucher*, §355 Rn 58.
[203] Baumbach/*Hopt*, HGB, §355 Rn.7.

Beispiel:

Kunsthändler K veräußert Bilder aus dem Eigentum des E als Verkaufskommissionär im eigenen Namen an A. Der Kommissionsvertrag und die sich aus diesem ergebende Verfügungsermächtigung (§ 185 Abs. 1 BGB) sind unwirksam. A weiß, dass K als Kommissionär handelt.

b. Voraussetzungen des Gutglaubensschutzes

- Kaufmannseigenschaft

Der Veräußernde muss Kaufmann nach §§ 1–6 HGB sein (siehe dazu Einheit 2). Dabei ist **umstritten**, inwieweit der gute Glaube an die Kaufmannseigenschaft des Verfügenden geschützt wird, ob § 366 HGB also auch auf den Scheinkaufmann anzuwenden ist.[204]

Beispiel:

Der noch im Handelsregister eingetragene G veräußert nach Einstellung seines Lebensmittelgroßhandels Waren an den Einzelhändler E. E weiß zwar, dass die Waren noch unter dem Eigentumsvorbehalt des Herstellers H stehen, geht aber angesichts der Eintragung des G im HR und angesichts der Tatsache, dass G ihm die Lieferung der Waren auf seinem alten Geschäftsbogen („G Lebensmittelgroßhandel e.K.") angekündigt hat, davon aus, dass G noch Kaufmann und von H zur Verfügung ermächtigt ist.

Ein gutgläubiger Erwerb des E nach § 932 BGB scheitert wegen des fehlenden guten Glaubens an die Eigentümerstellung des G. In Betracht kommt aber § 366 Abs. 1 HGB. Jedoch ist G kein Kaufmann mehr. Fraglich ist aber, ob E sich gegenüber H auf den Schutz des § 15 Abs. 1 HGB oder auf die Scheinkaufmannseigenschaft des G berufen kann.

Dies ist mit dem Argument zu verneinen, dass die Rechtswirkungen des § 15 Abs. 1 HGB bzw. der Scheinkaufmannseigenschaft nur zu Lasten desjenigen eintreten dürften, in dessen Angelegenheiten die Tatsache einzutragen war bzw. der den Schein der Kaufmannseigenschaft hervorgerufen hat. Ein gutgläubiger Erwerb des E würde hier aber lediglich zu Lasten des wahren Eigentümers H als einem an der Erzeugung des Rechtsscheins Unbeteiligten gehen. Damit wird der gute Glaube an die Kaufmannseigenschaft des Handelnden nicht geschützt.

- Verfügung über eine bewegliche Sache/Betriebsbezogenheit

Erfasst sind nur Verfügungen über Mobilien „im Betriebe seines Handelsgewerbes".

- Wirksamkeit des Verfügungsgeschäfts

Das Verfügungsgeschäft muss im Übrigen wirksam sein, d.h. es darf an keinem anderen Mangel als an der fehlenden Verfügungs- bzw. Vertretungsmacht des handelnden Kaufmanns leiden. Mithin wird der gute Glaube an die Geschäftsfähigkeit des handelnden Kaufmanns oder an die Unanfechtbarkeit des Verfügungsgeschäfts **nicht** geschützt.[205]

- Guter Glaube an die Verfügungsbefugnis des Veräußerers

§ 932 Abs. 2 BGB gilt entsprechend. Umstritten ist die Anwendung des § 366 HGB aber, wenn sich der gute Glaube nur auf die Vertretungsmacht bezieht.[206]

---

204 Dafür MüKo-HGB/*Welter*, § 366 Rn. 29; a. A. Baumbach/*Hopt*, HGB, § 366 Rn. 4.
205 *K. Schmidt*, Handelsrecht, § 23 Rn. 15.
206 Dafür Baumbach/*Hopt*, HGB, § 366 Rn. 5; dagegen *Canaris*, Handelsrecht, § 27 Rn. 16.

Beispiel:

Einzelhändler E erwirbt von V Waren des Großhändlers G, wobei er V irrtümlich für dessen Abschlussvertreterin hält. Hier weiß E, dass V weder Eigentümerin ist noch von G zur Verfügung im eigenen Namen ermächtigt wurde. Er hält V aber für berechtigt, die Waren im Namen des G zu verkaufen.

§ 366 HGB kann in diesem Fall jedoch nicht angewendet werden, denn durch eine entsprechende Anwendung würde der differenzierte gesetzliche Gutglaubensschutz zu sehr zugunsten des gutgläubigen Dritten verschoben. Der Erwerber ist auch nicht vergleichbar schutzwürdig, da er bei Auftreten des Veräußerers im fremden Namen den Eigentümer und vermeintlichen Vollmachtgeber genannt bekommt.[207]

- Voraussetzungen der §§ 932 ff. bzw. §§ 1207 f. BGB

Aufgrund des Verweises auf die §§ 932 ff. bzw. §§ 1207 f. BGB müssen **daneben** die Voraussetzungen der entsprechenden Tatbestände gegeben sein.

8.2.4.8 Kaufmännisches Zurückbehaltungsrecht, §§ 369 ff. HGB

a. allgemeine Regelung des § 273 BGB

Das kaufmännische Zurückbehaltungsrecht, dem in der Praxis besondere Bedeutung zukommt, baut auf dem bürgerlich-rechtlichen Zurückbehaltungsrecht auf. Letzteres ist geregelt in § 273 BGB. Aus § 273 BGB folgt, dass jeder Schuldner ein solches Zurückbehaltungsrecht in Bezug auf Leistungen aller Art, an allen Sachen und sonstigen Rechten hat, wenn der Anspruch gegen seinen Gläubiger fällig ist. Der Anspruch des Schuldners und seine (zurückgehaltene) Leistungsverpflichtung (also der Anspruch des Gläubigers) müssen aus demselben rechtlichen Verhältnis herrühren. Man spricht insoweit von der **Konnexität der Ansprüche**. Das Zurückbehaltungsrecht i. S. v. § 273 BGB wirkt also als ein reines Leistungsverweigerungsrecht.

b. Regelung nach §§ 369 ff. HGB

Die §§ 369–372 HGB enthalten unter der Voraussetzung, dass ein beiderseitiges Handelsgeschäft vorliegt, d. h. alle Beteiligten Kaufleute sind, folgende Voraussetzungen:

- Fälligkeit der Forderungen ist (wie im BGB) erforderlich. Die Forderungen müssen dagegen **nicht** konnex sein.
- § 369 Abs. 1 HGB gewährt das Zurückbehaltungsrecht nur bezüglich beweglicher Sachen und Wertpapiere.
- Die Wirkung des kaufmännischen Zurückbehaltungsrechts ist umfassend(er): Neben dem Leistungsverweigerungsrecht hat der Kaufmann an dem zurückbehaltenem Gegenstand auch ein Verwertungsrecht bzw. Befriedigungsrecht gem. § 371 HGB.

Abgesehen von der Beschränkung auf bewegliche Sachen ist das kaufmännische Zurückbehaltungsrecht also weitreichender und dient so der Erleichterung des kaufmännischen Rechtsverkehrs.

---

[207] *Canaris*, Handelsrecht, a.a.O.

8.3 Handelskauf

8.3.1 Begriff

Der Begriff des Handelskaufs wird im Gesetz nicht definiert, ergibt sich aber aus den einzelnen Tatbeständen der §§ 373 ff. HGB und der Verweisungsvorschrift § 381 Abs. 1 HGB. Danach muss es sich um einen **Kauf** (§ 433 BGB) **beweglicher Sachen** („Waren") handeln, der für mindestens einen der Vertragspartner ein Handelsgeschäft darstellt.

Die wenigen Sonderregelungen für den Handelskauf (§§ 373–382 HGB) dienen der Beschleunigung der Geschäftsabwicklung und stärken im Ergebnis die Rechtsstellung des Verkäufers. Bei den einseitigen Handelsgeschäften, die zumeist nur auf der Verkäuferseite Handelsgeschäfte sind, kollidiert die Stärkung der Verkäuferrechte mit dem Bestreben nach einem effektiven Verbraucher- bzw. Käuferschutz.

8.3.2 Ausprägung – Sonderrechte des Verkäufers bei Annahmeverzug des Käufers, §§ 373 f. HGB

Die **Voraussetzungen** des Annahmeverzugs des Käufers richten sich auch beim Handelskauf ausschließlich nach den §§ 293 ff. BGB (siehe dazu WPR 1 Einheit 8 Ziff. 8.2.2.3).

Wie § 374 HGB klarstellt, ergeben sich auch die **Rechtsfolgen** grds. aus den §§ 300–304, 323 Abs. 6 Alt. 2, 372, 383 BGB. Im Rahmen eines zumindest einseitigen Handelskaufs werden dem Verkäufer jedoch nach § 373 HGB die **Hinterlegung** und der **Selbsthilfeverkauf** erleichtert, damit er sich der Ware schneller entledigen kann.

Ferner gibt es jedoch folgende **Besonderheiten** im Vergleich zu den BGB-Regelungen. Eine Hinterlegung nach § 373 Abs. 1 HGB ist unter folgenden Voraussetzungen möglich:

- Es muss sich um einen **Gegenstand** handeln. Erfasst sind dabei Waren jeder Art und nicht nur Geld, Wertpapiere, Urkunden, Kostbarkeiten.
- Die Hinterlegung ist in einem öffentlich betriebenen Lagerhaus oder sonst in sicherer Weise und nicht ausschließlich beim Amtsgericht des Leistungsortes möglich.

Durch die Hinterlegung tritt aber **keine Erfüllungswirkung** ein. Der Verkäufer wird lediglich von der Last der Aufbewahrung befreit, da der Käufer nunmehr die Gefahr und die Kosten der Hinterlegung zu tragen hat.

Anders im **BGB**: Bei Ausschluss des Rücknahmerechts tritt Erfüllung ein; bei bestehendem Rücknahmerecht hat der Verkäufer ein Leistungsverweigerungsrecht, daneben Befreiung von der Kostentragung, Preisgefahrtragung und von der Pflicht zur Leistung von Zinsen bzw. der Pflicht zum Ersatz nicht gezogener Nutzungen.

Ein Selbsthilfeverkauf nach §373 Abs. 2, 3 HGB ist unter folgenden Voraussetzungen möglich:

- Es muss sich um einen Gegenstand handeln. **„Gegenstand"** meint Waren und Wertpapiere aller Art, so dass damit ein Wahlrecht zwischen Hinterlegung und Selbsthilfeverkauf besteht. Die Hinterlegung nach BGB ist dagegen nur bei hinterlegungsfähigen Sachen möglich.
- Die **Durchführung** richtet sich nach den §§383 ff. BGB. Nach rechtzeitiger Androhung im Wege der öffentlichen Versteigerung kann hinterlegt werden. Ausnahmsweise ist ein freihändiger Verkauf durch einen dazu öffentlich ermächtigten Handelsmakler oder eine zur öffentlichen Versteigerung ermächtigte Person möglich. Im Gegensatz zum BGB muss der Ort des Verkaufs nicht der Leistungsort sein.

Die Durchführung des Selbsthilfeverkaufs durch den Verkäufer als einer Art Beauftragtem wirkt „für Rechnung des Käufers". Das heißt, die Lieferschuld des Verkäufers erlischt bei fortbestehendem Kaufpreisanspruch. Der Käufer hat die Kosten des Verkaufs zu tragen; der Verkäufer hat den Verkaufserlös an den Käufer herauszugeben.

Im Gegensatz dazu wandelt sich beim BGB-Selbsthilfeverkauf der Lieferanspruch in eine Geldforderung in Höhe des Verkaufserlöses um, wobei sich der Schuldner durch Hinterlegung des Erlöses befreien kann.

8.3.3 Sonderregelungen zur Mängelgewährleistung

8.3.3.1 Regelungsinhalt

Ist der Kauf für **beide Seiten** ein Handelsgeschäft, „verpflichtet" §377 HGB den Käufer zur unverzüglichen Untersuchung der gelieferten Ware und zur Rüge, falls die Ware nicht ordnungsgemäß geliefert wird, also mangelhaft ist.

Dies ist gemäß §434 BGB der Fall, wenn die Ware mit einem

- Qualitätsmangel (Schlechtlieferung) oder mit einem
- Quantitätsmangel (Mengenfehler) behaftet ist, oder wenn
- eine andere Ware als die bestellte geliefert wird (Falschlieferung, aliud).

8.3.3.2 Ratio

Nach BGB tritt ein **Verlust** an sich gegebener Gewährleistungsrechte nur ein, wenn der Käufer bei Vertragsschluss Kenntnis von der Mangelhaftigkeit der Kaufsache hatte (§442 Abs. 1 BGB). Die Verjährung der Ansprüche tritt grundsätzlich nach zwei Jahren ein. Eine Mängelanzeige hat für den Käufer nach BGB nur den Zweck, ihm seine Mängeleinrede gegen den Kaufpreisanspruch auch über die Verjährungsfrist des §438 BGB hinaus zu erhalten.

Vor diesem Hintergrund und davon abweichend hat §377 HGB folgende Funktionen:

- die Verjährungsfristen für den Handelskauf werden verkürzt (rasche Abwicklung von Handelskäufen),

- der Verkäufer wird in die Lage versetzt, entsprechende Feststellungen und Maßnahmen zum Schadensumfang bzw. zur Schadensabwendung zu treffen,
- Prozesse über Gewährleistungs- und Nichterfüllungsansprüche, deren Voraussetzungen mit zunehmendem Zeitablauf nur schwer festgestellt werden können, werden vermieden.

Beispiel:

Großhändler G liefert empfindliche Südfrüchte an den Einzelhändler E. Wenn E nicht unverzüglich einen etwaigen Mangel anzeigt, kann G sicher sein, künftig keinen Gewährleistungsansprüchen des E mehr ausgesetzt zu sein. G kann sich entsprechende Rückstellungen ersparen. Wenn E einen Mangel rügt, kann G sich von dessen tatsächlichem Vorhandensein sofort ein beweiskräftiges Bild machen. Er kann E auch beispielsweise beim raschen Absatz der z. T. noch verkäuflichen Waren unterstützen. Schließlich wird hierdurch das Risiko eines Prozesses mit einer schwierigen Beweisaufnahme deutlich verringert.

8.3.3.3 Voraussetzungen der Rügeobliegenheit

Die nicht-amtliche Gesetzesüberschrift, die von Rüge**pflicht** spricht, ist insoweit juristisch nicht korrekt. Es handelt sich vielmehr um eine Rüge**obliegenheit** (oder Rügelast) als Verpflichtung (nur) „gegen sich selbst", also gegen den Käufer der Ware. Kommt er dieser Obliegenheit nicht nach, verliert er ausschließlich eigene Rechte, er verletzt aber nicht die Rechte anderer, wie es bei einer (echten) „Pflicht" der Fall wäre.

a. Beiderseitiger Handelskauf

Die Voraussetzungen sind in den §§ 343, 344 HGB geregelt (siehe dazu oben Ziff. 8.2).

b. Ablieferung der Ware

Eine Ablieferung der Ware in diesem Sinne liegt vor, wenn diese so in den Machtbereich des Käufers gelangt ist, dass dieser die tatsächliche Möglichkeit zu ihrer Untersuchung hat.[208]

c. Nicht ordnungsgemäße Lieferung (Sachmangel i. S. d. § 434 BGB)

Die gelieferte Ware muss mangelhaft sein. Für den Sachmangelbegriff ist § 434 BGB maßgeblich. Die Ware ist also mangelhaft, wenn sie

- nicht die vereinbarte Beschaffenheit hat, **§ 434 Abs. 1 BGB**, oder
- nicht für die vertraglich vorausgesetzte Verwendung geeignet ist, **§ 434 Abs. 1 S. 2 Nr. 1 BGB**, oder
- nicht die gewöhnliche Verwendungseignung bzw. die übliche und von einem Durchschnittskäufer erwartete Beschaffenheit besitzt, **§ 434 Abs. 1 S. 2 Nr. 2 BGB.**

Ein Sachmangel kann sich darüber hinaus aus Abweichungen von eigenschaftsbegründenden Werbeaussagen oder aus der Fehlerhaftigkeit der Montageanleitung (sog. Ikeaklausel) ergeben, **§ 434 Abs. 2 BGB.**

---

[208] BGH NJW 1961, 730.

Auch die Lieferung einer anderen als geschuldeten Sache (aliud) sowie die Lieferung einer geringeren als vereinbarten Menge gelten als Sachmangel, **§434 Abs.3 BGB.**

d. Redlichkeit des Verkäufers, §377 Abs.5 HGB

Verschweigt der Verkäufer einen Mangel arglistig, ist er nicht schutzwürdig. Er kann sich dann nicht auf eine mögliche Verletzung der Rügeobliegenheit durch den Käufer berufen.

8.3.3.4 Inhalt der Rügeobliegenheit

a. Umfang der Rügeobliegenheit, §377 Abs.1 HGB

Die Mängelrüge muss unverzüglich, also **ohne schuldhaftes Zögern** (Legaldefinition in §121 Abs.1 S.1 BGB) erfolgen. Dieser Maßstab wird grundsätzlich streng ausgelegt, bei verderblicher Ware kann „unverzüglich" wenige Stunden bedeuten. Jedoch gilt es zu differenzieren, ob die Mängel der gelieferten Ware bei gehöriger Untersuchung erkennbar waren oder nicht. Es gelten folgende Grundsätze:

- Mängel ohne Untersuchung erkennbar

  Ist der Mangel evident, muss der Käufer ihn mit der Ablieferung erkennen und unverzüglich rügen. Die Rüge muss **unverzüglich nach** der **Ablieferung** erfolgen (§377 Abs.1 HGB).

- Mängel durch angemessene Untersuchung erkennbar

  Liegen Mängel vor, die erst im Wege ordnungsgemäßer, aber durchaus zumutbarer Untersuchung festgestellt werden können, laufen im Grunde zwei Fristen. Die erste beginnt unmittelbar mit Ablieferung des Gegenstands und bezieht sich auf die durchzuführende Untersuchung. Die zweite beginnt mit Abschluss der Untersuchung und betrifft die Absendung der Rüge. Jeweils ist Unverzüglichkeit, allerdings nacheinander, erforderlich.

  Die Rüge muss **unverzüglich nach** der **unverzüglich** vorgenommenen **Untersuchung** erfolgen (§377 Abs.1 HGB).

- Mängel trotz angemessener Untersuchung nicht erkennbar

  Verborgene Mängel, die auch im Wege ordnungsgemäßer („tunlicher") Untersuchung **nicht** erkennbar waren, lösen zunächst keine Rügefrist aus. Erst mit Entdeckung des Mangels hat der Käufer, dann aber wiederum unverzüglich, zu rügen (§377 Abs.3 HGB). In der Regel ist es „tunlich", dass der Käufer die Ware stichprobenartig untersucht, etwa auch Konserven öffnet, selbst wenn diese dann nicht mehr verkäuflich sind.

  Die Rüge muss **unverzüglich nach** der **Entdeckung** erfolgen; nach h.M. wird die Höchstgrenze der Rügefrist durch §438 BGB gesetzt (Verjährung der Mängelgewährleistungsrechte). Der Wortlaut des §377 Abs.3 HGB („später") ist insoweit teleologisch zu reduzieren.

b. Weitere Anmerkungen zum Inhalt der Rügeobliegenheit

- Für die **Rechtzeitigkeit** der Rüge genügt die rechtzeitige Absendung der Mängelanzeige (§377 Abs.4 HGB), so dass das Risiko des rechtzeitigen

Zugangs beim Verkäufer liegt. Das Verlustrisiko bleibt beim Käufer; § 377 Abs. 4 HGB gilt nur für den Verspätungsfall.

- Die Rügeobliegenheit trifft auch den **Zwischenhändler** in einer Absatzkette. Dieser ist grundsätzlich selbst verpflichtet, die Ware zumindest stichprobenartig zu untersuchen und bei Entdeckung eines Mangels unverzüglich zu rügen. Zudem muss er die Mängelrügen seiner Abnehmer unverzüglich an seinen Lieferanten weiterleiten. Ausnahmsweise **entfällt** diese Obliegenheit bei einer abweichenden Parteivereinbarung, bei besonderer Sachkunde des Zweitkäufers und bei Durchlieferung direkt vom Lieferanten an den Zweitkäufer (sog. Streckengeschäft).[209] In diesen Fällen muss der Zwischenhändler dann allerdings den Zweitkäufer zur unverzüglichen Untersuchung und Rüge anhalten. Rügt dieser daraufhin nicht unverzüglich, wird dem Zwischenhändler diese Obliegenheitsverletzung seines Abnehmers nach h. M. gem. § 278 BGB analog als eigene zugerechnet.[210]

Beispiel:

Großhändler G hat bei Fabrikantin F 10 Paletten Fruchtkonserven gekauft. Diese werden von F direkt an Einzelhändler E geliefert (Streckengeschäft). E verkauft die Ware ohne Untersuchung in seinem Supermarkt. Erst als einige Kundenreklamationen eingehen, rügt E brieflich gegenüber G den Mangel. G leitet das Schreiben des E sofort per Telefax an F weiter und fordert sie zur Rücknahme der 10 an E gelieferten Paletten auf. F beruft sich auf § 377 Abs. 2 HGB.

Trotz der Durchlieferung sind auch hinsichtlich der Rügelast die beiden Handelskaufverhältnisse zwischen F und G sowie G und E zu trennen. G verliert zwar seine Gewährleistungsrechte gegenüber F, da er sich das Rügeversäumnis des E nach § 278 BGB analog als sein eigenes zurechnen lassen muss. Allerdings wird G seinerseits von Gewährleistungsansprüchen des E durch § 377 Abs. 2 HGB befreit.

c. Inhalt der Mängelanzeige

Der Mangel muss so genau bezeichnet sein, dass der Verkäufer diesen ermessen und danach seine Dispositionen treffen kann (z. B. Nachlieferung). Spätere Ergänzungen einer irrtümlich unvollständigen Mängelrüge sind nur dann möglich, wenn sie ebenfalls noch fristgerecht erfolgen.

8.3.3.5 Rechtsfolgen ordnungsgemäßer Rüge

Hat der Käufer ordnungsgemäß gerügt, dann behält er seine Rechte wegen des Mangels der Ware. Dies bereitet bei Quantitäts- und Qualitätsfehlern keine Probleme; es gelten die allgemeinen Regeln, insbesondere besteht ein Anspruch auf Nacherfüllung; §§ 437 Nr. 1, 439 BGB.

Bei Mehrlieferungen braucht der Käufer zu viel Geleistetes nicht zu behalten und nicht zu bezahlen. Bei Minderlieferung kann er nach erfolglosem Erfüllungsverlangen zurücktreten oder mindern (§ 437 Nr. 2 BGB) und Schadensersatz statt der Leistung (§ 437 Nr. 3 BGB) verlangen.

---

209 Baumbach/*Hopt*, HGB, § 377 Rn. 9.
210 Vgl. *K. Schmidt*, Handelsrecht, § 29 Rn. 99.

8.3.3.6 Konsequenzen einer nicht ordnungsgemäßen Rüge

Versäumt der Käufer die Mängelrüge, dann **gilt die Ware als genehmigt**, § 377 Abs. 2 HGB, und er muss sie als vertragsgemäß anerkennen. Rechte sind dann insoweit ausgeschlossen, als sie auf der Mangelhaftigkeit der Ware beruhen.

Bei Schlechtlieferung (Qualitätsmangel) muss der Käufer die Sache behalten und kann keine Gewährleitungsrechte geltend machen. Das gilt auch für mit dem Vertrag im Zusammenhang stehende Rechte, also insbesondere für Rechte wegen Pflichtverletzung, soweit auf ihr die Mangelhaftigkeit beruht. Nicht vom Ausschluss erfasst sind dagegen Ansprüche aus Delikt (§§ 823 ff. BGB).[211]

Auch die Nichtrüge einer Falschlieferung führt zum Rechtsverlust. Der Verkäufer hat nämlich durch das aliud erfüllt. Ist die gelieferte Sache weniger wert als die bestellte, muss der Käufer trotzdem den vollen Kaufpreis zahlen.

Wurde zu wenig geliefert, hat der Verkäufer mit der Minderleistung erfüllt. Er hat einen Anspruch auf den vollen Kaufpreis.

Zusammenfassung: Voraussetzungen des § 377 HGB

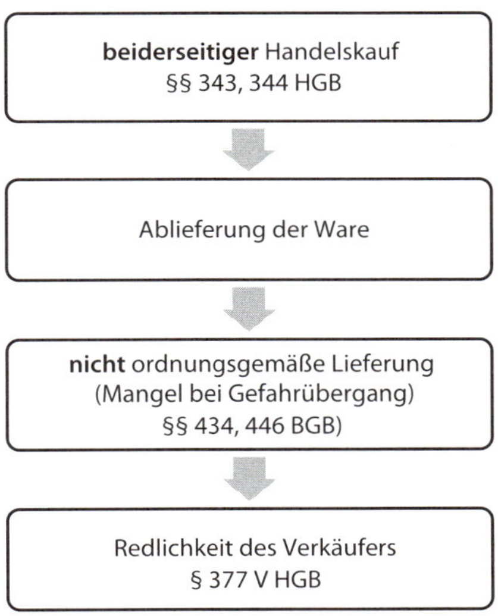

[211] BGH NJW 1988, 52 (53 f.).

Rechtsfolgen des § 377 HGB

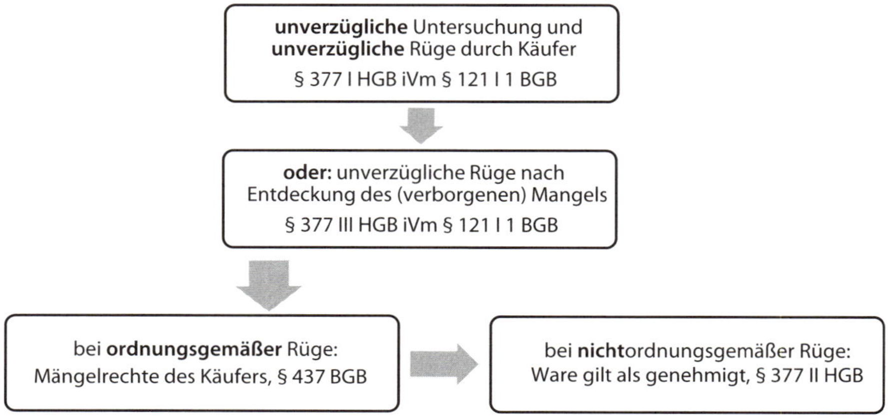

8.4 Weitere Handelsgeschäfte

8.4.1 Kommissionsgeschäft, §§ 383, 406 HGB

Kommissionsgeschäft =$_{def}$ Ein Handelsgeschäft, durch das sich ein Gewerbetreibender als Kommissionär zum Abschluss eines Ausführungsgeschäfts im eigenen Namen, aber für Rechnung des Kommittenten verpflichtet.

8.4.1.1 Kommissionsverhältnis

Der **Kommissionsvertrag** ist ein Geschäftsbesorgungsvertrag i. S. d. § 675 BGB; damit gelten **neben** den §§ 383 ff. HGB über § 675 BGB die §§ 663, 665–670, 672–674 BGB sowie subsidiär das Dienst- oder Werkvertragsrecht.

Pflichten des Kommissionärs im Rahmen eines Kommissionsvertrags sind:

- Bemühen um Abschluss eines möglichst vorteilhaften Ausführungsgeschäfts unter Wahrung der Interessen des Kommittenten (§ 384 HGB),
- Befolgung von Weisungen des Kommittenten (§§ 384 Abs. 1, 385 f. HGB),
- Herausgabe des zur Ausführung der Kommission Erhaltenen (§ 675 i. V. m. § 667 BGB) und des aus der Geschäftsbesorgung Erlangten (§ 384 Abs. 2 HGB); sog. Abwicklungsgeschäft.

Ansprüche des Kommissionärs gegen den Kommittenten sind:

- Aufwendungsersatzanspruch, §§ 675, 670 BGB, § 396 Abs. 2 HGB,
- Provisionsanspruch mit Ausführung der Kommission, § 396 Abs. 1 HGB,
- Gesetzliches Pfandrecht des Kommissionärs gem. § 397 HGB.

8.4.1.2 Ausführungsgeschäft

a. schuldrechtliche Beziehungen im Rahmen des Ausführungsgeschäfts

Der Kommissionär wird aus dem Ausführungsvertrag mit dem Dritten allein berechtigt und verpflichtet (vgl. auch §392 Abs.1 HGB). Den Kommittenten treffen lediglich mit Hilfe des Abwicklungsgeschäfts die wirtschaftlichen Konsequenzen des Ausführungsgeschäfts.

b. dingliche Rechtslage bei Abwicklung des Ausführungsgeschäfts

Der **Verkaufskommissionär** veräußert die Kommissionsware regelmäßig nicht als Eigentümer, sondern im eigenen Namen aufgrund einer ihm von dem Kommittenten im Kommissionsvertrag erteilten Verfügungsermächtigung (§§929, 185 Abs.1 BGB).

8.4.2 Das Frachtgeschäft

Das **Frachtgeschäft** ist nach §407 HGB ein Handelsgeschäft, durch das sich der Frachtführer zur Beförderung von Gütern zu Lande, auf Binnengewässern oder mit Luftfahrzeugen gegen Zahlung einer Fracht verpflichtet und das zum Betrieb seines (klein-)gewerblichen Unternehmens gehört.

Der **Frachtvertrag** zwischen Absender und Frachtführer ist ein **Werkvertrag** mit **Geschäftsbesorgungscharakter**. Der geschuldete Erfolg ist die Ortsveränderung des Frachtgutes. Nach h.M. handelt es sich daneben um einen echten Vertrag zugunsten des Empfängers (§§418 Abs.2 S.2, 419 Abs.1 S.2, 421 Abs.1 HGB).[212]

Pflichten des Frachtführers sind die Empfangnahme und vertragsgemäße Beförderung des Gutes nach den Weisungen des Absenders oder Empfängers (§§407, 418f. HGB). Der Frachtführers **haftet** für Güter- und Verspätungsschäden nach §§425ff. HGB.

Rechte des Frachtführers sind Ansprüche auf Frachtzahlung (§§407 Abs.2, 420 HGB) sowie Aufwendungsersatz (§420 Abs.1 S.2 HGB). Zur Sicherung dieser Ansprüche des Frachtführers gegen den Absender hat der Frachtführer nach §§441ff. HGB ein **Pfandrecht** am Frachtgut.

Der Absender ist zur Bezahlung der Fracht (§§407 Abs.2, 420 HGB) und zum Verladen und Entladen des Frachtgutes (§412 HGB) verpflichtet. Er haftet grundsätzlich verschuldensunabhängig gem. §414 Abs.1 HGB für Schäden, die dem Frachtführer durch das Gut entstehen.

8.4.3 Speditionsgeschäft

Das **Speditionsgeschäft** ist nach §453 HGB ein Handelsgeschäft, durch das sich der Spediteur zur Besorgung der Versendung eines Gutes unter grundsätzlicher Einschaltung eines Frachtführers/Verfrachters im eigenen Namen, aber für Rechnung des Versenders gegen Vergütung verpflichtet und das zum Betrieb seines (klein-)gewerblichen Unternehmens gehört (Logistik).

---

212 Baumbach/Hopt/*Merkt*, HGB, §407 Rn.17.

Der **Speditionsvertrag** besteht grundsätzlich zwischen Versender und Spediteur, welcher wiederum einen Frachtvertrag mit dem Frachtführer abschließt (vgl. oben Ziff. 8.4.2).

Pflichten des Spediteurs sind der interessengemäße Abschluss des Frachtvertrags, die Übergabe des Speditionsguts an den Frachtführer (§ 454 Abs. 1 HGB) und die Pflicht zur Herausgabe des Erlangten (§§ 675, 667 BGB). Der Spediteur **haftet** nach §§ 461, 462 i. V. m. §§ 426 ff. HGB.

Der **Spediteur** hat gegen den Versender einen Anspruch auf Vergütung (§§ 453 Abs. 2, 456 HGB) sowie Aufwendungsersatz (§§ 675, 670 BGB). Als **Sicherungsrecht** für diese Ansprüche des Spediteurs gegen den Versender hat der Spediteur ebenfalls ein **Pfandrecht nach § 464 HGB** am Frachtgut.

Die **Pflichten des Versenders** sind die Zahlung der Vergütung (§§ 453 Abs. 2, 456 HGB) und die Verpackung des Speditionsgutes (§ 455 Abs. 1 S. 1 HGB). Er **haftet** dem Spediteur verschuldensunabhängig gem. § 455 Abs. 2 HGB für Schäden und Aufwendungen.

8.4.4 Lagergeschäft

Das **Lagergeschäft** ist nach § 467 HGB ein Handelsgeschäft, durch das sich der Lagerhalter zur Lagerung und Aufbewahrung von Gütern gegen Vergütung verpflichtet und das zum Betrieb seines (klein-)gewerblichen Unternehmens gehört.

Der **Lagervertrag** wird zwischen Einlagerer und Lagerhalter geschlossen. Es handelt sich dabei um eine Sonderform des Verwahrungsvertrags (§§ 688 ff. BGB), dessen Vorschriften subsidiär neben den handelsrechtlichen Regelungen der §§ 467 ff. HGB gelten.

Pflichten des Lagerhalters sind die Lagerung des Gutes, die grundsätzlich in eigenen Lagerräumen zu erfolgen hat (§§ 467 Abs. 1, 472 Abs. 2 HGB), die Überwachung des Gutes (§ 471 Abs. 1 HGB), die Information des Einlagerers über negative Veränderungen (§ 471 Abs. 2 HGB) sowie die jederzeitige Auslieferung des Gutes (§ 473 Abs. 1 S. 1 HGB).

Der **Lagerhalter** haftet bei Verlust und Beschädigung des Gutes für vermutetes Verschulden (§ 475 HGB).

Der Lagerhalter hat **Anspruch** auf Zahlung des Lagergelds (§ 467 Abs. 2 HGB) sowie Aufwendungsersatz (§ 474 HGB). Als **Sicherungsrecht** besteht ebenfalls ein Pfandrecht am gelagerten Gut nach § 475b HGB.

Der **Einlagerer** hat dem Lagerhalter eine Vergütung zu zahlen (§ 467 Abs. 2 HGB), er hat das Gut zu verpacken und Informationen weiterzugeben (§ 468 Abs. 1 und 2 HGB). Der Einlagerer haftet grundsätzlich verschuldensunabhängig gem. § 468 Abs. 3 HGB für Schäden und Aufwendungen des Lagerhalters, die diesem im Zusammenhang mit dem eingelagerten Gut entstehen.

8.5 Übungsfall mit Lösung

Sachverhalt

K, Inhaber eines Fachhandels für Computer und Computerzubehör, bestellt bei Hersteller H 50 Notebooks Modell „A". Am 10. August liefert H, allerdings nur 40 Notebooks des Modells „A". Weitere 10 Notebooks gehören zur Modellgruppe „B". Zudem bringt ein Kunde sein anschließend bei K gekauftes Notebook Modell „A" am 29. August wieder zu K zurück, da dieses aufgrund eines Produktionsfehlers nach ca. zehn Betriebsstunden automatisch „heruntergefahren" wurde und auch nicht mehr gestartet werden konnte. Wegen seiner hohen Arbeitsbelastung rügt K erst am 30. August gegenüber H die Lieferung der Modelle „B" sowie die Mangelhaftigkeit des Notebooks Modell „A" und fordert Nachlieferung. H meint, dafür sei es jetzt zu spät. Er verlangt seinerseits Zahlung des Kaufpreises für die 50 gelieferten Notebooks von H. Zu Recht?

Lösung

Hat H gegen K einen Anspruch auf Kaufpreiszahlung aus dem Kaufvertrag gem. §433 Abs. 2 BGB?

1. Der Anspruch ist entstanden, da ein wirksamer Kaufvertrag zwischen H und K geschlossen wurde.
2. Der Anspruch des H ist aber möglicherweise nicht durchsetzbar, wenn K die Einrede des nicht erfüllten Vertrags in der Form der Mängeleinrede gem. §320 Abs. 1, 2 BGB erheben könnte. Ein gegenseitiger Vertrag liegt mit dem Kaufvertrag zwischen K und H vor.
3. Hinsichtlich der 10 gelieferten Notebooks Modell „B" könnte K die Mängeleinrede erheben, wenn H nicht ordnungsgemäß erfüllt hätte und ihm daher ein Anspruch auf Nacherfüllung gem. §§437 Nr. 1, 439 BGB zustünde.
4. Die gelieferten Notebooks müssten mangelhaft i. S. v. §434 BGB sein. Ein Mangel liegt bei negativer Abweichung der Ist- von der Sollbeschaffenheit der Kaufsache bei Gefahrübergang vor. Hier wurde aber keine – in diesem Sinne – mangelhafte Sache geliefert, sondern etwas anderes, ein aliud. Gem. §434 Abs. 3 1. Fall BGB wird die Lieferung eines aliuds aber wie ein Mangel behandelt. Ein Nacherfüllungsanspruch des K gem. §§437 Nr. 1, 439 BGB ist wirksam entstanden.
5. Möglicherweise kann sich K aber nicht auf diesen Mangel berufen, wenn die Genehmigungsfiktion gem. §377 Abs. 2 HGB eingetreten ist.
6. Ein beidseitiges Handelsgeschäft gem. §343 HGB liegt zwischen H und K vor, dafür spricht jedenfalls die gesetzliche Vermutung des §344 Abs. 1 HGB. Die Notebooks wurden durch Verkäufer H abgeliefert.
7. K hätte daher gem. §377 Abs. 1 HGB die gelieferten Notebooks unverzüglich (ohne schuldhaftes Zögern, §121 Abs. 1 S. 1 BGB) untersuchen und die Falschlieferung ebenfalls unverzüglich gegenüber H rügen müssen. Das hat er nicht getan. Der Mangel in Form der Falschlieferung war auch ohne weiteres erkennbar, damit hätte die Rüge unverzüglich nach der Ablieferung erfolgen müssen. Insoweit ist unerheblich, ob K sehr beschäftigt war.

8. Da die Mängelanzeige erst mehr als zwei Wochen nach Ablieferung und somit nicht mehr rechtzeitig erfolgte, gilt die Ware als genehmigt. K hat keinen Nacherfüllungsanspruch hinsichtlich der 10 Notebooks Modell „B" gegen H. Ihm steht damit auch keine Einrede aus § 320 BGB zu.
9. Dem K könnte aber hinsichtlich des einen nicht funktionsfähigen Notebooks eine Mängeleinrede zustehen, wenn er insoweit einen Nacherfüllungsanspruch gem. §§ 437 Nr. 1, 439 BGB gegenüber H geltend machen kann.
10. Da sich eine vertraglich vereinbarte bzw. vorausgesetzte Beschaffenheit nicht feststellen lässt, liegt jedenfalls ein Mangel gem. § 434 Abs. 1 S. 2 Nr. 2 BGB vor, denn das Notebook eignet sich nicht für die gewöhnliche Verwendung. Das Notebook war auch bereits bei Gefahrübergang mangelhaft, da es sich um einen Produktionsfehler handelt.
11. Aber auch insoweit könnte die Genehmigungsfiktion gem. § 377 Abs. 2 HGB eingetreten sein. Die Voraussetzungen des § 377 Abs. 1 HGB liegen vor (s. o.). Fraglich ist, ob K die Mangelhaftigkeit des Notebooks rechtzeitig gerügt hat.
12. Dabei ist jedoch zweifelhaft, ob K den Mangel überhaupt hätte entdecken können. Zwar sind dem Käufer Stichproben grundsätzlich zumutbar, hier hätte K aber mit dem Notebook mehrere Stunden arbeiten müssen, um den Mangel festzustellen. Dies geht über eine Untersuchung „nach ordnungsgemäßem Geschäftsgange" gem. § 377 Abs. 1 HGB hinaus und war ihm daher nicht zuzumuten. Der Mangel war daher nicht erkennbar. In diesem Fall hätte K gem. § 377 Abs. 3 HGB aber unverzüglich nach Entdeckung des Mangels gegenüber H rügen müssen. Als „Entdeckung" des Mangels ist hier die Rückgabe des Notebooks durch den Kunden am 29. August anzusehen. Da die Rüge einen Tag später erfolgte, war sie rechtzeitig.
13. Die Genehmigungsfiktion des § 377 Abs. 2 HGB ist nicht eingetreten, K kann bezüglich des mangelhaften Notebooks die Mängeleinrede wirksam erheben.

Ergebnis: Der Kaufpreisanspruch des H ist wirksam entstanden, aber nur teilweise durchsetzbar. K muss 49 der 50 Notebooks bezahlen. Ihm steht seinerseits ein Anspruch auf Nachlieferung eines mangelfreien Notebooks Modell „A" gegenüber H zu.

Anmerkung: Grundsätzlich kann die Einrede des nichterfüllten Vertrags gemäß § 320 Abs. 1, 2 BGB auch wegen nur teilweise mangelfreier Leistung erhoben und die Kaufpreiszahlung insgesamt verweigert werden. Bei nur einem mangelhaften Notebook – von insgesamt 50 gelieferten – dürfte die Verweigerung wegen verhältnismäßiger Geringfügigkeit aber gegen Treu und Glauben (§ 242 BGB) verstoßen.

9. Einheit: Sicherungsgeschäfte

9.1 Inhalt und Lernziele

Obwohl die in dieser Einheit behandelten Sicherungsgeschäfte grundlegend im BGB geregelt sind, werden sie im handelsrechtlichen Teil dieses Buches behandelt. Dies ist deshalb didaktisch sinnvoll, weil Sinn und Zweck etwa einer Bürgschaft, einer Pfandrechtsbestellung oder des Eigentumsvorbehalts in handelsrechtlichen Sachverhalten besonders verdeutlicht werden können. Neben den allgemeinen Regeln des BGB zu den Sicherungsgeschäften können zudem die jeweils im Handelsrecht geltenden Besonderheiten aufgezeigt werden.

Im Übungsfall wird mit der Grundschuld ein auch in der Praxis wichtiges Sicherungsmittel behandelt. Dabei geht es um die Frage, ob eine Grundschuld auch an einem fremden Grundstück bestellt werden kann und wie der Schuldner seine Einwendungen aus dem Darlehensvertrag dem Inhaber der Grundschuld entgegenhalten kann, wenn dieser die Zwangsvollstreckung betreiben will.

9.2 Allgemeines, Begriffe

Im Geschäftsverkehr besteht häufig das Erfordernis, sich bezüglich der Erfüllung eines Anspruchs rechtlich abzusichern, z. B. die Rückzahlung eines Darlehens oder die Bezahlung eines Kaufpreises. Dazu dienen die **Sicherungsgeschäfte**.

Tritt der **Sicherungsfall** ein, d. h. kann der Hauptschuldner seine Schuld nicht erfüllen, obwohl er dazu verpflichtet wäre, kann sich der Gläubiger an die Sicherheit halten, in der Regel also den Sicherungsgeber in Anspruch nehmen.

Man unterscheidet zunächst **Personal-** und **Realsicherheiten**, je nachdem ob eine Person für eine Schuld einsteht (z. B. Bürgschaft), oder ob die Sicherheit durch die Verwertung einer Sache realisiert wird (z. B. Pfandrecht).

Personalsicherheit $=_{def}$ die Erfüllung eines Anspruchs wird durch eine Person abgesichert

Bei den Realsicherheiten wird hinsichtlich des Sicherungsobjekts ferner zwischen Kreditsicherheiten an Mobilien und an Immobilien differenziert.

Realsicherheit $=_{def}$ die Erfüllung eines Anspruchs wird durch eine Sache abgesichert, man unterscheidet zwischen Realsicherheiten an Mobilien und Immobilien.

9.3 Personalsicherheiten

9.3.1 Allgemeines

Das Bürgerliche Recht kennt die Personalsicherheiten **Bürgschaft** (geregelt in §§765ff. BGB), **Garantie** (§443 BGB) und **Schuldbeitritt** (gesetzlich nicht geregelt). Dabei steht jeweils eine dritte Person (Sicherungsgeber) für die Erfüllung eines Anspruchs des Gläubigers (gleichzeitig Sicherungsnehmer) gegen den Schuldner ein. Das Gefährliche an den Personalsicherheiten ist, dass sie dem Gläubiger der gesicherten Forderung den **Zugriff auf das gesamte Vermögen des Sicherungsgebers** eröffnen.

9.3.2 Bürgschaft

Die Bürgschaft ist die **gängigste Personalsicherheit**. Dabei verpflichtet sich ein Bürge, für eine fremde Schuld einzustehen.

Es entsteht also ein Dreieck aus folgenden Rechtsverhältnissen:

- **Hauptschuld**: Verhältnis zwischen Gläubiger und Schuldner der gesicherten Forderung
- **Bürgschaft**: Vertrag zwischen Gläubiger (Sicherungsnehmer) und Bürge (Sicherungsgeber)
- **Innenverhältnis**: zwischen Hauptschuldner und Bürge, in der Regel ist dies ein Geschäftsbesorgungsvertrag

Die Bürgschaft wird durch **einseitig verpflichtenden Vertrag** zwischen dem Bürgen und dem Gläubiger begründet. Der Hauptschuldner ist selbst nicht Partei des Bürgschaftsvertrags. Der Bürge verpflichtet sich gegenüber dem Gläubiger, für die Erfüllung der Schuld des Hauptschuldners einzustehen.

Die Voraussetzungen, unter denen der Bürge vom Gläubiger zur Erfüllung der gesicherten Hauptschuld in Anspruch genommen werden kann, sind:

- Bestehen eines wirksamen **Bürgschaftsvertrags**, §765 BGB

Der Bürgschaftsvertrag kommt als schuldrechtlicher Vertrag zwischen dem Bürgen und dem Gläubiger durch zwei übereinstimmende Willenserklärungen zustande. Es gelten die allgemeinen Regeln über einen Vertragsschluss (u.a. §§104ff., §§119ff., §§145ff. BGB; vgl. dazu oben WPR 1 Einheit 2).

Für die Erklärung des Bürgen schreibt §766 BGB Schriftform (§126 Abs. 1 BGB) vor. Genügt die Willenserklärung des Bürgen der Schriftform nicht (mündlich, Fax, Email etc.), ist sie nach §125 S. 1 BGB nichtig. Eine für die Praxis wichtige Ausnahme gilt für den Kaufmann, wenn die Bürgschaft für ihn ein Handelsgeschäft darstellt, §§350, 343 HGB.

Die Erklärung des Gläubigers ist formlos (also auch konkludent) möglich.

- Bestehen einer **Hauptforderung**, § 767 BGB

Die Bürgschaft ist **akzessorisch**.[213] Das heißt, sie ist vom Bestehen der Hauptforderung abhängig, § 767 BGB. Muss der Hauptschuldner nicht leisten, weil die Hauptschuld gar nicht entstanden ist (z. B. wegen Formmangels, fehlender Geschäftsfähigkeit, Sittenwidrigkeit etc.) oder später entfallen ist (z. B. durch Erfüllung), muss auch der Bürge nicht leisten.

- Eintritt des **Bürgschaftsfalls**

Der Bürgschaftsfall (oder allgemein: Sicherungsfall) muss eintreten, das heißt, der Hauptschuldner leistet nicht trotz Fälligkeit und Einredefreiheit der Forderung.

- **Keine Einrede** des Bürgen

Der Bürge kann eigene Einreden aus dem Bürgschaftsvertrag und zusätzlich die Einreden aus den §§ 768, 770 BGB geltend machen.

Nach § 768 BGB stehen dem Bürgen ferner die Einreden des Hauptschuldners gegen den Gläubiger zu. Ist also etwa die Hauptschuld verjährt, kann der Bürge die Einrede gem. § 214 Abs. 1 BGB gegenüber dem Gläubiger geltend machen.

Nach § 770 BGB muss der Bürge den Gläubiger nicht befriedigen, wenn die Hauptschuld anfechtbar ist. Würde der Hauptschuldner die Anfechtung erklären, wäre die Hauptschuld von Anfang an nichtig, § 142 Abs. 1 BGB. Der Bürge selbst kann die Hauptschuld aber nicht anfechten und auch den Hauptschuldner nicht dazu zwingen. Solange der Hauptschuldner anfechten kann (beachte die Anfechtungsfristen nach § 121 oder § 124 BGB), hat der Bürge das Recht seine Leistung zu verweigern.

Ferner kann sich der Bürge mit der **Einrede der Vorausklage** gem. § 771 BGB verteidigen. Denn der Gläubiger muss zunächst versuchen, die Forderung beim Hauptschuldner einzutreiben. Dazu muss er (notfalls) gegen den Hauptschuldner klagen und ein zur Zahlung verpflichtendes Urteil gegen dieses erlangen. Aus diesem Urteil als Vollstreckungstitel i. S. v. § 704 ZPO muss er die Zwangsvollstreckung gegen den Hauptschuldner betreiben. Erst wenn diese erfolglos bleibt, kann der Bürge seine Zahlung nicht mehr verweigern.

Die Einrede der Vorausklage ist jedoch **ausgeschlossen**, wenn der Bürge Kaufmann und die Bürgschaft für ihn ein Handelsgeschäft ist, §§ 349, 343 HGB.

Es gibt ferner gesetzlich geregelte **Sonderfälle** der Bürgschaft. Diese sind:

- **Selbstschuldnerische Bürgschaft**, § 773 Abs. 1 Nr. 1 BGB

Bei der selbstschuldnerischen Bürgschaft **verzichtet** der Bürge auf die Einrede der Vorausklage. Der Gläubiger kann sich so bei Eintritt des Sicherungsfalls direkt an den Bürgen halten. Da der Weg über die Vorausklage für den Gläubiger mühselig und teuer sein kann (Prozesskosten), wird er oft versuchen den Bürgen zu einer selbstschuldnerischen Bürgschaft zu bewegen. Dies ist in den Grenzen der Privatautonomie auch möglich. Die selbstschuldnerische Bürgschaft ist daher heute in der Praxis der Regelfall.

---

[213] Palandt/*Sprau*, BGB, § 767 Rn. 1.

- **Bürgschaft auf erstes Anfordern**

Die Bürgschaft auf erstes Anfordern ist für den Bürgen besonders riskant. Bei dieser lässt allein die Zahlungsaufforderung durch den Gläubiger den formellen Bürgschaftsfall eintreten. D.h. der Bürge kann dem Gläubiger zunächst keine Einwendungen oder Einreden gegen die Hauptschuld entgegenhalten, sondern ist schon dann zur Leistung verpflichtet, wenn der Gläubiger Bestehen und Fälligkeit der Hauptforderung behauptet.[214] Erst im **Rückforderungsprozess** (Anspruch aus §812 Abs.1 S.1 Alt.1 BGB, siehe dazu WPR 1 Einheit 9 Ziff.9.3) kann der Bürge klären lassen, ob er zur Leistung verpflichtet war, ob also der materielle Bürgschaftsfall eingetreten war.[215]

Die Struktur der Bürgschaft lässt sich wie folgt darstellen:

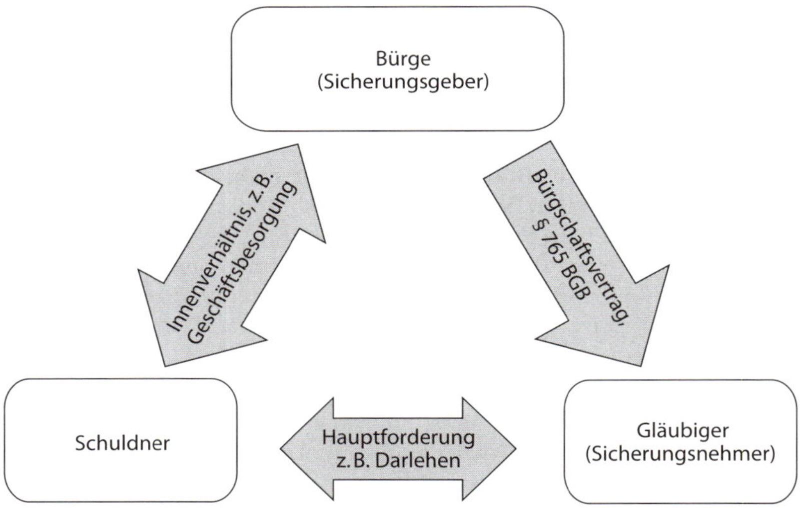

9.4 Realsicherheiten an Mobilien, Forderungen und Rechten

9.4.1 Pfandrechte

Von den gesetzlichen Pfandrechten des Werkunternehmers (§647 BGB) und des Vermieters (§§562f. BGB) war bereits bei den Vertragstypen die Rede (siehe dazu WPR 1 Einheit 6), ebenso von den gesetzlichen Pfandrechten des Kommissionärs, des Frachtführers, des Spediteurs und des Lagerhalters (siehe oben Einheit 8 Ziff.8.4).

Daneben gibt es die sog. Pfändungspfandrechte, §804 ZPO, die im Rahmen der Zwangsvollstreckung durch Sachpfändung (Anbringung des Pfandsiegels, des „Kuckucks") durch den Gerichtsvollzieher entstehen, und schließlich die ver-

[214] Vgl. MüKo-BGB/*Habersack*, §765 Rn.98.
[215] BGH NJW 1997, 1435 (1437).

traglichen, durch rechtsgeschäftliche Verpfändung begründeten Pfandrechte, §§ 1204 ff. BGB.

Vertragliche Pfandrechte werden durch Rechtsgeschäft an Sachen oder Rechten bestellt. Das Pfandrecht berechtigt den Pfandgläubiger zur Verwertung des Pfandes (durch Pfandverkauf, § 1228 BGB), wenn die Pfandreife eintritt. Das ist z. B. dann der Fall, wenn der Schuldner eine fällige Darlehensschuld nicht bezahlt, zu deren Sicherung das Pfandrecht bestellt wurde.

Meist gibt es also **drei** (selbständige, Trennungs- und Abstraktionsprinzip!) Rechtsgeschäfte:

- Den schuldrechtlichen Vertrag, aus dem die zu sichernden Ansprüche folgen, z. B. ein Darlehensvertrag,
- den ebenfalls schuldrechtlichen Pfandbestellungsvertrag, in dem sich der Sicherungsgeber (der Hauptschuldner oder ein Dritter) zur Bestellung des Pfandrechts verpflichtet und schließlich
- das dingliche Rechtsgeschäft der Pfandrechtsbestellung.

Das Pfandrecht an Sachen entsteht durch **Einigung** (dinglicher Vertrag) und **Übergabe** (Realakt), § 1205 BGB. Mit der Pfandrechtsbestellung erwirbt der Gläubiger nur das Pfandrecht, der Verpfänder (Sicherungsgeber) bleibt Eigentümer der Sache, an der das Pfandrecht bestellt wurde.

Beim **Sachpfand** ist Besitz des Pfandgläubigers am Pfand erforderlich, es wird daher auch als „Faustpfandrecht" bezeichnet. Das ist vor allem bei Produktionsgütern ein Problem, weil der Schuldner dann nicht mehr mit der verpfändeten Sache arbeiten und Einnahmen erzielen kann.

Beispiel:

A ist Inhaber eines Lieferdienstes. Zur Bestellung eines Pfandrechts an einem Lieferwagen zugunsten seiner kreditgebenden Bank B müsste er den Wagen zu B bringen. Er könnte den Wagen aber dann nicht mehr für Lieferfahrten nutzen, um so Einnahmen erzielen und das Darlehen zurückzahlen zu können.

In der Praxis werden daher heute nur noch der Inhalt von Bankschließfächern und kleinere private Wertgegenstände verpfändet.

Der Bestand des Pfandrechts ist abhängig von der gesicherten Forderung (Prinzip der **Akzessorietät**). Erlischt die Forderung, erlischt auch das Pfandrecht (§ 1252 BGB), der Pfandgläubiger verliert sein Recht zum Besitz und muss die Sache nach § 1254 oder § 985 BGB herausgeben.

Außer an Sachen kann auch ein **Pfandrecht an Rechten** bestellt werden, § 1273 BGB. In Betracht kommen alle übertragbaren Rechte (§ 1274 Abs. 2 BGB), u. a. Forderungen, Patente, Marken, Wertpapiere, GmbH-Gesellschaftsanteile und Aktien. Nach § 1274 BGB erfolgt die Bestellung nach den für die Übertragung geltenden Vorschriften. Die für die Pfandrechtbestellung erforderliche Einigung richtet sich in ihrer Form also vor allem nach den §§ 398 ff., 413 BGB, so dass meist eine formlose Einigung genügt.

Eine Übertragung des Rechts findet aber gerade nicht statt. Der Pfandgläubiger erhält nur das Pfandrecht, der Verpfänder bleibt Inhaber der Forderung oder des Rechts.

Zusätzlich können noch Sonderregelungen hinsichtlich der Pfandrechtsbestellung einschlägig sein. Die wichtigste ist in § 1280 BGB geregelt. Danach ist die Verpfändung einer Forderung nur wirksam, wenn sie dem Schuldner dieser Forderung angezeigt wird. Dieses Offenlegungserfordernis macht die Forderungsverpfändung für die Praxis unattraktiv.

9.4.2 Sicherungsübereignung

Die Pfandrechtsbestellung erfordert die Übertragung des Besitzes an der verpfändeten Sache. Damit gehen aber für den Schuldner oft Arbeitsmittel und damit Einnahmen verloren, mit denen er die besicherte Forderung erfüllen wollte. Daher macht die Praxis vom Pfandrecht nur wenig Gebrauch.

Verbreiteter ist die **Sicherungsübereignung**. Dabei überträgt der Sicherungsgeber dem Sicherungsnehmer das Eigentum an der betroffenen Sache nach §§ 929 S. 1, 930 BGB. Anders als beim Pfandrecht erwirbt der Sicherungsnehmer (Gläubiger) hier das Eigentum. Der Sicherungsgeber kann aber den unmittelbaren Besitz behalten.

Im Gegensatz zur Bürgschaft oder dem Pfandrecht ist die Sicherungsübereignung nicht akzessorisch. Es bedarf daher einer gesonderten schuldrechtlichen Vereinbarung, die die zu sichernde Forderung mit der Eigentumsübertragung verknüpft und diese zum Sicherungseigentum macht. Dieser Vertrag heißt **Sicherungsabrede**. Die Sicherungsabrede verpflichtet den Sicherungsnehmer, die Sache im Besitz des Sicherungsgebers zu belassen und sie ihm zurück zu übereignen, wenn der Sicherungsgeber seine Verbindlichkeiten erfüllt hat. Leistet der Sicherungsgeber nicht, kann der Sicherungsnehmer die Sache wie ein ganz gewöhnlicher Eigentümer verwerten.

Sicherungsübereignung $=_{def}$ Der Sicherungsgeber überträgt dem Sicherungsnehmer das Eigentum am Sicherungsobjekt, bleibt aber unmittelbarer Besitzer (mittelbarer Besitz beim Sicherungsnehmer), § 930 BGB. Aufgrund der Sicherungsabrede ist der Sicherungsnehmer nach Erfüllung des Sicherungszwecks zur Rückübereignung verpflichtet.

Beispiel:

Unternehmer U benötigt einen Betriebsmittelkredit. Bank B gewährt den Kredit, verlangt aber Sicherheiten. U kann der B z. B. seinen Fuhrpark oder sein Warenlager zur Sicherheit übereignen.

9.4.3 Sicherungsabtretung

Auch Forderungen können zur Sicherung übertragen werden. Allerdings spricht man hier von **Sicherungsabtretung** (oder Sicherungszession), da Forderungen nicht wie Sachen übereignet, sondern nach §§ 398 ff. BGB abgetreten werden (zur Abtretung siehe WPR 1 Einheit 10 Ziff. 10.4).

Die Sicherungsabtretung ist ebenfalls **nicht akzessorisch**, so dass es auch hier einer **Sicherungsabrede** bedarf. Diese verpflichtet den Sicherungsgeber, die Forderung als Sicherheit für die Hauptschuld zu übertragen, verknüpft Hauptschuld und Sicherungsabtretung miteinander und regelt die Modalitäten der Verwertung im Sicherungsfall bzw. der Rückübertragung bei Tilgung der Hauptschuld.

Die Sicherungsabtretung muss dem Schuldner der Forderung nicht angezeigt werden. Die Praxis zieht die sog. **stille Sicherungszession** der Pfandrechtsbestellung vor, weil die Publizität der Verpfändung dem Ansehen und Kredit des Forderungsinhabers abträglich sein kann und dieser daher oft ein Interesse daran hat, dass sein Schuldner nichts davon erfährt.

Sicherungsabtretung $=_{def}$ Übertragung einer Forderung zur Sicherheit.

Daneben können auch alle anderen übertragbaren Rechte (z. B. Patente, Marken, Aktien etc.) Gegenstand einer Sicherungsübertragung sein.

9.4.4 Eigentumsvorbehalt

Der Eigentumsvorbehalt ist das gängigste Mittel, dessen sich Verkäufer (und Eigentümer) zur Absicherung ihres Kaufpreisanspruchs bedienen. Beim Eigentumsvorbehalt wird der Eigentumsübergang vom Eintreten eines bestimmten Ereignisses abhängig gemacht. Da dieses meist die vollständige Kaufpreiszahlung ist, wird in diesem Zusammenhang oft §449 BGB genannt. Das ist nicht ganz richtig, denn §449 BGB ist nur eine Auslegungsregel für den häufigsten Fall des Eigentumsvorbehalts, nämlich den des Verkäufers.

Richtigerweise ist der Eigentumsvorbehalt im Sachenrecht anzusiedeln, die einschlägigen Normen sind §§929, 158 Abs. 1 BGB. Eigentumsvorbehalt bedeutet, dass von den Tatbestandsmerkmalen des §929 BGB die Übergabe sofort vollzogen wird, aber die Einigung **aufschiebend bedingt** ist (i. d. R. bis zur vollständigen Kaufpreiszahlung). Bis zu diesem Bedingungseintritt ist der Käufer bereits durch ein **Anwartschaftsrecht** geschützt (vgl. §161 BGB).[216] Mit der Kaufpreiszahlung, also dem Eintritt der Bedingung, erstarkt dieses Anwartschaftsrecht zum Vollrecht, also zum Eigentum. Der Verkäufer bleibt solange Eigentümer.

Eigentumsvorbehalt $=_{def}$ Übertragung des Eigentums, die unter einer aufschiebenden Bedingung steht (§§ 929, 158 Abs. 1 BGB). Bedingung ist meist die vollständige Kaufpreiszahlung.

Sonderformen des Eigentumsvorbehalts sind:

- **Verlängerter** Eigentumsvorbehalt:

Durch den Eigentumsvorbehalt ist der Vorbehaltskäufer bis zur vollständigen Kaufpreiszahlung nicht Eigentümer der Kaufsache. Das wird für ihn zum Problem, wenn er z. B. als Händler vom Weiterverkauf solcher Kaufsachen lebt. Zwar kann er einen Kaufvertrag mit einem Abnehmer schließen, weil er aber nicht Eigentümer ist, kann er diesem das Eigentum nicht übertragen und damit seine Pflicht aus dem Kaufvertrag (§433 Abs. 1 S. 1 BGB) nicht erfüllen.

---

[216] BeckOK BGB/*Kindl*, §929 Rn. 73.

Wegen des wirtschaftlichen Interesses am Weiterverkauf ermächtigt daher der Vorbehaltsverkäufer (Eigentümer) den Vorbehaltskäufer zur Übereignung an dessen Abnehmer. Der Vorbehaltskäufer übereignet die Sache wegen der Einwilligung des Eigentümers als Berechtigter und somit wirksam (§§ 929 S. 1, 185 Abs. 1 BGB). Im Gegenzug tritt der Vorbehaltskäufer dem Vorbehaltsverkäufer die Kaufpreisforderung aus dem Weiterverkauf im Voraus nach § 398 BGB ab. Gleichzeitig ermächtigt dieser ihn wiederum zur Einziehung der Kaufpreisforderung beim Abnehmer. Die Abtretung erfolgt als reine Sicherheit, der Abnehmer erfährt hiervon i. d. R. nichts.

Beispiel:

Großhändler G liefert an den Einzelhändler E fünfzig Fernseher. E ist darauf angewiesen die Ware im ordnungsgemäßen Geschäftsgang zu veräußern, schließlich will er aus dem Erlös den Kaufpreis bezahlen. G ermächtigt E daher, die Fernseher an seine Kunden zu übereignen, lässt sich aber sogleich die Forderungen, die E gegen seine Kunden erlangt, abtreten.

- **Erweiterter** Eigentumsvorbehalt

Beim erweiterten Eigentumsvorbehalt erwirbt der Vorbehaltskäufer erst dann das Eigentum an der gelieferten Kaufsache, wenn alle Forderungen aus der Geschäftsbeziehung erfüllt sind.

- Eigentumsvorbehalt mit **Verarbeitungsklausel**

In der Praxis droht der Eigentumsvorbehalt immer dann ins Leere zu laufen, wenn die verkaufte Sache ein Rohstoff oder Vorprodukt ist und weiterverarbeitet werden soll. Denn dann findet nach § 950 BGB kraft Gesetzes ein Eigentumserwerb beim Hersteller der neu hergestellten Sache statt. Verarbeitet der Vorbehaltskäufer die Kaufsache, erwirbt er das Eigentum an der neuen Sache. Die Verarbeitungsklausel bewirkt, dass der Vorbehaltsverkäufer als Hersteller anzusehen ist, wenn die von ihm unter Eigentumsvorbehalt gelieferten Sachen verarbeitet werden, und damit er das Eigentum an der neu hergestellten Sache erwirbt.[217]

Beispiel:

Lederhersteller L liefert an Schuhfabrikant S eine bestimmte Menge Leder unter Eigentumsvorbehalt. S verarbeitet das Leder zu Schuhen.

Beim „einfachen" Eigentumsvorbehalt wird S durch die Verarbeitung Eigentümer. Haben S und L aber vereinbart, dass die Verarbeitung für L erfolgt (Verarbeitungsklausel), ist L als Hersteller anzusehen. Dann erwirbt L das Eigentum an den Schuhen.

9.5 Realsicherheiten an Immobilien

Immobiliarsicherheiten sind Sicherheiten an unbeweglichen Sachen, also Grundstücken. Immobiliarsicherheiten können als **Grundpfandrechte** erworben werden. Grundpfandrechte sind beschränkte dingliche Rechte, bei denen der Berechtigte eine Geldforderung aus dem belasteten Grundstück im Wege der Zwangsvollstreckung beitreiben kann. Im Sicherungsfall kommt es also zur Befriedigung aus dem Grundstück in Form der Zwangsvollstreckung (meist

[217] BGH NJW 1967, 34 f. (*str.*).

Zwangsversteigerung, auch Zwangsverwaltung). Die Grundpfandrechte werden in Abteilung II des Grundbuchs eingetragen.

Die beiden wichtigsten Grundpfandrechte sind **Hypothek** und **Grundschuld**. Obwohl sie sich sehr ähneln, gibt es gewichtige Unterschiede. Das Nebeneinander von Grundschuld und Hypothek erklärt sich historisch durch die Rechtszersplitterung vor Einführung des BGB.

9.5.1 Hypothek

Die Hypothek ist in **§1113 Abs. 1 BGB** legaldefiniert: Ein Grundstück kann in der Weise belastet werden, dass sich der Gläubiger im Sicherungsfall für eine ihm gegen den Schuldner zustehende Forderung aus der Zwangsversteigerung des Grundstücks befriedigen kann.

Bestellt wird die Hypothek entweder durch Einigung und Eintragung ins Grundbuch plus Briefübergabe, §§873 Abs. 1, 1117 Abs. 1 S. 1 BGB (**Briefhypothek**) oder durch Einigung und Eintragung ins Grundbuch bei ausdrücklichem und ebenfalls einzutragendem Ausschluss der Brieferteilung, §§873 Abs. 1, 1116 Abs. 2 S. 3 BGB (**Buchhypothek**).

Wichtig ist die **Akzessorietät** von Hypothek und gesicherter Forderung. Mit der Forderung erlischt die Hypothek zwar nicht. Sie wandelt sich aber automatisch gem. §§1163 Abs. 1 S. 2, 1177 Abs. 1 BGB in eine **Eigentümergrundschuld** um. Es gilt daher der Grundsatz: „keine Hypothek ohne Forderung“. Beim anteiligen Erlöschen der gesicherten Forderung besteht auch die Hypothek nur jeweils im (noch) zu sichernden Umfang.

Beispiel:

Bank B hat dem E ein Darlehen über 100.000 Euro gewährt, zu dessen Sicherung das Grundstück des E mit einer Hypothek in dieser Höhe belastet wurde. Bezahlt E nun 25.000 Euro zurück, erlischt die Darlehensforderung in dieser Höhe (Erfüllung, §362 Abs. 1 BGB) und die Hypothek besteht zu Gunsten der B automatisch nur noch in Höhe von 75.000 Euro.

Hypothek und Forderung sind nur gemeinsam übertragbar, §1153 BGB.

Beispiel:

E hat Bank B zur Sicherung ihrer Darlehensforderung eine Hypothek an seinem Grundstück bestellt. B benötigt schnell liquide Mittel und kann nicht warten bis die Rückzahlung des Darlehens fällig ist. Sie verkauft die Darlehensforderung daher an Hedgefonds H und tritt sie nach §§398, 1154 BGB an H ab. Mit der Forderung erwirbt H automatisch auch die Hypothek, §1153 BGB.

Eine gewisse Umlauffähigkeit der Hypothek folgt jedoch aus §1138 BGB. Da die Gutglaubensschutzvorschriften auch für den Forderungsbestand und die Einreden des §1137 gelten, ist ein gutgläubiger einredefreier Rechtserwerbs möglich. Steht jedoch allein der Sicherungszweck der Hypothek im Vordergrund, ergibt sich aus §1184 BGB, dass auch die Vereinbarung einer reinen **Sicherungshypothek** möglich ist, die gegenüber der ansonsten möglichen **Verkehrshypothek** eine gesteigerte Akzessorietät aufweist.

9.5.2 Grundschuld

Die Grundschuld ist das heute am Weitesten verbreitete Grundpfandrecht. Sie ist in **§1191 Abs.1 BGB** legaldefiniert. Bestellt wird die Grundschuld wie die Hypothek durch Einigung und Eintragung ins Grundbuch (§873 BGB) plus Briefübergabe (**Briefgrundschuld**) bzw. Ausschluss der Brieferteilung (**Buchgrundschuld**).

Im Gegensatz zur Hypothek ist die Grundschuld aber **nicht akzessorisch** zur gesicherten Forderung. Insbesondere für die Sicherung von Kontokorrentkrediten eignet sich die Grundschuld, weil sie nicht erlischt, wenn der Saldo dort zufällig einmal auf null absinkt. Denn die Grundschuld kann auch unabhängig von einer Forderung bestehen. Wie bei allen nicht akzessorischen Sicherheiten bedarf es daher einer **Sicherungsabrede**, um Forderung und Grundschuld (schuldrechtlich) zu verknüpfen.

Anders als bei der Hypothek, die nach Wegfall der Forderung von selbst erlischt, muss bei der Grundschuld der Gläubiger noch die Freigabe erteilen. Dazu verpflichtet ihn i. d. R. (bei der Sicherungsgrundschuld) die Sicherungsabrede.

Beispiel:

Bank B hat dem E ein Darlehen über 100.000 Euro gewährt, zu dessen Sicherung das Grundstück des E mit einer Grundschuld in dieser Höhe belastet wurde. Bezahlt E nun 25.000 Euro zurück, erlischt die Darlehensforderung in dieser Höhe (Erfüllung, §362 Abs. 1 BGB). Die Grundschuld besteht aber weiterhin in Höhe von 100.000 Euro fort.

Die Grundschuld ist auch ohne die Forderung übertragbar.

Beispiel:

Der Darlehensvertrag zwischen B und E ist wegen eines Formfehlers nichtig. Dennoch ist die Grundschuld wirksam entstanden. B ist lediglich aus der Sicherungsabrede zur Rückübertragung verpflichtet. Veräußert B die Grundschuld trotz dieser Verpflichtung etwa an Hedgefonds H, macht sie sich zwar schadenersatzpflichtig. H hat aber die Grundschuld wirksam erworben. Nach der alten Rechtslage (bis Mitte 2008) konnte H, wenn er den Sicherungscharakter der Grundschuld wie auch die Nichtvalutierung nicht kannte, die Zwangsvollstreckung gegen E betreiben. Wegen des seitdem geltenden §1192 Abs. 1a BGB muss H sich nun alle Einreden aus der Sicherungsabrede, hier dass die zu sichernde Forderung nicht besteht, entgegenhalten lassen.

Die Sicherungsgrundschuld ist der Sicherungshypothek damit weitgehend angenähert. Was das für die Praxis bedeutet, ob also in Zukunft immer noch überwiegend Grundschulden bestellt werden, wird sich in den nächsten Jahren zeigen.

Übersicht: Arten von Sicherungsgeschäften

Sicherungsgeschäfte

Personalsicherheiten (Beispiele):
- Bürgschaft, §§ 765 ff. BGB (beachte: 350 HGB)
- Schuldversprechen/Schuldanerkenntnis 780 ff. BGB (beachte: § 350 HGB)
- Garantie, § 443 BGB

Realsicherheiten (Beispiele):
- vertragliche Pfandrechte, §§ 1204 ff., §§ 1273 ff. BGB
- Sicherungsübereignung/-abtretung
- (verlängerter) Eigentumsvorbehalt
- Hypothek, §§ 1113 ff. BGB
- Grundschuld, §§ 1191 ff. BGB

9.6 Übungsfall mit Lösung

Sachverhalt

A nimmt bei der Bank B ein Darlehen i.H.v. 500.000 Euro auf, das in monatlichen Raten zu tilgen ist. A bestellt zur Sicherung des Darlehens zu Gunsten der B eine Grundschuld an seinem Grundstück i.H.v. 500.000 Euro. Der Grundschuldbrief wird A erteilt. A und B vereinbaren, dass die Grundschuld der Sicherung der Darlehensforderung dienen und B nur zur Verwertung berechtigt sein soll, wenn A mit mindestens zwei Raten seiner Darlehensschuld im Rückstand ist. Als es zwischen A und B zu Streitigkeiten über die Zahlungsmodalitäten kommt, verlangt die B von A Duldung der Zwangsvollstreckung in sein Grundstück. A wendet ein, er habe alle Raten gegenüber der B rechtzeitig gezahlt, was auch zutrifft. Schließlich kommt heraus, dass A gar nicht Eigentümer des Grundstücks ist, sondern lediglich durch einen Fehler des Grundbuchamts als Eigentümer im Grundbuch eingetragen ist. Diese Unrichtigkeit war der B nicht bekannt.

Hat die B einen Anspruch gegen A auf Duldung der Zwangsvollstreckung?

Lösung

B hat möglicherweise einen Anspruch gegen A auf Duldung der Zwangsvollstreckung gemäß §§ 1192 Abs. 1, 1147, 1148 BGB.

1. B müsste Inhaberin der Grundschuld sein. Dafür müsste die Grundschuld zunächst überhaupt wirksam von A für die B nach §§ 1192 Abs. 1, 1115 ff. BGB bestellt worden sein.
2. Eine Einigung gem. §§ 873 Abs. 1, 1191 Abs. 1 BGB über die Bestellung der Grundschuld liegt ebenso vor wie die Eintragung der Rechtsänderung gem. §§ 873 Abs. 1, 1192 Abs. 1, 1115 Abs. 1 BGB ins Grundbuch und die Briefübergabe gem. §§ 1192 Abs. 1, 1117 Abs. 1 S. 1 BGB (Briefgrundschuld).
3. Möglicherweise war A aber zur Grundschuldbestellung gar nicht berechtigt, da er nicht Eigentümer des Grundstücks ist.

4. B könnte die Grundschuld aber gutgläubig erworben haben. Denn ein gutgläubiger Erwerb einer Grundschuld ist gem. §892 BGB ebenso möglich, wie der gutgläubige Erwerb von Eigentum an Grundstücken. B war gutgläubig im Hinblick auf die vermeintliche Eigentümerstellung des A, ein Widerspruch nach §899 BGB war nicht im Grundbuch eingetragen. Die Voraussetzungen von §892 BGB liegen vor. Zugunsten der B ist wirksam eine Grundschuld entstanden.
5. Der Anspruch der B könnte aber erloschen sein. Der Anspruch auf Duldung der Zwangsvollstreckung gem. §§1192 Abs. 1, 1147, 1148 BGB ist aber nicht schon deshalb erloschen, weil A einwendet, das Darlehen zurückgezahlt zu haben. Zwar mag der Rückzahlungsanspruch aus dem Darlehensvertrag gem. §362 Abs. 1 BGB erloschen sein. Damit erlischt aber nicht automatisch die Grundschuld. Diese ist (im Gegensatz zur Hypothek) gerade nicht akzessorisch.
6. Einreden oder Einwendungen gegen die zu sichernde Forderung können der Grundschuld jedoch auf andere Art entgegen gehalten werden. Fraglich ist daher, ob A der B entgegenhalten kann, dass er seine Kreditraten bisher ordnungsgemäß gezahlt hat und die Grundschuld daher nicht verwertet werden darf.
7. Schuldrechtliche causa für die Grundschuld ist nicht der Darlehensvertrag, sondern die Sicherungsabrede. Diese verknüpft Darlehen und Grundschuld dergestalt miteinander, dass die Grundschuld nur im Rahmen der gesicherten Forderung durchgesetzt werden kann. Einwendungen gegen die Forderungen werden somit zu Einreden aus dem Sicherungsvertrag gegen die Durchsetzung der Grundschuld.
8. Da A das Darlehen zurückgezahlt hat und der Zahlungsanspruch der Bank aus §488 Abs. 1 S. 2 BGB gem. §362 Abs. 1 BGB erloschen ist, steht ihm gegen den Anspruch der B aus §§1192 Abs. 1, 1147, 1148 BGB eine Einrede aus der Sicherungsabrede zu.

Ergebnis: B hat daher keinen durchsetzbaren Anspruch auf Duldung der Zwangsvollstreckung gegen A aus §§1192 Abs. 1, 1147, 1148 BGB.

10. Einheit: Einführung in das Gesellschaftsrecht

10.1 Begriff

Das in den Einheiten 10–12 zu behandelnde Gesellschaftsrecht ist **Teil des Privatrechts.** Gesellschaften sind **privatrechtliche Organisationen** (Personenvereinigungen), die **durch Rechtsgeschäft** mit einem **bestimmten Zweck** begründet werden, z. B. als Aktiengesellschaft, GmbH, Verein, Kommanditgesellschaft. Das Gesellschaftsrecht ist das Recht, das speziell für diese Organisationen gilt. Es **regelt**, wie sie **intern verfasst** sind, wer für sie **nach außen handelt** und wer für sie **haftet.**

Beispiel:

A, B und C wollen eine GmbH gründen. Wie ist die haftungsrechtliche Situation in der Zeit zwischen der Errichtung der Gesellschaft und der Eintragung ins Handelsregister?

Neben gesellschaftsrechtlichen Fragen sind bei der Errichtung einer Gesellschaft noch andere Aspekte zu berücksichtigen, häufig im Zusammenhang mit dem Steuerrecht, z. B.:

- Welche **Rechtsform** ist für ein Familienunternehmen in puncto Steuerlast und personeller Flexibilität vernünftiger, eine KG oder eine GmbH?
- Unter welchen **Voraussetzungen** wird ein eingetragener Verein gemeinnützig, so dass man an ihn gerichtete Spenden von der Steuer absetzen kann? Gibt es dabei auch Nachteile, die man in Kauf nehmen muss?

Das Gesellschaftsrecht ist eng vernetzt mit dem überwiegend im HGB geregelten **Handelsrecht**. Denn (Handels-)**Gesellschaften** sind gem. § 6 HGB **Formkaufleute**, auf sie ist das Handelsrecht unmittelbar anwendbar.

10.2 Rechtsquellen

Das Gesellschaftsrecht ist nicht in einem einheitlichen Gesetz kodifiziert, sondern über verschiedene Gesetze verteilt, z. B.:

- Bürgerliches Gesetzbuch (Verein, Gesellschaft bürgerlichen Rechts),
- Handelsgesetzbuch (Offene Handelsgesellschaft, Kommanditgesellschaft),
- Aktiengesetz (Aktiengesellschaft),
- GmbH-Gesetz (Gesellschaft mit beschränkter Haftung).

10.3 Systematik

10.3.1 „Numerus clausus" und Gestaltungsfreiheit

Das Gesellschaftsrecht konkretisiert das Grundrecht der **Vereinigungsfreiheit** (Art. 9 Abs. 1 GG) und ermöglicht damit die Ausübung dieses Grundrechts im Alltag. Als Teil des Privatrechts ist auch das Gesellschaftsrecht durch die **Vertragsfreiheit** gekennzeichnet.

Gleichzeitig herrscht aber ein **numerus clausus** (≈ geschlossene Anzahl) der Gesellschaftsformen. Das heißt, zulässig sind nur die Gesellschaftsformen, die der Gesetzgeber zur Verfügung stellt. Dies dient vor allem dem Schutz des Rechtsverkehrs, weil die Beteiligten an der Gesellschaftsform erkennen können, mit welcher Gestaltung sie es zu tun haben.

Beispiel:

Die X-OHG, bestehend aus den Gesellschaftern A, B und C, will bei der D-Bank ein Darlehen aufnehmen. Durch Einsicht in das Handelsregister kann die Bank schnell in Erfahrung bringen, wer an der Gesellschaft beteiligt ist. Wegen der angegebenen (und überprüfbaren) Gesellschaftsform weiß sie auch, dass die Gesellschafter unbeschränkt persönlich für die Verbindlichkeiten der Gesellschaft haften.

Innerhalb der zur Verfügung stehenden Rechtsformen besteht aber weitgehend **Gestaltungsfreiheit**, da es bei allen Gesellschaftsformen nicht normierte Regelungsbereiche gibt. Daneben existiert eine Reihe von abdingbaren Vorschriften, mit denen die jeweilige Rechtsform flexibel an die Erfordernisse angepasst werden kann, ohne ihren Wesensgehalt zu verändern. Dabei kann man sogar zu einer Grundtypenvermischung gelangen. Das bekannteste Beispiel ist die GmbH & Co KG, eine Mischform aus Kapitalgesellschaft (GmbH) und Personenhandelsgesellschaft (KG). Möglich ist auch die Bildung einer KGaA (Kommanditgesellschaft auf Aktien), als einer kapitalistischen Personenhandelsgesellschaft.

Die **Wahl der richtigen Rechtsform** einer Gesellschaft hängt von vielen verschiedenen Faktoren ab:

- gesellschaftsrechtliche Gesichtspunkte (Haftungsrisiko, Einflussmöglichkeiten auf die Geschäftsführung, Gewinnverteilung),
- Überlegungen zu Verhältnissen der Beteiligten (persönliche Fähigkeiten, Beziehungen),
- betriebswirtschaftliche Aspekte (Kapitalausstattung),
- steuerrechtliche Überlegungen (Besteuerung der Gesellschafter oder Körperschaftssteuer),
- unternehmensrechtliche Gesichtspunkte (Unternehmenskontinuität, Rechnungslegung).

10.3.2 Gesellschaftsformen

Unterschieden wird grundsätzlich zwischen **Personengesellschaften** und **Körperschaften.**

10.3.2.1 Personengesellschaften

Bei den Personengesellschaften ist nach der Idee des Gesetzgebers die Person des Gesellschafters für seine Rechte und Pflichten maßgebend.[218] Grundmodell der Personengesellschaft ist die **Gesellschaft bürgerlichen Rechts** (GbR oder auch BGB-Gesellschaft, §§ 705 ff. BGB). Weitere Personengesellschaften sind die **Offene Handelsgesellschaft** (OHG, §§ 105 ff. HGB), die **Kommanditgesellschaft** (KG, §§ 161 ff. HGB), die **Stille Gesellschaft** (stG, §§ 230 ff. HGB), die **Partnerschaftsgesellschaft** (geregelt im PartGG) und die Europäische Wirtschaftliche Interessenvereinigung (EWIV).

Für Personengesellschaften gelten folgende Grundprinzipien:

- Organisationsgrundlage ist der Gesellschaftsvertrag.
- Die Mitgliedschaft ist im Regelfall nicht frei übertragbar oder vererblich.
- Die Gesellschafter haften grundsätzlich persönlich und unbeschränkt für Schulden der Gesellschaft.
- Es gilt das Verbot der Fremdorganschaft („Organmonopol der Gesellschafter"[219]).
- Es gibt keine Einpersonengesellschaft.
- Die Willensbildung der Gesellschaft geschieht nach dem **Einstimmigkeitsprinzip**.

10.3.2.2 Körperschaften

Bei den Körperschaften ist die Person des Gesellschafters dagegen nicht entscheidend. Vom Grundsatz her ist hier vielmehr die körperschaftliche Einheit unabhängig vom Mitgliederbestand.

Weiter ist zwischen **Kapitalgesellschaften** und **nichtkapitalistischen Körperschaften** zu unterscheiden. Die Körperschaften gehen auf die Grundform des **eingetragenen Vereins** (e.V., §§ 21 ff. BGB) zurück. Daneben existieren die **Gesellschaft mit beschränkter Haftung** (GmbH), die **Aktiengesellschaft** (AG), die **Genossenschaft** (eG) und der **Versicherungsverein auf Gegenseitigkeit** (VVaG).

Kennzeichnend für Körperschaften sind folgende Merkmale:

- Organisationsgrundlage ist die Satzung.
- Anteile (an Kapitalgesellschaften) sind frei übertragbar.
- Keine persönliche Haftung der Gesellschafter, sondern Eigenhaftung der Gesellschaft.
- Fremdorganschaft ist möglich.
- Einpersonengesellschaften sind zulässig.
- Die Willensbildung erfolgt nach dem **Mehrheitsprinzip**.

---

218 Vgl. MüKo-BGB/*Ulmer/Schäfer*, Vorb. v. § 705 Rn. 2.
219 MüKo-HGB/*K. Schmidt*, § 125 Rn. 5.

11. Einheit: Personengesellschaften

11.1 Inhalt und Lernziele

In dieser Einheit werden die Personengesellschaften behandelt. Die Darstellung beginnt mit der Grundform einer jeden Personengesellschaft, der Gesellschaft bürgerlichen Rechts (GbR). Die Grundsätze der Gründung einer Gesellschaft sowie der Haftung von Gesellschaft und Gesellschaftern werden anschließend anhand der offenen Handelsgesellschaft (OHG) als Grundform der Personenhandelsgesellschaften vertieft bzw. modifiziert. Dargestellt wird zudem die Kommanditgesellschaft (KG) als besonderer Erscheinungsform einer OHG.

Im Übungsfall geht es um die Unterschiede zwischen dem Innenverhältnis und dem Außenverhältnis bei einer GbR, vor allem im Hinblick auf die Haftung der Gesellschaft und aller Gesellschafter für von einem einzelnen Gesellschafter begründete Verbindlichkeiten.

11.2 Gesellschaft bürgerlichen Rechts (GbR)

11.2.1 Allgemeines

11.2.1.1 Begriffsbestimmung

Die GbR ist geregelt in den §§705 ff. BGB. Nach §705 BGB ist zur Entstehung folgendes erforderlich:

- Ein **Vertrag** zwischen mindestens zwei Personen,
- der auf die Erreichung eines **gemeinsamen Zwecks** gerichtet ist und
- den zu **fördern** sich die Vertragspartner verpflichten.

Die GbR ist der **Grundtypus der Personengesellschaften**. Dies bedeutet, dass auf alle Personen(-handels-)gesellschaften subsidiär die Regelungen über die GbR Anwendung finden, soweit spezialgesetzlich nichts anderes bestimmt ist.[220]

11.2.1.2 Erscheinungsformen

Die weite Definition führt dazu, dass für die GbR in der Praxis ein breites Spektrum an Verwendungsmöglichkeiten besteht. Dies können zum Beispiel Arbeitsgemeinschaften (ARGE) im Bausektor sein, aber auch Wett- und Spielgemeinschaften oder Fahrgemeinschaften.

---

[220] Henssler/Strohn/*Servatius*, Gesellschaftsrecht, BGB, §705 Rn. 1.

11.2.1.3 Rechtsnatur

Die **Rechtsnatur** der GbR war lange höchst umstritten. Die Diskussion drehte sich darum, ob sie als Personengesellschaft **rechtsfähig** ist. Inzwischen geht die allgemeine Ansicht dahin, dass die im Geschäftsverkehr auftretende GbR mit eigenem Gesellschaftsvermögen (sog. „Außen-GbR") **rechtsfähig und** im Prozess **parteifähig** ist.[221] Innengesellschaften, die nicht als solche in Erscheinung treten und bei denen kein Sondervermögen gebildet wird, gelten aber weiterhin als nicht rechtsfähig. Eine solche Innengesellschaft läge beispielsweise vor, wenn sich die Bewohner einer Wohngemeinschaft ein Fahrrad zur gemeinsamen Nutzung „teilen". Bei in diesem Zusammenhang abgeschlossenen Verträgen (z. B. Kauf eines Reifens für das Fahrrad) sind die **Gesellschafter** selbst Vertragspartei.

11.2.2 Gründung

Die Gründung der GbR vollzieht sich nach §705 BGB durch einen **Vertrag** zwischen allen Gesellschaftern. Der Gesellschaftsvertrag bedarf **keinerlei Form** und muss nicht ausdrücklich, sondern kann **konkludent** geschlossen werden.[222] Die Parteien müssen sich allerdings darüber einig sein, dass sie einen **gemeinsamen Zweck** verfolgen und sich rechtsgeschäftlich binden wollen. Als Zweck kommt dabei jedes erlaubte Ziel in Betracht, sei es ideell oder erwerbswirtschaftlich. Bei Betreiben eines Gewerbes kann allerdings auch eine OHG vorliegen (dazu unten Ziff. 11.3). Die Gründung muss nicht ins Handelsregister eingetragen werden, die GbR entsteht also unmittelbar mit dem Vertragsschluss. Dies und die oben erwähnte Möglichkeit eines konkludenten Vertragsschlusses haben zur Folge, dass man sich schnell in einer GbR wieder finden kann, ohne dies gewusst oder gewollt zu haben.

Innerhalb der GbR existieren außerdem Treuepflichten wie bei jedem anderen Vertragsverhältnis auch. Sollte man diese schuldhaft verletzen, ist man gegenüber der Gesellschaft nach §280 Abs. 1 BGB i. V. m. §705 BGB zum Schadensersatz verpflichtet.

Beispiel:

A und B bewohnen mit ihren Familien die zwei Hälften eines Doppelhauses. Als gute Bekannte beschließen sie „über den Gartenzaun hinweg", jeweils unter gegenseitiger Mithilfe ihre Dachgeschosse auszubauen. Die dafür benötigten Materialien (Dämmstoffe, Wandverkleidungen) sollen von A für beide Bauprojekte zusammen (kostenteilig) angeschafft werden. Der B hingegen will sich mit einem befreundeten Architekten um die baurechtlichen Genehmigungen kümmern.

Der A kauft wie vereinbart ein, vergisst aber die noch nicht versiegelten Holzpaneele auf der Terrasse, obwohl ihn seine Frau mehrfach darauf hingewiesen hatte. Nach einem nächtlichen Wolkenbruch ist das Holz unbrauchbar und muss für 600 Euro neu angeschafft werden. Hier haftet der A gegenüber dem B für den Untergang des Materials, weil eine Gesellschaft bürgerlichen Rechts vorlag und er eine Pflicht aus dem Gesellschaftsvertrag grob fahrlässig verletzte (§ 280 Abs. 1 i. V. m. §§ 705, 708 BGB). Im Ergebnis muss A aufgrund der GbR nicht nur seine eigenen Bretter neu anschaffen, sondern auch die des B.

---

[221] BGH NJW 2001, 1056 (1057 f.).
[222] MüKo-BGB/*Ulmer/Schäfer*, §705 Rn. 32.

11.2.3 Vermögensordnung und Haftung

Wie bereits angedeutet, wird die Außen-GbR inzwischen als rechtsfähig angesehen (sog. kollektivistische Theorie).[223] Daher kann die GbR im Grundsatz jede Rechtsposition annehmen. Das Bestehen der GbR als Rechtssubjekt führt auf die Frage, ob und wie die Gesellschafter für Verbindlichkeiten der Gesellschaft haften. In der neueren (BGH-)Rechtsprechung wird allgemein die sog. **Akzessorietätslehre** vertreten. Diese wendet § 128 HGB, eine aus dem Recht der OHG stammende Norm, analog an. Danach haftet **jeder Gesellschafter persönlich und unbeschränkt** für die Verbindlichkeiten der Gesellschaft.[224]

Der Grundsatz der **unbeschränkten Haftung** bedeutet, dass jeder Gesellschafter mit seinem gesamten privaten Vermögen, nicht nur mit seinem Anteil am Gesellschaftsvermögen, haftet. Daher beinhaltet die BGB-Gesellschaft ein hohes Vermögensrisiko für jeden Gesellschafter. Der Grundsatz der **unmittelbaren Haftung** bedeutet, dass jeder Gesellschafter als Schuldner direkt vom Gläubiger in Anspruch genommen werden kann, ohne dass dieser vorher versucht haben muss, sich direkt aus dem Gesellschaftsvermögen Befriedigung zu verschaffen. Danach haften alle Gesellschafter als Gesamtschuldner i. S. d. § 421 BGB **(solidarische Haftung)**. Das bedeutet, dass ein Gläubiger die ganze Leistung nach seinem Belieben von jedem der Gesellschafter verlangen kann. Der in Anspruch genommene Gesellschafter kann dann im Innenverhältnis über § 426 BGB die über seinen Anteil hinaus geleisteten Beträge von den anderen Gesellschaftern wieder einfordern.

11.2.4 Änderungen im Gesellschafterbestand

Bei den Personengesellschaften steht **die vertragliche Verbundenheit** zwischen den einzelnen Gesellschaftern im Vordergrund, unter ihnen besteht ein persönliches Vertrauensverhältnis. Aufgrund der in der Regel geringen Mitgliederzahl kommt es entscheidend auf die Eigenschaften der Mitgesellschafter an. Jeder Gesellschafter muss sich wegen der engen persönlichen Bindung der Gesellschafter untereinander und zur Gesellschaft darauf verlassen können, dass **keine von ihm unerwünschten Änderungen im Gesellschafterbestand** auftreten.

Ein Wechsel im Gesellschafterbestand kann auf drei verschiedene Arten erfolgen: Eintritt in eine bestehende Gesellschaft, Austritt aus einer Gesellschaft, Übertragung von Geschäftsanteilen an einen Dritten (Gesellschafterwechsel).

11.2.4.1 Eintritt in eine GbR

Der Eintritt in eine bereits bestehende GbR ist gesetzlich nicht geregelt. Er muss aber einvernehmlich möglich sein, da die Gesellschafter alternativ die GbR formlos beenden und in neuer Konstellation neu gründen könnten. Da es sich bei der Aufnahme eines neuen Gesellschafters um ein **Grundlagengeschäft** handelt, dies sind solche Geschäfte, die den Bestand der Gesellschaft betreffen,

---

[223] Grundlegend BGH NJW 2001, 1056.
[224] Vgl. BGH NJW 2003, 1445 (1447).

müssen alle bisherigen Gesellschafter der Aufnahme zustimmen. Nach inzwischen herrschender, wenngleich nicht voll überzeugender Meinung, haftet der eintretende Gesellschafter nach **§130 HGB analog** für bis zu seinem Eintritt begründete Verbindlichkeiten.[225] Dies ist ein weiterer Grund, warum bei der GbR in der Praxis Vorsicht geboten ist.

11.2.4.2 Ausscheiden eines Gesellschafters

Komplizierter gestaltet sich das Ausscheiden eines Gesellschafters. Als Personengesellschaft ist die GbR grundsätzlich von ihrer personellen Zusammensetzung abhängig. Scheidet ein Gesellschafter aus, ist die Gesellschaft daher aufzulösen. Wie in §§727 Abs. 1 und 736, 738 zu sehen ist, können die Gesellschafter aber im Gesellschaftsvertrag bestimmen, dass die Gesellschaft dennoch fortbestehen soll (sog. **Fortsetzungsklausel**).[226] Wie bei der Aufnahme eines Gesellschafters setzt das Ausscheiden die Zustimmung aller Gesellschafter voraus. Das heißt aber nicht, dass ein austrittswilliger Gesellschafter auf ewig in der Gesellschaft (und damit auch in der persönlichen Haftung) festgehalten werden kann. Denn es steht ihm auf jeden Fall ein Kündigungsrecht nach §723 BGB zu. Rechtsfolge ist dann aber wieder die Auflösung der Gesellschaft, es sei denn, es gibt eine Fortsetzungsklausel.

Der Anteil am **Gesellschaftsvermögen** des Ausscheidenden wächst den anderen Gesellschaftern zu, §738 Abs. 1 S. 1 BGB. Der Ausscheidende kann aber als Ausgleich eine Abfindung verlangen, §738 Abs. 1 S. 2 BGB. Daneben kann er Rückgabe aller Gegenstände verlangen, die er der Gesellschaft zur Nutzung überlassen hat, §§738 Abs. 1 S. 2, 732 BGB.

Der Ausscheidende haftet für **Altschulden**, die bis zu seinem Ausscheiden entstanden sind. Er hat jedoch einen Freistellungsanspruch gegenüber der Gesellschaft, §738 Abs. 1 S. 2 BGB. Sollte die Gesellschaft aber zahlungsunfähig sein, bleibt er möglicherweise auf seinen Kosten sitzen. Der ausgeschiedene Gesellschafter fungiert damit gewissermaßen als „Notnagel" für die Gläubiger. Diese Nachhaftung endet nach fünf Jahren (§736 Abs. 2 BGB i. V. m. §160 HGB analog).

11.2.4.3 Gesellschafterwechsel

Ein Gesellschafterwechsel lässt sich auf zwei verschiedene Arten rechtlich konstruieren. Beim sog. **Doppelvertrag** schließen ausscheidender und eintretender Gesellschafter übereinstimmend jeweils einen Vertrag mit den übrigen Gesellschaftern. Dies ist also nichts anderes als eine Kombination aus der bereits geschilderten Aufnahme und dem Ausscheiden. In der Praxis häufiger ist die **Abtretung** der Gesellschafterrechte (§§398, 413 BGB). Zu beachten ist hierbei, dass durch die Abtretung der Gesellschafterrechte gleichzeitig die Mitgliedschaft als Einheit wechseln muss (**Abspaltungsverbot**, §§717, 719 BGB). Auch hier ist die Zustimmung aller anderen Gesellschafter nötig.

---

[225] BGH NJW 2003, 1803 (1804).

[226] Die gilt sogar bei Kündigung der Mehrheit der Gesellschafter; vgl. BGH NJW 2008, 2987 (2989).

11.2.5 Fehler im Gesellschaftsvertrag

11.2.5.1 Fehlerhafte Gesellschaft

Die Vorschriften über die GbR sind im Besonderen Teil des BGB geregelt (§§ 705 ff. BGB, daher auch die Bezeichnung BGB-Gesellschaft). Daneben gelten für sie auch die Vorschriften des Allgemeinen Teils des BGB, insbesondere jene über die Anfechtbarkeit und Nichtigkeit von Rechtsgeschäften.

Beispiel:

Die Handwerker A und B beschließen, nach dem offiziellen Tagesgeschäft alle Aufträge bis 500 Euro „ohne Rechnung" auszuführen, weil es sich ja ansonsten „nicht lohne". Diese gemeinsame Nebentätigkeit soll mit der normalen GbR aber nichts zu tun haben und eine gesonderte Kasse haben, damit es keine Probleme „mit der Steuer" gibt. Ein solcher Gesellschaftsvertrag wäre nach § 134 BGB i. V. m. § 1 SchwarzArbG nichtig, weil er gegen ein gesetzliches Verbot verstößt. Davon wissen die beiden Fachleute jedoch nichts.

Ist der Gesellschaftsvertrag nichtig oder anfechtbar, ergibt sich das Problem, dass alle bisher getätigten Rechtsgeschäfte nach den BGB-Regeln rückabgewickelt werden müssten (nach §§ 812 ff. BGB). Eine solche Lösung wäre in der Praxis wegen der Komplexität der Rechtsbeziehungen kaum realisierbar.

Die Rechtsprechung hat daher die **Figur der fehlerhaften Gesellschaft** entwickelt. Danach ist die auf nichtigem Vertrag beruhende Gesellschaft unter bestimmten Voraussetzungen bis zur Geltendmachung der Nichtigkeit sowohl im Innen- als auch im Außenverhältnis **als wirksam anzusehen (fingierte Gesellschaft).** Nichtigkeits- und Anfechtungsgründe wirken **nur ex nunc** (von jetzt ab) und nicht wie gewöhnlich ex tunc (rückwirkend).[227] Für die Zukunft kann die Gesellschaft aber durch jeden Gesellschafter jederzeit nach § 723 BGB beendet werden, da die Fehlerhaftigkeit einen wichtigen (Kündigungs-)Grund darstellt.

Die Voraussetzung einer fehlerhaften Gesellschaft sind:

- ein fehlerhafter Gesellschaftsvertrag und
- die Invollzugsetzung der Gesellschaft (bereits aufgenommene Rechtsbeziehungen, die eine Rückabwicklung erschweren).
- Ferner dürfen keine vorrangigen Schutzzwecke entgegenstehen (z. B. Minderjährigenschutz).

11.2.5.2 Scheingesellschaft

Von der fehlerhaften Gesellschaft zu unterscheiden ist die **Scheingesellschaft.** Der Unterschied besteht darin, dass die „Gesellschafter" nicht gutgläubig hinsichtlich des Bestehens eines Gesellschaftsvertrags sind, aber trotzdem nach außen als Gesellschaft auftreten. Hier stellt sich die Frage, wie ein gutgläubiger Dritter geschützt werden kann. Die Lehre von der Scheingesellschaft rechnet den „Gesellschaftern" die Schaffung des Anscheins einer Gesellschaft zu und lässt sie anstelle der Gesellschaft in den Vertrag eintreten.[228]

---

227 BGH NJW 1971, 375 (377).
228 BGH NJW 1955, 985 (986).

Im Gegensatz zur fehlerhaften Gesellschaft wird bei der Scheingesellschaft also nicht so getan, als ob die Gesellschaft existiert (keine fingierte Gesellschaft). Vielmehr müssen die Handelnden für den Rechtsschein einstehen, indem sie z. B. zur Zahlung eines für die nicht existierende Gesellschaft abgeschlossenen Kaufpreises verpflichtet sind. Außerhalb der Gesellschaft stehende Dritte, die hinsichtlich des Bestehens gutgläubig waren, werden also geschützt, die Gesellschafter hingegen nicht.[229]

11.2.6 Geschäftsführung und Vertretung

Das bereits erwähnte Vertrauensverhältnis zwischen den Gesellschaftern spiegelt sich auch in der Regelung der Geschäftsführung der GbR wider. Nach **§ 709 Abs. 1 BGB** besteht grundsätzlich **Gesamtgeschäftsführungsbefugnis** aller Gesellschafter.[230] Zu jedem Geschäft bedarf es demnach der (zumindest konkludenten) Zustimmung aller Gesellschafter. Wenn alle Gesellschafter einzeln zur Geschäftsführung befugt sind, kann jeder Gesellschafter nach § 711 BGB der Vornahme eines Geschäfts widersprechen, woraufhin dieses zu unterbleiben hat. Dies beeinträchtigt die Handlungsfähigkeit der GbR immens.

Im Gesellschaftsvertrag kann daher festgelegt werden, dass die Geschäftsführung für **alltägliche Geschäfte** auf einzelne oder mehrere Gesellschafter übertragen werden darf (**Alleingeschäftsführungsbefugnis**). Dies gilt nicht für sog. Grundlagengeschäfte (z. B. Änderungen im Gesellschafterbestand). Gewissermaßen als Spiegelbild zur Gesamtgeschäftsführung ordnet **§ 714 BGB** an, dass Geschäftsführung und **Vertretung** einander im Zweifelsfall entsprechen.

Zumindest kurz angesprochen werden soll in diesem Zusammenhang das Prinzip der **Selbstorganschaft.**[231] Es besagt: die Gesellschaft muss nach außen allein von ihren Gesellschaftern vertreten werden können. Es ist also beispielsweise unzulässig, **im Gesellschaftsvertrag** die Gesamtvertretungsmacht nur einem Außenstehenden zusammen mit den Gesellschaftern einzuräumen. Diese Regelung hat einen einleuchtenden Grund. Die Gesellschafter haften persönlich und unbegrenzt für Gesellschaftsschulden. Denn wenn nur die unbeschränkt haftenden Gesellschafter die GbR organschaftlich vertreten können, wird jeder dafür sorgen, dass der Gesellschaft keinerlei Schäden entstehen. Dem Gesetzgeber schien dies für Außenstehende dagegen nicht gewährleistet.

11.2.7 Gewinn- und Verlustbeteiligung der Gesellschafter

Auch hier ist die Regelung des Gesellschaftsvertrags maßgeblich, anderenfalls gilt § 722 Abs. 1 BGB. Danach sind die Gesellschafter im Zweifel an Gewinn und Verlust nach ihren so genannten Kopfanteilen beteiligt. Die Gesellschaftsverträge bestimmen jedoch meistens, dass die Höhe der Einlage oder der Beiträge für den Umfang der Ergebnisbeteiligung maßgeblich sein soll.

---

229 BGH NJW 1953, 1220.
230 MüKo-BGB/*Schäfer*, § 709 Rn. 38.
231 MüKo-BGB/*Schäfer*, § 709 Rn. 5.

Nach §721 Abs. 1 BGB soll der Gesellschafter den Rechnungsabschluss und die Gewinnverteilung erst nach Auflösung der Gesellschaft verlangen können. Gerade dieser Punkt wird in der Praxis jedoch durch den Vertrag regelmäßig abgeändert und den Gesellschaftern ein Anspruch auf jährlichen Rechnungsabschluss und jährliche Gewinnausschüttung zugestanden.

11.3 Offene Handelsgesellschaft (OHG)

11.3.1 Begriff

Die offene Handelsgesellschaft ist die klassische Handelsgesellschaft. Sie ist eine **Personenhandelsgesellschaft** und in den **§§ 105 ff. HGB** geregelt. Die Grundkonzeption der OHG geht dahin, dass alle Gesellschafter ihre Gesellschafterrolle als Berufstätigkeit ausüben und dass hierbei alle gleich berechtigt und verpflichtet sind. Die Bezeichnung **„offen"** rührt daher, dass alle Gesellschafter – über das Handelsregister – nach außen hin in Erscheinung treten.

11.3.2 Systematik

Nach § 105 HGB ist die OHG „eine Gesellschaft, deren **Zweck auf den Betrieb eines Handelsgewerbes** unter gemeinschaftlicher Firma gerichtet ist". Die „Gesellschaft" ist die eben behandelte GbR, die OHG ist also eine Spezialform der GbR.

Die GbR ist flexibel ausgestaltet und bietet eine Vielzahl von Gestaltungsmöglichkeiten. Speziell im Handelsbetrieb stehen aber andere Gesichtspunkte im Mittelpunkt, v. a. die Schnelligkeit und Rechtssicherheit im Geschäftsverkehr. Aus diesem Grund wird die Vertragsfreiheit, die bei der GbR stark ausgeprägt ist, für die OHG in den §§ 105 ff. HGB eingeschränkt (aber: § 109 HGB). Modifiziert sind dabei insbesondere die Regelungen über Haftung und Vertretung. Aufgrund dieser genaueren Ausgestaltung werden nicht annähernd so viele Meinungsstreitigkeiten geführt wie bei der GbR.

Eine OHG liegt nach § 105 HGB vor, wenn:

- alle **Gründungsvoraussetzungen der GbR** erfüllt sind (eine Personengesellschaft muss also entstanden sein) und
- **alle Gesellschafter unbeschränkt** haften. Dies dient der Abgrenzung zur Kommanditgesellschaft. Die unbeschränkte Haftung (oder deren Beschränkung) ist dabei **konstitutiv.** Wenn also alle Gesellschafter laut Gesellschaftsvertrag unbeschränkt haften, die Gesellschafter aber eigentlich eine KG gründen wollten, ist dieser Wille unbeachtlich und ist trotzdem eine OHG entstanden.
- Außerdem ist Voraussetzung, dass der Zweck der Gesellschaft der **Betrieb eines Handelsgewerbes** ist.

Wenn diese Voraussetzungen erfüllt sind, liegt **automatisch** eine OHG vor. Die Eintragung ins Handelsregister ist demnach **nicht konstitutiv**.

Zusammenfassend kann man sagen, dass eine GbR automatisch zur OHG wird, wenn sie ein Handelsgewerbe nach §1 Abs. 2 HGB betreibt, §105 Abs. 1 HGB, oder aber durch Eintragung ins Handelsregister zur OHG wird, wenn ein Kleingewerbe bzw. eine Vermögensverwaltungsgesellschaft vorliegt, §105 Abs. 2 HGB. Der Gesellschaftszweck muss aber in beiden Fällen auf den Betrieb eines Handelsgewerbes unter gemeinsamer Firma gerichtet sein.

11.3.3 Entstehung der OHG

Für den Entstehungszeitpunkt der OHG ist zwischen dem Innen- und dem Außenverhältnis zu unterscheiden. Die OHG wird, wie die GbR, durch Abschluss eines Vertrags zwischen allen Gesellschaftern (Gesellschaftsvertrag) gegründet. Damit entsteht die OHG im **Innenverhältnis, §109 HGB**. Dies bedeutet, dass die Gesellschafter schon Treue- und Sorgfaltspflichten untereinander treffen. Die Gesellschafter können dies aber im Gesellschaftsvertrag ausschließen.

Im **Außenverhältnis**, also im Verhältnis zu Dritten, entsteht die OHG nach **§123 Abs. 1 HGB mit der Eintragung.** Sollte die Gesellschaft aber dennoch ihre Geschäfte vor der Eintragung beginnen, entsteht sie **mit der Geschäftsaufnahme**. Dies hat einen einfachen Grund: Im Geschäftsverkehr ist häufig schnelles Handeln erforderlich. Müssten die Gesellschafter auf die Eintragung warten, entginge ihnen womöglich ein gutes Geschäft. Als Kehrseite der Medaille wird der Geschäftspartner der OHG geschützt: die Gesellschafter haften schon vor Eintragung unbeschränkt für Verbindlichkeiten der Gesellschaft.

Gem. **§124 Abs. 1 HGB** ist die OHG selbständig Trägerin von in ihrem Namen begründeten Rechten und Pflichten. Mit der OHG können also Verträge abgeschlossen werden, sofern die Gesellschaft wirksam vertreten wird.

Beispiel:

A, B und C wollen einen Vertrieb für Elektroartikel in Form einer OHG aufbauen und schließen einen entsprechenden Gesellschaftsvertrag. Durch diesen Vertrag ist die Gesellschaft nach innen entstanden. Das heißt, dass die Gesellschafter einander für Pflichtverletzungen haften müssen. Nach außen ist aber noch nichts entstanden, da die Eintragung ins Handelsregister fehlt. Die Gesellschaft kann also noch nicht selbst am Rechtsverkehr teilnehmen. Sollten sie aber mit Geschäftshandlungen (z. B. ersten Ankäufen von Waren zu zeitlich begrenzten Sonderkonditionen) beginnen, entsteht die OHG nach § 123 Abs. 2 HGB just in diesem Moment. Wenn die Gesellschafter hingegen erst auf die Eintragung warten, entsteht die OHG nach außen erst durch die Eintragung.

11.3.4 Geschäftsführung und Vertretung

Im Gegensatz zur GbR hat jeder Gesellschafter einer OHG das Recht zur **Einzelgeschäftsführung, §§114 Abs. 1, 115 Abs. 1 HGB**. Jeder Gesellschafter ist also berechtigt, alleine Geschäftshandlungen für die OHG vorzunehmen. Grund hierfür ist wiederum der Geschäftsverkehr, der flexible und schnelle Entscheidungen erfordert, hier kann man nicht auf Zustimmung aller Gesellschafter warten.

Die Geschäftsführung bezieht sich nach **§116 Abs.1 HGB** auf **gewöhnliche** Geschäfte, die der Betrieb eines Handelsgewerbes mit sich bringt. Für sog. außergewöhnliche Geschäfte ist nach **§116 Abs.2 HGB** ein Beschluss aller Gesellschafter nötig. Beispiele aus der Rechtsprechung für außergewöhnliche Geschäfte sind der Umbau von Gebäuden, die Verlegung des Gesellschaftssitzes, die Einrichtung von Niederlassungen und der Erwerb von Grundstücken.[232]

Als Gegenstück der Geschäftsführung hat nach **§125 HGB** jeder Gesellschafter **Einzelvertretungsmacht**. Die Gesellschafter können im Gesellschaftsvertrag hiervon aber abweichen, z.B. durch Ausschluss eines Gesellschafters oder durch Vereinbarung einer Gesamtvertretung.

Der **Umfang** der Vertretungsmacht des einzelnen Gesellschafters kann jedoch nicht beschränkt werden, §126 Abs.2 HGB. Eine Ausnahme hiervon bilden wiederum die sog. Grundlagengeschäfte, wie z.B. die Aufnahme eines neuen Gesellschafters.

Die Haftung der Gesellschafter für Verbindlichkeiten der Gesellschaft richtet sich nach §§128, 130 HGB.

11.3.5 Wettbewerbsverbot

Im Gegensatz zur GbR trifft die Gesellschafter der OHG ein über die allgemeine Treuepflicht hinausgehendes ausdrückliches Wettbewerbsverbot, §112 HGB. Hiernach darf ein Gesellschafter ohne die Einwilligung der anderen im selben Handelszweig keine Geschäfte machen. Ebenso wenig darf er als persönlich haftender Gesellschafter an einer gleichartigen Handelsgesellschaft teilnehmen.

Beispiel:

B darf als Gesellschafter einer Elektroimport-OHG keine Elektronikbauteile „an der Gesellschaft vorbei" erwerben. Er dürfte sich aber als Kommanditist an einer konkurrierenden KG beteiligen oder aber Gesellschafter einer GbR werden.

11.4 Kommanditgesellschaft

11.4.1 Erscheinungsformen und Systematik

Die Kommanditgesellschaft (KG) ist in den **§§161 ff. HGB** geregelt. Sie ist ebenfalls eine Personenhandelsgesellschaft und eine Sonderform der OHG. Geregelt sind in den genannten Paragraphen nur die Punkte, in denen sich die KG von der OHG unterscheidet.

Die KG unterscheidet sich von der OHG vor allem dadurch, dass einer oder mehrere ihrer Gesellschafter **nicht persönlich haften**. Diesen Gesellschafter nennt man **Kommanditist.** Den „normalen", unbeschränkt haftenden Gesellschafter hingegen bezeichnet man als **Komplementär.**

---

[232] Vgl. RGZ 109, 57; RG LZ 14, 580; BGH BB 1973, 212 (213).

Die Stärke der KG liegt darin, dass sie eine Brücke zwischen personalisierter Beteiligung und Haftung (durch den Komplementär) und publikumsfixierter Kapitalbeteiligung (durch Kommanditisten) zu bauen vermag. Die Kommanditistenstellung ermöglicht, wie dargestellt, die Beteiligung an einer Personengesellschaft ohne das Risiko der persönlichen unbeschränkten Haftung für Gesellschaftsverbindlichkeiten.

Zwei Formen der KG treten besonders häufig auf:

- Die Familien-KG: Hier werden die Familienmitglieder gemäß ihrer persönlichen Verhältnisse an der Gesellschaft und damit am Gewinn beteiligt.
- Die Publikums-KG: Dabei wird einem größeren Personenkreis die Möglichkeit gegeben, ihr Kapital innerhalb der KG anzulegen. Offene Immobilienfonds weisen beispielsweise häufig die Rechtsform einer (Publikums-)KG auf.

Die Rechtsstellung des Komplementärs einer KG ist identisch mit der des OHG-Gesellschafters. Diesbezüglich sei deshalb auf die Ausführungen zur OHG verwiesen. Im Folgenden wird lediglich die Rechtsstellung des Kommanditisten näher dargestellt.

Auch beim Kommanditisten gilt, dass aufgrund der **Vertragsfreiheit** im Gesellschaftsvertrag Regelungen getroffen werden können, die von denen im Gesetz abweichen. Dies betrifft jedoch nur das Innenverhältnis – im Außenverhältnis sind solche Regelungen im Gesellschaftsvertrag unwirksam, da dies einer Änderung der organschaftlichen Vertretungsregelung bedürfte, was § 170 HGB explizit ausschließt.

Gem. **§§ 161 Abs. 2, 124 Abs. 1 HGB** ist die KG wie die OHG selbständige Trägerin von in ihrem Namen begründeten Rechten und Pflichten. Mit der KG können also Verträge abgeschlossen werden, sofern die Gesellschaft wirksam vertreten wurde.

11.4.2 Beitragsleistung und Treuepflichten

Der **Beitrag** des Kommanditisten besteht darin, eine nach dem Gesellschaftsvertrag festgelegte Leistung zu erbringen. Diese kann in Form von Geldzahlungen, Dienstleistungen oder Einbringung von Sachen und Rechten bestehen. Man spricht hierbei von der **Pflichteinlage**. Sie ist nach innen gerichtet, verpflichtet also den Kommanditisten zur Leistung gegenüber der Gesellschaft.

Der Wert der Beitragsleistung ist mit einem Geldbetrag zu beziffern und in das Handelsregister einzutragen, § 162 Abs. 1 HGB. In diesem Zusammenhang spricht man von der **Hafteinlage**. Von der Pflichteinlage unterscheidet sie sich dadurch, dass sie nach außen gerichtet ist und den Betrag angibt, der Gläubigern der Gesellschaft theoretisch zur Verfügung steht. In der Regel sind Pflicht- und Hafteinlage identisch (zu den Ausnahmen siehe unten).

Im Gegensatz zum Gesellschafter der OHG und zum Komplementär der KG trifft den Kommanditisten **kein Wettbewerbsverbot** (vgl. § 165 HGB). Er hat lediglich die allgemeine Treuepflicht, alles zu unterlassen, was der Gesellschaft schaden wird.

11.4.3 Geschäftsführung/Gewinnbeteiligung

Der Kommanditist hat nach § 164 HGB grundsätzlich **keine Geschäftsführungsbefugnis**. Ihm steht lediglich ein Widerspruchsrecht zu, wenn es sich um außergewöhnliche Geschäfte handelt. Der Begriff ist deckungsgleich mit dem bei der OHG verwendeten, § 116 Abs. 3 HGB.

Der Gesellschaftsvertrag kann die Geschäftsführungsbefugnisse der Kommanditisten erweitern. Zu bedenken ist dabei aber wiederum § 170 HGB, wonach eine organschaftliche Vertretung ausgeschlossen ist. Denkbar ist die Übertragung von Geschäftsbereichen, die wenig oder gar keine vertragliche Berührung mit Außenstehenden erfordern (etwa Buchführung). Hierbei geht es wiederum nur um die gesellschaftsvertragliche Regelung. Eine rechtsgeschäftliche Vollmacht nach den §§ 164 ff. BGB ist natürlich möglich. Damit der Kommanditist einen besseren Überblick darüber hat, wie mit seiner Einlage verfahren wird, stehen ihm beschränkte **Kontrollrechte** zu, § 166 HGB.

Die **Gewinnbeteiligung** richtet sich nach den §§ 167 f. HGB, es findet grundsätzlich OHG-Recht Anwendung, § 120 HGB. Hierbei ist nach § 168 HGB der Kapitalanteil der Gesellschafter mit 4 % zu verzinsen. Die Gewinnbeteiligung des Kommanditisten ist aber nach § 167 Abs. 2 HGB dadurch in angemessener Weise gedeckelt, dass sie in der Höhe durch den Betrag der Einlage begrenzt ist. Die hauptberuflichen Komplementäre sollen nämlich stärker am Gewinn (und Verlust) beteiligt sein als die Kommanditisten.

11.4.4 Haftung

Nach dem Gesetzeswortlaut ist die Haftung des Kommanditisten gegenüber den Gläubigern der Gesellschaft auf den Betrag einer bestimmten Vermögenseinlage beschränkt. Diese ist die schon eingangs erwähnte **Hafteinlage, § 172 HGB**.

Das Gesetz ordnet unterschiedliche Rechtsfolgen an, je nachdem ob diese Einlage bereits geleistet worden ist oder nicht. Wurde die Hafteinlage noch nicht geleistet, haften Kommanditist und Komplementär **unmittelbar akzessorisch** für Gesellschaftsschulden, §§ 161 Abs. 2, 128 bzw. 130 HGB. Der Haftungsbetrag, also die Höhe der Haftung, wird aber durch die Hafteinlage begrenzt, § 171 Abs. 1 HS 1 HGB. Wurde die Hafteinlage bereits ordnungsgemäß geleistet, entfällt eine Haftung des Kommanditisten, § 171 Abs. 1 HS 2 HGB. Hierbei kann es zu „Unregelmäßigkeiten“ kommen. Beispiel hierfür ist die Einbringung von Sachleistungen, deren Wert zu hoch angegeben wird. Bei einer solchen **Überbewertung** gilt die Einlage in Höhe der Differenz als nicht erbracht. Gleiches gilt, wenn die Einlage an den Kommanditisten zurückgeleistet worden ist, sei es offen oder durch zu hohe Gewinnausschüttung, § 172 Abs. 4, 5 HGB.

Eine besondere Situation ergibt sich, wenn die KG **vor der Handelsregistereintragung** ihre Geschäfte aufnimmt. Hat der Kommanditist der Geschäftsaufnahme zugestimmt, besteht für ihn keine Haftungsbeschränkung, § 176 Abs. 1 HGB. Er haftet voll und unbeschränkt für Gesellschaftsverbindlichkeiten. Dasselbe gilt für einen Kommanditisten, der in eine bestehende Gesellschaft eintritt und noch nicht ins Handelsregister eingetragen ist. Die Zustimmung zur Geschäftsaufnahme muss nicht ausdrücklich erteilt werden, sie kann auch durch schlüssiges Handeln erfolgen.

Für den Kommanditisten, der an einer raschen Geschäftsaufnahme interessiert ist, ist daher zu empfehlen, dass er seinen Beitritt zur Gesellschaft unter der aufschiebenden Bedingung (§158 Abs. 1 BGB) der Eintragung in das Handelsregister erklärt.

11.5 GmbH & Co KG

Die GmbH & Co KG stellt eine Vermischung von KG und GmbH dar. Es handelt es sich um eine Kommanditgesellschaft, deren einziger persönlich haftender Gesellschafter (Komplementär) eine Gesellschaft mit beschränkter Haftung ist. Dies ändert nichts daran, dass es sich bei diesem Gebilde nicht um eine Körperschaft, sondern um eine KG – also eine Personengesellschaft des Handelsrechts – handelt. Derartige Mischgesellschaften in der Rechtsform einer KG sind auch mit anderen Komplementären denkbar, etwa die AG & Co KG oder die Stiftung & Co KG. So ist der Lebensmittel-Discounter Lidl eine Stiftung & Co KG. Komplementär ist (u. a.) die Dieter-Schwarz-Stiftung gGmbH, eine gemeinnützige GmbH.

Im Ergebnis liegen bei der GmbH & Co KG zwei Gesellschaften vor. Nach Schaffung von HGB und GmbHG war zunächst unklar, ob eine solche Verquickung von Gesellschaftstypen überhaupt zulässig ist, da die Grundkonzeption des Gesetzgebers – unbeschränkt Haftung des Komplementärs – umgangen wird. Schon das Reichsgericht hat aber die grundsätzliche Zulässigkeit der GmbH & Co KG anerkannt.[233]

Dieses Modell vereint mehrere Vorteile. Die KG kann über die Gewinnung neuer Kommanditisten schnell und unbürokratisch an Kapital gelangen, ohne dass sich dies auf die Handlungsfähigkeit der Gesellschaft auswirkt. Im Rahmen einer GmbH ist dies schwieriger, da die Gesellschafter über mehr Mitbestimmungsrechte verfügen als die Kommanditisten. Daneben wird die formell unbeschränkte persönliche Haftung des Komplementärs abgefedert, da die GmbH tatsächlich nur mit ihrem Gesellschaftsvermögen haften kann (dazu unten Einheit 12 Ziff. 12.3). Im Gegensatz zum Komplementär, dessen Rechtsstellung nicht bzw. nur schwer vererbt werden kann, ist der Tod eines Gesellschafters einer GmbH irrelevant, da sie als Körperschaft eine eigene juristische Person ist („Die GmbH stirbt nie").

Bei einer GmbH & Co KG sind mehrere **Erscheinungsformen** denkbar:

- Personengleiche GmbH & Co KG: Hierbei sind die Gesellschafter der GmbH mit den Kommanditisten der KG identisch. Das Hauptaugenmerk dieser Form liegt auf der Begrenzung der persönlichen Haftung und auf den steuerlichen Vorteilen.

---

233 RGZ 105, 101 (102 ff.).

- Nicht personengleiche GmbH & Co KG: Bei dieser Form sind die Kommanditisten der KG nicht zwangsläufig mit den GmbH-Gesellschaftern identisch. Der Akzent liegt hierbei stärker auf dem Aspekt der Kapitalbeschaffung durch Gewinnung von Kommanditisten.
- Publikumsgesellschaft: Dieses Modell zeichnet sich dadurch aus, dass ausdrücklich eine große Anzahl von Kommanditisten angesprochen wird, die zusammen erhebliche Kapitalsummen aufbringen (z. B. für Bauprojekte) und davon insbesondere steuerlich profitieren (Abschreibungen).

Da die GmbH & Co KG aus zwei verschiedenen Gesellschaften zusammengesetzt ist, muss die **Gründung** in zwei Stufen erfolgen. Um die KG zu errichten, muss die GmbH bereits bestehen, da sie als Komplementärin der KG ins Handelsregister eingetragen werden muss. Ob die GmbH dafür neu gegründet wird oder bei Eintritt bereits besteht, ist nicht relevant.

Struktur der Personengesellschaften

11.6 Übungsfall mit Lösung

Sachverhalt

G und H betreiben gemeinsam eine kleine Gärtnerei als GH-GbR. G bestellt für die GbR Düngemittel bei L. Nach Lieferung verlangt L den Kaufpreis dafür von H. H verweigert die Zahlung mit der Begründung, dass er mit dem Kauf des G nicht einverstanden war und dies dem G auch mitgeteilt habe.

Kann L Zahlung von H verlangen, wenn der Gesellschaftsvertrag vorsieht, dass jeder Gesellschafter allein vertretungsberechtigt ist?

Lösung

Besteht ein Anspruch des L gegen Gesellschafter H auf Kaufpreiszahlung aus §433 Abs. 2 BGB i. V. m. §128 HGB analog?

Dies ist der Fall, wenn ein Anspruch auf Kaufpreiszahlung gegen die GH-GbR (also die Gesellschaft) besteht und H als Gesellschafter dafür akzessorisch und persönlich haftet.

I. Ist ein Anspruch gegen die Gesellschaft wirksam entstanden?

1. Eine Gesellschaft (GbR) gem. §705 BGB liegt hier unproblematisch vor. Es müsste ein wirksamer Kaufvertrag gem. §433 BGB zwischen L und der GbR geschlossen worden sein.
2. Ein Kaufvertrag kommt durch zwei übereinstimmende Willenserklärungen zustande, Angebot und Annahme gem. §§145 ff. BGB. Die GbR müsste überhaupt Vertragspartnerin sein können, sie müsste insbesondere rechtsfähig

sein. Inzwischen ist anerkannt, dass die im Geschäftsverkehr auftretende GbR mit eigenem Gesellschaftsvermögen (sog. „Außen-GbR“) rechtsfähig und im Prozess parteifähig ist. Die GH-GbR erfüllt diese Voraussetzungen, sie ist als rechtsfähig anzusehen.

3. Da die GbR nicht selbst eine Willenserklärung abgeben kann, müsste ihr die Willenserklärungen des G nach § 164 Abs. 1 BGB zuzurechnen sein. G hat eine eigene Willenserklärung im Namen der GbR abgebeben. Fraglich ist aber, ob er mit Vertretungsmacht gehandelt hat. Eine rechtsgeschäftliche Vertretungsmacht (Vollmacht gem. § 167 BGB) des G ist nicht ersichtlich.
4. Möglicherweise könnte er aber über eine organschaftliche Vertretungsmacht verfügen. Dafür spricht § 714 BGB. Nach dieser Auslegungsregel entsprechen sich im Zweifel die Geschäftsführungsbefugnis und die Vertretungsmacht eines Gesellschafters. Allerdings bestimmt § 709 BGB, dass bei einer GbR grundsätzlich nur eine gemeinschaftliche Geschäftsführung anzunehmen ist, also grundsätzlich von einer gemeinschaftlichen Vertretung der GbR auszugehen ist. Diese gesetzliche Regelung ist aber abdingbar. Vorliegend haben G und H im Gesellschaftsvertrag davon abweichend bestimmt, dass jeder Gesellschafter allein vertretungsberechtigt sein soll.
5. Allerdings stand H gem. § 711 BGB ein Widerspruchsrecht zu. H war mit dem Handeln des G von vornherein nicht einverstanden. Er widerspricht dem Handeln des G zudem, indem er sich weigert, den Kaufpreis zu bezahlen. Ein solcher Widerspruch wirkt aber nur im Innenverhältnis, zwischen den Gesellschaftern. Im Außenverhältnis – also vorliegend gegenüber L – ist er unbeachtlich (a. A. vertretbar).
6. G hat also mit Vertretungsmacht gehandelt, seine Willenserklärung wirkt gem. § 164 Abs. 1 BGB für und gegen die Gesellschaft. Ein wirksamer Kaufvertrag zwischen der GH-GbR und L ist zustande gekommen.

Zwischenergebnis: L hat gegen die GH-GbR einen Anspruch auf Kaufpreiszahlung gem. § 433 Abs. 2 BGB.

II. Haftet H für die Gesellschaftsschuld?

H ist Gesellschafter. Als solcher haftet er gemäß § 128 HGB analog i. V. m. §§ 421, 426 BGB (zusammen mit G als Gesamtschuldner) akzessorisch für die Verbindlichkeiten der GH-GbR.

Ergebnis: L kann von H die Zahlung der Düngemittel verlangen.

12. Einheit: Körperschaften

12.1 Inhalt und Lernziele

Im abschließenden Kapitel wird die zweite neben der Personengesellschaft existierende Gesellschaftsform behandelt: die Kapitalgesellschaft. Ausgangspunkt ist die Darstellung des (allgemeinen) Rechts der Körperschaften anhand des im BGB geregelten Vereins als dessen Grundtypus. Anschließend werden die für den Handelsverkehr bedeutsamsten Kapitalgesellschaften dargestellt, die Gesellschaft mit beschränkter Haftung (GmbH) und die Aktiengesellschaft (AG).

Der Übungsfall behandelt die verschiedenen Stadien der Gründung einer GmbH und die Voraussetzungen einer (möglichen) Haftung der Gesellschaft und der Gesellschafter für Verbindlichkeiten, die bereits während der Gründung der Gesellschaft wirksam begründet werden.

12.2 Vereinsrecht

12.2.1 Rechtsfähiger Verein

12.2.1.1 Begriffliche Einordnung

Der Verein ist der **Grundtypus der Körperschaften.** Die Vorschriften zum Vereinsrecht finden sich in den **§§21–79 BGB.** Eine Begriffsbestimmung findet sich dort allerdings nicht. Nach anerkannter Definition[234] ist der Verein eine

- auf Dauer angelegte Verbindung
- einer größeren Anzahl von Personen,
- zur Verfolgung eines bestimmten Zwecks,
- mit einer durch Satzung festgelegten körperschaftlichen Organisation, die
- auf einen wechselnden Mitgliederbestand ausgerichtet ist.

Der Verein ist in der Praxis eine sehr beliebte Gesellschaftsform, da er nicht so starre Organisationsstrukturen aufweist wie z.B. die AG oder die GmbH. Zentrales Schlagwort ist die grundgesetzlich garantierte Vereinsautonomie (Art.9 Abs.1 GG). Diese besagt in ihrem Grundgedanken, dass die Mitglieder eines Vereins die Vereinsangelegenheiten eigenverantwortlich und individuell regeln können. Beim Verein zeigen sich daher auch vielfältige Erscheinungsformen. Die Spannbreite reicht von Skat- über Hundezüchtervereine bis hin zu Gewerkschaften und politischen Parteien.

---

[234] Vgl. nur MüKo-BGB/*Reuter,* §22 Rn.1.

12.2.1.2 Wirtschaftlicher und nichtwirtschaftlicher Verein

Das BGB differenziert zwischen **wirtschaftlichen** (§22 BGB) und **nichtwirtschaftlichen** (§21 BGB) Vereinen. Der nichtwirtschaftliche Verein wird auch als **Idealverein** bezeichnet. Nur der Idealverein nach §21 BGB führt den Namenszusatz „e.V." (für: eingetragener Verein). Denn er erlangt seine Rechtsfähigkeit erst durch Eintragung in das Vereinsregister. Die Eintragung ist also **konstitutiv**.

Ein wirtschaftlicher Verein hingegen ist der Verein, dessen Zweck auf einen wirtschaftlichen Geschäftsbetrieb gerichtet ist (§22 S.1 BGB). Eine solche **wirtschaftliche Zwecksetzung** liegt dann vor, wenn der Verein für sich oder seine Mitglieder wirtschaftliche Vorteile zu erlangen sucht und außerdem der wirtschaftliche Zweck mittels eines Geschäftsbetriebs angestrebt wird (Sparkassen in Vereinsform, Privatschulen, Bühnen).

Ist der wirtschaftliche Geschäftsbetrieb jedoch lediglich Nebenzweck eines Vereins, kann ein nichtwirtschaftlicher Verein vorliegen (sog. Nebenzweckprivileg[235], z. B. Sportverein mit eigener Kantine).

Die Unterscheidung zwischen wirtschaftlichem und nichtwirtschaftlichem Verein ist von großer Bedeutung. Für den wirtschaftlichen Verein gelten schärfere Voraussetzungen für die Eintragung ins Vereinsregister sowie ein erhöhtes Haftungsrisiko für die Mitglieder. Anders als der nichtwirtschaftliche Verein erlangt der **wirtschaftliche** Verein seine Rechtsfähigkeit durch staatliche Verleihung. Kann der Verein nach den gesetzlichen Bestimmungen über andere Rechtsformen (AktG, GmbHG etc.) Rechtsfähigkeit erlangen, kommt eine Verleihung nicht in Betracht (Grundsatz der Subsidiarität). Die Verleihung ist nur zulässig, wenn es für den Verein wegen besonderer Umstände unzumutbar wäre, sich in einer der vorgegebenen Rechtsformen zu organisieren.[236] Deswegen spielen wirtschaftliche Vereine in der Praxis kaum eine Rolle.

12.2.1.3 Gründung des Vereins

Für die Gründung eines Vereins bedarf es mindestens **sieben Mitglieder** (§56 BGB). Es handelt sich dabei aber um eine bloße „Sollens"vorschrift, die Vorgabe ist also nicht zwingend.[237] Diese müssen sich auf eine **Satzung** einigen (§25 BGB). Die Satzung muss **Zweck, Namen und Sitz des Vereins** angeben und beinhalten, dass der Verein eingetragen werden soll (§57 Abs.1 BGB). Von den Gründern ist gemäß §26 Abs.1 S.1 BGB ein Vereinsvorstand zu bestellen. Die Satzung „soll" weiterhin nach §58 BGB Bestimmungen über die **Mitgliedschaft**, die **Zusammensetzung des Vereinsvorstandes** sowie die **Mitgliederversammlung** enthalten.

Der Name des Vereins soll sich nach §57 Abs.2 BGB von anderen ortsansässigen Vereinen deutlich unterscheiden. Es gilt hierbei der Grundsatz der **Namenswahrheit**, vgl. §18 Abs.2 HGB. Dies bedeutet, dass der Name des Vereins keine falschen Vorstellungen über Zweck, Art, Größe oder sonstige bedeutsame Ver-

---

235 Vgl. BGH NJW 1983, 569 (571).
236 BVerwG NJW 1979, 2261 (2263).
237 MüKo-BGB/*Reuter*, §56 Rn.1.

hältnisse wecken darf. Nach Eintragung wird der Zusatz **„eingetragener Verein"** (e.V.) fester Namensbestandteil und muss geführt werden.

Aufgrund von Art. 9 GG kann der Vereinszweck frei gewählt werden. Die Angabe eines Vereinswecks dient in erster Linie der Prüfung, ob ein Verein überhaupt eintragungsfähig ist, ob zum Beispiel eine wirtschaftliche Tätigkeit vorliegt oder nicht.

Mit der wirksamen Einigung der Gründer über die Vereinssatzung (Vertrag) entsteht der **Vorverein**. Für diesen gelten die Vorschriften des BGB über rechtsfähige Vereine, soweit sie nicht die Eintragung in das Register voraussetzen. Genau genommen ist der Vorverein nichts anderes als ein nichtrechtsfähiger Verein i. S. v. § 54 BGB.[238] Der Vorverein haftet für Verbindlichkeiten in Höhe des durch Beitragszahlungen erworbenen Sondervermögens. Daneben haftet der für den Vorverein Handelnde **persönlich und unbeschränkt, § 54 S. 2 BGB.** Diese Haftung entfällt erst bei Eintragung des Vereins in das Vereinsregister.

12.2.1.4 Mitgliedschaft im Verein

Die Mitgliedschaft ist die Gesamtheit der Rechtsbeziehungen eines Mitglieds zu seinem Verein. Sie ist gemäß § 38 S. 1 BGB nicht übertragbar. Wichtigste Mitgliedspflicht ist die Beitragspflicht.

Die Mitgliedschaft wird durch **Beitritt** zum Verein oder Beteiligung an der Vereinsgründung erworben. Da der Beitritt einen Vertrag darstellt, hat der Verein aufgrund der Vertragsfreiheit das Recht, über die Aufnahme von Mitgliedern zu entscheiden. In absoluten Ausnahmefällen kann es zu einer Ermessensreduzierung oder gar einem Aufnahmezwang kommen. Anwendungsfälle sind Gewerkschaften, Prüfverbände für Genossenschaften und Sportverbände. Die Mitgliedschaft **endet** durch Austritt, Ausschluss, Tod oder Auflösung des Vereins.

12.2.1.5 Organe des Vereins

Der rechtsfähige Verein ist eine **juristische Person**, die körperschaftlich verfasst ist. Die Handlungsfähigkeit des Vereins wird dabei durch die **Organe** gewährleistet. Ein Verein verfügt über zwei notwendige Organe, den Vorstand (§ 26 BGB) und die Mitgliederversammlung (§ 32 BGB).

Der **Vorstand** wird von der Mitgliederversammlung bestellt (§ 27 Abs. 1 BGB). Er kann aus mehreren Personen bestehen, die nicht zwingend Mitglieder des Vereins sein müssen (Prinzip der **Fremdorganschaft**). Als Leitungsorgan des Vereins ist er sowohl für die Geschäftsführung („nach innen") als auch für die Vertretung nach außen zuständig.

Die **Geschäftsführung** umfasst jedes auf die Förderung des Vereinszwecks gerichtete rechtliche oder tatsächliche Handeln und beschreibt damit das „rechtliche Dürfen im Innenverhältnis". Die Geschäftsführung des handelnden Geschäftsführers richtet sich gemäß § 27 Abs. 3 BGB nach Auftragsrecht (§§ 664–670 BGB).

---

[238] BayObLGZ 1972, 29 (32); a. A. MüKo-BGB/*Reuter*, § 22 Rn. 82 f.

Die **Vertretung** beschreibt dagegen, ob und in welchem Umfang Rechte und Pflichten für die Gesellschaft nach außen begründet werden können. Geregelt wird also das „rechtliche Können im Außenverhältnis“. Die gesetzliche Vertretungsmacht des Vorstands ist grundsätzlich umfassend und unbeschränkt und richtet sich nach den §§ 164 ff. BGB analog. Im Gegensatz zu den Gesellschaften des Handelsrechts (OHG, KG) kann die Vertretungsmacht jedoch per Satzung mit Wirkung gegen Dritte beschränkt werden.[239]

Die **Mitgliederversammlung** ist das höchste Organ des Vereins. Sie entscheidet u. a. über Bestellung und Abberufung des Vorstandes (§ 27 Abs. 1 BGB), die Änderung der Satzung (§§ 32, 33 BGB) und die Auflösung des Vereins (§ 41 BGB)

Innerhalb der Mitgliederversammlung haben alle Mitglieder die gleichen Rechte (**one man – one vote**). Grundsätzlich ist für **Beschlüsse** die einfache Mehrheit der erschienenen Mitglieder ausreichend (§ 32 Abs. 1 S. 3 BGB).[240] **Satzungsänderungen** hingegen erfordern die Zustimmung von drei Vierteln der erschienenen Mitglieder (§ 33 Abs. 1 S. 1 BGB). Der **Änderung des Vereinszwecks** müssen alle Mitglieder zustimmen (§ 33 Abs. 1 S. 2 BGB).

12.2.1.6 Haftung

Ein eingetragener Verein ist eine juristische Person. Er ist Vertragspartei und daher selbst Träger von Rechten und Pflichten. Gem. § 31 BGB haftet der Verein auch für Schäden, die durch Pflichtverletzungen seiner Organe verursacht worden sind. Daneben besteht **keine** Haftung der Mitglieder mit ihrem Vermögen (**Trennungsprinzip**). Im Ausnahmefall kann es aber zu einer unmittelbaren Haftung der Mitglieder kommen, wenn die Rechtsform des Idealvereins gezielt für wirtschaftliche Tätigkeit missbraucht wird (sog. Durchgriffshaftung).[241] Die Voraussetzungen hierfür sind aber eng und gehen weit über eine Überschreitung des Nebenzweckprivilegs hinaus.

12.2.1.7 Ende des Vereins

Das BGB unterscheidet zwischen dem Erlöschen und der Auflösung des Vereins (§ 41 BGB), sowie dem Verlust oder der Entziehung der Rechtsfähigkeit (§ 43 BGB). In diesen Fällen ist vor allem zu klären, was mit dem Vereinsmögen passieren soll.

Der Verein **erlischt** (vergleichbar mit dem Tod einer natürlichen Person), wenn der Verein nach §§ 3 ff. VereinsG verboten wird, alle seine Mitglieder wegfallen oder der Sitz ins Ausland verlegt wird. Nach § 41 BGB kann der Verein durch Beschluss der Mitgliederversammlung mit der Mehrheit von $^3/_4$ der erschienenen Mitglieder aufgelöst werden.

Der **Verlust der Rechtsfähigkeit** tritt in folgenden Fällen ein:

- Entziehung wegen Verfolgung eines anderen als in der Satzung genannten Zwecks (§ 43 BGB),

239 Vgl. BGH NJW 1980, 2799 (2800); BGH NJW-RR 1996, 866.

240 Wobei „erschienene“ Mitglieder „an der Abstimmung teilgenommene“ Mitglieder bedeutet, bei denen Enthaltungen nicht mit zählen, vgl. BGH NJW 1987, 2430.

241 BGH NJW 1970, 2015 (2016).

- Entziehung, falls die Mitgliederzahl unter drei fällt (§ 73 BGB),
- Löschung, wenn bei der Eintragung zwingende Eintragungsvoraussetzungen nicht vorgelegen haben (§ 395 FamFG).

Mit der Auflösung des Vereins oder der Entziehung der Rechtsfähigkeit kann der Verein kein Träger von Rechten und Pflichten mehr sein. Aus diesem Grund fällt das Vermögen an in der Satzung bestimmte (§ 45 Abs. 1 BGB) oder in der Mitgliederversammlung zu bestimmende (§ 45 Abs. 2 S. 1 BGB) Personen. Werden keine Empfänger bestimmt, besteht die Möglichkeit, dass der **Fiskus** unter den Voraussetzungen des § 45 Abs. 3 BGB gemäß § 46 BGB „Erbe" des Vereins wird. In den übrigen Fällen findet eine **Liquidation** statt (§ 47 BGB).

12.2.2 Nichtrechtsfähiger Verein

12.2.2.1 Definition und Systematik

Auch der nichtrechtsfähige Verein (§ 54 BGB) ist eine auf Dauer angelegte Personenvereinigung zur Erreichung eines gemeinsamen Zwecks, die nach ihrer Satzung körperschaftlich organisiert ist, einen Gesamtnamen trägt und auf einen wechselnden Mitgliederbestand ausgelegt ist. Anders als der rechtsfähige Verein ist er **keine juristische Person**. Er hat keine Rechtsfähigkeit erlangt, weder durch Verleihung noch durch Eintragung.

Nach dem Wortlaut des **§ 54 S. 1 BGB** finden auf den nichtrechtsfähigen Verein die **Vorschriften über die GbR** entsprechende Anwendung (vgl. dazu Einheit 11 Ziff. 11.2). Problematisch dabei ist, dass nach GbR-Recht alle Gesellschafter persönlich für Verbindlichkeiten haften. Dies bedeutet ein nicht zu unterschätzendes Haftungsrisiko.

Die Verweisung hat historische Gründe. Denn der Gesetzgeber des BGB verfolgte gegen Ende des 19. Jahrhunderts den Zweck, politische Parteien und Gewerkschaften zur Eintragung zu veranlassen und damit als rechtsfähige Vereine der staatlichen Kontrolle zu unterwerfen. Nach heute herrschender Meinung ist die Verweisung aber verfehlt, da für eine körperschaftliche Organisation auf das Recht einer Personengesellschaft verwiesen wird.[242] Inzwischen wird überwiegend das **Recht des rechtsfähigen Vereins** angewendet, mit Ausnahme der Vorschriften, die gerade die Rechtsfähigkeit voraussetzen. Diese sind z. B. Publizitätsvorschriften, §§ 68 ff. BGB, oder Vorschriften über das Eintragungsverfahren, §§ 59 ff. BGB.

12.2.2.2 Haftung

Die Frage der Haftung des **nichtrechtsfähigen Idealvereins** für Verbindlichkeiten ist umstritten. Entweder man erkennt ihm trotz fehlender Rechtsfähigkeit **Rechtssubjektivität** zu und lässt ihn mit seinem **Vereinsvermögen** haften. Oder man verneint die Rechtssubjektivität und kommt zu einer **Mitgliederhaftung,**[243]

---

242 MüKo-BGB/*Arnold*, § 54 Rn. 3.
243 Vgl. BGH NJW 1957, 1186.

allerdings nur mit dem jeweiligen Anteil am Vereinsvermögen. In jedem Fall haften die nicht persönlich handelnden Mitglieder nicht mit ihrem Privatvermögen.

Beim **nichtrechtsfähigen Wirtschaftsverein** hingegen haften alle Mitglieder für Verbindlichkeiten des Vereins voll und unbeschränkt mit ihrem Privatvermögen (§ 54 S. 1 i. V. m. §§ 705, 426 BGB oder nach §§ 128, 171 HGB analog, falls ein Handelsgewerbe vorliegt). Bei allen nichtrechtsfähigen Vereinen haftet gemäß § 54 S. 2 BGB neben dem Verein auch der Handelnde, und zwar persönlich und unbeschränkt.

12.3 Gesellschaft mit beschränkter Haftung (GmbH)

12.3.1 Begriffsbestimmung und praktische Bedeutung

GmbH $=_{def}$ Eine Gesellschaft mit körperschaftlicher Organisation und eigener Rechtspersönlichkeit, §§ 1, 13 Abs. 1 GmbHG.

Der Gesetzgeber hielt es für notwendig, eine Gesellschaftsform zu schaffen, die es auch Unternehmen mit typischerweise wenigen Gesellschaftern ermöglicht, ein Unternehmen ohne persönliche Haftung zu betreiben. Die GmbH steht konzeptionell zwischen der Aktiengesellschaft und den Personenhandelsgesellschaften („nach außen AG, nach innen OHG"). Sie gehört wie die AG und die KGaA zu den **Kapitalhandelsgesellschaften**. Die Rechtsform der GmbH hat erhebliche wirtschaftliche Bedeutung erlangt, ihre Anzahl und die Summe des angehäuften Stammkapitals steigen ständig.

Das Recht der GmbH wurde durch das Gesetz zur Modernisierung des GmbH-Rechts und der Bekämpfung von Missbräuchen (MoMiG) im November 2008 einer umfassenden Modernisierung unterzogen.

12.3.2 Rechtsnatur und Charakteristika

Die GmbH ist eine **juristische Person** (13 Abs. 1 GmbHG), sie kann also selbst Inhaberin von Rechten und Pflichten sein. Sie ist **Handelsgesellschaft** im Sinne des HGB (§ 13 Abs. 3 GmbHG) und somit Formkaufmann gem. § 6 Abs. 1 HGB. Für die Gesellschafter besteht gem. § 13 Abs. 2 GmbHG **keine persönliche Haftung** und eine Nachschusspflicht nur für den Fall, dass dies ausdrücklich im Gesellschaftsvertrag festgelegt ist.[244] Die Gesellschafter sind an dem in Geschäftsanteile zerlegten **Stammkapital** mit Einlagen beteiligt.

Mit der GmbH kann **jeder Zweck** (§ 1 GmbHG) verfolgt werden. Obwohl in der Regel wirtschaftliche Interessen verfolgt werden, können demnach auch wissenschaftliche, künstlerische, sportliche oder kulturelle Zwecke Unternehmensgegenstand sein. Ein großer Teil der Regelungen über die GmbH ist **dispositiv**, so dass sie flexibel an die jeweiligen Bedürfnisse angepasst werden kann.

---

[244] Baumbach/Hueck/*Fastrich*, GmbHG, § 13 Rn. 7.

12.3.3 Gründungsverfahren

Das Gründungsverfahren einer GmbH ist dreistufig.[245] Es gliedert sich in Aufstellung des Gesellschaftsvertrags, Einbringung der Stammeinlagen, sowie die Eintragung ins Handelsregister.

12.3.3.1 Gesellschaftsvertrag, § 3 GmbHG

Der Gesellschaftsvertrag einer GmbH muss die Firma (§4 GmbHG), den Sitz und Gegenstand des Unternehmens, die Höhe des Stammkapitals (mindestens 25.000 Euro) und die Höhe der jeweiligen Stammeinlagen der Gesellschafter enthalten.

Der Gesellschaftsvertrag bedarf **notarieller Beurkundung** (§128 BGB) und ist von allen Gründungsgesellschaftern zu **unterzeichnen**. Eine Besonderheit der GmbH besteht darin, dass sie von einem einzigen Gesellschafter errichtet werden kann („Ein-Mann-GmbH"). Daneben ist mindestens **ein Geschäftsführer** zu bestellen. Mit dem Abschluss der Errichtung des Gesellschaftsvertrags entsteht die Vorgesellschaft (**Vor-GmbH**), für die besondere Regeln gelten.

Gelegentlich kommt es vor, dass die zukünftigen Gesellschafter im Vorfeld einen Vertrag abschließen, der auf die Gründung einer GmbH gerichtet ist. Hiermit entsteht die **Vorgründungsgesellschaft**. Die Haftung für Verbindlichkeiten einer solchen Gesellschaft richtet sich – je nachdem, ob ein Handelsgewerbe vorliegt oder nicht – entweder nach OHG- oder nach GbR-Recht.

12.3.3.2 Einzahlung der Stammeinlage

Da die GmbH nur mit ihrem Geschäftsguthaben haftet, versucht das GmbHG sicherzustellen, dass das Haftungskapital bei der Gründung der Gesellschaft virtuell (also zumindest bei den Gesellschaftern) vorhanden ist. Außerdem soll die Gesellschaft nicht ohne reales Eigenvermögen dastehen. Aus diesem Grund muss nach §7 Abs. 2 GmbHG auf jede Stammeinlage ein Viertel des Geldbetrages eingezahlt sein, bevor die GmbH eingetragen wird. Sollten Sacheinlagen vereinbart sein, müssen diese komplett geleistet, also an die Gesellschaft übertragen werden.[246]

12.3.3.3 Anmeldung zum Handelsregister

Aus §11 Abs. 1 GmbHG ergibt sich, dass die Gesellschaft „als solche" mit der Eintragung ins Handelsregister entsteht (konstitutive Eintragung). Nach dem Antrag (§7 GmbHG) durch den Geschäftsführer prüft das Registergericht die oben genannten Voraussetzungen für die Eintragung. Schwerpunkt der Prüfung ist dabei regelmäßig das Vorliegen der Geld- und speziell der Sacheinlagen, die nicht überbewertet sein dürfen. Bei der Anmeldung zum Handelsregister müssen Angaben über Stammeinlagen und Sicherungen sorgfältig und korrekt gemacht werden, Falschangaben sind nach §82 Abs. 1 Nr. 1 GmbHG strafbar.

---

245 Vgl. MüKo-GmbHG/*Mayer*, §2 Rn. 3.
246 Baumbach/Hueck/*Fastrich*, GmbHG, §7 Rn. 12.

12.3.4 Vermögensordnung

12.3.4.1 Stammkapital

Als Kapitalgesellschaft verfügt die GmbH über ein **Mindeststammkapital**. Dieses muss gemäß § 5 Abs. 1 GmbHG 25.000 Euro betragen. Es ist mangels einer persönlichen Haftung der Gesellschafter eine Art **Garantiesumme** für die Gläubiger. Dieses Stammkapital ist nicht identisch mit dem Gesellschaftsvermögen, das durch Gewinne und Verluste schwanken kann. Der Gesetzgeber hat sicherzustellen versucht, dass die GmbH bei Gründung mindestens ein theoretisches Vermögen in Höhe des Stammkapitals sowie ein reales Startvermögen in Höhe der Hälfte des Stammkapitals erhält (**Grundsatz der Kapitalaufbringung**). Das Stammkapital einer GmbH muss dabei nicht auf einem Sonderkonto bereit liegen. Es genügt, wenn die Gesellschafter nachweisen können, dass es bei Gründung bei ihnen vorhanden war. Tatsächlich an die GmbH geleistet werden müssen anfangs nur $^1/_4$ der Geldeinlagen, mindestens aber 12.500 Euro, § 7 Abs. 2 GmbHG.

Das Stammkapital wird von den Gründern anteilig durch die **Geschäftsanteile** erbracht. Die Stammeinlagen, die bei den Gesellschaftern unterschiedlich hoch sein können, müssen auf einen bestimmten Geldbetrag lauten, können aber auch in Sachleistungen erbracht werden.

Solche **Sacheinlagen** können im Einzelnen sein:

- Sachen im Sinne des § 90 BGB (z. B. Fahrzeuge, Maschinen, Grundstücke),
- Grundstücksgleiche Rechte, z. B. ein Erbbaurecht,
- Forderungen mit feststellbarem wirtschaftlichen Wert,
- Rechtsgesamtheiten (z. B. Unternehmen – in der Praxis ist dies äußerst relevant).

Neben der Kapitalaufbringung soll die Stammeinlage der Gesellschaft auch auf Dauer erhalten bleiben (**Grundsatz der Kapitalerhaltung**). Hierfür trifft das GmbHG einige Vorkehrungen. So darf das zur Erhaltung des Stammkapitals notwendige Gesellschaftsvermögen nicht an die Gesellschafter ausgezahlt werden, § 30 GmbHG.[247] Das Stammkapital darf auch nicht als Gewinn ausgeschüttet werden. Gegebenenfalls besteht eine **Durchgriffshaftung** auf die Gesellschafter, wenn die Gesellschaft vorsätzlich unterkapitalisiert wird. Beliebte Wege, diese Bestimmungen zu umgehen, sind verschleierte Sacheinlagen und Gesellschafterdarlehen.

12.3.4.2 Gesellschaftsanteil

Nach dem Betrag der geleisteten Stammeinlagen bestimmt sich der **Geschäftsanteil** des jeweiligen Gesellschafters, § 14 GmbHG. Der Geschäftsanteil ist das Bündel **mitgliedschaftlicher Rechte und Pflichten**. Die Geschäftsanteile sind unter den Voraussetzungen des § 15 GmbHG frei vererblich und veräußerbar.

---

[247] Die Kapitalerhaltung als Haftungsobjekt ist das „Kernstück des GmbH-Rechts“, BGH NJW 1958, 1351.

Die Geschäftsanteile bestimmen auch die Ausschüttung des Jahresgewinns an die Gesellschafter, § 29 Abs. 1, 3 GmbHG. Der auf diese Weise einfach zu handhabende Gesellschafterwechsel ist neben dem geringen Kapitalbedarf und dem variablen Zweck die große Stärke der GmbH.

12.3.4.3 Haftung

Die GmbH haftet als juristische Person nur mit ihrem Gesellschaftsvermögen, § 13 Abs. 2 GmbHG, und nicht mit dem Stammkapital. Dieses Vermögen ergibt sich aus der Stammeinlage verrechnet mit den entstandenen Gewinnen und Verlusten. Eine **Nachschusspflicht** für die Gesellschafter besteht nur, wenn dies im Gesellschaftsvertrag festgehalten worden ist, § 26 GmbHG.

Denkbar ist in Ausnahmefällen eine Haftung der Gesellschafter gegenüber der Gesellschaft oder aber der Gesellschafter gegenüber dem Gläubiger.[248] Von einer solchen **Durchgriffshaftung** wird gesprochen, wenn Gläubiger der Gesellschaft durch diese hindurch direkt auf die Gesellschafter zugreifen können. Strukturell geht es dabei um eine Ausnahme von § 13 Abs. 2 GmbHG bzw. vom Trennungsprinzip. Zu einer Durchgriffshaftung kann es beispielsweise bei Vermögensvermischung kommen. Dies bezeichnet Fälle mangelhafter Buchführung, bei denen unklar ist, ob Vermögensgegenstände zur Gesellschaft oder zum Gesellschafter gehören. In älterer Rechtsprechung hat der BGH außerdem in Fällen der (vorsätzlichen) Unterkapitalisierung der Gesellschaft oder bei einem vorsätzlichen Entfernen entscheidender Vermögenswerte eine Durchgriffshaftung bejaht.[249] Die neuere Rechtsprechung zum „existenzvernichtenden Eingriff" verneint aber eine Durchgriffshaftung und führt stattdessen zu einer Haftung der Gesellschafter gegenüber der Gesellschaft.[250]

12.3.5 Organe der GmbH

12.3.5.1 Geschäftsführung (und Vertretung)

Die Geschäftsführer sind die gesetzlichen Vertreter der GmbH (§ 35 GmbHG) und daher strukturell mit dem Vorstand eines Vereins vergleichbar. Geschäftsführer kann nur eine **natürliche Person** sein (§ 6 Abs. 2 S. 1 GmbHG). Der Geschäftsführer muss dabei nicht selbst Gesellschafter sein (zulässige **Fremdorganschaft**). Aus diesem Grund bietet sich die GmbH für Familienunternehmen an. Während die Gesellschaftsanteile im Familienbesitz bleiben und vererbt werden, kann als Geschäftsführer jemand „vom Fach" angestellt werden.

Die **Befugnisse** des Geschäftsführers können durch den Anstellungsvertrag, durch die Satzung oder durch Gesellschafterbeschluss beschränkt werden. Beschränkungen der Vertretungsmacht wirken jedoch nicht gegen Dritte (§ 37 Abs. 2 GmbHG).

---

248 Baumbach/Hueck/*Fastrich*, GmbHG, § 13 Rn. 10.
249 BGH NJW 1974, 1371 (1372); BGH NJW 2002, 3024 (3025).
250 BGH NJW 2008, 2437 (2438).

Der Geschäftsführer muss die „Sorgfalt eines ordentlichen Geschäftsmannes" anwenden. Wenn er diese Pflicht verletzt, haftet er aus **§43 Abs.2 GmbHG** (eigene Anspruchsgrundlage). Keine Pflichtverletzungen sind dabei wagemutige unternehmerische Entscheidungen, die zum Handeln im Wettbewerb gehören. §43 Abs.2 GmbHG greift daher erst, wenn der Geschäftsführer unternehmerische Grundregeln missachtet hat. Praktisch erheblich relevant ist auch §43a GmbHG mit dem Verbot der Darlehensgewährung aus dem zur Erhaltung des Stammkapitals erforderlichen Vermögen der Gesellschaft.

12.3.5.2 Gesellschafterversammlung

Die Gesellschafterversammlung ist das oberste Organ der GmbH.[251] Ihre Kompetenzen ergeben sich primär aus dem Gesellschaftsvertrag. Trifft dieser keine gesonderten Feststellungen (z.B. Übertragung von Kompetenzen auf die Geschäftsführer), dann gilt die gesetzliche Regelung in §46 GmbHG.

Die Gesellschafterversammlung wird durch die Geschäftsführer einberufen (§49 Abs.1 GmbHG). Außerdem können Gesellschafter mit zusammen mindestens 10% der Anteile eine außerordentliche Gesellschafterversammlung einberufen (§50 Abs.1 GmbHG).

Die Stimmrechte richten sich gem. §47 Abs.2 GmbHG nach der Stammeinlage der Gesellschafter. Jeder Euro eines Geschäftsanteils gewährt dabei eine Stimme. In „normalen" Angelegenheiten der Gesellschaft wird mit einfacher Mehrheit der abgegebenen Stimmen entschieden (§47 Abs.1 GmbHG). Satzungsänderungen bedürfen hingegen einer $^{3}/_{4}$-Mehrheit.

12.3.5.3 Aufsichtsrat

Bei der GmbH ist ein Aufsichtsrat in der Regel nicht erforderlich. Sollte er dennoch im Gesellschaftsvertrag vorgesehen sein (**fakultatives Organ**),[252] greifen nach §52 GmbHG weitgehend die Regelungen über den Aufsichtsrat der Aktiengesellschaft ein.

Ab einer Größe von 500 Mitarbeitern muss die GmbH einen Aufsichtsrat bilden (**zwingendes Organ**, vgl. §1 Abs.1 Nr.3 DrittelbG). Auch hier gelten die Regelungen über den Aufsichtsrat der Aktiengesellschaft (siehe unten Ziff. 12.4.4).

12.3.6 Sonderfälle

12.3.6.1 Vor-GmbH

Die Vor-GmbH entsteht mit Abschluss des notariell beurkundeten Gesellschaftsvertrags. Der Zweck der Vor-GmbH liegt in der Herbeiführung der Eintragung der GmbH. Der Begriff „Herbeiführung der Eintragung" ist dabei aber weit gefasst, so dass die Herbeiführung auch wirtschaftliche Betätigungen umfasst, die die Gesellschaft bei Eintragung in einen ordnungsgemäßen

---

[251] Vgl. MüKo-GmbHG/*Liebscher*, §48 Rn.6.
[252] Vgl. MüKo-GmbHG/*Spindler*, §52 Rn.1.

Zustand versetzen sollen. Im Ergebnis läuft dies darauf hinaus, dass der Zweck der Vor-GmbH eine werbende Tätigkeit einschließt.

Die Vor-GmbH ist bereits **rechtsfähig**. Dies ergibt sich nicht direkt aus dem Gesetz, ist aber inzwischen gefestigte Rechtsprechung. Für sie gilt weitgehend das **Recht der GmbH** (z. B. Bestellung der Geschäftsführer, deren Vertretungsmacht). Grund hierfür ist, dass es oft im Interesse der Unternehmensgründer liegt, wenn die Vorgesellschaft bereits ihre werbende Tätigkeit aufnimmt. Problematisch ist aber, dass auf diese Weise das Gründungskapital der Gesellschaft in Gefahr geraten kann.

Für die Haftung der Vor-GmbH für Verbindlichkeiten muss zwischen der Haftung der Vorgesellschaft, der Gründer und der Handelnden unterschieden werden. Unumstritten besteht eine **Haftung der Vorgesellschaft** mit ihrem Gesellschaftsvermögen.[253] Im Streit steht hingegen die **Haftung der Gesellschaftsgründer**. Der BGH geht davon aus, dass jeden Gründer im Verhältnis zur Vor-GmbH anteilig eine Pflicht zur Deckung sämtlicher Verluste (Verlustdeckungshaftung) trifft.[254] Sollte ein Gründer dieser Pflicht gegenüber der Vor-GmbH nicht nachkommen können, wird sein Bruchteil auf die anderen Gründer verteilt, § 24 GmbHG gilt entsprechend. Inzwischen hat sich die Ansicht durchgesetzt, dass diese Haftung nicht durch den vertraglich vereinbarten Stammeinlagebetrag begrenzt ist. Der Gründer haftet jedoch nicht gegenüber den Gläubigern. Von diesem Grundsatz wird in folgenden Fällen jedoch eine Ausnahme gemacht:

- Bei der Ein-Mann-Gründung,
- wenn nur ein Gläubiger vorhanden ist und
- bei der vermögenslosen Vor-GmbH.

Diesen Fällen ist gemein, dass die „Zwischenstation" Vor-GmbH eine unnötige Komplikation darstellt, die den Gläubiger benachteiligen würde.

Neben diesen Instrumenten besteht nach § 11 Abs. 2 GmbHG eine persönliche **Handelndenhaftung**. Grundgedanke dieser Norm war, dem Gläubiger einer Vor-GmbH zumindest eine natürliche Person (also den Handelnden) als Haftungsgrundlage zur Verfügung zu stellen. Dieser Ansatz ist durch die soeben ausgeführte Haftung der Gesellschafter und der Vor-GmbH selbst obsolet geworden. § 11 Abs. 2 GmbHG wird daher eng ausgelegt und soll nur noch auf Geschäftsführer anwendbar sein und mit der Eintragung der GmbH erlöschen. Der in Anspruch genommene Geschäftsführer hat dann wiederum einen Freistellungsanspruch gegen die (Vor-)GmbH.

12.3.6.2 Unternehmergesellschaft (UG)

Die Unternehmergesellschaft wurde zum 01.11.2008 in das GmbHG aufgenommen. Sie soll die deutsche GmbH im Wettbewerb mit der englischen Limited Company (Ltd.) wettbewerbsfähiger machen.[255] Entscheidend ist, dass die UG mit einem Kapital von 1,– Euro gegründet werden kann.

---

[253] Vgl. BGH NJW 1996, 1210 (1211).
[254] BGH NJW 1996, 1210 (1212).
[255] MüKo-GmbHG/*Rieder*, § 5a Rn. 3.

Die UG ist ausweislich des Wortlauts in §5a GmbHG auch eine GmbH, für die jedoch besondere Regelungen gelten. Diese Sonderregelungen sind:

- Die Gesellschaft muss die Bezeichnung „Unternehmergesellschaft (haftungsbeschränkt)" oder „UG (haftungsbeschränkt)" in der Firma führen.
- Sacheinlagen sind unzulässig, Geldeinlagen müssen bei Gründung komplett geleistet werden.
- Ein Viertel des Jahresgewinns muss in eine Rücklage eingestellt werden; diese darf nur zur Kapitalerhöhung oder zum Verlustausgleich verwendet werden.
- Bei drohender Insolvenz muss unverzüglich eine Gesellschafterversammlung einberufen werden.

Gedanke hinter dieser Regelung ist, dass das Stammkapital der UG langsam „anwächst", bis es schließlich die Höhe einer normalen GmbH erreicht. Ist dies der Fall, sind die Sonderregelungen des §5a GmbHG nicht mehr anzuwenden.

12.4 Aktiengesellschaft (AG)

12.4.1 Definition, Konzeption und Bedeutung

Nach §1 Abs. 1 AktG ist die Aktiengesellschaft eine **Körperschaft mit eigener Rechtspersönlichkeit**, wobei für die Verbindlichkeiten der Gesellschaft den Gläubigern nur das Gesellschaftsvermögen haftet. Im Gegensatz zur GmbH, die auch über dieses Merkmal verfügt, ist aber nach §1 Abs. 2 AktG das **Grundkapital in Aktien zerlegt**. Die AG ist konzipiert als **Gesellschaftsform für Großunternehmen mit erheblichem Kapitalbedarf.**[256] Die AG soll einem breiten Kreis von Anlegern offen stehen, die ihre Mittel in die Gesellschaft investieren (Publikumsgesellschaft). Sie ist also weniger stark personalisiert als die GmbH. Typische Publikumsgesellschaften sind privatisierte Ex-Monopolisten, wie die Deutsche Telekom AG, die durch den Börsengang ihren Kapitalstock aufbessern wollten und deren Aktien klassischerweise unter unzähligen Kleinanlegern verteilt sind („Volksaktien").

Gleichzeitig sind (aufgrund ihres hohen Kapitalgrundstockes und der dadurch hohen gesellschaftspolitischen Bedeutung) die Regelungen zur AG wesentlich ausführlicher als zur GmbH. Die Regelungen sind zudem weitgehend **zwingend**, können also durch die Beteiligten nicht (vertraglich) abbedungen werden. Das Recht der (börsennotierten) Aktiengesellschaft bildet gleichzeitig eine Schnittstelle mit dem Kapitalmarktrecht, das primär die Interessen der Anleger im Kapitalmarkt sichern soll (z. B. WpHG, Corporate Governance Kodex). In ihrer Rechtsnatur sind AG und GmbH ansonsten identisch. Die AG ist gem. §1 Abs. 1 AG eine juristische Personen, sie ist Formkaufmann gem. §3 Abs. 1 AktG, §6 Abs. 1 HGB.

[256] *Hoffmann-Becking* in: Münchener Handbuch des Gesellschaftsrechts, Band IV, §2 Rn. 4.

12.4.2 Entstehung

Wie bei der GmbH hat das Eintragungsverfahren der AG mehrere Stufen, beginnend mit dem Abschluss des Gesellschaftsvertrags und endend mit der Eintragung ins Handelsregister. Bei der AG unterscheidet man zwischen **einfacher** und **qualifizierter** Gründung.

Die **einfache Gründung** vollzieht sich ähnlich der GmbH. Hinzu treten:

- Die Festlegung, ob das Kapital in Nennbetragsaktien oder Stückaktien zerlegt wird,
- die Entscheidung, ob Inhaber- oder Namensaktien ausgegeben werden,
- die Übernahme der Aktien durch die Gründer, § 29 AktG. Hierdurch entsteht ein Rechtsanspruch der AG auf Erbringung der Einlage. Die Aktien dürfen nicht unter dem Nennwert ausgegeben werden (Verbot der Unterpari-Emission, § 9 Abs. 1 AktG).

Daneben sind Zusätze in der Satzung nur zulässig, wenn dies im AktG explizit gestattet wird oder dieses keine abschließende Regelung enthält. Die Gestaltungsfreiheit der Gründer ist also aufgrund des Aktionärsschutzes stark eingeschränkt.

Von einer **qualifizierten Gründung** spricht man, wenn zugunsten von Aktionären oder Dritten besonders gefährliche Abreden getroffen werden. Diese Sonderregelungen müssen in der Satzung explizit festgehalten werden (und bedürfen damit auch notarieller Beglaubigung), da sie das Kapital der AG vor der Gründung gefährden würden. Im Einzelnen liegt eine qualifizierte Gründung vor, wenn:

- Aktionären oder Dritten Sondervorteile (wie z. B. vorzugsweise Beteiligung am Gewinn oder Nutzungsrechte an Anlagen der Gesellschaft) eingeräumt werden, § 26 Abs. 1 AktG,
- Gründer oder Dritte eine Vergütungszusage für ihre Tätigkeit bei der Gründung erhalten (Gründungsaufwand, § 26 Abs. 2 AktG), oder
- Sacheinlagen oder Sachübernahmen vereinbart werden.

In der Praxis werden Aktiengesellschaften im Gegensatz zu GmbHs nur selten neu gegründet. Meistens entstehen sie durch **Umwandlung** aus anderen Gesellschaftsformen. In der Regel geschieht dies durch **Formwechsel** (§§ 190 ff. UmwG).[257] Dies bedeutet, dass ein Unternehmen lediglich seine Rechtsform wechselt (z. B. eine GmbH wird zur AG), dabei aber ansonsten identisch bleibt. Auflösung und Vermögensübergang finden nicht statt. Der Gesetzgeber hat das Problem erkannt, dass dabei die Gründungsvoraussetzungen bestimmter Gesellschaftsformen umgangen werden könnten. Deshalb sind nach § 197 UmwG grds. die Gründungsvorschriften der zu gründenden Gesellschaft anzuwenden. Aus diesem Grund ist im Gegensatz zum GmbH-Recht die Haftung innerhalb der Vor-AG praktisch irrelevant.

[257] Vgl. *Hoffmann-Becking* in: Münchener Handbuch zum Gesellschaftsrecht, Band IV, § 3 Rn. 1.

12.4.3 Grundkapital und Aktie

12.4.3.1 Begriffsbestimmungen

Auch im Aktienrecht ist streng zwischen Grundkapital, Gesellschaftsvermögen und Gesellschaftsanteilen (Aktien) zu unterscheiden.

Das **Grundkapital** stellt den Betrag dar, den die Aktionäre bei Gründung mindestens aufzubringen haben. Er muss auf mindestens 50.000 Euro lauten, § 7 AktG. Das **Gesellschaftsvermögen** dagegen ist das tatsächliche Vermögen der Gesellschaft und ändert sich mit der Geschäftsentwicklung. In dieser Hinsicht gibt es fast keinen Unterschied zur GmbH. Das Gesetz verwendet den Begriff **Aktie** im dreifachen Sinne. Die Aktie bezeichnet sowohl einen Bruchteil des Grundkapitals, das in ihr verbriefte Mitgliedschaftsrecht sowie das Wertpapier Aktie an sich. Auch das Aktienrecht kennt wie die GmbH Instrumente zur Erhaltung des Grundkapitals (siehe oben Ziff. 12.3.4), wobei die Regelungen zum Schutz Dritter wesentlich detaillierter sind.

12.4.3 Funktionen der Aktie

Die Aktien sind nach § 1 Abs. 2 AktG das zerlegte Grundkapital der Aktiengesellschaft. Die Aktie hat hierbei drei Funktionen: Sie ist Anteil am Grundkapital, Mitgliedschaftsrecht und Wertpapier.

a. Aktie als Anteil am Grundkapital

Aktien können als Nennbetrags- oder als Stückaktien ausgegeben werden, § 8 Abs. 1 AktG. Nennbetragsaktien lauten auf einen bestimmten Betrag von mindestens einem Euro. Die Nennbeträge aller Aktien ergeben das Grundkapital der AG.[258] Stückaktien lauten auf einen bestimmten Bruchteil des Grundkapitals.[259] Der wirtschaftliche Wert einer Aktie kann dabei höher oder niedriger sein als ihr rechnerischer Anteil am Grundkapital, je nachdem, wie der Kurs der Aktie an der Börse steht.

b. Aktie als Mitgliedschaft

Mit dem Begriff Aktie wird auch die Gesamtheit der mit der Mitgliedschaft an der Gesellschaft verbundenen Rechte und Pflichten bezeichnet. Hauptpflicht des Aktionärs ist die Erbringung der Einlage, § 54 Abs. 1 AktG. Wichtige Rechte eines Aktionärs sind die Beteiligung am Unternehmensgewinn (Dividende, § 58 Abs. 4 AktG) sowie Mitverwaltungsrechte, wie das Stimmrecht und das Auskunftsrecht in der Hauptversammlung.[260] Grundsätzlich gewährt jede Aktie entsprechend ihrem Anteil am Grundkapital die gleichen Rechte (Stammaktien). Die Satzung kann aber einzelnen Aktiengattungen Sonderrechte einräumen, Vorzugsaktien, § 11 S. 1 AktG. In der Praxis wird häufig bei Vorzugsaktien der Anlagecharakter zu Lasten des Mitgliedschaftscharakters gestärkt, indem an die Aktiengattung höhere Dividenden unter Ausschluss des Stimmrechts

---

[258] Henssler/Strohn/*Lange* Gesellschaftsrecht, AktG, § 8 Rn. 4.
[259] MüKo-AktG/*Heider*, § 8 Rn. 25.
[260] MüKo-AktG/*Heider*, § 12 Rn. 6.

geknüpft werden (ausführlich geregelt in den §§ 139 ff. AktG). Hieraus wird auch deutlich, welchen Sinn die Anlageform Aktie hat. Der Aktionär soll eine Rendite primär durch die Dividende erzielen. Das Spekulieren entsprechend dem Kursverlauf ist zwar inzwischen weit verbreitet, widerspricht aber dem eigentlichen Zweck der Aktie.

Im Gegensatz zur GmbH kann bei der AG keine Nachschusspflicht für die Gesellschafter vereinbart werden.

c. Aktie als Wertpapier

Im Grundsatz muss die Gesellschaft dem Aktionär eine Urkunde über die Mitgliedschaft ausstellen. Das AktG unterscheidet zwischen Inhaber- und Namensaktien.

Die in der Praxis stark überwiegenden Inhaberaktie legitimiert (nur) den jeweiligen Inhaber als Aktionär gegenüber der AG. Sie ist ein Wertpapier,[261] das wie gewöhnliche Sachen übereignet (§§ 929 ff. BGB) und verpfändet werden kann (§§ 1204 ff. BGB). Inhaberaktien dürfen nur ausgegeben werden, wenn voll auf den Ausgabebetrag geleistet wurde (Umkehrschluss aus § 10 Abs. 2 S. 1 AktG).

Namensaktien hingegen sind auf einen bestimmten Namen ausgestellt und deshalb weniger umlauffähig. Die Namensaktien und ihre Inhaber sind in das Aktienregister der Gesellschaft einzutragen, § 67 Abs. 1 AktG. Die Übertragung von Namensaktien richtet sich nach wertpapierrechtlichen Vorschriften, notwendig ist u. a. ein schriftlicher Übertragungsvermerk auf der Rückseite (Indossament, § 68 AktG). Mittlerweise gewinnen Namensaktien wieder an Popularität, weil ihre Umlauffähigkeit durch einen sachenrechtlichen „Trick" erhöht werden kann: Die Namensaktien erhalten die Unterschrift der ausgebenden Aktiengesellschaft und den Vermerk, dass der Vorleger der Aktie auch deren Inhaber ist (Blankoindossament) und werden in einer zentralen Sammelstelle gelagert. Diese Sammelstelle ist an das elektronische Aktienregister der Gesellschaft angeschlossen und verwahrt die Aktien für den jeweiligen Inhaber (Besitzmittlungsverhältnis nach § 868 BGB).

Die Veräußerung einer Aktie wird der Sammelstelle gemeldet und der Herausgabeanspruch vom Veräußerer an den Erwerber abgetreten (§ 931 BGB). Daraufhin mittelt die Sammelstelle den Besitz nicht mehr für den Verkäufer, sondern für den Erwerber und vermerkt die Übertragung an den neuen Inhaber im Aktienregister der Gesellschaft. Auf diese Weise können die Vorteile von Inhaberaktie (Umlauffähigkeit) und Namensaktie (Kontrollfunktion) verbunden werden.

12.4.4 Organe der AG

Die AG als juristische Person hat drei vorgeschriebene Organe, den Vorstand, den Aufsichtsrat und die Hauptversammlung. Auch hier gibt es die grundlegende Aufgabenverteilung. Die Hauptversammlung bildet das oberste Willensbildungsgremium, der Vorstand führt die Geschäfte und der Aufsichtsrat kontrolliert.

[261] Henssler/Strohn/*Lange*, Gesellschaftsrecht, AktG, § 10 Rn. 4.

12.4.4.1 Vorstand, §§ 76 ff. AktG

Der Vorstand wird durch den Aufsichtsrat auf maximal fünf Jahre bestellt, § 84 AktG. Ab einer Grundkapitalausstattung von 3.000.000 Euro muss er aus mindestens zwei Personen bestehen, § 76 Abs. 2 AktG. Der Vorstand hat gemäß § 76 Abs. 1 AktG die Gesellschaft unter eigener Verantwortung zu leiten. Ihm allein obliegen die Fragen der Geschäftsführung. Der Vorstand einer AG hat also im Vergleich zu den Geschäftsführern anderer Körperschaften eine sehr starke Rechtsstellung. Kehrseite dieser Medaille ist aber eine strenge Haftung nach § 93 AktG. Laut Beispielskatalog in § 93 Abs. 3 AktG sind die Vorstandsmitglieder besonders dann persönlich ersatzpflichtig, wenn sie das Grundkapital der Gesellschaft schwächen, etwa durch verbotene Einlagenrückgewähr. Daneben hat der BGH vereinzelt auch eine Durchgriffshaftung der Vorstandsmitglieder gegenüber den Gläubigern bejaht, vor allem bei Verschleppung eines Insolvenzantrages.

12.4.4.2 Aufsichtsrat, §§ 95 ff. AktG

Der Aufsichtsrat ist das Kontrollorgan der Aktiengesellschaft, er soll ein Gegengewicht zur Machtfülle des Vorstandes bilden;[262] der Aufsichtsrat bestellt den Vorstand (§ 84 Abs. 1 S. 1 AktG) und hat seine Geschäftsführung zu überwachen (§ 111 AktG). Aus diesem Grund besteht zwischen beiden Organen in derselben Gesellschaft Unvereinbarkeit, ein Mitglied des Vorstands kann also kein Mitglied des Aufsichtsrats sein. Der Aufsichtsrat besitzt zur Wahrnehmung seiner Aufgaben umfassende Einsichtsbefugnisse in die Geschäftsunterlagen.

Die Zusammensetzung des Aufsichtsrates richtet sich nach dem Aktiengesetz und den Mitbestimmungsgesetzen (§§ 76 ff. BetrVG 1952, Drittelbeteiligungsgesetz) und stellt auf die Höhe des Grundkapitals sowie die Anzahl der Beschäftigten ab.

Der Aufsichtsrat wird von der Hauptversammlung gewählt, § 101 Abs. 1 S. 1 AktG, und muss aus mindestens drei Mitgliedern bestehen, § 95 S. 1 AktG. Sollten aufgrund der Betriebsgröße Arbeitnehmervertreter von Nöten sein, werden diese von der Belegschaft gewählt. Der Aufsichtsrat kann höchstens für vier Jahre bestellt werden, § 102 Abs. 1 AktG.

In der Praxis werden die Aufsichtsräte häufig mit alt gedienten ehemaligen Vorstandsmitgliedern besetzt, sowohl des eigenen Unternehmens als auch fremder Gesellschaften. Das Ergebnis ist eine weitgehende Verflechtung von Großunternehmen, die in der Praxis im Hinblick auf Interessenkollisionen nicht unproblematisch ist.

12.4.4.3 Hauptversammlung, §§ 118 ff. AktG

Die Hauptversammlung als oberstes Organ der AG ist zuständig für:

- die Bestellung der Aktionärsvertreter im Aufsichtsrat,
- die Verwendung des Bilanzgewinns,

---

[262] MüKo-AktG/*Habersack*, Vorb. v. § 95 Rn. 1.

- die Entlastung des Vorstands und des Aufsichtsrats,
- alle Arten von Satzungsänderungen (z. B. Kapitalerhöhungen).

Entscheidend ist hierbei, dass die Hauptversammlung mit der konkreten Geschäftsführung der AG nichts zu tun hat, sondern nur bei grundlegenden Entscheidungen in Erscheinung tritt. Sie muss insbesondere über wirtschaftlich grundlegende Fragen der Gesellschaft, die faktisch einer Strukturänderung gleichkommen, entscheiden (sog. Holzmüller-Grundsätze). Jeder Aktionär kann nach § 131 Abs. 1, 2 AktG **Auskunft** vom Vorstand verlangen, soweit dies zur sachgemäßen Beurteilung eines Tagesordnungspunktes erforderlich ist. Das **Stimmrecht** in der Hauptversammlung wird nach Aktiennennbeträgen, bei Stückaktien nach deren Zahl ausgeübt (§ 134 AktG).

12.5 Übungsfall mit Lösung

Sachverhalt

A und B beschließen am 5. Juni eine GmbH zu gründen, deren Ziel der Verkauf von Computern und Zubehör einschließlich des Vertriebs über das Internet sein soll. Der notarielle Gesellschaftsvertrag wird am 9. Juni geschlossen. Die Eintragung der GmbH im Handelsregister erfolgt am 20. Juni.

Am 7. Juni kauft der vertretungsberechtigte B für die Gesellschaft Computer im Wert von 100.000 Euro bei C.

Am 10. Juni kauft B für den Betrieb Drucker, Scanner und sonstiges Zubehör im Wert von 80.000 Euro bei D.

Am 22. Juni kauft B für Büro und Verkaufsraum Einrichtungsgegenstände im Wert von 50.000 Euro bei E.

Gegen wen können C, D und E am 30. Juni jeweils vorgehen, wenn sie ihre Kaufpreisforderung geltend machen wollen?

Lösung

Vorüberlegung: Die Haftungsfolgen für die Gesellschafter richten sich nach den Entwicklungsstadien der Gesellschaft. Daher ist nach folgenden Zeitabschnitten zu trennen:

Zwischen 5.6. und 8.6.: Vorgründungsgesellschaft

Zwischen 9.6. und 19.6.: Vor-GmbH

Ab dem 20.6.: GmbH

I. Vorgründungsgesellschaft (5.6.–8.6.)

1. Besteht ein Anspruch des C gegen die Vorgründungsgesellschaft als OHG gem. § 433 Abs. 2 BGB?

a) Eine OHG war wirksam entstanden, da der von A und B vereinbarte gemeinsame Zweck der Gesellschaft im Betrieb eines Handelsgewerbes bestand.

b) Es müsste eine Gesellschaftsschuld entstanden sein. Eine Forderung des C könnte sich aus einem Kaufvertrag ergeben. Dafür müsste ein wirksamer Kaufvertrag gem. § 433 BGB durch C und die Vorgründungsgesellschaft geschlossen worden sein. Eine Willenserklärung des C liegt vor. Die OHG hat selbst keine Willenserklärung abgegeben, sie wurde aber aufgrund wirksamer Vertretung durch B nach § 125 Abs. 1 HGB i. V. m. § 164 BGB vertreten und gem. §§ 123 Abs. 2, 124 HGB auch ohne Eintragung verpflichtet. Ein Kaufvertrag zwischen der Vorgründungsgesellschaft und C ist wirksam entstanden.

C kann gegen die OHG seine Kaufpreisforderung aus § 433 BGB, §§ 123 Abs. 2, 124 HGB geltend machen.

2. Haften die Gesellschafter für diese Verbindlichkeit?

Die Gesellschafter haften bei wirksamer Verpflichtung der OHG akzessorisch für die Gesellschaftsschuld nach § 433 Abs. 2 BGB, §§ 123 Abs. 2, 124, 128 HGB. C kann sich auch an die Gesellschafter der Vorgründungsgesellschaft wenden.

3. Haftet der Handelnde B?

a) Nach § 11 Abs. 2 GmbHG haftet B nicht unmittelbar, da noch keine Vor-GmbH bestand. Die Regeln des GmbHG sind nicht auf die Vorgründungsgesellschaft übertragbar.

b) B haftet auch nicht nach § 179 BGB analog, da er i.R.d. ihm eingeräumten Vertretungsmacht und offenkundig für die Gesellschaft gehandelt hat.

Ergebnis zu I: Bezüglich der am 7. Juni begründeten Verbindlichkeiten kann C gegen die Gesellschaft vorgehen. Daneben haften A und B für die Gesellschaftsschuld.

II. Vor-GmbH (9.6.–19.6.)

1. Besteht ein Anspruch des D auf Kaufpreiszahlung gem. § 433 Abs. 2 BGB gegen die GmbH?

Dies ist nicht der Fall, da die GmbH wegen der fehlenden Eintragung gem. § 11 Abs. 1 GmbHG zu diesem Zeitpunkt noch nicht entstanden war.

2. Besteht ein Anspruch des D gegen die Vor-GmbH?

a) Die Vor-GmbH ist keine gesetzlich geregelte Gesellschaftsform, sie ist eine Gesellschaft sui generis. Auf die Haftung einer Vor-GmbH sind jedoch alle Vorschriften des GmbHG anwendbar, die nicht ausdrücklich eine Eintragung der Gesellschaft ins Handelsregister voraussetzen.

b) Die Vor-GmbH könnte wirksam rechtsgeschäftlich verpflichtet worden sein. Von einer wirksamen Willenserklärung des D ist auszugehen. Die Vor-GmbH konnte keine eigene Willenserklärung abgeben, möglicherweise wurde sie aber wirksam durch B vertreten.

c) B hat nicht ausdrücklich im Namen der Vor-GmbH gehandelt, sein Handeln „für den Betrieb“, kann jedoch dahingehend verstanden werden (Auslegung), was für die Anforderung an die Offenkundigkeit gem. § 164 Abs. 1 S. 2 BGB ausreicht.

d) Fraglich ist, ob B mit Vertretungsmacht gehandelt hat. Früher galt das Vorbelastungsverbot. Danach durfte eine GmbH nicht vor ihrer Gründung belastet werden. Heute ist dagegen anerkannt, dass jedenfalls Geschäfte getätigt werden dürfen, die die Entstehung der GmbH fördern. Diese Voraussetzung wurde hier aber nicht erfüllt. Ausnahmsweise dürfen aber auch andere Geschäfte getätigt werden, soweit alle Gesellschafter zugestimmt haben. Hier gab es eine solche Zustimmung, B konnte daher die Vor-GmbH wirksam gem. §§ 164 ff. BGB vertreten.

Zwischenergebnis: Die Vor-GmbH wurde daher wirksam verpflichtet. Ein Anspruch des D auf Zahlung des Kaufpreises gem. § 433 Abs. 2 BGB gegen die Gesellschaft ist wirksam entstanden.

3. Haften die Gesellschafter der Vor-GmbH für die Gesellschaftsschuld?

a) Die Haftung der Gesellschafter könnte gem. § 13 Abs. 2 GmbHG auf das Gesellschaftsvermögen beschränkt sein. Vorliegend ist § 13 Abs. 2 GmbHG aber nicht anwendbar, da er die Eintragung der GmbH im Handelsregister vorsieht. Insoweit besteht keine Haftungsbeschränkung zugunsten der Gesellschafter.

b) Auch sonst ist keine gesetzliche Regelung für eine mögliche Haftungsbegrenzung zugunsten der Gesellschafter ersichtlich. Nach einer Ansicht haften daher alle Gesellschafter unbeschränkt und persönlich (Rechtsgedanke des § 11 Abs. 2 GmbHG) als Gesamtschuldner gem. § 421 BGB. Die überwiegende Meinung plädiert jedoch für eine beschränkte, anteilige Innenhaftung der Gesellschafter gegenüber der Gesellschaft im Verhältnis der übernommenen Einlagen (Verlustdeckungshaftung). Dagegen wird eine Haftung nach außen abgelehnt. Dieser Ansicht ist zu folgen.

Als Zwischenergebnis lässt sich festhalten, dass bezüglich der am 10. Juni begründeten Verbindlichkeiten der D gegen die Gesellschaft vorgehen kann. Er kann des Weiteren gegen B als Handelnden gem. § 11 Abs. 2 GmbHG vorgehen (s. o.). Dagegen haften A und B der Gesellschaft (nur) im Innenverhältnis.

c) Zu beachten ist aber, dass zum Zeitpunkt der Geltendmachung der Forderung die GmbH wirksam entstanden ist. Möglicherweise kommt es daher zu einer Veränderung der Haftung unter dem Gesichtspunkt, dass die GmbH nunmehr existiert (die Zwischenform der Vor-GmbH existiert dagegen nicht mehr).

d) Soweit die Vor-GmbH eingetragen wird, besteht auch Identität zwischen ihr und der nunmehr entstandenen GmbH. Als Folge davon gehen die Rechte und Pflichten aus Geschäften, die im Stadium der Vor-GmbH abgeschlossen worden sind, mit der Eintragung der GmbH voll auf diese über. Die Haftung des Handelnden nach § 11 Abs. 2 GmbHG erlischt, da kein zusätzliches Sicherungsbedürfnis der Gläubiger besteht. Für eine möglicherweise bestehende Differenz zwischen dem Stammkapital und dem durch mögliche Vorbelastungen geschmälerten Gesellschaftsvermögen haften die Gründungsgesellschafter der Gesellschaft anteilig (im Innenverhältnis).

Ergebnis zu II: Bezüglich der am 10. Juni begründeten Verbindlichkeiten kann D am 30. Juni nur noch gegen die Gesellschaft aus dem Kaufvertrag gem. § 433 Abs. 2 BGB vorgehen und Zahlung verlangen. Für die Verbindlichkeit haftet das Gesellschaftsvermögen gem. § 13 Abs. 2 GmbHG.

III. GmbH (ab 20.6.)

Besteht ein Anspruch des E auf Kaufpreiszahlung gem. § 433 Abs. 2 BGB, § 13 Abs. 1 GmbHG gegen die GmbH?

1. Dies ist der Fall, da die GmbH wirksam entstanden war und der Vertragsschluss mit Wirkung für und wider die GmbH erfolgte. Die GmbH wurde insbesondere wirksam vertreten gem. § 35 Abs. 1 GmbHG i. V. m. §§ 164 ff. BGB.
2. Eine Haftung der Gesellschafter ist nach § 13 Abs. 2 GmbHG ausgeschlossen. Ebenso die Haftung des Handelnden nach § 11 Abs. 2 GmbHG, da die GmbH bereits wirksam eingetragen war.

Ergebnis zu III: Bezüglich der am 22. Juni begründeten Verbindlichkeiten kann der E aus dem Kaufvertrag gem. § 433 Abs. 2 BGB gegen die Gesellschaft vorgehen. Für die Verbindlichkeit haftet (nur) das Gesellschaftsvermögen gem. § 13 Abs. 2 GmbHG.

Literaturverzeichnis

Baumbach/Hopt, Handelsgesetzbuch, 37. Auflage München 2016

Baumbach/Hueck, GmbHG, 21. Auflage München 2017

Baur/Stürner, Sachenrecht, 18. Auflage München 2009

Beck'scher Online-Kommentar zum BGB

Brox/Walker, Allgemeines Schuldrecht, 40. Auflage München 2016

Brox/Walker, Besonderes Schuldrecht, 40. Auflage München 2016

Canaris, Handelsrecht, 24. Auflage München 2006

Henssler/Strohn, Gesellschaftsrecht, 3. Auflage München 2016

Medicus/Lorenz, Schuldrecht I. Allgemeines Schuldrecht, 21. Auflage München 2015

Medicus/Petersen, Bürgerliches Recht, 25. Auflage München 2015

Medicus/Petersen, Grundwissen zum Bürgerlichen Recht, 10. Auflage München 2014

Münchener Handbuch des Gesellschaftsrechts, Band 4, 4. Auflage München 2015

Münchener Kommentar zum Aktiengesetz, Bände 1 und 2, 4. Auflage München 2014/16

Münchener Kommentar zum Bürgerlichen Gesetzbuch

- Bände 1, 2 und 3, 7. Auflage München 2015/16
- Bände 5 und 6, 6. Auflage München 2013

Münchener Kommentar zum Gesetz betreffend die Gesellschaften mit beschränkter Haftung, Bände 1 und 2, 2. Auflage München 2015

Münchener Kommentar zum Handelsgesetzbuch

- Band 1, 4. Auflage München 2016
- Band 5, 3. Auflage München 2013

Palandt, Bürgerliches Gesetzbuch, 76. Auflage München 2017

Schmidt, K., Handelsrecht – Unternehmensrecht I, 6. Auflage Köln 2014

Westermann/Bydlinski/Weber, BGB – Schuldrecht Allgemeiner Teil, 8. Auflage Heidelberg et al. 2014

Wolf/Neuner, Allgemeiner Teil des Bürgerlichen Rechts, 11. Auflage München 2016

Stichwortverzeichnis

I

J

K

L

M

N

O

P

U

V

W

Z